炎黃大傳

李亞東　著

昌明文化

目　錄

自　序

　　我們中國是世界四大文明古國之一，我們偉大的中華民族是世界上最古老的民族之一。因而像古印度、古巴比倫、古埃及另外三個文明古國一樣，我國古代也有著豐富的神話。

　　神話是什麼？馬克思說它是「在人民幻想中經過不自覺的藝術方式所加工過的自然和社會形態」。拉法格說它「既不是騙子的謊言，也不是無謂的想像的產物，而是人類思想的樸素的和自發的形式之一。只有當我們猜中了這些神話對於原始人和它們在許多世紀以來，喪失掉了的那種意義的時候，我們才能理解人類的童年」。這就是說，神話是基於社會生活的藝術誇張與渲染，並夾雜著空想與幻想，但也或多或少地反映著歷史的影像，然而它不太可能轉化為歷史。

　　但令人遺憾的是，我國古代豐富的神話到了後來大部分散失了，只保留下來一些零星的片斷，東一處西一處地分散在古人的著作裡。不僅毫無系統條理，而且充滿矛盾之處，因而不能與相當完整地保存下來的古希臘和印度神話相比美。對此，我國近代大學者沈雁冰早在其〈中國神話研究〉一文中，就深有感觸地說過：「中國神話不但一向沒有集成專書，並且散於古書的，亦複非常零碎，所以我們若想整理出一部中國神話來，是極難的。」正是由於這難作梗，直到今日我

1

國古代神話仍然沒有一部系統的史詩性的作品問世。

　　對於我國古代神話沒有系統的史詩性作品問世，我認為主要是由兩個原因造成的。一是由於歷史學家從古代神話中探求史前傳說時代的歷史，從其矛盾不一中推出結論說，傳說時代我們中華民族存在著數個部族集團，我國古代本來就零碎不一的神話個個歸屬於不同的部族集團。從而使得我國古代本來就零碎不一的神話更加零碎不一，形成不了系統。二是或許因為我國古代神話大部分散失造成了斷代，加之流傳中在不同的地域之上和不同時代的人群中造成了錯舛；也或許是我國傳說時代的歷史恰被歷史學家們的結論言中，在那時的華夏大地上確實存在著數個部族集團，各個部族集團傳說著不同的自己的神話，造成了我國古代神話的無法系統，無以條理，合則矛盾百出，分則肢離破碎。因此，造詣精深的學者深諳此點，不去系統；學力不足的凡夫雖苦破碎，卻不敢系統。由此，使得我國古代神話一直沒有系統的史詩性作品問世。

　　作者不量學識淺薄，斗膽試圖將中國古代神話進行系統，寫出一部試探性的系統的史詩性中國古代神話系列小說的預謀，最初萌生於在北京大學做學生之時。那時，作者在學習中對中國古代神話產生了濃厚的興趣，便想搜求一些系統的神話作品閱讀。但正如沈雁冰先生所說，無奈遍求無有系統之書，有的僅是隻言片語的傳說記載，而且個個不一，懸殊甚巨；自相矛盾，支離破碎；互不聯貫，不成體系。於是，作者便斗膽不量學力，「初生牛犢不怕虎」地萌生了寫作一部系統的古代神話作品，以補我國缺乏史前這一史詩性作品的天真稚幼的奇想。但由於寫作此書工程浩大，學識不足，力不勝任，末了只有望而卻步。

　　一晃擱置數載，1984 年至 1985 年作者在寫作《少林寺演義》一

書時，寫作系統神話作品的奇想又像心藏玉兔，在懷中不時咚咚撞動起來。與此同時，進一步萌生了這樣的想法：把《少》稿寫成現實主義的，把《神》稿寫成浪漫主義的；雙雙結構相因，篇幅相似，手法迥異，並蒂出書。後來仔細閱讀上海文化出版社 1955 年版《中國上古史演義》，與浙江文藝出版社 1985 年版《上古神話演義》，看到前書注重用辯證唯物主義講神話，後書篇幅浩大內容豐富；但覺得前書沒有了神話色彩，後書不適合今人閱讀口味。為此，決計取前人之長，開闢新的路徑，寫出一部系統的適合今人閱讀口味的浪漫主義的古代神話作品來。但具體行動起來，究竟如何系統神話，怎樣落筆，寫成什麼樣子等一系列難題，便一齊擋在了作者面前。加之日常工作繁忙，出版界不景氣和黃潮的氾濫衝擊，給作者在對上述難題躊躇不決之外又加上了信心動搖，因而再次把寫作此書擱置下來。

克服寫作困難需要來自作者內心或者外部的巨大壓力，今天正是這樣的巨大壓力使作者重新構劃出了書的整體構架：變原來設想的一體結構為系列結構，但分為系列合則仍為一體。即系列中的每一部都可單獨成為有機的整體，又可合起來成為一個有機統一的大整體。並通過長期地認真探索和艱苦地寫作努力，終於先後陸續寫出了這個系列的八卷書稿。今天這個系列的八卷中的首卷《盤古開天地》，已經呈現在了讀者面前；隨後，這個系列的後七卷書稿也將陸續與讀者見面。《盤》書的問世，可以說是初步實現了作者藏之於心十餘載的殷殷夙願；但至於它的成敗得失，作者卻自已不敢妄議，只有請最具權威的作者的「上帝」廣大的讀者，去評說裁決了。

一個人有高興的時候，也有愁苦的時候。當其高興之時對於一件困難的事情可以奮起去做好；當其愁苦之時，對於一件困難的事情不僅會同樣而且可能會更加奮起去做好。這「高興」就是「起昇」，這

「愁苦」就是「跌落」；其起昇與跌落的差距即落差越大，就越有可能建樹起大功大德。即所謂只有身經波濤跌宕、大起大落、大難不死之人，方可建樹起卓著千古的大功大德。如果一個人一生中沒有大高興或大愁苦，一直處於風平浪靜不起不落的中間狀態，那麼他就必然只能成為平平庸庸的俗流之輩，絕對建樹不起大功大德。

正因為這樣，我們可以概括地說，一部人類社會發展的歷史，便是歷朝歷代身經大起大落之人的歷史。功是他們的功，德是他們的德。對此，我國漢代大學者司馬遷，早就在其著名的〈報任安書〉中做出了深刻精闢的論述。他寫道：「古者富貴而名磨滅，不可勝記，唯倜儻非常之人稱焉。蓋文王拘，而演《周易》；仲尼厄，而作《春秋》；屈原放逐，乃賦《離騷》；左丘失明，厥有《國語》；孫子臏腳，兵法修列；不韋遷蜀，世傳《呂覽》；韓非囚秦，《說難》《孤憤》；《詩》三百篇，大底賢聖發憤之所為作也」。至於司馬遷自己，則在他四十七歲之年因替名將李陵戰敗被俘投降匈奴辯解，獲罪下獄受到宮刑的嚴處。司馬遷受此酷刑後心情敗落，心中充滿了無盡的悲苦和怨恨，一日日在世忍辱苟活，「是以腸一日而九回，居則忽忽若有所亡，出則不知其所往。每念斯恥，汗未嘗不發背沾衣也」。為此他發憤著述，終經十餘載辛苦耕耘，寫成了被魯迅先生譽之為「史家之絕唱，無韻之《離騷》」的千古名著《史記》。作者的這部中國古代神話系列小說，對於全社會來說當然不是什麼「大功大德」，亦無所謂功、德可言；更不敢與古代先賢並列，以掠其美；也決無與先賢並列之意，只僅僅是為了說明問題。但它對於作者自己來說，卻無疑是樹在自己人生之途上的一通「功德之碑」。至於是「起」是「落」給作者樹立自己的這通小小「功德之碑」帶來的動力，只有作者自己知曉。

做文人不易，出作品更難。記得我對人說過：「出一本書比生養

一個孩子還難。若與生養孩子同時起步開始醞釀寫作一本書,往往孩子養到可讀小學的年齡了,你寫的那本書還沒有問世。」那作品的醞釀構思階段,恰如生養孩子的「十月懷胎」期;那作者書寫作品階段,恰如母親生產時的劇疼和失血;那出版成書期,則恰如數載哺養幼兒期。但是末了,「孩子則是自己的好」,只要自已認可就行;作家的作品則要公之於世,得到全社會公眾的認可方成。因此,寫作品出作品都是殊為不易、艱辛難為的事情。

然而面對此難,作者又大都往往偏偏為殊為不易、艱辛難為而為之!這當然不可排除少數作者「十年不鳴,一鳴驚人;十年不飛,一飛沖天」的名利之舉,但大多數作者則仍如司馬遷在〈報任安書〉中所說:「此人皆意有所鬱結,不得通其道,故述往事,思來者。乃如左丘無目,孫子斷足,終不可用,退而論書策以舒其憤,思垂空文以自見。」他們皆都深知「失去的珍貴」:一時失之交臂,終生必難再求!故而感懷著文,迎難書之。譬如,我國清代大作家曹雪芹就正是為此迎難而寫的。

眾所周知,曹公出生於貴族世家,他的前半生曾在南京和北京歡度過一段「錦衣紈綺」、「飲甘饜肥」的宮庭貴族生活,但到晚年則一下子跌落到了「蓬牖茅椽,繩床瓦灶」、「舉家食粥」的困苦境地。正是在晚年這段跌至社會底層的艱難困苦歲月中,曹公滿懷對自己一生遭際的悲憤,不顧創作過程中的千般艱辛萬盅勞苦,有感而發,隱「味」書中,「滴淚為墨、研血成字」,於「悼紅軒中,披閱十載,增刪五次」,終於寫成了「字字看來都是血,十年辛苦不尋常」的不朽巨著《紅樓夢》。

曹公寫作《紅樓夢》「滴淚為墨,研血成字」,「字字看來都是血」,作者雖不敢把自己的這部拙作與《紅樓夢》相比,同時也絕無相比之

意，而且也根本就無可比性，但作者寫作此書的苦處和艱辛卻都不亞
於曹公。這除了有某些因素與曹公之苦相似之外，還因為作者水準低
下，因此寫作中比曹公更苦更難。苦也罷，難也罷，作者都要把這部
作品寫下去，以讓眾人品評，以給祖國文壇添磚，以拋磚引玉，以望
傑構於來朝，以慰作者胸中那顆「滴血成字」的殷殷苦心。

1990 年 5 月 1 日下午於周口

人物簡介

少典　居住在宛丘地方的少典氏族首領，炎、黃二帝之父。

安登　少典之妻。炎、黃二帝之母。原為有蟜氏族首領之女，名叫安登，又叫女登、附寶。

炎帝　黃帝胞兄。生於今湖北厲鄉烈山，得名姜石年。原為上天司火大神，後為太陽大神。火與太陽皆與炎熱相連，所以後被人們尊為「炎帝」。生相牛首人身，慈眉善目。慈藹可親，德高望眾。始種五穀被譽為「神農」，始嘗百草為人除疾。以其功業，被人們尊為凡界首位一統大帝，一生廣施仁德治世，不設軍伍。

聽訞　炎帝之妻，今湖北厲鄉烈山地方聽聞氏族之女。與炎帝生有帝女、女娃、瑤姬三個女兒，並生下了兒子炎居。炎居後來生節並，節並生戲器，戲器生祝融，祝融生共工，共工生術器、后土。后土又生噎鳴、生信，信又生夸父。

黃帝　炎帝胞弟。生於今河南新鄭古稱壽丘地方的具茨山，得名姬軒轅。原為上天軒轅星君，後因起於黃土高原始稱黃帝。首生四面，河目龍顏，修髯花瘤。身長九尺，英武仁藹。其時代是一個發明

1

眾多的時代，如車、文字、指南針等便是其時發明的。像其兄長一樣
初施仁德治世，後則順應世事自然之變施行道德治世，始設軍伍。

后土　黃帝依恃重臣。本為炎帝後裔舊臣，因深信黃帝道德治
道，堅心追隨黃帝為臣。

風后　黃帝屬下軍伍將領。

力牧　黃帝屬下軍伍將領。

嫘祖　黃帝正妃。始教人養蠶。

嫫母　黃帝次妃。生相醜陋。

王母娘娘　玉皇大帝之妻。因其常到下界昆侖山一方石室中閒
居，故而又被稱為西王母娘娘。

曇花　王母娘娘貼身三侍女之一。後因私下凡界嫁於凡人，被貶
為凡間的曇花。

玄女　王母娘娘貼身三侍女之一。

素女　王母娘娘貼身三侍女之一。

蚩尤　炎帝后人、重臣。獰猛善戰。

應龍　黃帝之子。身懷蓄水之能。

女魃　黃帝之女。身懷乾熱之功。

刑天　炎帝后人、重臣。勇猛好戰。

一、阪泉生亂

　　人祖伏羲歿後，凡界眾人便從母系氏族時代進入了父系氏族時代。即改以母為氏，為以父為氏結成氏族，氏族中人生活在一起。這時，由於人祖伏羲在世時除盡了凡界邪惡，凡人真正成了凡界的主宰，生活實可謂安然幸福十分。

　　時間如此轉眼過去百載，便到了炎帝時代初年。這時隨著人口的繁衍增多，凡人的吃食日漸緊張起來，並由此引發出了一系列社會難題。好在這時炎帝誕生在了凡界，他胸懷仁誠之心，廣施仁德之治，使凡人皆懷仁德而不懷姦佞之心。並隨之為凡人解去了諸多難題，克服了所遇諸多困難。他因而被凡人擁為凡界之王，尊為神農炎帝。

　　在如此炎帝所治時代，實堪謂男耕而食，女作而衣，刑政不用而治，甲兵不起而王，一派仁治盛世之景。如此仁治盛世一直延續到炎黃二帝時代炎帝末年，在炎帝所轄疆域北部邊沿的涿鹿地方，卻突然生出了一場禍亂。在平靜的凡界激起了一波連接一波的巨浪，使得凡界久久不能安寧起來。

　　生此禍亂者是居住在涿鹿地方的阪泉氏族人，阪泉氏族人是一個世代身體強健頭腦聰穎的聰悍群體。他們在伏羲歿後的百年平安生活環境中，擷而食獵而衣，日子過得美滿豐盈，使得本來就因身體強健

頭腦聰穎壯大起來的氏族群體，繁衍發展得更加壯大起來。

氏族群體的迅速壯大，有力地加強了氏族首領的權威。其氏族首領老阪泉因而更加言重威嚴，一時間實可謂達到了動一動腳，腳下的涿鹿大地便即發顫；出一口氣，身邊的大山即隨之搖撼的境地。權威的如此加重，又頓然改變了老阪泉平日的生活方式。但見他不擷而食不獵而衣，只發號施令而不親身參與勞作。

老阪泉有十個兒子，十個兒子都聰悍過人。尤其是正值壯年的大兒子小阪泉，更是聰悍過人十分。小阪泉不僅一般常人心力對付不得，就連他的九個聰悍弟弟也都在其之下。因而老阪泉器重他，眾族人擁戴他。老阪泉坐鎮族中不動，把一應族外之事讓他全權處理。

如此小阪泉經常南來北往東奔西去，或為族人探尋衣食之源遷徙居地，或為聯絡周圍氏族互通有無。小阪泉如此越跑膽量越大心地越野，他南到過炎帝居所，西到過黃帝居地。身歷別個不歷之境，眼見別個不見之事。如此閱多見廣眼界大開，有著眾族人皆不具備的超常閱歷。

閱歷的開闊，使得小阪泉心中洞曉凡界的一切。他知道統轄他族人的炎帝神農，是一位以仁德治世的大帝。炎帝一心對凡人施仁布德，以期用仁德感化凡界凡人，使之都歸心於仁德，達到大治凡界的目的。

炎帝的做法當然很好，而且他也實現了大治凡界的目的。但只是如今世事在變，僅用仁德去感化眾人，眾人中的惡者不受感化，就無疑會生出惡變。使用炎帝之法再去對其進行感化，那也仍然是感化惡者不得，杜絕惡變不成的。為此這樣繼續下去，凡界是治理不得的。

由此小阪泉看到，統轄西方黃土高原地界的炎帝胞弟黃帝，治世之法是與炎帝既同又有不同的。黃帝當然也像其哥哥炎帝一樣，是以

仁德治理凡界。他十分注重陰柔，同情幫扶弱者，努力做到以柔克剛以仁德感化眾人。

但其不同是他崇尚自然，因而他清醒地看到了今日世事之變，堅持順應自然而行跟隨潮流而動，在此基礎上施行仁德之治。並在仁德之後廣作武備，以備一旦遇有不遵仁德而又感化不得的惡者，施用武力去除之。從而，保證凡界不被惡者惑亂。

我們說，正是黃帝的這一「重陰柔，尚自然」思想，成了我國後來春秋戰國時代哲人老子思想的最早源頭。老子正是吸收了黃帝的這一思想，創立了在世界哲學史上獨樹一幟的自然哲學思想，被世人譽為世界古代十大哲學家之首。而且在我國，後來人們也把老子的學說與黃帝的思想並稱，稱之為「黃老之學」。

後話不敘。卻說小阪泉知道若此，曾把炎黃二帝的治世法兒作過比較，得出的結論是黃帝比炎帝的法兒好。炎帝的法兒雖然在先前便已達到了大治凡界的目的，黃帝的法兒則不僅在今天，而且會在今後進一步達到大治凡界的目的。因為炎帝的法兒感化不得便無法處置的惡人，黃帝的法兒則可以用武力去除之，這樣就可以有力地保證仁德治世的實現。

為此，他知道人們把黃帝稱為道德之帝，因為在黃帝那裏是道德規定仁義。炎帝被稱為仁德之帝，因為在其那裏是仁義規定道德。為此他心中贊成黃帝，不敢苟同於炎帝。

小阪泉所以得出這樣的結論，歸因於他心地的邪惡和頭腦見地的深刻。他看到，在獸界活生生地存在著強者吃食弱者、強勝弱敗的現實。獸界存在於凡界，生活在凡界的凡人也與獸類一樣，不僅在個體上而且在氏族群體上，也是有強弱之分的。炎帝只講仁德之治，天知道哪一天不會出現一個不講仁德的惡者，作亂於仁德之治的凡界。

到那時後無武備作盾的炎帝，是根本無法治服不講仁德的惡者的。由此他聯想到炎黃二帝的區別，更加感到黃帝強大，炎帝羸弱。並以其邪惡之心懷疑強大的黃帝，會在某個時刻以其強大，一舉食掉仁德的炎帝，而獨轄凡界。

心地邪惡的小阪泉所以懷疑至此，還是心中垂涎其父老阪泉權威的結果。小阪泉早已對其父老阪泉權重壓人，威重撼山的權威垂涎十分。不知道多少次他在夢中看到，自己繼承老阪泉之位成了氏族首領，像其父老阪泉一樣腳一動涿鹿大地顫動，氣一出身旁大山搖撼的壯景，過起了不擷而食不獵而衣，只發號施令不親自勞作的清閒日子，一次次皆因為此而笑醒。因此他早已對其父老阪泉的氏族首領之位，豔羨十分，垂涎三尺，只是苦於無法立刻得到。

據此他推而廣之想到，當一個小小的氏族首領權威已重若此，若是再能當上一統凡界的大帝，那權威該有多重啊！為此他以自己的邪惡之心猜度黃帝之腹，覺得轄有黃土高原的黃帝所以廣置武備，絕非僅僅是為了平治作亂惡人。定是為了奪取炎帝轄地歸為己有，以重權威。為此他斷定黃帝一定會在某個適當的時刻，攻滅仁德的炎帝而統轄凡界。

小阪泉推斷至此，禁不住心中為炎帝焦急起來。因為他們的涿鹿居地，畢竟為炎帝轄有，他們的首領畢竟是炎帝。而且炎帝以仁德治理凡界，確實給他們族人和他小阪泉，帶來的是好處而無絲毫的壞處。為此他雖然位卑，卻忘卻位卑而為炎帝擔起了憂愁。

「爹爹，孩兒見到黃帝廣置武備，實在為炎帝擔心。鬧得不好，我們的炎帝就會為黃帝所滅的！」為此這日小阪泉禁不住心中所想，欲圖說動其父前去勸說炎帝，「為此，孩兒想求爹爹前去說動炎帝，也置武備。不做仁德炎帝，而做道德炎帝，以保永轄中原大地之位。」

「胡說！你小小年紀知道什麼！炎黃二帝乃為一母同胞，皆行仁德之治，豈會有你胡言的二帝相伐之事發生！」老阪泉一直囿居於族人之中，本已對凡界大勢知之甚少，加之其又對炎帝崇信得五體投地，所以他頭腦雖然聰穎，但對小阪泉所言皆無所想，心地仍歸於當時的民風樸誠之列。為此陡聞小阪泉這番沒頭沒腦的話語，心中不解頓生氣惱，斥責小阪泉道：「你區區一個小子，切莫再去如此胡思亂想胡言亂語，空替大帝擔憂！」

「既如此，我小阪泉就只有以凡界為己任，為公為私容不得私情，要取而代之了！」小阪泉受此斥責心中氣惱，他已固執地認定自己的邪惡見地正確。其父老阪泉如此斥責自己，則是老邁昏庸無知生出的悲劇。為此，受斥的氣惱加上其對權柄的貪欲，再加上其從深廣閱歷中得出的邪惡見地，把他的心最終從樸誠之地徹底推向了邪惡的深淵。使他頓然生出了邪惡之心，為此邊去邊暗暗咬牙切齒道：「這難道就是天降大任於斯人嗎？」

「父親夜晚被賊人殺害。氏族不可一日沒有首領，我作為長兄，只有義不容辭地肩負起氏族首領之任了！」為此就在當天夜裡，邪惡的小阪泉趁著其父老阪泉酣睡之機，用石刀殘忍地殺死了他。待到天明，他集合起其他九位元小弟一陣痛言，便自己做起了阪泉氏族人的新首領。

小阪泉如此以極其邪惡的手段，登上了氏族新首領的寶座，當然更感到了手握權柄帶來的甜蜜。這甜蜜又使他野心極度膨脹，一直膨脹到了欲奪炎帝之位而代之的地步。特別是當他想到仁德的炎帝也像其仁弱的父親一樣，自己不殺而代之，道德的黃帝也必定要殺而代之。既然別人可以殺而代之，自己為什麼就不可以殺而代之！為此，他隨著便又心想起了誅殺炎帝之法。

但是真要去誅殺炎帝，心野齊天的小阪泉才知道炎帝雖然仁德，卻也不是像他殺掉父親一樣，可以輕而易舉就能做到。因為他知道，炎帝不僅自己身懷數種凡人全不具有的神功，而且其身旁還簇擁有一群如祝融、共工、蚩尤、刑天那樣獰猛善戰的後輩子孫。

若是不施奇計絕謀，別說他小小的小阪泉，就是坐鎮凡界一方的黃帝，也是撼動不得炎帝一根毫毛的！炎帝的仁弱只不過是與黃帝的強大相對而言，而與凡界凡人相比他不僅仁德高尚而且神功高強。因而小阪泉一連心想三日，也未能想出一計片謀。

然而，野心膨脹的小阪泉不殺炎帝不肯善罷甘休，他三日心想不出惡謀此後繼續思謀，終於在又是三日過後的無奈之中，想出了兩條無奈的惡計。其惡計之一，便是借助阪泉氏族人的聰慧剽悍，立刻向四周其他氏族之人發起進攻。所到之處掠地俘人，用俘來之人組成攻殺隊伍，像黃帝那樣使之再去攻殺別的氏族。

這樣其攻殺隊伍，就會像滾動的雪球一樣越滾越大，力量越殺越強，直到把炎帝所轄之地全部佔有。炎帝仁弱對凡人只講仁德不用武力，所以任憑自己四處隨意攻殺，他也是不會殺向自己的凡人隊伍的。待到自己將炎帝所轄之地全部佔有之時，再伺機殺掉炎帝就輕而易舉了。

想到這裏小阪泉心中當然一喜，但他臉上剛剛綻開笑顏，卻又立即收斂了回去。因為他突然想到，自己的如此惡計雖然可行，但豈知道德的黃帝與炎帝身為一母同胞，眼見其兄長炎帝為屬下侵淩，不會前來扶助仁德的炎帝兄長！

據他小阪泉所知，炎黃二帝兄弟之間並無利害衝突，更無新冤舊仇。有的只是一要仁德之治，一要道德之治。道不同不相與謀，兄弟倆方纔劃地分治起了凡界。如果道德的黃帝不容自己所行，到自己起

事之時他便前來懲殺之。那樣自己不僅就將惡計行施不得,而且自己與眾族人又豈有活命之理!

為此,他頓然斂起了剛剛綻開的笑顏,即又心想起了新的惡計。心想中小阪泉隨之靈機轉動,根據如此情形,又很快心想出了其第二條惡計。即自己先去說動炎帝,以借炎帝之手除去黃帝。然後自己再施前計誅殺炎帝,就沒有掣肘了。

或者後退一步,只要能夠說動炎帝前去攻殺黃帝,黃帝反而誅殺了炎帝,到那時自己再舉炎帝之號前去攻殺黃帝,也就興武有名回應者眾,而不至於再落到身受炎黃二帝共同誅討境地了。想到這裏,小阪泉方纔真正高興起來。決計將其第二條惡計作為上策立刻實施,而在這上策不行之時,再行第一條下策惡計。

小阪泉主意既定,便即又集起他的九位弟弟,與之誑言一通黃帝尚武戰在眉睫,炎帝無備敗在須臾。他阪泉氏族人也就將隨著仁德炎帝之敗,而歸屬在道德黃帝嚴酷統轄之下。因而他兄弟不可如此昏昏然坐待炎帝倒斃,而要肩負起保衛炎帝保衛凡界仁德之治的重任,不以位卑而不顧炎帝和凡界。而立刻前去說動炎帝認清利害,組建軍伍攻殺黃帝。以先發制黃帝而奪勝,永保凡界行施仁德之治。

小阪泉的九個弟弟,平素便皆因稱羨其長兄閱歷深廣,而對其崇信十分。這時聽了其言,便全都信而不疑,成了其任意驅使的工具,對其誑言全都答應下來。小阪泉見之心喜,便即留下其十弟坐守氏族居地,其他八位弟弟則與他一路向南徑尋炎帝,欲圖說動炎帝行其惡計。

小阪泉九兄弟向南尋出數十餘日,方纔在宛丘附近尋到了炎帝。炎帝生得牛頭人身,面目清臒。他慈眉善目,加之這時年已愈百,鬚髮皆如銀絲般雪白,更顯得慈藹可親,德高望眾,不可侵淩。

　　小阪泉九兄弟到時，年邁的炎帝正在山間尋嘗百草以作藥用。這時見到他兄弟風塵僕僕站到自己面前，言稱拜見於他，他便立刻停下動作，舉起深邃的大眼望著小阪泉九兄弟道：「小兒來自何處？拜見為帝有何事體？」

　　炎帝之言音如洪鐘，聲震肺腑。加之又見其面目雖慈但卻威重如山，小阪泉眾兄弟因而禁不住心中一震。特別是小阪泉心藏邪惡，被炎帝看視一眼又被其話語一震，唯恐露出玄虛，更禁不住心中一驚身子一悸。但他畢竟邪惡善變，忙穩過神來開口對炎帝道：「我等皆來自大帝轄地北疆，涿鹿地方阪泉氏族人之中。此來皆因小兒鄰近黃帝轄地，聞知黃帝尚武備戰，已現攻殺大帝之心。」

　　「噢，有這等事體？」炎帝聽了不以為然道，「小兒多慮了吧！」

　　「不。小兒為大帝擔心，故而不顧位卑特來稟報。」小阪泉看到了炎帝的不以為然，但他為實現其惡計繼續道，「乞大帝早做定奪，先發制黃帝以將禍患消滅在萌芽狀態，免除後患。此乃大帝之福，凡界之福，我眾凡人之福祉矣！」

　　「好一個位卑不忘替為帝擔憂的區區小兒，真乃是知我黃帝胞弟者也！」小阪泉心懷邪惡企圖一舉說動炎帝出而攻殺黃帝，但他話音落後卻見炎帝聞聽其言，不僅不生緊迫急切之感，相反卻輕鬆地仰天「哈哈」大笑起來道，「不過小兒不必為此擔憂，本帝也是知道此情的。」

　　「噢！大帝既知此情，」小阪泉聽聞炎帝此言，以為炎帝贊同其言，即又向下言說道，「就應該早做定奪了！」

　　「正因為我兄弟對此意見相左，故而方纔劃地分治。我炎帝相信我的仁德治世之法，必勝我胞弟的道德治世之法。」炎帝對小阪泉之言聞若未聞，繼續說著便又巡山尋嘗起了百草道，「你們擔心的黃帝攻殺於我之事，絕對不會發生，你們儘管放心地去吧。因為你們只知

我胞弟其一不知其二，而盡知我胞弟者，則莫過於我炎帝矣！」

「老朽了，自以為是了！」小阪泉眼見炎帝如此舉動，已是不再搭理他九位兄弟。心知自己再說，也已是不能說動炎帝之心。便在目送炎帝離去稍遠之後，對其八位兄弟道：「危在眉睫了，還預感不到，而且不聽我等錚言！」

「跟隨如此老朽，看來只能被黃帝所滅。不行我等就乾脆來他個乾淨利索的，諫說不行，就殺了他！」其三弟阪山性急，聽到小阪泉說到這裏，心中忍耐不住道，「然後僭其名號，前去攻殺黃帝。大哥，你就快做定奪吧。我們找見這老朽一次，實在不易！」

「不，不可如此莽撞！三弟的話雖然也是一途，但卻是一條現在行不通的路子。」阪山的話語雖然正合小阪泉心意，但他卻立即止之道，「只有到了萬不得已之時，方可行走此路。」

「那是為何？」性急的阪山不解道。

「這是因為，你別看這老朽年已老邁，卻不是我等區區幾個兄弟對付得了的。所以現在我等若走此路，就無疑是燈蛾撲火自尋絕路。」小阪泉這時則繼續其想道，「要走此途，我等必須先期返回涿鹿，集蓄力量。待到掠得大片地盤，集起眾多凡人組成攻戰軍伍之後，方可前來誅殺如此老朽。」

「大哥所言極是，」小阪泉的八位小弟當然還是以其是非為是非，聽了小阪泉此言口皆稱是道，「若此那就依照大哥之言，我等立刻返回涿鹿吧。」

小阪泉聽了，立刻引領其八位小弟返回涿鹿而去。一路之上，他心想既然說不動炎帝，第二惡計已告失敗，便決計回到涿鹿之後立即施行第一惡計。為此他把回去之後掠地俘人之法告知了其八位小弟，八位小弟聽了皆言稱是。於是他們回到涿鹿居地稍做休歇，便立即行

起了小阪泉的掠地俘人之計。

　　小阪泉引領眾族人掠地俘人行動驟然，加之其族人皆聰慧剽悍過人，因而出師皆告大勝。迅速掠得了周圍數百里的地盤，俘來了這片地面上其他氏族的強壯男人。小阪泉見之心喜，立刻仿照黃帝的模樣，把俘來眾男人編成軍伍，嚴加訓練，建立起了一支人幾近千數的軍伍。隨後，又開始了更大規模的攻掠之舉。

　　阪泉氏族人的如此舉動，一時間真個是如同一塊巨石，突然投入了平靜的深潭。在平靜的炎黃二帝大治的凡界之上，驟然激起了軒然大波，引起一場巨大的禍亂。於是，遭到阪泉氏軍伍攻掠的其他氏族之人，紛紛派人前去分別稟報炎帝與黃帝。

　　炎黃二帝聽聞此稟，都立刻分頭趕向了涿鹿。炎帝率先趕到涿鹿地面，尋見了作亂首領小阪泉。炎帝本可以立即施法或讓屬下擊殺作亂的小阪泉，除去這場由其引發的禍亂。但他沒有那樣去做，那是與他所行仁德之道相違背的。

　　「小阪泉，前日我在宛丘已對你講說清楚，知我胞弟與我者，唯我炎帝！我知道那樣的事情不會發生，你為何不聽我言，生起如此禍亂，」炎帝這時仍是對小阪泉感以仁德道，「打亂眾凡人的平靜生活，給眾凡人帶來如此災難？理我已對你講說清楚，我諒你無知初犯不予追究，你還不快快迷途知返！」

　　「巍巍炎帝，現在不是小兒違你之教不作退返，」小阪泉真不愧把仁德的炎帝瞭解透闢之人，他知道炎帝對他絕對不會動武，因而聽了炎帝此言毫不退讓道，「而是該作迷途知返的不是我小阪泉，乃是大帝您！」

　　「你，」炎帝頓被小阪泉說得一愣，因為從來還沒有人敢於這樣對他說話，但仁德的他仍不氣惱，心中怔罷接言道，「小兒何以此言？」

「大帝想呀，黃帝就要行武殺來，您卻不聽我們的錚言迷途知返廣作武備，以先發制人的手段除去隱患，而卻念及兄弟骨肉親情，仍在仁德之治的迷途之中不作返回。」小阪泉這時膽子更大，近乎數說起了炎帝道，「我們隨您就要走入苦難，我們為保自己的平安生活，學習黃帝之法廣行武備，有什麼不對！我們眼下正在沿著一條康莊大道向前，又怎有返向您那仁弱迷途之理！」

「小阪泉，你將凡界禍亂若此，」炎帝聽聞小阪泉對他數說若此，仁德的他也不由得心生氣惱道，「你知道自己之罪嗎？」

「行其今日小禍，乃為避開明日大禍！罹小禍而避大禍，我小阪泉乃造福於凡人，何罪之有！」小阪泉聽到這裏，當即不讓道，「因而有罪的是，將要為凡人罹致大禍的您炎帝，而我則是凡人的有功之臣！」

「你……」炎帝聽到這裏，仁德的他也實在禁不住了心中的惱火，口中氣惱得叫了一聲身子愣在了那裏。

「我宰了你！」站在炎帝身後性躁如火的蚩尤，早已忍不住了心中的氣惱。這時眼見小阪泉邪惡若此，立刻打斷炎帝之言口中叫著，揮起手中石鏃，便向小阪泉當心刺來。

「慢！」小阪泉眼見蚩尤手中石鏃刺來迅疾，心中驟然一驚。正要揮起石刀攔擋，卻聽炎帝大叫一聲，出手攔住了正刺的蚩尤。

「殺！」然而，邪惡的小阪泉並沒有因為炎帝攔住蚩尤回心轉意，這時只見他心機急轉，害怕夜長夢多炎帝生變誅殺自己，便索性趁此時機來他個一不做二不休。立刻口中大叫一聲，隨著即出手中石刀，戳向了正攔蚩尤的炎帝。其九位兄弟見之，也即隨他口中那聲殺字，引領身後眾兵殺向了炎帝眾人。

炎帝正攔蚩尤心想自己以仁德對待小阪泉，小阪泉絕對不會如此

不被自己的仁德感化，而突出殺手殺向自己，因而心中無防，陡遇此變，心中一驚。好在早有祝融在旁，出械擋開小阪泉刺來石刀，護住炎帝往後就退。

性躁好鬥的蚩尤這時仍被炎帝所攔，忍耐不住心中的氣惱，邊退邊勸說炎帝讓他回殺小阪泉眾人。但無奈仁德的炎帝硬是不允，言說不可如此壞了其仁德治世之道。蚩尤為此只有心急生氣別的也是無奈，隨同炎帝往後退去。小阪泉眾人則隨後越殺越猛，大有非置炎帝眾人於死地而不可之勢，殺得炎帝眾人一時間也真個有身陷厄境之險！

就在這時，突見小阪泉隊伍左右兩邊與背後塵埃陡地騰起，隨著驟然響起了震天的殺聲。小阪泉所率正在向前攻殺炎帝眾人的隊伍，立刻停止向前攻殺，慌亂地返身向後潰去。炎帝眾人見之大奇，忙止步觀看為何。他們看見一支隊伍喊著殺聲迅疾包圍了小阪泉的隊伍，一陣大殺已將小阪泉眾兄弟與其隊伍殺滅淨盡。

仁德的炎帝眼見此景，正對這場惡殺詛咒不止，卻見到從殺滅小阪泉隊伍中間讓開的一條道上，走來了他那首生四面、英武仁藹的胞弟黃帝。見到這裏，炎帝的頭猛地如同遭到了重擊，「轟」一下懵了過去。他實在想像不到，行下如此可詛咒殺人罪惡者，果然是自己的胞弟！而他又過去就猜知其欲行的道德治世之道，必然會走上如此殺人之路，今日果真在其預料之中出現在了自己眼前。

同時，那被殺的小阪泉之言，對於自己來說又實為諍言摯語。而那小阪泉所以如此違背自己之教行事，又都是學了黃帝的樣子。結果為此喪失了自己及其所領眾凡人的性命，因而可以說他們是既為黃帝所殺又為黃帝而死！他們死得實在太慘了，黃帝的道德之道實在太可惡了。這時救了自己就要來到自己面前的黃帝，是他炎帝實在容忍不

得的！為此他見之頭腦即懵，沒有看見已經到了其面前的黃帝。

「哥哥，不是小弟趕來，你的仁德之道就要斷去你的性命了！」黃帝這時到了炎帝面前，立刻開口道，「是小弟的道德之道，在此急難之時救下了你。二道孰是？眼前的事實勝於雄辯，你我應該見地歸一了！」

「廢話！不是你這惡行此道德之道，焉有小阪泉如此之亂？又豈有小阪泉眾人如此被你誅殺之理！」炎帝聽聞此言方纔從懵怔中清醒，但他不聽黃帝此言還罷，聽聞此言立刻對黃帝勃然大怒道，「他們學你之道又被你所殺，他們是為你而死又被你殺死，他們死得冤枉啊！」

「哥哥，你……」正喜的黃帝這時被炎帝說一愣。

「可你，如今竟然還敢在我面前大講你的邪道。我過去容你，讓你去行你的邪道，是想你一時還不會做出這樣的事來。」炎帝這時繼續數說黃帝道，「我可以用我的仁德之道感化你，使你棄掉邪道歸我正道。可你卻一意孤行至此，我怎再容得了你！」

黃帝聽到炎帝言辭激切若此，深為自己救了哥哥可他不僅遇救不謝，相反加倍責怪起了自己心中好生氣惱。但他見到炎帝激憤若此，恐怕兄弟間傷了和氣，也急切不敢怠慢道：「哥哥，你聽我說說好嗎？」

炎帝這時雖已氣惱至極，但他畢竟是仁德之帝，一時間也不好說對黃帝不容就不容，而不再言說，任憑黃帝向下講說道：「哥哥，小弟從來也沒有認為你的仁德之道不好。而只是認為治理凡界要因時而移，因事而易。不可不因時因事移易，而一味恪守古道。」

「還是你的那一套，」炎帝這時壓抑心中的氣惱道，「我叫你說完。」

「過去，凡界人少而食物充盈，行仁德之道可以大治凡界。可是今天，凡界人眾而食物需要勤勞始得，這樣就進入了眾人爭食的時代之中。」黃帝繼續侃侃講說道，「食物不足，眾人就要爭搶。爭搶食

物就必然要訴諸武力，而治服武力就不是僅憑仁德即可做到的事情！」

「真是三句話不離本行，還是你那老一套！」炎帝仍是不容道。

「因而我們所行治世之道，就要隨著時代世事的移易而移易。只有這樣，才能達到治世平亂之目的。」黃帝當然不改自己之想，繼續其言道，「兄長是深知伏羲爺的八卦變易之理的，只有如此，才合乎變易之理呀！」

「歪理，謬理！你就是不仁，就是尚武。你非要行此殺戮之道而不可！」炎帝聽到這裏，實在聽不下去了，氣惱得開口對黃帝吼叫起來道，「你說仁德治服不了武力，但你怎麼就不知道，凡界還有只要心誠石頭也會開花，只要水滴石頭也可洞穿的道理呢！我就不相信石頭既然也能開花堅石也可洞穿，而肉做的人心不會為仁德感化而改悔！」

「哥哥，你……」黃帝這時見到炎帝心情亢奮，欲作解釋道。

「我就不信你不殺死小阪泉眾人，我一次不行兩次，兩次不行三次，三次不行四次，如此使用仁德一次次言說於他，感化不了他們那尚武之心，重新歸於仁德之道！」然而炎帝這時不容黃帝解說，繼續激憤道，「可是你動怒乍然襲殺了他們，又用這作為證據來辯說於我，並且抬出了伏羲爺的八卦變易之理。可是這一切你都說服不了我，都只能證明你的自然之道的邪惡！」

「哥哥……」黃帝這時仍要對炎帝解釋道。

「我當然知道伏羲爺的八卦變易之理，也正因為我知道並堅信伏羲爺的八卦變易之理，」炎帝仍是不允黃帝解釋，向下講說道，「我才相信仁德可以感化邪惡。邪惡通過仁德的感化，也會化生出仁德來的！」

「哥哥，弟弟並非反對你如此使用八卦變易之理，而是說由於今

日時代不同了，」黃帝直到這時方纔插上話來。但他心中雖然不敢完全苟同炎帝之言，卻也一時不便明言反對，害怕再言傷了兄弟和氣道，「我們所用治世之道也應該隨之而移易。只有這樣，才能適應治世之需，治平凡界。」

「一派胡言！」炎帝仍舊怒氣不息道，「我讓你說夠。」

「哥哥，你不相信我的道德之道只行仁德之道，結果生出了阪泉之亂不就是證據嘛！如果哥哥仍然不信，」黃帝這時依據其想，繼續道，「你的轄界之上一定還會再生出一起、兩起，直至眾多起阪泉之亂的。哥哥，仁德難動惡腸，亂世需用重典，你切記吧！弟弟告辭了。」

炎帝這時更怒了，聽到這裏再也容忍不得了。因為他這時認定黃帝是凡界的禍亂之源，並決計將其擒囚起來以切斷惡源，而僅用自己的仁德之道大治凡界。為此他聽到黃帝要走，遂立刻開口怒叫道：「要走，你走不成了！不囚住你這凡間尚武的典範，凡界禍亂怎能除去得了！為兄的仁德之道豈能暢行於凡界！弟弟，為了凡界太平，凡人幸福，為兄只有如此行事了！」

「哥哥，你要做甚？」黃帝想不到炎帝真要動手，急問道，「你要擒囚於我？」

「是的。你這樣能為凡界的平凡人的幸福而受禁，用一己的受禁而換得凡界的大治，也是被囚得值得，」炎帝立刻怒言道，「報怨為兄不得的。而且這也正合乎為兄的仁德之道，為此你就好生受擒吧！」

炎帝說完，立刻一反平時的仁德之態，出手即向黃帝拿了過去。

二、神農臨凡

炎帝是少典的兒子，出生於今湖北厲鄉烈山。但少典氏族人的居地，卻是位居千里中原大地腹心的宛丘。

在炎帝出生之前數十年之時，宛丘地方大地陸平，平原遼闊；四季分明，氣候平和。因而這裏極適宜於植物生長，動物繁衍和人類居住。這裏有丘有水有草有樹，草上結籽，樹上結果，草叢樹林中有獸，水中有魚，天上有禽鳥。居住在這裏的少典氏族人與周圍其他氏族之人，生活幸福安然，養成了仁和的氏族習性，形成了純樸敦厚的樸實民風。

少典氏族人在族人中以仁和為貴，對待附近相鄰氏族之人也以仁和為上。氣候的平和、食物的豐盈，加上誠樸的民風，和氏族間相待以仁和的良好社會風氣，真個是使居住在宛丘地方的少典氏諸族人，日子越過越好，越過越加幸福起來。

然而，宛丘地方的如此優越地理環境和純樸社會風氣，卻很快破壞了這裏的幸福生活。由於這裏民風樸誠，眾人仁和，食物充盈，被遠近凡人譽為凡界典範之地，遠近凡人因之心嚮往之，隨著便紛紛奔聚到這裏而來。結果使宛丘地方居住的氏族迅速增多，人口迅速膨脹。

再者，平靜幸福的生活又使這裏的人口繁衍迅疾。在外來人口

之外，自己又繁衍出了眾多的人口。如此人口的兩廂添加，就使得宛丘地界之上人口驟增不已，造成了這裏眾多的人口與生態環境的嚴重失調。

於是草上的籽被採光了，樹上的果被食盡了，草間林中的獸被捕絕了，水中的魚被捉完了，就連天空的禽鳥也被打得不見了蹤影。隨之這裏凡人的生活便陷入了困苦之境。迎來了不得不遷徙別處，另尋生活出路的嚴重災厄。

居住在宛丘的少典氏族，是當地一個古老的氏族。這個氏族人口最為眾多，數愈兩千餘眾，而且世代以仁和為旨，朴誠為宗。家鄉宛丘變成了貧瘠之地，眾族人生活無以為繼了，他們便率先離開宛丘。在氏族首領少典的帶領下，一路向西南方向遷徙，尋找食物充盈適宜居住的新居地而去。

少典氏族首領少典，這時是一位年愈四十的中年男子。他生得慈眉善目，臉面誠朴。他體壯如牛，力大如虎。他雖然身為氏族首領，卻與氏族眾人享用食物一般無二，沒有任何點滴的特殊。而只是其族人遇到任何難事苦事，他都沖到前頭出力最大。

同時無論對待族內還是外族之人，他都是像其生相一樣以仁和之心相待，以誠朴為旨相處。因而不僅氏族中人尊敬擁戴他，宛丘地方眾多氏族之人也都尊敬擁戴他。

少典首領二十歲時，娶宛丘居地鄰近的有蟜氏族首領的女兒，名叫安登，又叫女登、附寶者為妻。安登與少典也真個不是一家人不進一家門，但見她不僅生相與少典一樣慈眉善目，面容誠朴，而且其身材高大粗壯，強壯有力。安登不僅相貌酷肖少典，其身為氏族首領少典之婦，待人處事也皆與少典一般無異。

她食物揀差的吃，不搞點滴特殊。難處險處沖在前頭，與少典一

起為族人解難排憂。對待族人她慈藹得如同母親，對待外族人她仁和誠樸堪稱凡人典範。為此她像少典一樣，受到族內外眾人的尊崇和擁戴。而且由於她的作為，眾凡人更加對少典首領崇敬擁戴十分。

然而，少典夫婦雖然如此廣施善舉，備受族內外眾人尊崇擁戴，但他夫婦至此遷徙之時，結婚已過二十餘載，膝下卻一直未能添加一男一女。眾凡人為此都為他夫婦心抱不平，因為在他夫妻的引領呵護下，族內外眾人都繁衍出了眾多的子嗣。他夫妻為什麼廣施善舉，而不衍子嗣呢？善報為什麼落不到他施善的夫婦身上，反將惡報落在了他夫婦的頭頂呢！難道凡界善有善報的俗言，壓根兒就不靈驗不成！

少典夫婦知道眾凡人為他夫婦懷抱的不平，也雙方都為自己二十餘載未衍子嗣而焦愁。但他夫婦卻不為此而氣餒，依舊廣施善舉仁和處世，設身處地千方百計為眾凡人排憂解難，不把自己得不到所謂「善報」放在心上。

仁和的少典夫婦就這樣引領族人一路向西南遷徙，這日來到了華陽地方。華陽地方有山有水，有草有樹，鳥獸蟲魚樣樣皆有。野果野粟綴滿草莖林間，而且氣候溫和，人煙稀少，恰是少典氏族人正欲尋得的一方游居之地。少典眾人見之高興，便在這裏留居下來，以度時日。

少典氏族人居住下來，轉眼過去兩日，少典夫婦這日清早安排好了族中事務閒暇下來，便雙雙離開喧鬧的族人，踏著清草，向不遠處的河邊探看周圍的環境而來。少典族人選居的這個地方，北依蒼翠如黛的小山，山下平原之上綠草鋪翠。從山腳下往南行走愈過里許，有一條銀亮的小河，由西向東唱著清脆的歌兒蜿蜒流去。

少典族人居住在小山腳下，少典夫婦整日為族人操勞，很難有如此夫婦兩個在一起清靜的時機。因而他夫婦離開族人踏上這鋪翠的平

原，眼看著地上的翠草繁花飛蝶舞蜂，加上平原上清靜恬淡的怡神氣息，真個是使他夫婦立刻陷入了清靜恬淡的心曠神怡之境，心中溢滿了蜜糖般的歡快甜蜜之情。

他夫婦心懷如此歡快甜蜜之情，腳踏翠草野花雙雙相攜，一路向南邊的小河徜徉而來，不覺間便已走過里許平原，來到了銀亮的小河岸邊。那銀亮的小河真個是更叫人心曠神怡，他夫婦看到河水水面平緩如鏡，水底遊魚歷歷可數。水面上成雙成對地閒遊著交頸的雪白天鵝，水底下成雙成對地閒遊著求歡的魚兒。

銀亮的河水被翠綠的河岸彎彎曲曲地夾峙著，河岸的翠綠更襯托出河水的銀亮。只見銀亮的河水如同飄落在翠綠平原上的一條飄帶，從西方翠綠中飄來，向東方翠綠中飄去，在他夫婦面前歌唱著「叮咚」作響的一支清脆歡歌。

置身如此恬淡之境，少典率先忘記了自己的年齡，仿佛立刻變成了一位貪耍的孩童，拉起安登就沿著河岸一路向東奔去。身受少典的情緒感染，安登也隨之忘記了自己的年齡，仿佛立刻變成了一位天真爛漫的小姑娘，隨在少典之後口中歡快地叫著「哥哥」，一路蹦跳著向東方朝著早晌的太陽奔去。

這時，正是初夏早晨八九點鐘的時光，太陽明媚可人，陽光和煦四射，天氣不冷不熱。安登朝著太陽奔啊奔呀，望著太陽奔啊奔呀，突然她看見太陽中倏地騰出了一條金龍，乘著和煦的陽光徑直向她奔來。安登心中大為奇異，忙叫少典快看太陽中騰出的金龍。

「看視不見。」然而少典舉目看視一番看視不到剛說一語，安登卻奇異地看到那金龍不是越近越大，而是越近越小，倏然如箭似電般飛到了自己身邊。她正在奇異此龍前來做何，卻頓覺肚子猛然一脹，驚得口中禁不往「啊呀」叫出了聲來。

少典正在奇異自己為何看視不到安登看見的金龍，驟然聞聽安登突發此叫心中大驚，忙低頭看視安登為何驚叫，卻見到安登這時真個是同先前換了個人兒！她先前空癟的肚腹，這時已經鼓成了個大包，就像快要臨產的女人一般。使得她先前勻稱的身材，這時除去突兀的大肚子，仿佛就沒有了人兒！

　　少典奇詫了，忙問安登這是為何，安登說她也不知道這是為何。只是見到那金龍徑直飛到了自己面前，自己的肚子猛然一脹就變成了這個樣子。少典聽了，這才由驚轉喜道：「若如此說，是我們要有子嗣了！而且夫人還身感了神龍，非生個龍子不可哩！」

　　「天知道這是什麼怪事！別人心中都嚇死了，你還有心逗樂高興哩！你別喜歡得太早了。」安登聽了少典此言，心中立即不敢歡喜道。少典聽到安登言說有理，便也隨她一起陷入了沉思，隨後便怏怏不解地返回居地而去。

　　少典夫婦剛剛回到族人近處，生育過的女人們便看出了安登的身子變化。她們開始先是嘰嘰喳喳互相詢問對方看到過安登此變沒有，當聞知對方都看見了之時，則齊轟然一聲歡叫，疾向少典夫婦圍來，祝賀他夫婦終於得到了善報。但是少典夫婦仍然不敢高興，卻也不敢把所遇之事告訴給眾族人，唯恐族人心疑生出驚怕。

　　然而，不管少典夫婦向眾族人講說與否，眾族人看見安登有了身孕而且已經臨產則是事實。因而，他們不論男女都為自己尊崇的少典夫婦要添子嗣，終要得到善報高興奔忙，以使安登平安生出孩子平安長大。不過，事情卻令眾族人大為失望。因為眾族人雖然為安登做好了生產準備，但他們等待一天安登不生，一月不生，一年不生。一直等到第九個年頭了，安登還是仍然沒有生。

　　眾族人心中奇異了，因為按照常人的習慣是十月懷胎，一朝分

娩，哪裏有過懷孕九年還不生產的胎兒呢！眾族人於是又開始嘁嘁喳喳地議論起來，說安登懷的定是怪胎，因為過去誰也不曾見到過她懷胎，她的肚子是在那天早上突然突兀起來的，因而她才懷孕九年而不生。也有人說安登肚子中不是胎兒，是眾族人瞎替少典夫婦喜歡，善有善報的俗言仍是一句空話。

少典與安登當然聽到了眾族人的議論，但安登九年不生卻是事實，他們也不好講說別的，只有聽憑眾族人議論紛紛。如此到了第九年年底，少典氏族人游居到了厲鄉地方烈山之上，少典夫婦作為氏族首領，居住在烈山半腰一方石洞之中。

少典夫婦剛剛在此山洞中住過一日，第二日早上時光烈山上空突然飄來了祥雲，少典與安登所居石洞突然騰起了瑞氣，隨著安登平安生產了。眾族人聞聽全都驚喜地奔相走告，他們驚的是安登或許真的生出了怪物禍亂於他們，喜的是安登終於生了，或許生一個眾族人歡喜的兒女。為此齊要進洞，向首領夫婦賀喜。

少典夫婦則不讓眾族人進洞給他們賀喜，因為安登雖然生了而且生下了一個兒子，但這個兒子卻生得人身牛首有異於常人，不是凡人而是一個怪物！他夫婦為此傷心至極，痛責自己前世作了何等冤孽，今生今世雖廣施仁德，卻也只能得到如此報應！他們因而不讓眾族人入洞賀喜，同時害怕驚嚇住了眾族人。

「首領，剛才隨著洞中嬰兒降生，洞外前面平地之上，驟然一拉溜生出了九口水井。」就在少典夫婦正在攔阻欲要進洞賀喜的眾族人之時，卻突然聞聽洞外傳來一陣喊叫道，「我等見之奇異，剛才汲水一試，結果汲一井之水，其他八井之水皆隨之而動。這太奇異了，您快去看看吧！」

「我與安登施善半生，結果想不到竟得到如此報應！」圍在洞口

欲要進洞賀喜的眾族人聽了此言，都奇異得立刻平靜下來。正在奇異傷心的少典聽了此言目睹此景，頓然堅定信心道，「為了保我夫婦善名，保得凡界安寧幸福，我少典絕不能容許這小怪物活在凡界，作賤凡人！」

少典說著，即憤怒地抓起身旁倚在洞壁上的一把石刀，倏地便向安登剛剛生下的嬰孩砍了過去。然而就在少典手中石刀剛剛揮起還未砍下之時，卻奇跡般地聽到那剛剛生下的牛頭人身嬰孩，竟然開口說出朗朗話語道：「爹爹不可如此，孩兒有話要對爹爹講來！」

怪胎嬰孩如此突然說出話語，不僅頓時驚止了欲要砍殺於他的少典，而且也驚呆了圍在洞口欲要進洞的眾族人。眾族人被驚呆是因為他們從剛才少典的話語中，已經聽出安登生出了怪物。隨著他們又聯想到安登懷胎之怪，洞外九井之異，這時又聞小怪物落地能言，誰個能夠不被頓然驚呆！

「惡怪快講，待你講完再殺你也是不遲！」少典被驚呆，則也是因為小怪物落地能言，而且話語朗朗，實在怪異！於是他放下石刀，屬聲對之說道。那嬰孩聽了，便隨著對少典朗朗講說起來。他說，他不是怪物但也不是凡人，他乃是天上的天神脫胎臨凡而來。

他原是天宮玉皇大帝御前的司火大神，因他司火有功，玉皇大帝剛剛賜封他為太陽大神。由於太陽的冷暖直接關係到凡人的生存，玉皇大帝為了讓他管好太陽，以給仙妃女兒即女媧娘娘，為他創造的凡人甥兒造福而不是造災，故而派他下凡體驗凡人之情而來。為此他雖然生得相貌有些怪異，但卻絕對不會給凡人帶來災禍，因而乞求少典不要殺害他，以觀後效再作決斷不遲。

少典聽到怪兒此言，真個是頓然無可適從起來。圍在洞口的眾族人也都聽到了怪兒此言，忙一陣議論。隨後都說怪兒可暫不殺，觀望

一段有惡再殺不遲。少典正無主意，聽到這裏只有暫從眾族人之言，決計暫且放過小怪兒一命不死，以觀後效再作定奪。

「爹爹，你既然賜得孩兒一命不死，」怪小兒聽了，忙開口先謝眾人，後謝爹娘，謝畢，即又開口乞求少典道，「就再賜給孩兒一個名姓，作個記號吧。」

少典聽了心想怪兒無名也不好喊叫，便稍作沉思道：「如此烈山由九山組成，怪兒生處洞天山前有一姜水，怪兒既然生在姜水之畔，爹爹就賜姓給你為姜。怪兒又生在石室之中，而且恰值新年，爹爹就賜名給你為石年。」

「好，爹爹叫少典，娘親叫安登，孩兒我叫姜石年！」怪兒聽了，竟又奇跡般高興得拍起了小手叫喊道，「那麼孩兒姜石年就謝過爹娘生育之恩，謝過眾族人饒過姜石年一命不死，容當姜石年日後重報了！」

少典夫婦與眾族人見之，更加奇異不已。不過，怪兒姜石年剛才所言皆為真實。他先前確為天界玉皇大帝的御前司火大神，皆因他在天宮掌管天火數千萬載，沒有出現過點滴差錯。玉皇大帝極度讚賞他仁和誠直的品格，極度相信他的作為，因而在挑選與凡界生死存亡攸關的太陽大神之時，萬里挑一地選中了他。

由於司掌太陽對凡界生死攸關，玉皇大帝選中他之後，依舊唯恐他在日後司掌太陽中稍有失閃，給凡界凡人造成滅絕之災，毀害其女兒仙妃給祂造就的凡界甥兒，所以又立刻決計派遣他先下凡界化作凡人，通過凡間生活具體體察凡間一切。以使其以後司掌太陽之時，遇事先設身處地替凡人思想，不出點滴差錯。

太陽大神就這樣受遣下凡，化作黃龍選中凡界德高望重的少典夫婦，作為生身父母投胎在安登腹中，降生在了他夫婦膝下。但只是這

一切雖為真實，少典夫婦僅聽姜石年嘴說一遍卻不敢相信。因為這事情實在太奇異了，此後怎敢擔保這怪兒不如其說，會給凡界凡人帶來災難呢！

為此他夫婦雖然暫且留下了姜石年活命，卻並不把他當作好孩兒好生照顧。眼見他生而能言，三日後又會行走，便把他拋在一邊任其作為。眾族人也對其皆有戒心，所以也都不敢十分親近。年幼的姜石年，就這樣陷入了無人照顧的困苦之中。但他置身如此困苦境地，卻恰好符合玉皇大帝以苦礪其心志的用意，因而很難說這不正是玉皇大帝的著意安排。

此後怪兒姜石年果然不愧天界的太陽大神下凡，只見他身陷此境不僅歷此苦難不以為然，而且還以此苦難為樂。小小年紀就聰穎異常，經常尋找機會向族人詢這問那，想著自己如何為凡界凡人排憂解難。

與此同時，他還以仁誠之心對待族中小朋友，使他很快成了族中孩子們尊崇的孩子王。他當然也以仁誠之心，對待眾族人和少典與安登爹娘，並時時思謀著報答他們的法兒。

加之也不見他在後來的時日中，給凡界凡人帶來災禍，為此少典眾族人便信賴起了怪兒姜石年，消除了對他的戒備，代之以關照和歡心。就連少典夫婦，也對其由疑心戒心變成了歡心，由衷地喜愛並疼愛起了聰慧懂事的怪兒姜石年。

如此一晃十五載過去，怪兒姜石年長成了一個身材碩壯的大小夥子。但見他雖然牛頭人身沒有改變，但卻越加變得面容慈藹，眉目和善，令人望之可親可敬起來。而且他還心地如其面目一樣仁和誠樸，對凡人老幼無欺，所以更令人對其感到可親可敬十分。

就在這時，由於眾族人先前遷徙華陽一住九載，這時又在烈山居

住了十五載過去，加起來已歷二十四載時日。他們便不由得思念起了離開二十四載的宛丘故鄉。

昔日的故鄉宛丘，是氣候宜人、食物充盈、生活幸福的地方。後來由於人口驟增，造成吃食短缺，生出了苦難。如今時光已歷二十四載，那苦難是否已經消除？故鄉的面貌是否恢復了先前的模樣？

思念至此，離開故鄉二十四載的少典氏族人平靜不得了。他們紛紛向氏族首領少典，要求返回故鄉。少典夫婦當然也在日思夜念著宛丘故鄉，便答應眾族人之求，引領眾族人一路返歸宛丘故地而來。

他們回到宛丘故地一看，雖然這裏也已經二十四載過去變化了面貌，但其面貌卻不是恢復昔日的姣好，而是向著更壞的方向邁進了一步。他們看到少典與其他舊居氏族雖然早已離去，但在這片故地之上，卻又湧來了更多的新來氏族。因而這裏人口更加眾多，生活更加貧苦。

看到故鄉惡變至此，少典氏族人心酸了，流淚了。因為親是故鄉土，愛是故鄉人啊！他們為故土的貧窮而心酸，為親人的貧困而流淚。少典夫婦目睹此景，決計立刻帶領族人再往別處。

但是故土重歸，狗不嫌其貧。眾族人思念故土之心未退，滿腹的情懷未傾，誰也不願就此立刻離開雖貧猶親的故土。少典夫婦不僅知道，而且也有著同眾族人一樣的情懷。他們為此不願傷害眾族人對故土的由衷親情，收回成命與眾族人一起，暫且在宛丘故地上居住下來。

少典氏族人在貧窮的宛丘故地上居住下來，生活隨著便陷入了貧困。因為這裏的活物已被捕盡，草籽野果也被食絕。原先居住在這裏的氏族之人尚且貧苦不堪，他們氏族之人數眾兩千初歸乍還，怎麼能夠得到充盈的食物呢！

因而他們的日子，比原先居住在這裏的氏族之人更加貧苦十分。

一時間，真個是大人餓得饑腸轆轆，小孩餓得你哭我叫。老弱病殘者挨不過如此貧苦，早有數十人在饑餓貧苦中斃去了性命。

目睹族人如此境況，少典與安登急了，眾族人急了，怪兒姜石年心中更是急了。他本想勸說爹娘立刻引領族人離開宛丘，但他也看到了眾族人剛歸故地不願離去的情景。為此他雖然來到了爹娘面前，卻又收回了此想。

但他這時卻也看到，由於其爹娘少典與安登皆為仁慈之人，雙方只顧別個不為自己，連日來把能吃的食物，都讓給了族中幼弱之人，他們腹中無食身子迅疾消瘦，已經脫盡了昔日的相貌，仿佛變成了別人。

看到這裏，姜石年心中更是苦痛。他不是只痛自己的爹娘，而是想到爹娘作為氏族首領尚且饑餓若此，眾族人怎會好過一分！再說，如果爹娘如此餓昏過去，其少典氏族就將失去尊崇的首領，眾族人豈不就要更受苦難！為此他不忍再待，立即離開爹娘與族人來到曠野一個小丘之上，手握弓箭翹首仰望起了四周的藍天。

姜石年如此舉動包含兩層意思，一是期盼遠處有一群或一隻無論什麼鳥兒飛來，他射落下來立刻送給父母與缺食的族人，快吃一頓彌補一下身子，以讓父母更好地引領族人渡過難關。然而他等啊待呀，由於這裏人丁眾多，早已打得鳥兒也不敢從其上空掠過，所以他一直期盼三天，也不曾等到一隻飛過的鳥兒，心中更加焦急難耐起來。

二是他在期盼鳥兒飛來的同時，心中也借此時機在苦苦地思謀著解救眾凡人之法。玉皇大帝遣他下凡而來，正是要他為凡人排憂解難。眾凡人遇到如此因人多造成的食物缺乏之難，而且不解此難眾凡人就難以渡過如此難關，他怎能不掛在心上呢？為此他在期盼鳥兒飛來的同時，心中在一著又一著地思謀著為凡人解難之法。

　　但他一連在盼鳥中思謀了三天，卻像三天中未盼來一隻鳥兒一樣，也未能想出為凡人解決食物缺乏困難的良法。怎麼辦，怎麼辦呢？鳥兒不飛來，良法找不到，燃眉之急解不去，長安之策尋不到，姜石年心中三天后真個是焦急愁苦到了極點。

　　姜石年在焦急愁苦中熬到第四天早上，無奈中他向掛在東邊天半空中的火紅太陽看視一眼，他因焦愁而緊鎖的面龐，卻因此頓然綻開了笑顏。因為他看到，在火紅太陽的中心位置上，一隻渾身通紅的大鳥，正悠然地張合著兩支通紅的翅膀，徑朝自己頭頂疾快飛來。

　　姜石年等待四天，豈肯放過射殺這只大鳥的良機。只見他即不怠慢，急忙舉弓搭箭瞄準飛來的大鳥，只待大鳥飛進他弓箭的射程，就立刻拉弓射殺這只大鳥。大鳥越飛越近了，姜石年對大鳥便越看越加清楚。他看到，那大鳥不僅渾身火紅無比，而且身子碩大無朋，同時口中還仿佛銜著一個長長草穗樣的東西。

　　姜石年來到凡界十餘年了，還一次也沒有見到過這樣的火紅大鳥。為此他心中奇了，一時間竟然奇異得忘記了射殺這只大鳥的事兒，手握弓箭怔在了那裏。大鳥這時已經飛到姜石年頭頂上空，只見它先是繞著姜石年頭頂在空中盤旋一圈，隨著則在姜石年面前拋下口銜的草穗樣東西，然後折轉方向又向太陽飛了過去。

　　眼見大鳥就要飛去，姜石年方纔從驚愣中清醒過來，想起射殺此鳥給爹娘和族人作為吃食的事兒。於是他急忙奮力拉弓放箭，但聽隨著其「嗖」的一聲放箭聲響，那大鳥則「颯」地幻化成一道耀眼的金光，劃向藍天高處而去。

　　姜石年目睹此景心中更奇，他未能射殺此鳥遺憾之餘，忙俯身撿起大鳥拋在他面前的草穗樣東西看視。看到那東西雖與草穗模樣般無異，但是草穗上結出的草籽瘮而小，這禾穗上的籽粒卻大而飽。

看到這裏，姜石年還不知道這禾穗有何用處，便從禾穗上摘下一顆籽粒放進嘴中品嘗滋味，以驗看它是否可以像草籽一樣用來吃食。結果他剛把那籽粒放進口中，一股噴香溢甜的滋味便充滿了口腔，激起了腹中巨大的食欲。

聰穎的姜石年這時頓然明白過來，看到這正是自己久思不得，而那大鳥給凡人送來的食物。這食物眼前雖然只有一支禾穗，上面的籽粒不夠一人一口吃食，但穗上有籽凡界有土，將穗上的籽粒埋入土中，它們便一定會像草籽一樣生出草樣的禾苗來。

有了草樣的禾苗，它們又一定會像野草那樣，結出草穗模樣的禾穗來。這樣一粒結一穗，一穗衍多穗。如此繁衍下去廣衍開來，凡人不就有了這既好吃又充盈的食物嗎！是的，事情就是這樣，這一定就是那大鳥送來這支禾穗的本意。

心明至此，姜石年既不捨得再去品嘗禾穗上一顆籽粒，也不捨得再多待須臾時光，延俟凡人缺乏食物之苦。只見他立刻小心地把禾穗上的籽粒揉搓下來，隨著把它們分為五撮，然後選擇五個地方埋入了土中。

那籽粒也真個是神異無限，只見姜石年剛把它們分五處種好站起身來，它們已是破土生出芽來。隨著長出了葉兒，結出了禾穗。姜石年奇異之餘急忙分別看視，見到這五處禾苗結出的禾穗皆不相同，而且籽粒也與先前相異。

那禾穗有大的，有小的，有長的，有圓的。那籽粒有黃的，有紅的，有長的，有圓的，有大的，有小的。姜石年每樣都撿一粒放進口中品嘗，它們雖然樣兒各異但味道卻與先前一樣，都噴香溢甜，激人食欲。

姜石年心中大喜，隨著便給這五種禾稼賜名總稱為五穀。然後又

分別起名叫作稻、黍（黃米）、稷（高粱）、麥、菽（豆）。姜石年如此給五穀起的名字一直延用到今日。姜石年給五穀起名之後，又隨即按照種類分別將它們種在了泥土裡，很快便繁衍出了眾多的五穀。

這時，姜石年才把少典爹娘與眾族人請到丘前，讓眾族人品嘗他種出五穀的滋味。眾族人一嘗，齊叫好吃，詢問姜石年這五穀的來歷。姜石年隨著向眾族人講說了一切，末了則對眾族人大聲道：「五穀是好吃，但是要想吃到它們，需要我們人人動手，把種子播種到土裡，把果實收穫起來，我們才能不缺吃食。」

眾族人聽了齊叫立刻動手，姜石年於是便讓眾族人先放火燒去地上的荒草，然後用石刀挖坑，把五穀種子一粒粒種進了土裡。眾族人種好之後，他又讓太陽發出足夠的光熱，讓五穀生長得更好，結出更加豐碩的果實。就這樣，由姜石年始，由少典氏族人始，由宛丘始，凡人在凡界開始了刀耕火種的農耕時代。

五穀的籽粒開始不多，如此經過少典氏族人的辛勤耕種繁育，很快便蔓延遍了凡界。眾凡人都從少典氏族人這裏學會了播種五穀，從而使得偌大凡界整個兒地進入了刀耕火種的農耕時代，解決了昔日食物欠缺不足的最大難題。

眾凡人如此學會了耕種五穀，不再發愁食物的事兒。他們為此不忘姜石年的功德，齊尊姜石年為「神農」。並把神農試種五穀的小丘叫作「五穀臺」，一直敬奉至今。那臺，就坐落在今日河南淮陽縣城北。

與此同時，眾凡人還相信了神農先前之言，念及其原是天界的司火大神，下凡前又被玉皇大帝敕封為太陽大神，火與太陽皆與炎熱相連，所以又尊神農為「炎帝」。並稱自己是炎帝的子民，歸順於炎帝統轄。

就這樣，怪兒姜石年以自己為凡界凡人建樹的大功大德，贏得了人們尊他的「神農炎帝」之譽，成了凡界第一個一統凡界的大帝。

三、解人急難

　　姜石年以其功德登上一統凡界的神農炎帝高位之後，並沒有因為地位的變遷而身生變異。他還是先前的他，依舊那般仁和忠厚，先人後己，一門心思給凡人排憂解難。他仍如先前一樣生活在族人之中，身為氏族人中的普通一員，吃揀差的吃，擔揀苦難挑。如果你遇到他而不看其獨有的牛首，就辨認不出他就是一統凡界的神農炎帝。

　　然而，若說姜石年身上沒有變化也並非全是事實。他身上也有變化，這變化就是他被凡人尊為神農炎帝之後，驟然覺得肩上的擔子沉重萬般起來！過去他僅是凡界一位普通凡人，能不能為凡人解去災難都無關緊要無關大局。今天他成了一統凡界的神農炎帝，凡界凡人都自稱是他屬下的子民，偌大凡界是苦是甜的萬鈞重擔，便一下子全部壓在了他的肩頭。他感到肩上的擔子驟然沉重萬般，更把為凡人排憂解難作為了自己的第一要務。

　　肩上擔子的沉重，使得他不能再像過去一樣，僅僅作為少典氏族人中的普通一員，一直生活在少典氏族人之中了，他要走遍凡界為天下凡人排憂解難。於是他離開少典族人，奔向四處巡看凡界情形而去。

　　巡看之中，他看到四處凡人雖然都學會了刀耕火種五穀之法，解除了缺食之難，卻也看到刀耕火種的法子，實在太原始太粗放，五穀

的收成也實在太低太少了。如此繼續原始粗放地耕種下去，將來人口再繁衍更多起來，食物就將仍然難以維繼。作為一統凡界的炎帝，他為此擔憂。隨著心想起了改變如此刀耕火種粗放耕作之法，尋找一種新的耕作方法來取代之。

炎帝思啊想呀，他一連心想了數年。末了他想到要提高五穀收成，必須變刀耕火種的粗放耕作方式為精細耕作方式。而精細耕作方式若要產生，就必須使用新的耕作工具來代替石刀和火。那麼，用什麼工具來代替石刀和火呢？

為此炎帝仔細分析石刀的不利之處，看到它不僅沉重而且不好使喚，人們因而用它耕作格外費力。若能製造出一種既輕便又鋒利的工具代替它，就一定可以收到用之省力的精耕效果。

炎帝想到這裏覺得自己的結論正確無誤，便接著心想起了創制一種什麼樣新式工具的事兒。他想啊做啊試呀，如此又是一連數載過去，他終於用木頭製造出了新的輕便耕作工具耒耜。耒耜不像石刀是一種廣用原始工具，它是一種專用耕地翻土的工具。所謂耜就是耒的鏟，耒則是耜的柄。

耒耜造成之後，炎帝立即用其進行耕作實驗。結果見到，其不僅果然既輕便省力，又達到了精耕的目的。炎帝於是把耒耜耕作工具頒行凡界，使凡界耕作全用耒耜代替了石刀。耕作工具的如此改進，果然帶來了耕作方式的改變。五穀收成也隨著耕作的精細，成倍地提高了上去。

炎帝眼見耕作工具的改進給凡人帶來了豐碩的收成，心中高興，可他也隨著又看到，由於精細耕作需要付出巨大的人力，凡人的勞作更加沉重辛苦起來。一心為凡人著想的炎帝於是又想到，能不能找到一種別的什麼力量，來代替人力進行耕作，以減輕凡人的勞作之苦，

使凡人過上既輕鬆又幸福的日子呢？

炎帝相信，凡界的事情只要去想法解決，就一定有辦法解決。於是，他又探尋起了代替人力之力。炎帝於是尋啊找呀，他尋找遍了凡界萬物，末了尋找到了牛的頭上。他看到牛既身量碩大，強壯有力；又性情溫順，容易駕馭。為此他相信用牛代替人，用牛力代替人力進行耕作，一定可以收到事半功倍的耕作效果。

想到就試就做，炎帝隨之把牛用繩套拴在耒耜上，用牛牽動耒耜耕作土地，人只是駕馭著耕牛。果然人力被牛力取代了，人的耕作勞苦解除了，耕作也更加精細了。炎帝見之高興，又即把如此牛耕之法頒行到了凡界四方，使凡界由此進入了精耕的牛耕時代。

牛耕時代到來給凡人帶來了更好的收成，炎帝隨著又教給了凡人夏收冬藏的藏糧之法，保證凡人一年四季都有了食物，日子重又過得輕鬆幸福起來。炎帝正是因為開創了如此牛耕時代，所以又被人們傳為生得人身牛首的怪模樣子。炎帝也正因為又創下了如此赫赫功業，更贏得了眾凡人的崇敬愛戴。其威望也隨著這愛戴的誕生，佈滿了凡間大地。

論說，神農炎帝的威望實在夠高了，即使他從此往後再也不做任何事情，凡人也不會對他的崇敬愛戴低落分毫了。但是，他生就有一副為凡人鞠躬盡瘁死而後已的性格，一心非要多為凡人再多做一些事情不可！而這時的凡界之上，恰又有多得數不清的大事難事等待著炎帝去做，炎帝又如此一心一意去做，他當然就做不盡。炎帝隨之要做的又一件大事，便是為凡人除病解疾。

炎帝看到，凡人的生活雖然隨著牛耕時代的到來，更加豐盈幸福起來，但一直苦害著眾凡人的各種疾病，卻有增無減。它們像驅趕不走的惡魔一樣，死死地糾纏著眾凡人，經常不斷地奪去著凡人的性

命。直鬧得眾凡人對疾病比對魔鬼還要驚怕三分，並把疾病與魔鬼直接聯繫在了一起，認為疾病就是魔鬼作祟的結果。

為此不少人一有了病，就祭神驅鬼。但總是神未求來鬼未驅去，在無救中失去寶貴的性命。疾病，就這樣成了奪去凡人生命的最大禍首。治除疾病，成了解救凡人的當務之急。那麼怎樣才能除去人疾呢？把治除疾病看作解救凡人當務之急的炎帝，為此重又陷入了苦苦沉思，但卻百思不得其法。

但是他從百思不得其法的思索中卻也看到，凡人雖然把疾病與魔鬼聯在了一起，疾病與魔鬼卻絕對不是一回事兒，疾病絕非就是魔鬼作祟的結果。因為如果真是如此，人為什麼總是在驅病時，求神不到除魔不去？由此他認定疾病絕非與魔鬼有關，而是與人的身體有關，是人體不適造成的惡果。不是嗎？有的人有了疾病沒有求神驅鬼卻也好了。

炎帝既然如此排除了人體疾病與魔鬼的聯繫，就開始思索起了在求神驅魔之外的治除疾病方法。那麼在求神驅魔之外，使用什麼方法才能除去人疾呢？炎帝又是苦苦地思啊想呀，末了在苦思無奈之中，他猛然想起了自己親歷的一件往事，使他心窗洞開心中驟然明亮起來。

那是在他們少典氏族人歸回宛丘之前的時候，姜石年作為氏族成員中的普通一員，跟隨眾族人離開居地厲鄉烈山，前往西方山區採獵食物。這日，姜石年隨同眾族人來到一座高山半腰，看見山巔之上有一片茂盛的桃林，桃樹上掛滿姣容酡顏的仙桃。眾族人見之口垂饞涎，齊聲叫好，但只是找尋不到登上山巔的路徑。因而只能望桃眼饞，可望而不可食。都在半山腰中口出惋惜的讚歎，卻誰也不願離去。

這時，一心想著為族人做點事情的怪兒姜石年，在旁看在眼中急在心裡。心思急轉想立刻找出法兒，為眾族人採下鮮桃，以解饞涎以

飽口福。姜石年心想一番沒有別的辦法，末了只有決計讓眾族人用竹子搭起架子，把他送上山巔桃林，給眾族人采下樹上的鮮桃。眾族人聞聽贊允，立即一陣忙活搭好架子，把他送上了高高的山巔。

姜石年來到山巔見桃心喜便奮力從樹上採摘仙桃，向半腰眾族人拋去。他采啊采拋呀拋，越采越加高興，越拋越加有力。他看到，待在山半腰的眾族人撿到他拋下的桃子，都盡情地甜蜜吃食起來，既解去了眼饞也滿足了口福。他為眾族人做了一件這樣的好事，當然既高興又有勁。

就在姜石年采啊采拋呀拋，眼看就要把桃林中的桃子採摘完了之時，突然一股颶風從半空中颳了過來。姜石年只顧摘桃心中無防，不知怎的倏地便被那突來颶風，捲下了背後的山崖。姜石年被颶風捲下山崖頭腦發昏眼睛發直，身子飄飄忽忽徑直向幽深的山崖下落去。

落呀落，他昏昏沉沉地也不知道在空中飄落了多長時間，末了才覺得身子猛地被撞在了一個硬物之上，撞得他身子一陣劇疼。他模模糊糊地仿佛禁不住口中發出了「啊呀」一聲疼叫，隨著便完全失去了知覺。

姜石年醒來時，也不知道已經過去了多長時間。只是睜開眼睛看到，自己正躺臥在一方石洞之中。身邊坐著一位嬌豔俊美的姑娘，正在往其口中細心地喂水。目睹此景，姜石年禁不住驚詫得口中發出一聲喊叫道：「你……」隨著便要坐起身來。

姜石年剛才被摔昏完全失去了知覺，乍然醒來還未想起剛才發生的事兒，所以突見自己身置此境心中驚詫，禁不住口中發出了驚叫。再者這是因為，姜石年來到凡界身歷一十六載，已經長成了一個身體健全的大小夥子，到了春情初發的青春之期。處於如此時期的少男對於異性，與女性對男性一樣特別敏感。加之姜石年來到凡界之後，還

從來沒有一次這樣親近過妙齡女子。

　　雖然他多次按捺不住心中勃發衝撞的春情，欲要接近同齡女子與之戲耍，但每一次他都想到，自己身為怪兒與眾族人形異，多年來一直被眾族人猜忌。如果自己如此作為，豈敢保證不再被眾族人仇視！為此他用理智按捺下去了春情，從未一次如此接近過同齡女子。

　　這時他乍然醒來，突見一位妙齡女子光豔得華光四射，令昏暗陰幽的石洞熠熠生輝；嬌美的凡界絕倫，使凡間女子都自愧弗如。同時這豔美若此的妙齡女子，此刻又近如親人般地坐在自己身旁，細心關切地往自己口中餵水，先前的戒備之情便又陡地冒上了他的心頭，他驚詫地叫出聲來，隨著就要起身躲避。

　　那女子聽到姜石年的叫聲，眼見其欲要起身之景，不禁先是心中一喜，隨著便綻開了緊繃的姣顏，心喜姜石年終於被從昏迷中救醒過來。為此她便在這同時，開口用姣美的聲音喝令道：「別動，你還沒有好！」

　　「是你救了我！你怎麼救了我？」姜石年耳聽此喝，方纔真正清醒過來想起剛才發生的一切，躺下欲起的身子詢問道，「你叫什麼名字，是何方氏族之女？」

　　「我的名字叫聽訞，是山下聽聞氏族之女。我們聽聞氏族的首領叫聽聞，我就是氏族首領聽聞的小女兒。」女子聽了，立刻爽朗地一笑答道。隨著，姣美的聽訞姑娘便向姜石年具體講說起了自己救他的經過。

　　她說，她氏族眾人都在其父的帶領下到遠處採獵食物去了，只有她與幾個氏族之人留在居地，等待父親引領眾族人豐收歸來。剛才，她正在山下赤水河中洗澡戲耍，恰好見他從山崖上摔落下來，「撲通」一聲摔昏在了河岸之上。她便立即出水上岸，把他背進了她住的這方

山洞之中。

　　隨後，她出洞采來一把族人常說的嫩綠神草。用石頭搗碎，接著把搗碎的草泥放進姜石年嘴裡，用水送進了姜石年腹中。姜石年剛吮下幾口水送草泥，便立刻從昏迷中蘇醒過來。

　　姜石年當年聽到聽訞姑娘這番講說之時，並沒有今日這時探尋救治人病方法之想。因為他繼續口飲聽訞姑娘用纖纖素手，送進口中的草泥和清水之時，只是覺得草泥美如乳酪，清水甘甜如蜜。身邊眼前的聽訞姑娘並非凡界之女，乃是天上的仙子臨凡，自己置身在了飄飄忽忽的仙山神地。

　　因而聽罷聽訞姑娘剛才之言，他只顧陶醉在幸福甜蜜的享受之中，而忘記了向聽訞姑娘再說話語。聽訞姑娘見之，詢問他說：「你叫什麼名字？何方氏族人氏？為何上那高山，捧到了如此山崖之下？」

　　姜石年還沒有來得及回答，看到詢問他的聽訞姑娘眼中溢露出了尊敬和異樣的感情，又說道：「你一定是個英雄！要麼我們聽聞氏族近千族人，見那山崖上掛滿了鮮桃，卻誰個也無法上去。只能讒眼徒望，難飽口福。可你卻上去了，你是怎麼上去的？」

　　正值春情勃發敏感時節的大小夥子姜石年，當然敏感地感受到了聽訞姑娘神情的異樣，他的心中因為置身如此場景本來早已春情難捺，這時又感受此情豈能抑下春情！因而但見他聽聞聽訞姑娘此問，便隨之一五一十地講說了其詢問的一切。

　　「你就叫姜石年？這是真的嗎！怪道你生得人身牛首模樣怪異，怪道你能爬上山巔摘下挑子，這只能是你姜石年！」姜石年實在想像不到，聽訞姑娘聽完其說，禁不住眼睛亮了，驚奇地叫了起來。說著，她禁不住對姜石年更加甜蜜起來。

　　可能是天賜良機，也可能是命運如此，姜石年就這樣與聽訞姑娘

越談越多。原來這聽訞姑娘早已聽到了他姜石年的名字，知道他是一位身生異相的怪兒，知道他聰穎過人，早已對他傾慕十分。今日得見果然名副其實，因而她與之越談越加甜蜜。

他二人如此一連在山洞中談了三天，早已把兩顆陌生的心兒談攏到了一起。三天后聽聞氏眾族人歸來，聽訞便好生向父親講說，與姜石年結成了夫妻。姜石年因為摔下山崖，娶到了姣美可愛的聽訞姑娘作為妻子，心中高興甜蜜極了。

隨後他引領妻子聽訞回到族人之中，與聽訞生下了帝女、女娃、瑤姬三個女兒，並生下了兒子炎居。炎居後來又生節並，節並生戲器，戲器生祝融，祝融生共工，共工生術器、后土。后土又生噎鳴、生信，信又生夸父。

姜石年不僅就這樣因禍得福，衍生出了眾多子嗣，而且後來他被尊為神農炎帝之後，他搭架爬上採桃的那座山巒，也被人們尊稱為「神農架」。作為炎帝神農活動的聖跡之一，神農架一直沿傳到今天，它就是今日湖北的神農架自然保護區。

少男少女情竇初開後的初戀經歷，對於古今凡人一樣都是烙記最為深刻的事情。炎帝神農這時回憶起這段甜蜜的往事，即如同重又置身在了那番場景之中，心中頓又溢滿了無盡的甜蜜。

然而，炎帝神農在此久思不得除去人病良法之時，頓又想起自己如此與聽訞姑娘的初戀往事，並不是為了重溫自己的初戀甜蜜，而是他從自己這段充滿初戀甜蜜的經歷中，找到了昔日被他完全忽視而棄之一旁的一件小事。這小事啟迪他打開了心靈的門窗，救治人病正可以從這裏開始。

炎帝神農從自己這段初戀往事中找到的那件小事，就是聽訞姑娘為了救治於他，採草製作的草泥。他想，既然當年聽訞姑娘采來神草

搗成草泥，餵進自己口中使自己起死回生，救活過來了昏迷的自己，那麼地上的眾草，豈不就說不定都是治除人病的原料。只不過是凡人還不知道哪種病吃哪種草可以治癒罷了！

如果自己能夠查驗出每一種草的性能，然後再讓人病對症食之，豈不就可以除去人病了嘛！炎帝想到這裏心中高興，於是他便把當年聽訞救他使用的那種神草，叫作「九死還陽草」。並隨著又向聽訞詳細詢問起了聽聞氏族之人，是怎麼知道九死還陽草能夠除去人疾的經過。

「具體我也說不清楚，我只是聽大人們傳言。」聽訞聞聽此問，對神農說道，「我們聽聞族人祖先有一次病倒大半，眾祖先求神除疾無望，無奈便從凡界尋找物什治之。」

「噢，他們怎麼找到了此草？」炎帝繼續詢問道。

「一時間眾人你食這個我吃那個，以查看誰的疾病能夠除去。」聽訞繼續其言道，「結果吃食了這種九死還陽草的祖先疾病除去，其他祖先見之便皆找尋此草食之，結果很快都除去了疾病。」

「太神奇了！」炎帝聽到這裏，不禁口中贊叫起來道，「對，這辦法好！」

「眾族人奇異此草的神奇功效，感激此草的救命之恩，」聽訞末了講說道，「就把它叫作神草，即今天大帝說的九死還陽草。」

「對，你說的嘗食之法完全對。我剛才也正在心想用百草治除人疾之法。」神農聽了聽訞此言，連聲贊同道，「既如此，我決計遍嘗百草，驗其藥性。」

「好，為了治除凡人之疾，」聽訞是炎帝的賢內助，她像炎帝一樣對人仁和，只為凡人不為自己，因而聽了炎帝此言，立刻支持道，「夫君就快這麼做吧！」

　　炎帝說做就做，為此他立即行動起來。他在行動前想到，要用草來治除人病，就必須先期嘗知草的藥性，然後才能讓病人對症食之。比如草既有毒與非毒的性能，而且也有寒熱不同的性能。人的疾病若是因寒而生，就可用具有熱性的草治之。反之，就可以食用具有寒性的草治之。人的疾病若是因毒患之，既可以食用非毒性的草解之，也可食用少量具有毒性的草攻之。

　　但這一切首先的關鍵，都是要先期了知草的各種性能，以及人對各種可作藥用的草每次食用的合適食量。只有這樣，才能將草作藥使用治除人病。為此為了察知草的各種藥性，他率先嘗驗起來。隨後他嘗驗一草又一草，嘗驗一次又一次。但只是凡界的草種類太多了，俗言說神農嘗百草。「百草」在這裏只是代表多的意思，絕非僅為一百種草。

　　為此炎帝就這樣嘗著嘗著，心中便焦急起來。因為如此緩慢地嘗驗下去，數十年內也很難把凡界之草嘗驗一遍。而人病卻等待不得，自己這樣行動緩慢，在這等待的時間裡，又要有多少人等待不及，死於疾病呀！

　　於是為了加快嘗草進度，炎帝把撿來的一根女媧娘娘的紮頭繩用作赭鞭。因為野草只要用這鞭一打，其寒熱之性便會在鞭上反映出來。炎帝隨之先用赭鞭打過野草，查驗其寒熱之性過後再親自嘗食，以驗其毒與非毒等諸種藥性。

　　凡界的野草具有毒性者不在少數，炎帝嘗草中毒的事兒每每發生，而且多者一日竟達數次十數次之多。但好在其為神靈，身子抗毒力強，加之又有聽訞手拿九死還陽草隨時救治，一次次都被解救了過來。

　　眾凡人眼見神農嘗草危險，唯恐一次中毒救不過來，偌大凡界就

將失去如此仁德大帝，因而都勸他不要嘗了，反正凡人還是無病活下去的多，有病死去的少。但他對此勸充耳不聞，依舊為了治除人疾繼續嘗驗百草。

如此轉眼年余時光過去，炎帝經過嘗驗已經認定了數十種野草的藥性，並用之救治了不少人病。炎帝對此甚為高興，因為他認定自己找到了救治人病之法，所以嘗驗百草的興趣更高了。為此但見他身不留居一地，每日裡都在聽訞和數名凡人的伴隨下，踏上新的地界尋嘗新的草種。

這日，神農一行尋嘗百草來到了今日河南溫縣地方。這時正值三月陽春之時春耕大忙之季，但是炎帝在別處都看到田間眾人春耕忙碌，農作物破土而出。這裏卻田野裡無人耕種，土地上只有旺長的春草，不見出土的農作物。炎帝為此心異，正要著人前去凡人居地探詢緣由，恰見一位老者手拄拐杖一步三晃，無精打采地迎面走來。

「請問老丈，此地出了什麼事兒？是遇到惡人作惡，」炎帝見之急忙迎上前去，開口詢問道，「還是流行什麼疾病？怎麼春耕這裏不耕，田裡野草荒長？」

不料那老者聞聽此問聞若未聞，頭也不抬，聞而不答。

「老丈，如果這裏出了作惡的惡人，你快把詳情告訴我。我即去用仁德感化於他，為眾人解去此難。」炎帝見他聞而不答，心想他或有難處或為懼怕，便又問詢道，「如果這裏流行疾病，你也把詳情告訴我。我即去為眾人除疾，以恢復康健開始春耕。請老丈快快說來。」

「少說大話，如果你區區小子身有此能，一統凡界的神農大帝，豈能讓我們凡人身罹如此疾病之難！」老漢聽到這裏，不僅頭也不抬而且不耐煩起來。說著，就要向前離去。

「老丈，他就是炎帝神農呀！」聽訞在旁這時忍不住了道，「你

有何難，大帝是有辦法幫助你們排解的呀！」

「真的？會嗎？」老者聽到這裏，方纔一驚止住了欲去的腳步，口中不通道。隨著他急忙擡頭舉目，看視起了炎帝。

「老夫不知大帝來到，話語冒犯，」老漢這一看視，方纔知道面前詢問他者，果真正是人身牛首的神農炎帝，為此急忙「撲通」跪倒在地道，「乞大帝恕罪！」

「快說，」神農急忙俯身扶起老漢道，「這裏出了什麼事？」

「這裏正在流行一種疾病……」老漢這才詳細講說道。

「噢！」炎帝聽聞一驚道，「是什麼疾病？」

「不知道。但卻十有九人染上了此病。」老漢痛楚地回答道，「染上此病之人，被折磨得面黃肌瘦，體弱無力。整日臥病不起，不少人被奪去了性命。」

「噢！竟然如此！」炎帝這時心中沉重道。

「眾人為此恐懼此病，只好連日祈神求天。坐等有朝一日神靈降世，斬除病魔。」這時老漢已是說得聲淚俱下，「眾凡人如此連性命尚且不保，誰個還能春耕種禾。救苦救難的神農大帝，你就快救救我們眾人吧！」

「好，快領我前去救治病人！」炎帝聽到這裏，當即答應下來道。說著，便在老漢引領下，來到了病人之中。神農見到病人，立刻把自己一年來嘗驗過的數十種能夠治病之草作為藥物，分找數十個病人分別食之，以驗看哪種草藥可以治除此病，然後用其治之。

然而眾病人服下草藥三天過去，卻沒有在一個病人身上見效，而且又有數人在無救中死去。炎帝的心情陡然沉重起來，因為這說明他一年多來嘗驗得到的這數十種草藥，都不能治除此病。無奈之中，他只有先去仔細探詢此病的病因，以期再作定奪。

炎帝隨後經過多方仔細探詢，發現流行在此的這種疾病，原來是與這裏的水土有關。但見他彎腰抓起一把泥土用舌頭一嘗，覺得又苦又澀，而且那土又非常潮濕，便最終認定是苦澀潮濕的土地給凡人帶來了此病。於是他即不怠慢，揮起石劍用力往地上一劃，便見在他用石劍劃過的地方，隨著寒光一閃「轟隆」一陣巨響，驟然「劈劈叭叭」出現了一條深澗。

人們驚詫地向澗中看去，只見泥土中潮濕的澀苦水氣，立刻汩汩地滲進了其中，緩緩向遠處流去。如此滲流一陣，潮濕的大地便乾燥起來。炎帝這時再嘗泥土，便覺苦澀滋味減去不少。

「如此就斷去了此病之源！你們病者好生等著，我再為你們尋找一種草來，治除此疾去。」炎帝大喜，口中對眾人說著，隨著他一行便在眾人的半信半疑中離別而去。

炎帝離開病人後心中焦急，為了尋到一種能夠治除此病的草來，他引領眾人拼命地尋拼命地嘗。他從溫縣地方一直尋嘗到成陽山中，方纔在成陽山上找到了眾多自己未曾嘗驗過的草類。炎帝見之心喜，便在山上一種種急忙嘗驗起來。

由於炎帝對山上之草全然不知，他一日內嘗驗了六十種草，結果次次嘗草次次中毒，一日中毒六十次。但好在他為神靈身子抗毒力強，加上聽訞用九死還陽草救治及時，方使他一次次毒被排解避過了身死。

炎帝一日嘗草六十次遇毒仍不甘休，天黑時他又嘗吃了第六十一種新草。結果終於找到了這第六十一種新草，為治除溫縣地方人疾的良藥。於是第二天天剛放亮，他即起身與眾人一起采擷起足夠的這種新草，下山返回溫縣地方救治病人而來。

炎帝來到病區讓病人食下此草，病人食此草後果然全都迅疾痊

癒。病人解除了病苦不忘炎帝救治之恩，他們稱炎帝為他們尋得藥草的成陽山為藥草山，稱炎帝為他們除去地氣之惡的深澗為神農澗。今日如此二地依舊作為炎帝的聖跡，被人們恭奉虔敬著。

炎帝為溫縣地方凡人除去了疾病，使得他們得以投入了春耕生產。炎帝見之心中高興，尋嘗百草為人除疾的勁頭隨之更大起來。他要嘗盡天下之草，以徹底解除凡人之疾。於是他四處尋去，嘗驗百草不息。

但是在他四處尋走嘗驗百草的同時，他又看到眾人隨著五穀的種植，人們的食物豐盈了，不同地域或者不同氏族的人們，所獲得的物品便品種不一起來。有的氏族中儲存有眾多的小麥，有的氏族中儲存有眾多的大豆，有的氏族中獵獲有眾多的野獸，有的氏族中捕獲有眾多的魚兒。可他們在各自富有的物品之外，卻又缺乏對方富有的物品，造成了物品的互有不均。

一樣物品的富有者想用自己的多餘物換取對方的多餘物，但每次交換需要多方查找，多次交涉方可成功，很是不易。炎帝把這些看在了眼裡，決計找尋一種方便輕易的方法，使凡人的如此交易變得容易起來。

然而使用什麼方法才能使如此交易變得方便輕易起來呢？他想啊想，末了終於想了出來。他想到先前兩方交易所以不易，主要是不易在找尋對方的所有物和交涉上。如果不去找尋交涉，也就容易了。為了省去供需雙方的找尋交涉之難，他隨著發明了集市貿易之法。即定在每天太陽正午之時，不同氏族中人可以集中在某一個地方，攜帶自己的多餘物進行現場交易。

炎帝創造的如此興市交易之法，果然方便了眾凡人。眾凡人眼見這方法既簡便又隨意，都很喜歡地欣然依約赴市進行交易。很快這方法便傳遍了凡界，一直沿襲到了今日。

四、孕生戰端

　　炎帝嘗草除疾開創了我中華民族中醫治病的先河，興市貿易開創了集市交換的淵藪。如此一心一意解難於凡界，轉眼過去六十餘載，炎帝成了一位八十高齡的蒼蒼老人。

　　炎帝雖然年愈八十，頭髮鬚髯連同眉毛都變得皓若冰雪了，但由於他靈為神靈，所以仍然精神矍鑠，身力不減當年。因而他不顧自己年邁，依舊像先前一樣一心為凡人著想，一意為凡人解難。特別是當他想到隨著自己年紀老邁，在凡界的時日不會太長，凡界凡人還有眾多的苦難需要他去排解，眾多的事兒等待他去做之時，他為凡人解難便比先前更加專心凝志了。

　　只見他與聽訞老婦一道，在幾名凡人的陪伴下，一日也不停歇地巡察四方。所到之處教人勤勞從善，嘗驗百草治除人疾。終日風塵僕僕，不顧身體勞累。不料就在炎帝正在加倍努力為凡人排憂解難之時，割斷骨肉親情的沉重打擊，卻一個接著一個地降臨到了炎帝身上。

　　這打擊不是來自他的兒孫，而是來自他心愛的三個嬌美女兒。率先與他們割斷骨肉親情者，是他們的大女兒帝女，使老邁的炎帝如雷擊頂心疼萬分。帝女是這樣率先與他們割斷骨肉親情的。原來，炎帝作為一統凡界的大帝，曾經委任過一位叫作赤松子的凡人為其司雨大

臣，先前一直侍候在他的身邊。

赤松子頭腦聰慧過人，常想一般人不想之事，常知一般人不知之情。炎帝因而喜愛他，重用委任他做了司雨大臣。但正因為赤松子頭腦聰穎超越常人，所以他也常行常人所不行之事。

但見他常常在司雨之餘，找來水玉用火燒煉，煉製成他稱做仙丹的藥物服食下去。他說，服食這種仙丹久了，凡人的凡體就可以脫胎換骨，仙化成為與天神一樣的仙人。赤松子對此懷有堅定的信念，他用超越常人的毅力燒啊煉啊食呀，一日又一日，一年復一年，一直堅持不懈。

如此轉眼數十載過去，赤松子果然又如其超越常人之言一般，真的實現了其超越常人之想，煉就了一身超越常人的本領。這超越常人的本領，可使他無畏如常地跳進熊熊燃燒的大火之中，任憑騰騰燃燒的烈焰焚燒自己的身體。

開始他讓烈焰焚燒自己的身子以作鍛煉，煉了一陣，他更是超越常人地開始自己把自己焚燒起來。這樣燒來煉去，他終於在烈焰中得到了脫胎換骨，身子可以在烈焰中隨著烈焰上下而上下，成了他講說的超越常人的仙人。

赤松子如此修煉成仙人之後，去到西方昆侖神山，住在西王母娘娘曾經住過的石屋之中。此後見到過他的人說，每當昆侖山上風雨來臨之時，脫胎換骨成仙的赤松子便在高高的懸崖之上，隨著風雨飄動上下往來，悠然自得萬分。

眾凡人聞知，都對赤松子的得道成仙敬羨萬分。因此也都想像他一樣，得道成為超脫凡體肉胎、不生不滅的天神樣的悠然仙人。所以不少凡人便學著赤松子的樣子，煉丹服食修煉起了自己。

在這眾多的習煉赤松子之道的凡人之中，炎帝的大女兒帝女便是

其中最積極的一個。帝女作為炎帝的大女兒，一直備受炎帝鍾愛，長期生活在炎帝身邊。為此，她便與長期侍候在炎帝身邊的司雨大臣赤松子待在一起。

過去，當帝女還是個小姑娘時，赤松子的超常行為，便在她充滿稚幼好奇的心中烙下了深刻烙印，吸引她無數次前去看視赤松子的行為。但那時她對赤松子的作為，只是好奇而並不理解。同時也更不相信，那樣超越常人怪異地煉煉仙丹，吃吃仙丹，就能脫什麼骨換什麼胎，成為什麼天神樣的悠然自在仙人！

帝女的如此不信，一直持續到赤松子真的得道成仙之前。後來她年齡長大了懂事了，又恰好看到赤松子真的得道成仙了。這一切由始至終都是她親眼看到的，因而她理解了信服了。於是她也決計把自己修煉成為一個赤松子樣的悠然仙人，為此她便成了追隨赤松子作為的最積極一個。

追隨起了赤松子的作為，帝女便也陷入了每日煉丹食丹的超常舉動之中。她相信，既然赤松子已經如此煉成仙人而去，前有先例後者可師，她也一定能夠步其後塵獲得成功。

於是她煉啊食呀，如此轉眼二十年過去。大概由於她昔日目睹過赤松子之法，為此所行路徑正確，因而在眾多的追隨者中皆都煉而無功，只有她帝女一個，率先煉到了可以入火受焚如同平常的境地。

帝女眼見自己煉到了如此境地，依赤松子所歷審視，她知道自己不久就要脫胎換骨成仙了。為此她離開父母眾人，獨自一個悄然來到位於今日南陽地面，愕山之上的一棵大桑樹上。銜尋一些樹枝在樹上築起巢穴，住在上面繼續服食仙丹進行修煉。

不久，她的形體便化變成了一隻白鵲。她便再也不肯離開樹上的巢穴，下到地面上來了。炎帝本來心中就思念這位不告而別的大女兒

十分，後來聽說她生出了如此變化便思念更甚。於是便與聽訞一起，尋到愕山之上大桑樹下，找到了住在樹上巢中已經化作白鵲，自己十分鍾愛的大女兒。

炎帝夫婦見到女兒如此行徑，雙雙心中悲慟萬分。他們先是在樹下連連喊叫女兒下來，但變作白鵲的帝女不僅不下巢來，而且連聲息也沒有。眼見心愛的帝女變化若此，炎帝夫婦禁不住雙雙在樹下潸然淚下，失聲痛哭起來。

然而變作白鵲的帝女，仍然不為父母的悲哭所動，依舊不僅不下樹來，而且依舊沒有聲息。炎帝夫婦眼見悲哭喚不下來帝女，隨後便止住悲哭，使用多種方法想把帝女誘下樹來。

然而化作白鵲的帝女依舊不為爹娘誘引所動，不僅不下樹來，而且依舊沒有聲息。就這樣，炎帝夫婦的努力都化為了泡影。失敗無奈之中，炎帝夫婦又捨不得女兒如此下去，末了只有採用釜底抽薪之法，決計在桑樹下面燃起熊熊大火，以逼迫女兒走下樹來。

為此他夫婦立刻在大桑樹下燃起了熊熊大火，但仍是事與願違。因為炎帝夫婦看見，隨著樹下大火的熊熊燃起，待在樹上巢中化作白鵲的女兒帝女，竟然隨著昇騰上去的煙火之氣，立刻身子自我焚燒起來。而且在焚燒之中，冉冉徑向天空昇騰去。留下了所居的桑樹，和仍在焦待著其走下樹來的炎帝夫婦。

就這樣帝女在炎帝夫婦的焦急等待中，像赤松子一樣成仙去了，他夫婦再也等不來了心愛的帝女。他夫婦為此又痛斷肝腸地痛哭起來，也不知道哭過了多少時日。帝女所居桑樹，由於有過這段帝女仙化而去的不同尋常經歷，人們便把它叫成了「帝女桑」。

這棵著名的帝女桑，也就是後來《山海經·中次十經》中所記的宣山「帝女之桑」。據該書記敘，這棵帝女桑竟是一棵圍有五丈的大

桑樹。它枝幹交叉四出，葉子有一尺多大。紅色的紋理，黃色的花，青色的花萼房。我們如果根據這一記載的粗細來推斷，這棵帝女桑的高不下於一百丈，實可謂一棵奇偉異常的大樹！

「啟稟大帝、帝后，」炎帝夫婦在此帝女桑下，一連悲哭帝女數日依舊不止，這日正哭得頭昏腦漲，又突見從其居地趕來一人，急稟道，「瑤姬姑娘她，她夭亡了！」

「你說什麼？」正在悲哭帝女的炎帝夫婦突聞此稟，真個是都不相信了自己的耳朵，雙方戛然止住悲哭驚問道，「再說一遍！」

來人目睹炎帝夫婦如此情景，心知他夫婦聞知此事震驚至極，但他特來稟報此事又不能不講，於是便無奈再次稟報道：「二帝女瑤姬夭亡了！」

「啊！」這時炎帝夫婦還沒有從失去帝女的沉痛中解脫出來，突又聽聞二女瑤姬又告夭亡，實在如同驚雷擊頂心痛腸斷一般。頓然一齊驚叫一聲，便雙方癱倒在了地上，氣絕腦昏了過去。

圍在一旁的眾人見之不敢怠慢，急忙喊叫搖晃，方纔把他夫婦喊醒過來。炎帝醒來急問道：「怎麼，瑤姬年紀輕輕的，怎麼會驟然而亡？」

「大帝夫婦出門之後，」來人聞聽急答道，「瑤姬姑娘就生上了疾病。」

「難道你們就沒有讓她吃食草藥？」後醒過來的聽訹聽到此言，便忍不住急言道，「沒有進行救治？」

「救治了。我們讓她吃食了十餘種對症草藥，」來人急又接言道，「但只是皆無功效。後來就在無救中死去了。」

炎帝夫婦聽到這裏，大概是或許都已冷靜下來，或許悲苦至極不知悲苦了，雙方齊怔在那裏，久久不再言說一語。來人受命而來等待

不得，這時在旁提醒道：「大帝、帝后，眾人皆知您夫婦鍾愛瑤姬姑娘。因而不敢擅自為其料理後事，正在等待著您夫婦回去定奪。我們還是快走吧。」

「走，我們快快回去看看瑤姬！」炎帝聽了來人此言，方纔從呆怔中清醒過來，拉一把依舊正在呆怔中的聽訞說著，便即返宛丘看視瑤姬而來。一路之上疾行之中，炎帝連說他實在料想不到瑤姬會如此死去。

因為他知道，他可愛的二女兒瑤姬是一個天真活潑的姑娘。從小到大一天到晚都可以聽到她的笑聲，聽到她像喜鵲一樣不止的嘰喳話語聲，一天到晚她都跳躍不夠。可是今天她剛剛長到出嫁的年齡，成了一個大姑娘還沒有出嫁，怎麼就突然生病無救死去了呢？

炎帝覺得這個滿懷熱情的瑤姬不應該死，也不會死，她沒有死，他回去一定可以把她救活過來。為此他一路之上，對聽訞講說不止。一時間，他夫婦的心思真可謂全都移注到了瑤姬身上，而暫且忘記了對帝女的傷痛。聽訞也對瑤姬之死與炎帝一樣心有同感，便連催炎帝加快腳步，快到宛丘救治瑤姬。

然而，儘管炎帝夫婦一路行走快疾如飛，但是回到宛丘一看，他們心愛的瑤姬還是死了過去，而且沒有了一點救的希望。炎帝夫婦一路上由於心疼瑤姬，燃起的姣好希望頓然破滅了去。雙雙心中立刻絕望到了極點，也疼痛到了極點！

特別是他夫婦想到大女兒帝女剛剛那樣去了，這二女兒瑤姬又這樣匆匆離去，他們怎能不更加心疼萬分！於是他們心疼得忘記了一切，只剩下了悲天號地的悲哭女兒之聲。他們哭啊哭呀，真個是哭得高天斂色，大地變容，全都變得慘澹淒苦，令凡界為之哀痛起來。

但是，不管他夫婦哭得多麼悲痛，瑤姬姑娘都是死去了不能再

活過來。她死後，她的精魂來到姑瑤之山，化作一棵瑤草。那瑤草的葉子長得重重疊疊，非常茂盛。它開黃花，結的果實像菟絲子所結的果。凡人誰若吃了那果，就可以備受別人喜愛。

玉皇大帝哀憐瑤姬的早死，封她到巫山做了巫山的雲雨之神。做了那神之後，但見她早晨化作一片美麗的朝雲，自由悠然地遨遊在巫山的山嶺和峽谷之間。而到黃昏，她則又化作一陣瀟瀟暮雨，灑向巫山山水，發洩自己心中的哀怨。

後來傳說到了戰國末年，楚國的楚懷王到雲夢澤遊玩，住在一座叫作「高唐」的臺館裡。瑤姬這位熱情浪漫的巫山雲雨之神，竟然大白天跑到楚懷王居住的高唐臺館，向正在午睡的懷王傾訴滿腔情愛。

使得風流的懷王好夢醒來，不見嬌美的瑤姬待在面前。真個是回想夢境，又是甜蜜，又是流連，又是惆悵，又是奇異。為此他在高唐臺館附近給瑤姬建造了一座廟宇，將廟宇命名叫「朝雲」。

不久，楚懷王的兒子楚襄王和其御前詩人宋玉到這裏遊玩，襄王聞聽宋玉說起其父懷王的好遇，不勝羨慕之至。當夜，襄王也做了一個與之相同的好夢。次日，他便命宋玉把這兩次奇夢做了兩篇文章，一篇叫作《高唐賦》，一篇叫作《神女賦》，盛讚嬌美浪漫的瑤姬。後來，瑤姬又幫助大禹治水，在三峽中導引航船航行。末了，則化成了長江邊上有名的神女峰。

而這時，炎帝夫婦久哭瑤姬不止，心苦至極，真個是直到哭出了血淚，也不見瑤姬醒來。無奈只有止住悲哭，葬過瑤姬之屍，隨後便加倍為眾凡人排憂解難盡起了氣力。因為他夫婦從帝女與瑤姬之失中，真切地感受到了失親喪愛的切膚劇痛。

由己推而廣及眾凡人之身，想到眾凡人失親喪愛的錐心之苦，而不忍心再讓眾凡人去領受如此切膚之痛。為此便決計以他夫婦的加倍

努力，為眾凡人排去更多的苦解去更多的難。保證在眾凡人身上，不再發生失親喪愛之事，以避免讓眾凡人去領受失親喪愛的切膚之痛。

隨之，他夫婦便又離開宛丘，出巡四方而來。他們在所到之處，廣施仁德之治，不彰勇武之風。為眾人見難解難，遇憂排憂。如此轉眼年余時光過去，這日東巡來到了東海邊上。他夫婦剛到東海邊上，眾人便向他們哭訴說，南邊不遠處黃河入海口，近日出現一個水怪。他們前去捕魚，被那怪吃食不少。鬧得眾人都不敢再去捕魚，使得依靠捕魚為生的海邊眾人生活陷入了窘境。

炎帝夫婦聽了大為氣惱，特別是他們聯想到自己的失親喪愛之痛，便更為眾人被水怪奪去親人而苦痛。於是他夫婦即把所帶小女兒女娃安頓下來，以免影響他夫婦前去除怪。隨後便在眾人引領下，前赴黃河入海口除怪而去。

炎帝夫婦前去除怪一去數日不歸，他們安頓下來的小女兒女娃，這日耐受不住離開爹娘的寂寞，便獨自一個離開居地，向東到海邊玩耍而來。女娃一陣奔走來到東方大海邊上，這是她第一次見到浩瀚的大海，而且她又是一位天真好奇的小姑娘。因而一見到如此大海，便被大海的美景吸引住了。

她看到，大海像藍天一樣碧藍無垠，海水像小兔一樣平靜溫和。在一碧萬里的藍天和大海之上，除了藍色便沒有了別的顯眼色彩。只有紅豔豔的太陽在藍天和大海之上，揮灑著耀眼的萬道金輝。

雪白的海鷗，成群結隊地在海面上悠然地飛翔。多彩的水鳥，輕鬆地在海邊上捕捉著吃食。那是什麼如此絢爛多彩？是七彩的貝殼。那又是什麼那樣輝光熠熠？是晶瑩的沙粒在把太陽的光輝反射。那裏怎麼停泊著一條獨木小舟，靜靜地不言不語？

天真好奇的女娃看到這裏，再也按捺不住心中的好奇貪玩之心

了！她幼稚的心靈一轉，便想出了一個好玩的主意。即駕起那靜泊的小舟，到大海上玩耍去。女娃想到就做，但見她立刻邁動光赤的小腳，「叭嘰叭嘰」地踏著平沙鋪就的廣闊海灘，徑向停在海邊的小舟走去。海灘平緩，留下了她嬌小的一溜長長腳印。

女娃踏過海灘來到海邊無人小舟近處，先撿起幾枚彩色的貝殼耍玩一陣，隨著便踏上無人小舟，駕著徑向平穩的海面遠處駛去。女娃駕著小舟向前駛啊駛呀，海面氣候平緩，海水平靜無波。女娃所駕小舟行駛平穩，女娃越往前走心中越加高興。

就這樣一陣行駛，女娃駕駛的小舟已是行到了距離海岸遠處。回首舉目細視，方可隱隱看到留在身後的彎曲海岸，變成了一條彎曲的細線。女娃置身如此上下左右全是一色碧藍之境，心中更加充滿了無盡的好奇。真個是只有高興和好玩，而不知道大海隱伏著的巨大危險，更加奮力地把小舟劃向了大海更深之處。

就在這時，平靜的大海突然發起怒來！平靜的海面驟然颳起了颶風，平緩的海水隨之揚起了巨瀾。女娃乘坐的小舟先是被突起的巨瀾拋上了半空，隨著又重重地摔落下來跌進了巨瀾的深谷。一時間，先前聽從女娃擺佈的溫順小舟，驟然間即變成了一匹脫韁的野馬，完全不再聽從女娃的使喚。

然而女娃也不害怕，她十分勇敢。她小小年紀還不知道大海的厲害，不知道什麼叫作害怕，所以她不害怕，勇敢地要把不聽駕馭的小舟駕回到岸邊。為此她努力地拼搏著，頂著颶風鬥著險浪，奮力劃動著小舟。

但是，憤怒的大海卻不以她的意志為轉移，它不講女娃奮力與否，又一個巨浪打向了女娃的小舟。這個如同山崩似的從空中蓋了下來的巨浪，一下子便把女娃和她的小舟吞進了腹中，並把小舟傾覆把

女娃拋在了海水之中。

女娃驟然落水方知驚怕，急忙掙扎出海面伸出小手正要呼救。無情的海浪卻沒有容她叫出聲來，又立刻兒猛地蓋了過來，把她深深地埋進了海水之中。這時，只見颶風颳來的烏雲和憤怒攪動的大海，緊緊地擁抱在了一起。風號伴著海嘯，恐怖到了極點。

「女娃——女娃——你在哪兒——」就在這恐怖之中，從遠遠的海岸上，傳來了炎帝夫婦焦急而又嘶啞的急叫之聲。然而女娃這時已經深深地沉進了海底，不僅沒有能夠答應他們的呼喚，而且也沒有能夠聽到他們的呼喚。炎帝夫婦不知女娃此景，依舊揪心地嘶啞喊叫著，一聲比一聲淒厲，令聞者心碎腸斷。

炎帝夫婦去到黃河入海口除罷水怪，便急忙返了回來，但他們卻不見了他們餘下的唯一小女兒女娃。在他們回來之時，正趕上女娃架舟入海之時，他夫婦當然就找不見了女娃。找尋不見女娃他夫婦頓生焦急，便急忙四處找尋。末了方纔在海邊海灘之上，找尋到了女娃留下的一溜長長腳印。

他夫婦看到腳印頓知其為女娃所留，但是海邊上卻沒有見到女娃的身影。這時海上已是風號海嘯險惡大起，他夫婦頓知女娃定然處境險惡，心中更是焦急不已。齊聲向著狂怒險惡的大海，大聲喊叫起了女娃。

然而，儘管炎帝夫婦隨後喊啞了嗓門，喊盡了氣力，他們卻再也沒能聽到大海中傳來女娃的應聲。女娃沉進了海底，她當然不會應聲！但是女娃的肉體雖然沉入海底死去了，可她的精靈卻沒有死。那精靈化成一隻名叫「精衛」的小鳥，憤怒地從海水中沖出，扶搖飛上了高天。因為她記住了自己是被無情的大海吞沒的，所以她發誓要填平吞沒她的大海，不讓大海以後再淹死其他的孩子。

為此她一直飛到高峻的西山之上，從那裏銜起一粒小石子，飛回東海拋入海中，開始了她的填海工程。隨後她又飛回西山銜起一根小樹枝，飛回東海拋入海中。就這樣不論春夏秋冬四季，也不論風霜雨雪天氣，堅持不懈持之以恆地銜運著小石子和小樹技，投入海中以填平東海。

　　精衛銜啊填呀，雖然她身小力弱，但她意志堅定頑強不懈，千百年過去終於收到了成效。據說，今日伸進東洋大海中的山東半島和遼東半島，就是精衛一點點填造而成的。後人因而欽羨她的意志，讚美她的悲壯。晉代大詩人陶淵明，就在其所寫的＜讀山海經＞一詩中，這樣哀悼讚美其填海之舉的悲壯：「精衛銜微木，將以填滄海。」

　　然而這時炎帝夫婦喊啞了嗓門，喊不出了聲音，卻仍是不見女娃的應聲。同時看到海面上颶風越颳越惡，海水捲起的狂瀾越捲越高，他夫婦對女娃歸來的希望徹底破滅了。如此三個心愛的女兒相繼失去，他夫婦的心都碎了。

　　一年多前三個歡蹦亂跳天真爛漫的女孩子，還伴隨在他們身邊。如今剛剛一年多時間過去，她們卻都去了，他夫婦再也見不到她們了！炎帝實在承受不住如此巨大的打擊和悲痛，覺得心疼得都要發瘋了，抑制不住自己非要跳進滿是驚濤駭浪的大海，前去營救女娃不可！

　　但是理智最終還是戰勝了他的不理智情緒，使他想到自己即使跳進風起波湧的大海，也不僅依舊營救不出女娃，定然還會引得心碎的聽訞跟隨他一起赴入大海。若是那樣，他夫婦就有雙方再一起喪身大海的可能了。

　　他夫婦喪身大海也不可怕，只是凡界眾人還有許多苦難，等待著他夫婦前去排除。若是他夫婦死去，那些苦難無人去排除，又該有多

少凡人，為之要遭受自己這般喪失愛女的錐心之疼呀！為此他抑制住了自己的瘋狂情緒，決計為了眾人保住自己不死，而不去為了自己的一己私利，即營救一個小女兒去送命。

炎帝剛剛想到這裏，卻見痛失三女為之心碎的聽訞，這時真的發起瘋來。隨著口中發出一聲「女娃」的啞弱絕叫，即起身瘋狂地向大海撲去。她心疼她的女娃，她要去救回她的女娃。炎帝見之大驚，急忙撲上前去，欲要追趕拉住撲向大海的聽訞。

但是發瘋的聽訞被瘋勁所頂，頓然間不知道從哪裏來了使不完的身力，竟然疾電般撲向了大海。使得炎帝追趕一陣尚未追上，已是撲身進了風起浪湧的大海，不見了蹤影。

炎帝隨後不敢再向前去追趕，他不是不願意去救聽訞，也不是不願意去救女娃，更不是對聽訞愛得不真不誠，而是他要為凡界眾人活著，他已經看到了他的生命不屬於他炎帝自己，而是屬於凡界所有凡人！

所以他不能為了自己的一己之愛，為了自己的親人聽訞和女娃而去送命，他沒有這個權利！為此他不敢向前再去追趕，眼看著與他朝夕相伴數十載的嬌妻聽訞，有去無回地喪身在了洶湧的大海之中。

女娃如此去了，聽訞又如此去了。在這僅僅一年多的時間裡，他的三個愛女和愛妻都離他去了。但是這時的炎帝雖然剛剛眼看著聽訞赴身大海而去，卻愣怔在海邊沒有眼淚，沒有悲哭，沒有表情。他的心苦痛到了極點，眼淚不能表達他的心苦，哭聲不能表達他的心疼。

「玉皇大帝，你難道就這樣要我歷盡凡界苦疼嗎！」心靈的苦疼造成了他感情的麻木，因而他沒有了一絲一毫的表情。他呆怔在海灘上，久久沒有身動一動。如此也不知道又過多長時間，末了他才突然發出一聲悲愴的喊叫道。隨後他便像明白了想通了解脫了這苦疼一

般，返過身來頭也不回地返向大地走去。

炎帝心中想得很對，他的如此喪女失妻之疼，都是玉皇大帝為了磨礪他的心志作出的有意安排。因而玉皇大帝心疼其二女瑤姬之早夭，封她做了巫山的雲雨之神，以作對她早死的報賞。但只是可惜帝女、瑤姬與女娃三個，皆因做了炎帝的女兒，命運多舛紛紛早夭。可惜聽訞做了炎帝的妻子，不僅陪同炎帝身受連喪愛女之苦痛，末了又身赴大海而喪生。

就這樣，她們都成了玉皇大帝磨礪炎帝心志的犧牲品。玉皇大帝雖然心疼她們之死，但為了眾凡人之活他也不能因小失大，還是忍痛割愛使她們都成了犧牲品。做大人物的親人，古來就這樣更多的是害，更少的是福。遠不如普通人雖然貧苦卻終生相伴，平安幸福！

炎帝想明白了這些，便從極度的苦痛中解脫了出來，因為他知道自己再痛也已無用。但他卻也從如此喪妻失女的苦痛之中，更加深刻地感受到了凡人喪親失愛之痛，因而他便更加深刻地知道了，自己應該怎樣去對待凡人。

為此他立刻返身走向大地，決計從今往後，自己這個被眾凡人擁為炎帝的凡界主宰，更要廣施仁德之治，以使凡人皆生仁德之心。互敬互愛，互幫互扶，少生人為的喪親失愛苦疼。為了達到如此目的，他還要在廣施仁德之治的同時，加倍為眾凡人排憂解難。把眾凡人的喪親失愛之疼減少到最少限度，讓和睦美好的幸福日子永駐凡間。

炎帝為此以後果然更加廣施仁德之治，足跡踏遍四方。其間其同胞兄弟軒轅與他意見相左，對他講說了時變要治變的道理，要他改變純粹仁德之治為道德之治，建立軍隊以防惡人行惡，以保善者永遠幸福。

炎帝聽了大為氣惱，因為軒轅之想恰與其廣施仁德之治，減少人

為凡人喪親失愛苦痛相悖，所以他嚴斥軒轅之想不可為。軒轅則說他的仁德之治必成為仁弱之治，非造成凡界大亂不可！

炎帝聽了更惱，遂與軒轅相約他兄弟劃地分治，各行所想之法，驗看將來誰行之道可以治得凡界太平，便依誰之治道一統凡界。為此他稱炎帝統轄中原，軒轅便稱黃帝統轄起了黃土高原。

此後時過數載，他炎帝的仁德之治果然孕生出了阪泉氏之亂，他本來仍要以仁德之道感化作亂的阪泉氏，但不料阪泉氏眾人竟然殺向了自己。殺向了自己他炎帝也不忍妄開殺戒，增添凡人的喪親失愛之疼。仍想避過此戰，以待日後再以仁德感化之。

但不料黃帝領兵從其背後襲殺過來，一舉剿滅了阪泉氏眾人，造成了如此眾多凡人的驟然喪生。黃帝的如此道德之道使他大為氣惱，他本想說服黃帝由此改行仁德之道，但黃帝不僅不服，而且反說自己改行其道。

聯想到阪泉氏族人作亂之前，小阪泉向自己言說他們乃是學習黃帝之法，他便更加氣惱黃帝之道為凡界禍亂之源，將是眾凡人將來喪親失愛之根。為此他決計鏟掉此源除去此根，使得最不願動武而僅行仁德之治的他炎帝，也為了保得凡界永遠安寧凡人永遠幸福，立刻動武出手拿向了其胞弟黃帝，以期將其擒囚起來。

五、軒轅救難

　　黃帝是炎帝的同胞兄弟，便當然是少典與安登的兒子。但只是他不是出生在湖北厲鄉烈山，而是出生在今日河南新鄭古稱壽丘地方的具茨山上。

　　那是在炎帝教人種起五穀被凡人尊為神農炎帝，四處廣播種植五穀之法離開宛丘一晃數載之時。留居在宛丘故地的少典氏族人辛勤勞作，開墾土地種植五穀連年奪得豐收，日子越過越加幸福美滿。

　　氏族首領炎帝父母少典與安登夫婦眼見族人生活美滿，以後再也不必為食物缺乏發愁，深喜他夫婦為凡人生下了一個好兒子。但他夫婦也是以天下之憂為憂的慈善老者，他們眼見自己族人生活美滿幸福起來，卻不知道生活在凡界四處的其他凡人，是否也都學會了種植五穀，過上了幸福美滿的好日子。

　　這時他們的兒子炎帝已經離開族人時過數載，他究竟在多大地域內推廣開了種植五穀之法？少典夫婦因而掛心不已，決計離開宛丘四處走走，看個究竟。為此他夫婦做好安排，便引領數名族人一道離開宛丘，向西北一路行來。

　　少典夫婦所到之處，看見昔日長滿荒草的原野，不少都被人們開墾起來，種上了稻麥菽稷黍五種穀物。五穀長勢良好，豐收在望。眾

人皆以穀物為主食，不必為吃食匱乏而發愁，生活變得幸福美滿起來。

為此他們所到之處，都聽到眾人盛讚神農之功，誇譽炎帝之德。他夫婦眼見至此聞聽此言心中高興，腳下便越走越有勁兒。決計到更多更遠的地方看看，是不是凡界到處都已經變成了如此幸福昇平模樣。

少典夫婦如此在途巡看十數日過去，這日來到一個名叫壽丘的地方。壽丘地方屬丘陵地帶，小丘連綿土陵相疊。他夫婦一行沿著丘陵間的小道蜿蜒前行，翻過數重丘越過數道陵，正行之間突見前面被一條小河攔住了去路。少典詢問河邊凡人此河何名，凡人講說此河叫作姬水河，河水深幽。

少典知道妻子安登不會泅水，正在心想怎樣把她帶過河去，卻突見從姬水河對岸的丘陵之上，颳來了一陣猛烈的狂風，捲來了濃重的烏雲和鋪天蓋地的黃土。倏然之間，他們便陷身在了天昏地暗之中。

少典眾人突陷此境，心中正奇狂風為何颳來如此驟然，卻又聞聽頭頂之上低低的天空之中，猛然「轟隆」一聲炸響了驚雷。由於雷聲距離太近聲音太大，嚇得安登口中不禁「啊呀」一聲驚叫，隨著便蹲在了地上。

就在這時，伴著那聲響雷「颯」地又閃來一道熾亮的閃電，徑直向蹲在地上的安登頭上射去。少典眾人看到那閃電射到安登頭頂之後，竟然在其頭頂之上繞起了圈圈，形成了一個滴溜溜旋轉的光環。蹲在地上的安登目睹此景驚怕至極，嚇得兩眼一閉頓然昏厥了過去。

這驟生的場景實在太嚇人了，雷在頭頂炸響，光在頭頂環繞。別說膽小仁慈的安登，就連少典眾人這時也全被嚇得愣怔在了那裏。然而就在安登昏厥、少典眾人呆怔之時，卻見那亮光在安登頭頂繞旋一陣驟然消失了去，響雷只炸響了那麼一聲就完結了去，黃土烏雲狂風也在驟然間消失淨盡了去。

姬水河上的天空，頓又變得湛藍如初。豔陽高掛，如同先前模樣沒有了一絲兒曾經惡變過的痕跡。河兩岸的丘陵之上，風清氣淨，祥和安謐。姬水河水，水面清幽，靜如鏡面。先前因奇異而呆怔的少典眾人，這時又因奇詫天氣如此驟變，而從呆怔中清醒過來。他們眼見安登依然昏厥不醒，便急忙上前喊叫看視。

　　少典眾人剛剛看視昏厥的安登一眼，便全被安登的身子之變，驚得重又愣怔在了那裏。因為在此驟然之間，其竟然又像上次在華陽路上懷炎帝時一樣，剛才還空癟的肚子，這時卻脹得像個大鼓，眼看著就要臨產了。

　　昏厥的安登這時蘇醒了過來，由於她一時還不知道自己身生驟變，昏厥前的驚怕醒來未消又看到少典眾人呆怔若此，急忙開口詢問道：「怎麼回事？剛才究竟出了什麼事兒？你們都怔在這裏幹啥？」

　　少典眾人被安登頓從呆怔中喚醒，他們雖然看著安登之狀依舊奇詫不已，但眼見安登從昏厥中醒了過來高興萬分，少典隨之忙問安登感覺如何。當聞知安登感覺良好之時，方纔一指安登的肚子奇異道：「瞧，又脹起來了！」

　　「啊呀！」安登聽聞少典此言，方纔急忙低頭看視自己的肚子，她剛看視一眼，便驚得口中叫出聲來，隨著大為不解道，「與上次華陽路上懷炎帝時一樣，難道又有身孕了嗎？」

　　「我們暫且走不成了，你們快分頭找找，尋個地方住下。」安登話剛落音，遂覺得一陣惡心倏然襲上心頭，頭腦一陣暈眩險些暈倒在地。少典見之忙扶住安登，口中隨著吩咐隨行眾人道。眾人聞聽立即分頭行動，很快就在附近一座叫作具茨山的山上，找到了一方面臨姬水河的不大山洞。

　　少典攜同安登在眾人引領下來到洞前，看見山洞雖然不大，可它

臨水向陽，居處不險，環境清幽，正是一方適宜居住的好地方。少典於是與眾人在此山洞中小住下來，以待臨產的安登生下腹中嬰兒。

然而事情又是蹊蹺萬分！腆著大肚子的安登不僅一年沒生，而且兩年過去了還是不生。整整兩年零一個月過去了，才腹生陣痛終要生產，一生卻生出了一個圓滾滾的大肉疙瘩。僅僅是個大肉疙瘩也還罷了，那大肉疙瘩一落上地面，竟又見風驟長，奇異地越變越大，眨眼間就變成了一個有半人高，圓鼓鼓的大肉球。

隨著，那肉球從少典一面破開一個洞來，竟然從中鑽出了一個七八歲的男孩。這男孩首生四面，四面皆呈河目龍顏，修髯花瘤，如同怪物。心正驚怕的少典眾人見之更加驚怕，驚怕這怪物給凡界帶來災難！然而就在少典眾人如此驚怕之時，那嬰孩卻跪在了少典夫婦面前，開口知禮地叫了聲「爹、娘」，隨著便講說起了自己的身世。

他說，他原本是天界的軒轅星君，在天界主管風雨雷電。數年前，在天界的一次剿滅黑風魔怪的惡鬥中，玉皇大帝不慎中了黑風魔怪的姦計，陷身生死存亡緊要關頭。他軒轅見之大急，即設巧計誅殺了黑風魔怪，救了玉皇大帝性命。玉皇大帝因而賞封他為主管風雨雷電之神，並讓他住進天宮，以隨時貼身侍衛自己。就這樣，他不僅受到玉皇大帝和王母娘娘的信賴和鍾愛，而且也受到了宮中和天界眾神的高看。

在軒轅星君得到如此賞封之後次年的一天，各路天神前來為玉皇大帝拜壽。在玉皇大帝的壽筵上，眾天神知道軒轅星君的地位，齊要他請求玉皇大帝開開天戒，讓眾天神看看凡界奇景。原先天神是可以隨意觀看凡界並臨凡遊玩的，但後來由於任憑天神下界遊玩生出了不少事端，所以玉皇大帝定下了自己不開天戒，任何天神都不允許窺看凡界及到凡界遊玩的天規。

　　眾天神為了觀看凡界景象，因而求助於軒轅星君。軒轅星君受到眾天神如此器重不敢辜負，便向玉皇大帝提出了要求。玉皇大帝聽後猶豫難決，王母娘娘在旁開口笑言道：「陛下，若是別個提出，此戒斷不可開。如今是軒轅星君提出，此戒斷不可不開呀！」

　　「對。軒轅星君提出要開天戒，開！」玉皇大帝這才笑言道。眾天神聽聞玉皇大帝開了天戒，齊謝玉皇大帝開戒和王母娘娘助言之恩，並齊贊軒轅星君請求之功。

　　但是玉皇大帝囿於過去大開天戒，屢生事端的教訓，開戒有限只准眾天神到下界遊看一遍，不得在下界逗留。軒轅星君與眾天神只得按照玉皇大帝聖命，立刻駕起祥雲到凡界看視一圈，隨後便各自返回居地而去。

　　軒轅星君看罷凡界回到天宮居處之後，心中卻再也不能平靜下來。因為他不見凡界之景還罷，看到偌大凡界之上，眾凡人不少還在為食物匱乏發愁，太陽神炎帝只顧奔波於教人播種五穀，以解決食物不足，嘗驗百草解除人疾，卻對治理凡界的事兒顧及不得。特別是他不設軍伍，所到之處僅以仁德治之，如此下去凡界是難得持久太平的。

　　凡界的如此情景，由此時刻牽動著他軒轅星君的心。為此他決計下赴凡界，以輔佐炎帝治理凡界，確保凡界永久太平。於是他先把自己此想說給了樂於助他的王母娘娘，王母娘娘這次聽了當然大為反對。因為她擔心軒轅星君去後，玉皇大帝身邊少了一位忠實的貼身侍衛，唯恐玉皇大帝身遭不虞。但她經不住軒轅星君去去就回的纏磨，末了只有違心地表示同意。

　　求得了王母娘娘的贊同，軒轅星君這才說給玉皇大帝。玉皇大帝見到軒轅星君執意要為凡界做事，同時又見王母娘娘在旁為他助言，便想到軒轅星君心地仁和，胸有經世之才，凡界凡人也正需要如此大

神前去治理，便答應了他的請求。軒轅星君於是為了輔佐炎帝治世，便在兩年多前特地選中少典夫婦為父母，投胎到了安登腹中，成了神農炎帝的同胞兄弟。

「恭賀首領夫婦，前為凡界降生神農炎帝，今又為凡界降生了軒轅星君。」正在驚怕不已的少典眾人聽到這裏，方纔都從驚怕中解脫出來，明白了事情的根由。隨行眾人明白至此心中大喜，齊向少典夫婦祝賀道：「真乃是功德無量，凡界之福也！」

「爹、娘，孩兒的哥哥炎帝降生之後，」跪在地上的臨凡軒轅星君待到眾凡人恭賀完畢，急又開口插言道，「爹爹賜其姓姜名石年，現在也該賜給孩兒一個凡間姓名了！」

「好。孩兒生在這姬水河畔，爹爹便賜你姓姬。」少典聞聽，略作沉思道，「孩兒在天界既為軒轅星君，那麼到凡界就名叫軒轅吧。」

姬軒轅聞聽，立刻高興得蹦跳起來向河邊耍玩而去。由於軒轅星君降生在此具茨山上又得名軒轅，後人便把其降生地壽丘地方的這座具茨山，改名叫成了軒轅丘。並在這裏建立了廟宇，廟宇門楣上題寫著「軒轅故里」四字。這軒轅故里，就在今日河南省新鄭市區北門外。

小軒轅奔走去後，少典眾人便隨著議論起來。他們議論事情的神異，議論小軒轅生而能言，頭腦聰靈。議論夠了，方纔安頓安登休歇下來。月餘後安登身體康復如前，他們便離開壽丘地方，繼續在少典引領下向四方察看凡界情勢而去。

少典引領眾人察看四方情勢，轉眼過去將近十載。眼見凡界四處凡人皆已學會種植五穀之法，過上了美滿幸福的日子，他夫婦方纔放下心來。這時他們思念宛丘故土和留居在故土的眾族人，便引領眾人返歸宛丘而來。

回到宛丘，少典氏眾族人眼見少典引來眾人之中，多出了一個

63

首生四面的大小夥子，而且那怪異的大小夥子生得身長九尺，敦敏英慧，全都奇詫不已，齊問怪異大小夥子的來處。

當眾族人聞知這大小夥子是少典夫婦的次子姬軒轅時，方纔消去了奇異，異口同聲讚美起了少典夫婦善得善報。先生神農，造福凡界已是功德無量。又生此子姬軒轅，定當再為凡界凡人造福無窮！

讚頌之余眾族人方纔與少典眾人互致寒暄，寒暄之後便為少典眾人排開了接風吃食。一時間，只見眾族人排開了稻麥菽稷黍五穀素食，及一應鳥獸蟲魚諸種肉食。少典眾人目睹此狀已知眾族人日子越過越加殷實，禁不住心中高興，與眾族人一陣大吃起來。

然而正在他們剛吃片刻之時，卻見一人前來找尋炎帝。少典問他找尋炎帝有何事情，來人聞知少典乃炎帝之父，炎帝不在便向少典講說了一切。他說，他是居住在這裏西方距之三百余里的諸葛氏族人，與其氏族相鄰的皇甫氏族中出現了一個惡人。那惡人劫掠去了其諸葛氏族中的兩個姑娘，逃往山中行惡而去。他諸葛氏族人心中氣惱，便到皇甫氏族人中討要被掠二女。

但那皇甫氏族首領也言那惡人章奇在族人中之惡，擾得眾族人不得安寧，眾族人皆欲除之。但只是神農炎帝戒於凡界只施仁德不可妄開殺戒，因而雖欲除之而不得。其行此惡族人不知，他又沒有回到族人之中，族人因而歸還被掠二女不得。末了他們諸葛族人心中氣惱，決計掠回惡人章奇父母及兄弟姊妹多人，以向章奇換回被掠去二女。

皇甫氏族人也因除不去此惡，族人不得安寧。且其又掠去諸葛氏族二女，無以歸還壞其族人聲譽心中更惱。便同意他諸葛氏族人之求，把章奇親人全數交給諸葛氏族人帶去。以懲章奇之惡，促其改惡從善。

然而他諸葛氏族人帶回章奇親人之後，尋到章奇躲處言說交換二

女之事，章奇硬是不與交換。他眾族人氣惱，便決計先盡殺章奇親人以出心中惡氣，並借之祭旗前去山上誅除章奇。

他諸葛氏族人無奈之時行此無奈之法，但他諸葛氏族乃為嚴遵炎帝之教氏族，因而不敢擅行此舉。特在行此無奈之法之前派遣小人，前來稟報炎帝以由大帝作出定奪！現在炎帝不在，章奇仍在行惡不止。因而就請少典老祖代行炎帝之今，為他諸葛氏族此舉作出定奪，事不宜遲。

「不，不可如此！如此不符合我兄長炎帝的仁德治世之道。」少典聽到這裏還沒有來得及開口，卻聽軒轅在旁開口否定道。隨著，軒轅即向其父少典講說了由他前去諸葛氏族人居地，按照哥哥炎帝之道以仁德感服章奇那惡，以行哥哥之道。少典聞聽心喜，即讓軒轅隨同來人前去諸葛氏族人居地而去。

軒轅來到諸葛氏族人居地，即依其說不僅不殺章奇親人，而且把他們立刻全部釋放了去。章奇眾親人臨死遇救，齊感戴軒轅與諸葛氏族人赦身不殺之恩不盡。決計以說服章奇放回諸葛氏族二女，並以擒回章奇交與諸葛氏族人發落作為報答。軒轅聽後大為高興，即又鼓勵章奇親人立刻前去找尋章奇，以救回諸葛氏族二女，並擒回章奇。

章奇親人立即遵命前去尋到章奇，向其曉以大義，講說了軒轅與諸葛氏族人赦免他們之恩。人非草木孰能無情，章奇最後無奈只有歸還了諸葛氏族二女。章奇親人為報諸葛氏族人開釋他們之恩，即又行諸擒住章奇，押回到了諸葛氏族人之中。

諸葛氏族人眼見被搶二女歸來，一時間真個是心中又喜又疼。喜的是她們平安回到了族人之中，疼的是多日來她們身遭邪惡蹂躪。心疼之余，諸葛氏族人禁不住心中大惱，齊要動手殺死章奇那惡，為凡界除害為二女報仇。

　　章奇親人也都心中惱恨章奇之惡，求不得諸葛氏族人除去此害。為此憤怒的諸葛氏族人便來了真的，就要動手誅除章奇。章奇也早知自己罪孽深重，當誅不赦，因而也不言說只有等死。

　　「且慢！」但是就在這時，外出歸來的軒轅，又出言攔住了欲殺章奇的諸葛氏族眾人，隨著他轉對章奇道，「章奇，看到了嗎？你的邪惡不僅傷害了眾人，並且連及了你的親人，你是不是死有餘辜？」

　　「是的，我死有餘辜！」章奇剛才已知自己只有一死，這時認罪回答道，「我該死！」

　　「但是我想你是個人，是人就不會無情！鑒於你還有情，我決計不讓他們殺你，放你與你的親人一齊回去。」軒轅這時則大出章奇預料，誠心講說道，「但不知你如此回去之後，是願意繼續行惡，還是痛改前非重新為善？」

　　軒轅的話語早把等死的章奇喚醒回來，他是人他有情他當然也知道好歹，聽到末了他當即對軒轅表白道：「只要你們真的放我回去，我若不改惡從善而繼續作惡，你們抓住我點天燈，我也決無怨言！」

　　軒轅聽到章奇之言也誠其心也真，便果真立刻把他放了回去。後來，章奇也果真改惡從善，成了諸葛氏族人的友人。軒轅如此以仁德感化惡者的事蹟，便也隨之傳成了佳話。

　　不久，炎帝回到宛丘故地看視。少典爹娘便把軒轅介紹給他，讓他兄弟互相認識。炎帝這時也正為自己多年來只顧忙於教人播種五穀，嘗驗百草為人除疾，對於凡界眾多其他事情無暇顧及。急需一位輔者佐助於他，處理好凡界眾多的其他自己無暇顧及的事情，確保凡界幸福昇平。

　　炎帝需要這樣的佐者正選擇不到，聽了軒轅那段以仁德感化惡者的佳話，覺得其行正合自己心意。為此在爹娘介紹相識小弟軒轅之

後，他兄弟一陣交談軒轅便成了炎帝選中的佐者。炎帝於是把處理凡界寵雜事務的重任全交給了他，並讓自己的後代也是信任大臣后土，輔佐軒轅治理凡界。隨後他則放心地重又離開宛丘，奔赴四處為凡人排憂解難而去。

送走炎帝，軒轅便肩起了哥哥交給的重任。因為輔佐炎帝治理凡界，是他下臨凡界的動因，是他請求玉皇大帝的理由。所以他既然獲得了炎帝的信任，便開始處理起了凡界的繁多雜事。軒轅開始處理起事來，處處皆以仁德感化，做法與炎帝一般無二。

比如，他碰到這樣一件事。居住在距離宛丘數十里外的張、王兩個氏族之間連續發生雙方互相誤傷人命之事。先是張氏族人誤傷王氏族人一個女孩，王氏族人問明是誤傷諒解了張氏族人。但是時間到了距此不久前的一天，王氏族人卻又不慎，誤傷了張氏族人首領的大女兒。

王氏族人鬧出如此誤傷事件，忙向張氏族人如實解釋，唯恐出現誤解傷了兩個族人之間的和氣，帶來不應發生的傷害。無奈張氏族人不相信王氏族人的解釋，認定王氏族人存心報復，決計全氏族人一齊出動攻殺王氏族人，為首領女兒雪仇。但是張氏族人雪仇之前懾於炎帝之威，不敢輕舉妄動，便派人先來求告炎帝。

「不可如此！快快領我前去看個究竟。」軒轅聽了張氏族來人講到這裏，當即立斷道。於是他即領后土，先到王氏族人之中詢問緣由。問到末了看到張氏族人首領之女確為誤傷，與報復絕無關聯，便立即做出了前去說服張氏族人的決斷。

先前，他想到如果王氏族人確為報復，傷害了張氏族人首領之女，他就讓王氏族人前去向張氏族人認罪。並用物資予以賠償，並且保證永遠不再發生此類事情。使雙方互相對之以仁德，而不永世變為

仇人。這時他察知實為誤傷，便事情更好解決十分。

軒轅與后土來到張氏族人之中，據實講明情況。並講明兩個氏族以仁德相處的好處，以邪惡相對殺伐不息的壞處，說得張氏族人心服口服。恰在這時，王氏族人又送來了賠償之物，張氏族人見之決計不受。並向王氏族人道歉說，他們先前不該生出猜疑之心，造成對王氏族人的誤解。

如此他二族人一來二去，全都消去了心頭的疑雲，化干戈為玉帛。就這樣，軒轅在凡界廣施仁德之治，輔佐炎帝對凡界雜事日理千件。一時間真個是更使得炎帝仁德之道廣播凡間，凡界更加幸福昇平起來。

軒轅在凡界不僅如此大治凡人，而且他還知道如果不除去凡界的惡神，管好凡間的魔鬼，他們也會作亂或施惡於凡間，鬧得凡界凡人不得安寧。為此他在大治凡人的同時，還對凡界神鬼進行了治理。

一次，他聽聞在昆侖山東麓，有一個人臉龍身的天神鼓和另一個天神欽，謀殺了一位名叫祖江的天神，搶走了其妻子。回到其居地鐘山東面瑤崖之上，肆意玩弄起來。

軒轅心中大惱，為給被殺天神祖江報仇，救出祖江之妻，也為了誅除鼓與欽兩個惡神平定凡界，即帶后土一齊奔到瑤崖之上。誅殺了鼓與欽兩個惡神，救出了祖江之妻。

其後不久，軒轅又察知惡神危在搶掠施惡於凡女時，恰被蛇身人面的窫窳大神撞見。窫窳壞了他的好事解救了凡女，而且還嚴訓了他一頓。心術狡惡的危為了報雪此仇，決計殺死窫窳。

但他動手之前又知軒轅屬害，唯恐被軒轅察知斷去了自己性命，便靈機一動，把其主子貳負騙說得勃然大怒，替其出手誅殺了窫窳。軒轅察知此情心中大惱，便又與后土一起前去捉住了危，把他綁在西

方疏屬山上，並枷了其右腳，以懲罰其罪惡。而對於被殺的窫窳，軒轅則設法把他救活了過來。

凡間神界通過軒轅的如此治理，也由此真的大治起來。眾惡神懾於軒轅的威望，很少再敢施惡於其他神靈和凡人。與此同時，軒轅還想出了治理凡界鬼怪之法。他在海邊遇到一隻名叫白澤的神獸，白澤能說人言，聰慧非常，知道天地鬼神的事情。

軒轅便命白澤把凡界鬼怪全部畫成圖畫，並在圖畫旁邊寫上名字，登記造冊以便加以治理。白澤聞命即行，很快畫出了一萬一千五百二十種妖魔鬼怪的圖畫，交給了軒轅。軒轅看後，即命后土在北方大荒中的成都載天大山之下設立幽都，作為治理凡界鬼怪的都城。並命后土作為鬼怪之國的國王，坐鎮幽都統治鬼國。

后土聞命來到北方大荒尋到成都載天大山之下，便選擇在大山北面，建起了一個叫作幽都的黑色國度。幽都便是幽冥世界，那裏面有黑鳥、黑蛇、黑豹、黑虎和長著毛蓬蓬尾巴的黑狐。又有一座大黑山，山上來來往往住的也都是黑人。

幽都的統治者除了后土之外，有名者還有把守幽都之門的大神巨人土伯。土伯長著老虎的頭，額頭上生有三隻眼睛，身軀像牛那樣龐大。他經常嘶啞地喊叫著，搖晃著一對明晃晃的堅利的角，伸張著沾滿血污的肥大的手，驅趕著居住在幽都國度裡那些哀聲號叫、奔跑躲避的可憐鬼魂。

軒轅在敕封后土為幽都國王之後，還命居住在東海桃都山上的神荼與鬱壘兩位大神，輔佐后土統領凡界鬼怪。於是神荼與鬱壘便在桃都山上設立了鬼城，在山上一棵大桃樹下設立了鬼門。鬼怪出城入城，都必須從這棵大桃樹下的鬼門經過。

而在大桃樹頂上，則站立著一隻金雞。當太陽的第一縷光線照

射到它的身上時，它就會立即鳴叫起來。隨著它的這聲鳴叫，眾多趁著夜黑出城到凡間遊蕩的鬼怪們，必須立刻向城中返回。這時，神荼與鬱壘則威風凜凜地把守在鬼城門口，察看那些從凡間遊蕩回來的鬼怪。如果發現誰個是在凡間殘害了凡人回來，他們就立即用繩子將其綁了，押去餵食山上的老虎。

如此治理之後，眾鬼怪方纔不敢胡作非為，殘害凡人。後來人們聽說了這件事情，便在每年大年三十晚上，用桃木雕成兩個神人，手拿繩子代表神荼和鬱壘，放在門口兩旁。並在門上畫一隻老虎，用以抵禦妖魔鬼怪。再後來為了簡便，人們乾脆把神荼與鬱壘的相貌或名字寫畫在門上，便形成了後世人間世代相傳的門神。

軒轅就這樣輔佐炎帝精心治理凡間人、神、鬼三界，使得眾凡人之間互講仁德，神鬼不敢施惡，凡界大治起來。凡界大治給凡人帶來了更加幸福昇平的生活，因而他們讚譽軒轅為他們建立了不世的功德。便學著讚譽炎帝的樣子，以人類生存的根基黃土為譽，把他譽為了黃帝。

軒轅黃帝后來也像其兄長炎帝一樣，生有許多子孫，他們有的是神有的是人。比如，管領東海的禺虢海神，便是他的兒子。管領北海的禺強海神，便是禺虢的兒子他的孫子。大禹的父親鯀，是他的嫡孫。後來承繼黃帝一統凡界的顓頊大帝，則是黃帝的曾孫。另外像犬戎、北狄、苗民、毛民，則也都是黃帝傳下的後代。

就這樣，黃帝和炎帝一樣，是凡界人神的共同偉大祖先。因而從古到今，我們中華民族都稱自己是「炎黃子孫」。

六、循仙問道

　　黃帝如此實現凡界大治之後，時間已是過去數十載。幾十年的辛勤治理凡界實踐，使黃帝看到僅靠炎帝仁德之道治理偌大凡界，隨著社會發展物質豐盈，是無論如何也實現不了長治久安的。

　　因為隨著社會發展生產進步物質豐盈，眾人各自獲得的物質多少不同，已經必然地開始出現著貧富分化。這樣富有者就將奴役貧窮者，貧窮者則必然屈從於富有者。貧窮者如果不屈從於富有者，他們就將得不到必需的維持生命延續的衣食，無法生活下去。

　　這種因佔有物質多寡而形成的貧富關係，反過來又使貧窮者能夠獲得的物質越來越少，從而越來越貧窮。而富有者則佔有的物質越來越多，從而越來越富裕。這種距離愈加拉大的貧富不均，必將破壞先前的人與人之間的平等關係，造成人與人之間的貧富高低差別。

　　人與人之間因貧富不同，造成高低差別等級關係出現之後，人與人之間就必然會因為貧富不同出現對立關係，即一種互為敵我的嚴重敵對關係。這種關係發展到一定程度，對立雙方之間就必然會用暴力對付對方，以實現自己的利益。因而若到雙方用暴力實現自己的利益之時，僅用炎帝仁德之道治理凡界，是無論如何也施行不通的。

　　因為仁德終究不能被當飯吃，而吃飯才是凡人生存下去第一位的

事情。為了吃飯即為了存活，他們是會不得不採用仁德之外的任何手段的。若到那時，僅給沒有飯吃者以仁德而不給其飯吃，讓其餓著肚皮去遵行仁德之道，是無論如何都不可能做到的事情。

不僅如此，黃帝還看到在過去的數十年中，自己遵行兄長炎帝的仁德治世之道，雖經辛勤努力實現了凡界大治。但是毋庸諱言，凡人中的渣滓即一批天生的惡者，過去固然被自己用仁德感化改惡從善了，而實則是懾於自己的威嚴只是暫時收斂了去。日後一旦遇到他們可以肆無忌憚行惡之時，他們是絕對不會不重新捲土重來的！這就像草根未除，必生野草一樣。

為此，僅僅使用仁德去感化他們，是很難想像他們會徹底改惡從善，即來他個脫骨換胎根本轉變的。所以僅用仁德之道去治理凡界，是絕對不能實現長治久安的。特別是在如今由於物質豐盈，造成了貧富差距互相對立之時，一旦對立雙方暴力鬥爭爆發，這些隱跡的惡者，必然會趁機興風作浪，渾水摸魚作亂凡界。從而，使得凡界大治成為一句空話。

眼見至此，黃帝連年來便陷入了對新的治世之道的苦苦探索之中。他與炎帝不同，炎帝只顧一門心思為凡人解決衣食之需。他則精於治理凡界，以保障凡界的安寧幸福，因而他在一門心思謀求著新的治世之策。

他從幾十年的治世歷程中看到了凡界之變，他要拿出新的對策來治理變化了的凡界。即便是仍然施用仁德之道治理凡界，但又怎樣賦予這仁德之道以新的內涵，使之適應變化了的新的凡界？為此他苦苦地思索著、追求著。

他思索過使用武威之道治理凡界，對凡間惡人像自己誅除惡鬼和惡神一樣，全部誅除之，以實現凡界的長治久安。但他又想到這不僅

不符合其兄長炎帝之意，也不符合自己之意，當然更不符合上天玉皇大帝之意。因為玉皇大帝也好，他與炎帝也罷，對凡界的本意都是只有一個。即讓凡界日子幸福昇平，使凡人安居樂業平安美滿，而不忍心讓一個凡人生活受苦無辜受戮。

正因為如此，玉皇大帝派炎帝下凡磨礪心志，以使他將來司掌太陽之時，能夠替凡人設身處地去想。玉皇大帝同意自己下凡而來，也正是為了給凡人除去生活疾苦，解去不治之亂引起的苦難。因而自己若用武威之道治理凡界，就要開殺戒誅惡人。雖然誅去的僅是惡者，但那又怎能與玉皇大帝之想相吻合呢！想到這裏，黃帝無奈只有否定了他的武威治世之想。

不採用武威之道，又採用什麼辦法大治凡界呢？純粹的仁德之道雖然在先前實現了凡界大治，但它現在已經不適應變化了的新世道，將來也必然更加不適應。因為不僅現在凡界在變，將來凡界還一定會發生更大的變化。而且就是在先前的凡界上，純粹的仁德之道也僅僅是在表面上感化了惡人，卻沒有從根本上除去惡人。純粹的仁德之道如此又不行，究竟什麼行呢？黃帝就這樣想啊想呀，實在是百思不得良法。

末了在無奈之中，黃帝能夠想出來的唯一辦法，也只能是在仁德的基礎上，加進一些新的內容，使仁德之道更加完善。也就是說，既仍以仁德之道治理凡界，又能真正懾服惡者之心，無奈時又堅決除之而不手軟，以使凡界實現大治。

這樣，才符合他們最初的動機，為凡界辦好事而不辦壞事，使每個凡人都生活得更好，而不使一個凡人受到殺戮。但這又該加進一些什麼內容，才能使仁德之道進一步完善，並使之實現凡界大治呢？黃帝於是繼續苦苦地思索著，思索著……

「軒轅黃帝，欲求治世之道，請問雲陽先生去！」這日，黃帝依舊焦思不得其解，從早晨一直思謀到了中午。就在中午他依舊焦思不得其解之時，卻突聞近處傳來一個聲音對其道。黃帝聞聲驚醒，忙循聲舉目看視言說之人，卻見到一條神龍從雲端裡倏然降落下來。恰好降到言說之人其馬醫馬師皇面前。馬師皇說完剛才之言，則乘龍昇天而去。

黃帝眼見如此奇景，真個是久久奇異不已。奇異之餘，他立即想到馬師皇先前便非等閒之輩，自己這時不必為此這般奇異。先前，馬師皇對馬病瞭若指掌。他一看馬的情態，便可立刻診斷出馬的疾病。然後病馬經過他的治療，無一不能差除身愈。黃帝先前正因為看到他身懷如此神技，方纔把他留在身邊作為馬醫。馬師皇做了黃帝的馬醫之後，更加顯示出了許多非同尋常之處。

比如，黃帝曾經親眼看到，一次從雲端裡突然探下一個龍頭來，對著馬師皇。馬師皇見到龍頭對著自己並不害怕，而是看視那龍頭一眼，見其垂拉著耳朵，難受地張開著嘴巴，便對那龍道：「你有病了，我來給你醫治。」

隨著，馬師皇先用藥針去刺龍的口腔，然後又拿甘草湯喂它。就這樣他很快醫好了病龍，使它重又騰昇去了雲端。後來，又有好幾條病龍前來求他醫病，他都為病龍解除了病疾。

黃帝想到這裏，遂解去了心中對神龍背負馬師皇昇天而去的奇異。因為這更說明，先前就非同一般的馬師皇果然非同一般，他定然不是一位天神也是一位仙人。他臨別告訴自己去向雲陽先生問道，雲陽先生乃是一位仙人，這更證實馬師皇不是天神必是仙人而無疑。

為此，黃帝認定馬師皇要他問道的話語定然不虛，因為仙人大都精究道術。自己若去求問，定可得到自己欲求不得的滿意治世之道。

為此黃帝決計立即動身，依照馬師皇之言，去向雲陽先生問道。

雲陽先生也是凡界名流，他住在今日山西省翼城縣東南的陽石山上。山上有一座神龍池，他就在那裏飼養神龍。後來雲陽先生昇仙去了，歷代帝王便派專人在池中繼續養龍。到了水旱災害出現時，他們就在池旁祈求停雨或者降雨以除災害。這時，雲陽先生雖然尚未升仙而去，卻也已經名震凡界。黃帝當然知道他的大名和他居住的陽石之山，為此他欲尋雲陽先生問道，便徑向陽石山奔來。

黃帝在途行進數十日，來到陽石山上，尋到神龍池旁，正看見雲陽先生在池旁餵養神龍。雲陽先生突然見到黃帝駕到，便不怠慢，立刻向前施禮迎接道：「小人不知大帝駕到，有失迎迓，祈大帝恕罪！」

「先生不必如此。今日是我黃帝前來求問先生，乞求先生賜道造福凡人，因而豈有讓先生迎迓之說。」黃帝見之，急講說忙開口道，「但求先生一言大治凡界，為凡人造福！」

「若為此，大帝就徒費辛勞了！」雲陽先生聞聽黃帝此言，頓然大驚道，「小人絕非能夠一言造福凡人而不為，實乃小人目前尚未修煉成仙，只顧通過養龍之一途，將自身修煉成仙罷了。」

「先生不必過謙！」黃帝以為雲陽先生謙虛推諉，進一步恭問道，「為了天下凡人之福，請先生不吝賜教。」

「不，不。小人目前僅知養龍之道，而對治世之道未有探究。」雲陽先生急忙接言道，「怎可妄言於大帝，遺害於凡人。因而敬乞大帝見諒！」

「若如此，馬師皇之言，就是騙說我軒轅了。」黃帝聽到雲陽先生言辭懇切，不是推諉，頓然失望得不禁歎一口氣道。說罷，就要告辭離去。

「大帝若求養龍之道，小人定當盡數告之。今日大帝求問治世

之道小人不知。」雲陽先生見到黃帝失望若此，心中甚為不是滋味。為此他急忙開口為黃帝解除失望，指引希望道：「但是小人知道南方黟山之上，住有容、浮公兩位仙人，他們通達治世至道。大帝前往問之，或可有獲！」

黃帝聽了雲陽先生此言，雖覺其言辭不甚確切，但其失望的心中仍是不禁驟然一喜，因為雲陽先生又為他指出了求道路徑。同時他想到大治凡界之道，乃為凡界之至道，當然不應輕易獲取到手。

所以方使得自己至此無獲，並非馬師皇之言為虛！為此他決計遵循雲陽先生指引，不怕勞苦，再向南方黟山循蹈仙跡，以求至道大治凡界。隨之，他便告辭雲陽先生，離開陽臺山奔向黟山尋來。

黟山位於今日安徽省南部，跨越歙、黟、太平、休寧四縣。南北長八十里，東西寬六十里。主峰光明頂海拔一千八百四十一米，最高峰蓮花頂一千八百七十三米。山上風景秀麗，以奇松、怪石、雲海、溫泉著稱凡界。黃帝在途行進盈月，這日來到了黟山之中。

黃帝知道，雲陽先生所說容、浮公二位仙人，乃是容成公和浮丘公的簡稱，皆是凡界名流。因而他一到山中，便尋找起來。然而黟山山界偌大，容成公與浮丘公二位仙人萍蹤浪跡，黃帝尋遍黟山四處，卻一直未能尋到。

黃帝找尋不到心不氣餒，引領眾人繼續尋找。末了終於在黟山最高處蓮花頂巔，尋找到了正在凝心對弈的容、浮二公。黃帝見之心喜，忙開口詢問二公治世之至道。然而他二公聞問之答，卻使歷經月餘時光，苦苦找尋他二公的黃帝大失所望，愣怔在了那裏。

因為他們言說，他二公剛剛修煉成仙，剛剛開始探究大治凡界之道，因而胸無成竹，無以奉告。但是末了他二公眼見黃帝求道至誠，苦苦來此問道結果一無所獲，以至失望得呆愣在了那裏，雙方心中甚

為不忍，便又指引黃帝道：「大帝若求至道，請到蜀地青城山，求問於甯封子，他有至道。」

黃帝聞聽二公此言，方又看到了希望，從失望的呆愣中清醒過來。於是他急忙謝過容、浮二公，下山向蜀地青城山求問甯封子而來。黃帝來此黟山雖然如此沒有求得治世之至道，但黟山此後卻因黃帝此來問道，被人們改名稱為黃山，一直沿用至今。

黃帝離開黃山徑向青城山不辭辛勞行來，沿途跨險山涉惡水，又是在途月余時光方纔來到蜀地青城山下。青城山由聯成一氣的如同屏風般的五座山峰組成，中間一峰最高，後來叫作丈人峰。黃帝心想，一般仙人為了清靜修仙，都擇居險要高峰之上。仙名大震的甯封子也一定擇居在丈人峰巔。為此，他便不到別處尋找，而徑朝丈人峰巔尋去。

甯封子原是青城山燒制陶器的能手，因而後人傳說他曾在黃帝手下做過「陶正」，即掌管燒制陶器事務的官，其實並非如此。作為青城山下的燒制陶器能手，甯封子看到鄰近凡人需要大批陶器用於生活，便常年不息地辛勤燒制陶器。甯封子就這樣燒啊燒呀，也不知道燒過了多少年頭，這日突見一位白髮蒼蒼的老者來到他的窯前，替他掌起了窯中之火。

甯封子見到童顏鶴髮的老者來到窯前已是心奇萬分，隨後又見他掌火一會兒，窯中便冒出了五色彩煙。「小兒敬請大師指教，教小兒學會如此掌火之法。」甯封子大奇，立刻拜倒在地求教道。老者也不推辭，既顯之便教之。即把自己煉身成仙之法，秘授給了甯封子。臨去方纔告知甯封子說，他是仙人廣成子。

甯封子得到廣成子如此之教恭身力行，末了又通過數十載燒煉，終於一日入火乘五色煙氣成仙而去。甯封子成仙去後人們檢點燒剩灰

爐，發現了甯封子火化成仙之後留下的骨殖。於是人們就把其骨殖埋在了寧北山中，為此便把他叫成了甯封子，封即是封藏和埋葬的意思。

黃帝一陣攀登來到丈人峰巔，果見甯封子正在閉目靜坐，凝心靜思。黃帝不願打擾他，便站在近處靜待起來。然而身為仙人的甯封子能夠察知山頂之上風吹草動，聞知有人到其近處並不言說，便即眼也不睜開口道：「來者何人？到此何幹？」

「吾乃軒轅，」黃帝突聞甯封子此言，知道是在詢問他，便急忙恭敬開口道，「前來求見大仙。」

「小仙不知大帝駕到，」甯封子驚聞黃帝駕到不敢怠慢，霍地站起身來，向黃帝深施一禮道，「怠慢了大帝，敬乞大帝恕罪！」

「吾乃前來求道於仙人，」黃帝見之忙言道「豈有仙人怠慢之理！」

「大帝若問養身成仙之道，」甯封子聞聽黃帝前來求道，便當即答允下來道，「小仙定當盡數告知。」

「不，吾乃靈為神靈，不需再求養身成仙之道。」黃帝聞聽即言道，「吾來欲求之道，乃治世之至道。」

「大帝若求此道，小仙就不敢告知了。」甯封子聞聽此言，不由得眉頭一皺道，「因為小仙對此至道尚且不精，講說錯了豈不貽害凡人！」

「大仙不必過謙。」黃帝想不到甯封子如此言說，以為是其謙虛，為此進一步求問道，「造福於凡人，大仙功德無量也！」

「不，不！小仙實在不精此道，不敢妄言！」甯封子這時連連實言道。說著，他話鋒一轉道：「不過，我向大帝舉薦一仙，大帝求之必得治世至道。」

黃帝剛才聽了甯封子不得至道之言心中一涼，因為他實在想像不到求問至道如此艱難。這時聽到甯封子末了之言，禁不住心又轉喜道：

「大仙快說，吾去求詢何仙可得至道？」

「此仙乃小仙的師父，即居住在崆峒山上的廣成子！」甯封子道，「大帝前去求之，定當不負所望！」

對於崆峒山，黃帝是清楚知道的。它坐落在今日河南臨汝縣境內，是一座著名的仙山。其山巔之上，有個像瓦罐樣的洞穴。每當天氣變化急風驟雨將要來臨之時，洞穴中就會有一條白狗走出。久而久之，山下凡人便把白狗的出現，作為判斷急風驟雨將要來臨的徵象，所以又都叫崆峒山為玉犬峰。

對於隱居在崆峒山上仙名稱世的廣成子，黃帝更是知道得清清楚楚，而且與其多次打過交道。有一次黃帝為救凡人疾病到圓丘山上采藥，山上大蛇眾多，黃帝上去不得。黃帝急著救人急病卻上山不得，真個是焦急至極。恰在這時不知廣成子從何處走來，遞給他一塊雄黃道：「帶上它，就無妨了！」

黃帝帶上雄黃立即上山，果然山上大蛇見皆避之。使他順利采回了救人草藥，救了病人性命。由此黃帝便知道廣成子果有能耐，並非仙名虛傳。因而黃帝聽聞甯封子要他去崆峒山求問廣成子之言，頓然驚怔在了那裏。

他當然被驚怔，崆峒山距離宛丘最近，廣成子仙名最大同時黃帝又與之相識，可他卻捨近求遠棄熟求生，跋涉數月轉了一圈，末了還是要就近去問自己熟悉的廣成子！為此，他不由得後悔自己聽信了馬師皇之言，走了一個徒勞的圓圈。

但他隨著又想到，自己數年求道不得，若不是馬師皇一言，自己怎能會想起去求問廣成子呢？所以他心中又深謝起了馬師皇，更加堅信欲成一事必歷萬難的哲理。於是他即辭甯封子，往崆峒山尋求廣成子而來。

　　隱居在崆峒山上的廣成子，仿佛事先知道黃帝要來求道似的。黃帝在途盈月剛剛來到崆峒山巔，他便迎了過來道：「大帝蒞臨敝山，難道是求修仙長生之道不成？我有修身至道，你看我年已二百餘歲，但身子外貌並不衰老。」

　　「大仙真乃與自然同體也！」黃帝上山尋見廣成子已是心中大喜，又聞廣成子此言即忙開口贊言道，「但吾前來雖為求道，卻並非求取修仙長生之道，而乃是求取大治凡界之至道。」

　　「噢，大帝要求此道！」廣成子聞聽不作推辭，一詫道。

　　「是的。吾聞大仙之徒甯封子講說，大仙達於治世之至道。」黃帝聞聽心喜，即言相求道，「乞大仙不吝賜教至道之精，助吾大治凡界，造福凡人！」

　　「好，吾正有此至道，期待大治凡界哩！」廣成子這才一笑答應下來。隨著，他把黃帝引上山頂坐下，便與之講說起來道：「吾之治世之至道，精髓有四。若按吾治世至道的如此四條精髓去做，即可達到大治凡界的理想境界。」

　　「那太好了！大仙快說，若要達到大治凡界理想境界，」黃帝聞聽大喜道，「需要遵行大仙治世至道的哪四條精髓？」

　　「吾之治世至道精髓之一，是人之道應該效法天之道。」廣成子一將長須講說起來道，「天之道生養了天下萬物，但它生長萬物卻不據為己有，興發萬物卻不自恃己能，長養萬物卻不自作主宰，而聽任萬物自生自長，這就是天之道的『無為』。」

　　「噢，大仙說得對！」黃帝頓感廣成子此言深邃，贊同道。

　　「人之道效法天之道的『無為』，就是要聽任凡人自作自息，按照天道自然規律處無為之事，行不言之教。」廣成子繼續其言道，「天下者，乃天下人之天下，天下人的事是不可強作妄為的。人之道如果

違反天道自然而有為，是不會有好下場的！」

「妙，實在是高妙！」黃帝聽了廣成子此言，禁不住連聲贊叫起來道，「大仙如此寥寥數語，實在大開軒轅茅塞矣！」

「吾之治世至道精髓之二，是要取消人之道的損不足以奉有餘的不公平之道，」廣成子則不以為然，繼續認真講說道，「而代之以天之道的損有餘而補不足的公平之道。以使天下人貧富均勻，盜賊不起，凡人安樂。」

「對，對。凡人貧富不均，」黃帝聽到這裏，又禁不住滿口贊同道，「凡界絕不會太平！」

「吾之治世至道精髓之三，就是為無為，事無事。即效法天道自然實行無為之治，則天下無不治。」廣成子對黃帝之言依舊聞若未聞，繼續向下講說道，「以無事治凡界，不實行繁苛的政刑法令，不滋擾凡人，讓凡人各安其居，各樂其業，休養生息，凡界即可大治。」

「好，這實在是太好了！」黃帝這時聽得更加高興，講說自己的體會道，「若是如此，正像我想的在治理凡界時，要時時事事守柔處弱，像水一樣雖處在低下的位置上，卻用自己滋潤著萬物生長一樣，用仁德教化天下凡人。」

「說得對！」廣成子即言贊成同道，「吾之如此治世道理，具體來說就像煎烹一條小魚一樣，不能多翻動，翻動多了小魚就爛了。」

「妙，妙！」黃帝聽到這裏，更是高興得連聲贊叫道，「這個比喻太好了。」

廣成子聽了沒有再言，只是微微頷首一笑。

「大仙，如今凡界貧富不均現象已現，仁德之治使得盜匪之惡暫且隱而不發。」就在廣成子頷首一笑之時，黃帝心中突然想到他這次萬里尋仙求道，至此必須求得的那個仁德之道治除不了的邪惡，在仁

德之外可否使用武威治之的道理還沒有求知，便又立刻詢問道，「如果吾在凡界僅以仁德治之，為無為，事無事，盜匪之惡惡性不除，有朝一日爆發出來，治理不得凡界不就大亂了嗎？」

「是呀，凡人皆不懼死，用死來嚇唬他們是沒有用的。」廣成子聽了此問，即又開口道，「凡人一旦到了不被仁德感化的時候，治者的垮臺就要出現了。」

「對，這正是吾向大仙欲求不解之道。」黃帝即又急言道，「大仙，事若如此，該怎麼辦呢？」

「這正是吾要對你講說的吾之治世至道精髓之四，即在效法天道無為而治之時，也不絕對排除武威治世。」廣成子隨之道，「也要佐以兵事以除違背天道之惡，保證天道實行。效法天道也叫順應自然，這樣自然就要決定仁德，這種治道就該叫作道德之道了。」

黃帝聽到這裏，大為心滿意足。因為他正要在其兄長炎帝的純粹仁德治世之法外，為適應凡界之變輔以武威治之，在這裏他終於找到了知音啊！所以他高興得不禁叫了起來道：「大仙至道，真乃精闢也！」

「但是若行此道，需切記的是兵者，乃為不吉祥之物，誰都厭惡它。」廣成子這時諄諄道，「效法天道者，不靠兵力逞強於凡界。至不得已時方使用它，但也最好淡然處之。」

「特別是你如果用之奪得了勝利，也不要自以為了不起。」黃帝這時則隨之講說自己心中之想道，「如果自以為了不起，就是樂於殺人。樂於殺人，就會很快衰敗。」

「是的。若行吾如此治世之至道，則可以達到這樣的理想境界。」廣成子這時表情儼然道，「即使凡界實現小邦寡民，使有什伯之器而不用，使民重死而不遠徙。雖有甲兵，無所陳之。至治之極，甘其食，美其服，安其樂，樂其俗。」

「以氏族結為邦國，氏族之人安居五口之家。即使有各種器具，卻並不使用。使人人畏懼死亡，而不向遠方遷移。」黃帝聽罷廣成子此言，雖對此言不甚完全理解，因為其中不少東西當時還沒有出現，但他卻依舊認真地咀嚼著這番話語，口中喃喃誦記道，「雖然有兵器裝備，卻沒有地方去佈陣打仗。邦國治理好極了，人人有甜美的飲食、漂亮的衣服、安適的居所，日子過得十分快樂。」

黃帝誦念到這裏，對廣成子使用這番話語，表述的自己不完全理解的大治理想境界，仿佛頓然看到了似的，又高興得開口大叫起來道：「好，太好了。這大治之世太好了！」

隨著他即又沉靜下來，認真向廣成子求問了實行此道的一些具體問題，然後便急急謝過廣成子，返歸宛丘而去。他所以急忙返回宛丘，是為了早行此道，以把偌大的凡界治理成廣成子理想的，與自己之想相契合的那種大治境界。

七、兄弟相訐

　　行進在歸回宛丘的路上，黃帝心中越思越想廣成子所言治道，越覺得其言與自己之想相契合。實可謂說出了自己欲說但講說不出之言，自己欲想但心想不到之事。更對廣成子崇敬十分，並對自己欲要順應自然即凡界變化潮流，變其兄長炎帝仁德治世之道為道德之道，愈加堅心不移。

　　他想到，自己與兄長炎帝昔日所行仁德之道，則正與廣成子所說效法自然的「無為」之法相一致。即「處無為之事，行不言之教」。只用仁德感化眾人，使仁德之人更加仁德，使惡人自己改惡從善，達到凡界大治之目標。

　　但在今日則如廣成子所言，凡界貧富不均已經萌生，暴力就要出現發生了變化的情況下，再一成不變地墨守適應昔日凡界情形的仁德治世之道就不行了。因為僅僅那樣，就只能使仁德之人更加仁德，而治除不了惡人。惡人一旦肇事，仁德之人就會束手無策，受到其害實現不了凡界大治。

　　無為的天道有時也要對惡人使用雷電災害進行懲戒，大仙廣成子也贊同無為之治可用武力作為後盾，自己效法自然之道，根據時移而事易這一順應凡界潮流原則，為了治除惡人和凡界將要出現的暴力，

就必須改行道德之道。為此，他隨之便在更深一個層次上，構想起了建立武備實行道德之治的方法。

黃帝在構想中想到，若要建立起武備，就必須先找到幾個勇武有力、足智多謀、主持正義的強者。然後憑藉他們之力，建立起一支裝備有武器的隊伍進行訓練，以備不得已時以其臨惡，保障仁德之治實施。但到哪裏找尋這樣幾位強者呢？黃帝於是率先衡量起了自己身邊之人，覺得他們都不夠格，就連后土也包括在內。

后土雖然生得頭腦聰慧多思善斷，處事老成有方，使人覺得其分量沉重可依可靠得如同地上的厚土。但其卻長得身材高挑缺少孔武之氣，慈眉善面溢露仁和之態，不是組建軍伍的合格帥才。就這樣黃帝一直在心想著回到了宛丘，也沒有找到一個稱意的人選，為此心中甚是焦急。

如此轉眼數日過去，這日夜晚黃帝剛一睡去，便做起夢來。他先是夢見一陣疾風倏然颳來，隨著便夢見疾風過後，地上的塵垢全被颳去得一乾二淨。然後他又夢見一個膀大腰圓的大漢，手握千斤重弓，驅趕著萬隻牛羊。夢做到這裏，他便醒了過來。

黃帝夢前是在心想到哪裏尋找稱意之人，夢做到這裏他醒了過來，便據之圓起了此夢。他想，風是召令，因此是掌握權柄的人。垢字去掉土旁，是個后字。因而這個掌握權柄的人，就應該姓風名后。隨後他又想到，能握重弓的人，必然力大無窮。驅趕萬隻牛羊，一定很會放牧。所以這個力大無窮的人，應該姓力名牧。

黃帝把夢如此圓過，便真的決計前去尋找風后與力牧二位強者。但是這樣偶然一夢，又據夢如此推想凡界有風后與力牧二人，凡界之上是否恰好真有如此二人？如果沒有，他不是就會空尋一遭嗎？退一步說，即便真有如此二人，凡界如此之大凡人如此眾多，他又該到哪

裏去尋找呢？

　　對這如同大海撈針一般不可捉摸的事情，是否能夠有成呢？同時再退一步講，即使能夠尋到他二人，又怎能保證他二人便是他要尋找的勇武多謀強者呢！但是黃帝這時求賢若渴，決計不畏辛勞不怕失敗，一定要尋到風后與力牧這兩個自己夢中所見之人。

　　說做就做，黃帝天亮立刻離開宛丘，先向西後向北，又向東再向南，找尋起了風后與力牧兩個人。黃帝引領后土眾人尋啊找呀，他想西方山多風多，風后可能身在西方。但他引領眾人尋遍西方一座座山，從嵩山到華山，又從華山到昆侖山，也沒有找見風后的影子。

　　他們找遍了西方的一條條河，從長江到漢水，又從漢水到黃河，也還是沒有找見風后的影子。就這樣黃帝眾人踏遍了西方一座座山，尋遍了西方一條條河，已是數載過去，結果尋而無得。

　　然而數年求賢不得黃帝心不氣餒，便又引領后土眾人折轉向北尋找起來。他們走太行越燕山到陰山，跨高原越平川至東海。尋遍了北方一座座山，找過了北方一道道水。時間又是歷經數載，黃帝眾人仍是沒有找見風后與力牧的影兒。

　　「大帝，看來凡界沒有你夢中所見風后與力牧二人。風后與力牧全是你夢想中的人物，」找尋至此，甭說別人，就連黃帝的重臣后土也心中生出了懷疑，對黃帝說道，「所以我們是求之不得的。我們就不要再如此找尋，徒費辛勞了吧！」

　　「不，不是凡界沒有風后、力牧二人，而是凡界偌大，我們沒有找尋得到！」黃帝則堅定不移地說著，又引領眾人沿著海岸向南，一路找尋起來。

　　黃帝眾人沿著海岸尋啊找呀，他們也不知道又行走了多少個日日夜夜，這日來到了今日連雲港海岸地方。黃帝眾人正向前行，突見前

方一片遼闊的海灘之上，站著黑壓壓一片凡人。黃帝眾人見之奇異，急忙趨前細加看視。

他們近前看到，那人群數雖愈百，但卻個個分行端站，行列筆直如線。人集雖眾，但卻鴉雀無聲，人人蕭立。行列之前端站一人，那人身材魁梧，長臉如同刀刻斧劈，一身幹練威武之相，橫溢將帥之氣。

黃帝眾人正在看得奇異之時，但聽那人口中突然發出一聲號令，站列眾人便隨之整齊走動起來，傳來了「嘩嘩嘩」有節奏的整齊腳步聲。黃帝看到這裏，禁不住開口大叫起來道：「風后，他就是風后！我們終於找到了風后！」

黃帝如此一聲大叫，使得后土隨來眾人一陣驚喜，他們便齊跑上前問詢而去。后土眾人一問，站在佇列前面發號施令之人果如黃帝所言，正是他們近十載來尋求而始見的風后。后土眾人見之更喜，立刻返回稟報黃帝。黃帝聞聽更喜，即向前來對風后說明了自己尋他之意。

風后聞知黃帝尋他已近十載，求賢真誠，便當即答應願隨黃帝效力。黃帝尋找風后，正是為了讓他為自己建立一支武備隊伍。這時眼見風后已把隊伍訓練得這般有素，便當即要他把這隊伍徑直帶到宛丘，以再作訓練備作武用。風后欣然受命，黃帝則又離開風后眾人，一路向南尋找力牧而去。

黃帝眾人既然找尋到了風后，便對黃帝夢中所見力牧的存在不再懷疑，而充滿信心地向南尋找起來。黃帝一行在南方尋找一晃又是經年，這日終於在今日湖北雲夢澤畔，尋見一個力大無比之人。

當時黃帝眾人正在沿澤岸向前行進，轉出一個澤彎突然看到在前方岸畔之上，數十隻兇惡的猛虎從樹林中竄了出來，吼叫著向正在澤邊牧羊的一個女孩，和其所牧羊群兇猛地圍了過去。那牧羊女孩這時正在澤邊靜心觀看澤中美景，突聞虎嘯扭頭見是一群猛虎撲了過來，

心中大驚急叫一聲道：「哥哥，快來救我！」

「妹妹莫怕，哥哥來也！」黃帝眾人眼見此景心中大驚，正要上前去救那女孩，卻聽從西邊傳來一聲男人的如雷吼聲道。隨著這聲吼叫，黃帝眾人便見一位膀大腰圓手握重弓的青年，從西邊猛跑過來。

原來是這青年眼見惡虎疾猛已到妹妹面前，自己施救不得心中一急，口中猛然發出一聲怒吼。那吼聲如同驚雷震得澤水一顫，隨之便驚止了正撲的猛虎。眾猛虎如此一怔，青年已經奔到，使用手中重弓和拳腳一陣揮掃，已把猛虎全部打死在地。

「放牧之人，力大如此，他不是力牧還是誰個！」黃帝睹見至此，忙高興地一聲大叫道。剛剛除盡惡虎的青年突聞黃帝此言，不待后土眾人上前詢問，則也開口大叫道：「小子正是力牧，不知你等陌生之人，為何知我力牧之名？」

黃帝眾人聞問，后土便先把黃帝介紹給力牧，並將黃帝求賢心切，十餘載來踏千山越萬水，終於在此找到了他力牧的事兒，對其講說了一遍。力牧聞聽驚喜至極，當即答應跟隨黃帝歸回宛丘，輔佐黃帝大治凡界。隨後他引領黃帝眾人與他一道告別其族人，便隨黃帝上路向北返歸宛丘而來。

黃帝尋到力牧心中高興，上路之後引領后土、力牧眾人疾行數十餘日，這日回到了居地宛丘近處。剛到宛丘近處，他們便看到風后遵行黃帝之命，引領他在東海邊上訓練的那支隊伍，已於一年前來到了宛丘。隨之即依黃帝之命，擴大隊伍人數，嚴格訓練起來。

如此一年過去，風后已把隊伍擴大到了幾近千人之數，而且都是挑選的青年男子。因而只見隊伍中人人驍勇，個個善戰。給人一種那隊伍懷有摧枯拉朽之勢，具有不可抗拒之力的勇武必勝之感。

風后也真個是如黃帝所料，具有號令一切的強大組織能力。這支

隊伍雖然人近千數，但被風后分人層層負責。下建小隊，上設中隊，再置大隊，末屬總隊，直至隸歸黃帝統轄。組織層級嚴密，人人歸屬其上司。由於組織嚴密，風后又令各大隊、中隊、小隊，分頭依據自己的實際情況進行訓練。因而各大隊、中隊和小隊，都在進行著不同科目的訓練。

這時只見他們有的練佇列，有的練格鬥，有的練攻殺，有的練擒拿，有的練攻堅，如此等等不一而足。就這樣，昔日平靜的宛丘被風后變成了一個火熱的練兵場，到處是訓練的隊伍，到處是火熱的場景，給人以勃勃向上的感覺，示人以動地撼山之力。

「好，妙！」黃帝眾人看到這裏大喜過望，矯健勇武的力牧更是喜難自抑，不待眾人開口，便率先贊叫起來道，「可惜我力牧知道得太晚，來到得太遲了！」

「不，你來的正是時候！」黃帝聞聽力牧此言，忙接過其話頭道，「俗言千軍易得，一將難求！今日我求得你力牧一將，勝過我這如此千軍矣！」

「不，小人僅為一個牧羊小兒，豈能擔當大帝此譽！」力牧聽到黃帝此言，忙不敢承當道，「小人能夠從此投身於大帝軍伍之中，隨時聽候大帝差遣就心滿意足了！」

就在這時，風后聞聽黃帝歸來便迎了過來，黃帝便把力牧介紹給風后，讓他二人從今往後合力訓練這支隊伍。隨後，便在風后的引領下，一邊聽風后介紹，一邊巡看起了各支訓練隊伍。

黃帝這時心中高興，看見軍兵有的用木棍，有的用竹槍，有的用石刀，有的用石錘。樣樣器具俱全，各個堅不可摧。真個是越看心中越高興，禁不住連連對風后贊叫起來道：「好，就這樣訓練下去！」

「臣下謹遵大帝之命！」風后聞聽表示道，「決不辜負大帝重托！」

「隊伍已被訓練得很有素養，明天把全軍組織起來，」說完黃帝看視一陣，末了他則心機一轉道，「進行一次會操演武。既是向我彙報表演，也是讓我進行檢閱怎樣？」

「好。臣下與眾將士正有此想，而求之不得哩！」風后心中正有此想，聽了立刻大喜道。言畢，便即與力牧攜手準備而去。

時間轉眼到了次日早上，黃帝檢閱演武會操隊伍的時刻到來了，這是凡界歷史上空前第一次軍隊大檢閱。風后也真個是富有組織能力，但見這次檢閱雖然由黃帝靈機一動隨時提出，準備時間只有半天一宵，可是風后卻把它準備得周到細密，舉辦得隆重壯武。

就在這一宵之間，風后組織眾軍兵搭起了高而敞亮的檢閱臺，並在臺子四周和閱兵場周圍，全都插上了七彩的獵獵旌旗。在當時原始落後條件下，把偌大檢閱場佈置得既威武雄壯，又充滿了節日般的喜慶氣氛。

訓練有素的近千人隊伍，在風后的召令下早已提前排成整齊的隊伍，站列在閱兵場四周。隊伍中每員士兵都像一座山巒，巍立在那裏紋絲不動，靜待著檢閱他們的最高統帥黃帝到來。偌大檢閱場上雖然人近千數，但卻如同無人一樣寧靜得鴉雀無聲。

就在這時，巍巍黃帝到來了。大概是為了在不同場合顯示出不同的情態，今日黃帝的四張面孔上，一掃昔日仁藹之態，換上了威嚴孔武的面孔。每一張面孔，都繃得如同刀刻斧劈般棱角分明。每一雙眼睛中，都溢射出軍伍統帥的無比威嚴。

就連先前平日裡顯得鬆散的身板和舒緩的步伐，也被挺直的起起身板和剛健的堅毅步伐所代替，使人見之如同換了個人兒一般！然而他還是黃帝，他藏起了仁藹的一面，溢出了武威的一面。作為面前受閱部隊的最高統帥，他拿出了最高軍事統帥特有的威嚴！

就這樣，黃帝以威嚴的最高軍事統帥形象，在后土一班臣子護衛下邁著堅毅的步伐，雄健地走上了莊嚴的檢閱臺。風后見之，急忙跑步來到檢閱臺正中黃帝面前，立正開口稟報道：「啟稟大帝陛下，部隊準備完畢，請您檢閱！」

「開始！」黃帝聞稟，立刻從緊繃的嘴唇中蹦出一聲威嚴的命令。隨著黃帝令聲落音，便聞臺下受閱場近千名肅立的士兵，齊聲高喊起來：「恭請大帝陛下檢閱！大帝陛下萬萬歲！」

風后待到眾兵喊聲落音，便一聲號令命眾兵走起整齊的佇列，從受閱臺前向黃帝行注目禮威武嚴整地走過，接受肅立在檢閱臺上黃帝的檢閱。

果然是一支訓練有素的隊伍，黃帝端站在檢閱臺上看到，當這支近千人的隊伍以每十人為一行，邁著整齊的步伐從受閱臺前走過之時，佇列整齊得全像線打一樣筆直，身子步伐整齊劃一。只聽到整齊的步伐，發出驚濤裂岸般的有節奏「嘩嘩」聲響，不聞一絲兒旁雜之音。

黃帝站在那裏看啊聽呀，他的注意力全被這支訓練有素的隊伍吸引了過去。直到這支近千人的隊伍全部列成十人一列跨過受閱臺前，他凝視的眼睛眨都沒有眨動一下。他不僅被這整齊的隊伍所陶醉，而且也透過這支隊伍，深深地感受到了自己作為這支隊伍最高統帥的無比威嚴。

特別是當他想到，自己可以指揮這支隊伍指哪打哪時，他就更加感受到了這支隊伍完全化成了自己之力，使自己可以任意主宰凡界起來。因而，他又為之沉醉在了自己作為最高統帥的無比威嚴之中。

就在黃帝還沒有從這兩種陶醉中清醒過來之時，但聽風后重又一聲喝令，檢閱場上的隊伍便接著演練起了徒手格鬥。這是一場五十人

對五十人的大場面徒手格鬥，而且有別於以往的人與獸、人與人之間的格鬥。

但見隨著風后一聲喝令，五十名演示徒手格鬥的士兵，便分別從兩邊列隊入場。行至檢閱場中間相遇之時，雙方立刻按照訓練中的整齊劃一鬥法，這五十人對另五十人各施相同招式，按著風后的號令徒手格鬥起來。

黃帝看得清楚，這雖然只是一場格鬥演練，但卻也是一場實戰格鬥。它不僅展現了徒手格鬥的表演之美，也顯示了這場格鬥表演的實戰威力。因而黃帝越看心中越高興，禁不住忘情地贊叫起絕來。

黃帝的叫絕之聲未落，這場徒手格鬥演練已告結束，格鬥雙方的五十名士兵，又在風后的號令聲中分別向兩邊退去。隨著又從檢閱場兩邊分別沖上來了五十名手持竹槍的士兵，迎面向檢閱場中間殺來。這是一場持械互殺演練，它與剛才的徒手格鬥表演一樣，一百人整齊劃一，雙方在檢閱場中間遇在一起，便疾猛廝殺起來。

黃帝看得清楚，這既是一場持械格殺表演，也是一場持械實戰格殺；既展現了持械格殺的表演之美，又顯示了持械格殺的實戰威力。黃帝就這樣越看越喜，越喜越陶醉，直看得完全沉醉在了對眾士兵的格鬥演練之中，忘記了看過一場又一場，忘記了時間的往後流逝，在其不知不覺中時間已經到了正午。

這時風后一聲喝令，眾士兵停下了最後一場格鬥表演，跑到黃帝面前報告受閱完畢。聞聽風后此報，黃帝方纔從對眾士兵格鬥的心喜沉醉中清醒過來，開口對風后大加讚賞道：「我黃帝找尋十載，踏遍千山萬水，歷經千辛萬苦。今日方纔知道果然功夫沒有白費，苦難沒有白吃，算是找對了你風后！」

「謝大帝誇獎！」風后聞聽急言道，「謝大帝栽培大恩！」

「這支隊伍你訓練得很好，我想將來炎帝歸來，看到這支訓練有素的隊伍，也會為之高興的！」黃帝則繼續講道，「到那時，我根據你的能力，提議炎帝封你為領軍，我想他一定會同意的！」

「不，我不僅不會同意你的提議，封這風后為領軍，而且也並不為其訓練了這支武勇的軍隊而高興。」風后聽罷黃帝此言，正要開口言謝，但口還沒有張開，卻聽一個威嚴的聲音從旁邊傳了過來道，「因為我視這支軍隊將是凡界的萬惡之源，訓練這支軍隊的風后是肇惡之始！」

「啊！」黃帝聽出了那聲音出自炎帝之口，但由於其言與黃帝所言大相違背，因而一驚叫出聲來道。隨著，便和與他一樣吃驚的眾人一起，齊循聲舉目向口出此言者看了過去。結果真的見到，那言者果然正是一統凡界的大帝神農炎帝。

黃帝剛才正想兄長炎帝歸來，看見這支隊伍會為之高興，實在想不到他恰在這時歸來，口出與自己完全相悖之言。真個是聽聞其言睹見其人，更是驚怔在了那裏。后土眾人不知個中緣由，聽聞炎帝完全否定之言眼見其人，當然個個皆比黃帝更加驚詫十分，全都驚呆在了那裏。

「所以我不僅要他立即為我遣散這支軍隊，而且要他隨我好生革洗邪惡之心，」炎帝則在黃帝眾人呆怔之時，繼續講說其想道，「生換仁德之志，以為凡界除去萬惡之源！」

炎帝所以口出此言，是因為他並非剛剛回到宛丘來到檢閱場上。而是恰在今日早上黃帝宣佈閱兵開始之時，歸回宛丘來到檢閱場旁的樹林之中。在炎帝把治理凡界大權交給黃帝之後的這數十年間，炎帝這次並非首次回到宛丘。但在此之前他數次回到宛丘之時，都恰好趕在黃帝外出之日，因而兄弟倆一直未能晤面。

雖然他每次回來和在外邊，都看到了凡界的大治景象，聽到人們講說黃帝像他一樣，施用仁德大治凡界，心中甚為有軒轅這樣一個好兄弟好幫手而歡喜。高興之餘便也每每心想見上小弟一面好好談談，以使他更好地遵行仁德之道，把凡界治理得更加幸福昇平。為此，他又於今日早上回到了宛丘。

　　然而，不料他這次剛剛回到宛丘近處，便看到偌大檢閱場上，整齊地靜立著近千人眾。炎帝雖然見到過聚在一起，數量比這更多數倍的凡人，但那眾人都是男女老幼摻雜，東一簇西一堆地嘰嘰喳喳。卻從來沒有見到過，如此近千皆為勇武男性青年，隊伍排列整齊，人人勇武站立，全場鴉雀無聲的肅穆場面！

　　他不知道這是其弟黃帝在凡界建立的第一支軍伍，因而猜測不透軒轅要耍弄什麼把戲，便決計暫不驚擾，以看個徹底再現身說於小弟。為此他立刻隱身於樹林之中，潛行來到檢閱場近處，靜心看視起來。

　　炎帝初看之時，不知這眾人究行何舉，只有心奇不解。但看到黃帝宣佈檢閱開始，排列整齊的眾人在風后一聲號令下，列隊邁開節奏強烈的「嘩嘩」步伐，從檢閱臺前走過之時，頓然心中明白三分。他看到，事情並非是其弟要弄什麼把戲那麼簡單，所行乃是根本違背自己仁德之道的大事情！

　　炎帝為此心中不禁繃緊了緊張之弦，因為他實在意想不到軒轅竟然發生如此之變，建起了一支如此龐大的軍隊！凡界幸福太平，凡人安居樂業，建立如此龐大的軍隊要做什麼？還不是要打仗，要殺人嘛！絕不會是僅僅為了如此檢閱檢閱，看看熱鬧。

　　這時，檢閱場上的格鬥演練開始。先是徒手格鬥，後是器械格鬥。頓然間只聽到檢閱場上殺聲如雷，械撞聲烈。一百人拼死互殺，

直鬥得塵土四起，天昏地暗。炎帝看到這裏，更加明白了一切。知道黃帝所建這支軍隊，完全是為了在凡界建立武威！

炎帝數十年來一統凡界，對凡人一直滿懷仁愛之心，特別是在此之前失女喪妻之後，對喪親失愛之痛體會更加深刻十分。為此他不僅壓根兒就是一位仁德之帝，反對武威只施仁德之治，而且值此失女喪妻之後，就更加反對以武威凌人，以免造成有人死傷，給其親人帶來喪親失愛的巨大傷痛！

同時，這也是他身臨凡界數十年來，遵行玉皇大帝磨礪自己心志體察凡人之情之教，得出的一條最基本的結論。所以他對黃帝如此興武之舉，絕對容忍不得！看到這裏，他忍不住就要現身臺上，阻斷這場檢閱表演。

但隨著，他還是抑制住了自己，決計看到末了再作定奪。炎帝心懷此想越看越惱，末了又聞黃帝那樣讚譽風后，鼓吹尚武，便心中更惱。遂立刻走出隱身的樹林，接言說出了前番否定話語，使黃帝眾人聞言見人驚怔在那裏。

「隊伍立刻散去，」黃帝眾人一陣呆怔，炎帝則已隨著其言來到他們面前，不待他們清醒，又開口說道，「我兄弟有話商議。」

呆怔的黃帝聞言驚醒，便即令風后遣散隊伍，他則與炎帝在檢閱臺上單獨言說起來。炎帝隨之不等黃帝開口，率先對之道：「軒轅小弟，玉皇大帝遣我臨凡，為的便是讓我親身體察凡人之苦，礪我心志。讓我在日後司掌太陽之時，能夠時時處處設身處地為凡人著想。」

「哥哥，這些小弟全都知道。」黃帝這時知道炎帝之意，急忙接言欲講自己之意道，「哥哥請聽小弟講說⋯⋯」

「小弟你向玉皇大帝請求臨凡之時，也是言說凡人苦多，你來為他們排憂解難。因而我兄弟降臨凡界皆為一個目的，就是不僅過去、

現在還是將來，都是為了給凡人更好地解去苦難。」然而炎帝這時不容黃帝講說，繼續其言道，「過去我兄弟為了給凡人解去苦難，廣施仁德之治。經過如此數十載辛勤治理，使善者益善惡者隱惡，方有了今日幸福昇平世界。」

「哥哥，」黃帝這時仍是欲講自己之意道，「你聽我說……」

「這一切不僅證明我兄弟所行仁德之治可行，而且也告訴我們現在、今後若要大治凡界，仍舊必須施行仁德之治。」炎帝仍是不容黃帝講說，繼續講說其想道，「可我不知道你數十載來皆與我同行仁德之治無異，為何今天卻建起了施武的軍隊，讚揚起了格鬥的勇武！你臨凡前的心志下凡後的仁德之心，怎麼突然全變成了尚武逞惡之情？」

炎帝就這樣不容黃帝插言地越說越多，越說越氣惱，末了更是抑制不住心中的氣惱，簡直是對黃帝吼叫起來。黃帝這時聽了炎帝此言，不僅不惱而且明白哥哥惱怒至此並非無緣，而是他只顧一意頒行仁德之道，並不知道自己施行道德之道的全部內情，心中造成了對自己的誤解所導致。

「哥哥所言皆為事實，小弟也並非完全改變了先前的一切。而乃是小弟行此興武建軍之舉，」為此他不惱不怒，待到炎帝言說完了，淡淡一笑開口道，「不僅不是為了廢棄哥哥與小弟數十年來遵行的仁德之道，而乃是為了保證仁德之道的更好實施，更好地實現凡界大治！」

「你這是胡說，你這是妄為！仁德的治者以仁弱為盾，豈有你這以武勇為盾之理！」炎帝惱怒至極講說完了聽到黃帝此言，真個是頓如火上澆油，心中惱火更騰萬丈，不容黃帝再往下說，便開口怒吼起來道，「你問問，高天之上凡界之中，焉有仁德的武者？」

「哥哥，請容小弟把話說完，你再作定奪不遲！」黃帝聞見炎帝

不容自己解說，其如此心中不解自己之意，口中越說距離事實越遠，便忍不住打斷其言道，「你口口聲聲講說自己恭行仁德之道，可你這樣對待小弟之法，符合仁德之道嗎？」

「那好，」黃帝如此一語，方纔把炎帝的惱火潑滅下去，開口允許其講道，「我讓你說完。」

「哥哥，小弟所以建立這支軍隊，實在不是為了不行仁德之道，而是為了保證仁德之道實施。」黃帝這才得以解說道，「哥哥數十載來只顧一心為凡人排憂解難，難以顧及治理凡界之事，而把斯任全部壓在了小弟肩上。小弟如此代哥哥治世數十載來，一直恭行仁德之道不移。」

「這個小弟不必講說，」炎帝這時不讓黃帝虛言，而心想讓其講說為何建立軍隊道，「為兄全都知道。」

「但小弟正是從這數十載治世經歷中看到，數十載來我兄弟廣施仁德之道，雖然使善者更善惡者隱惡凡界大治，但惡者並未真正除去。」黃帝這才講到要害道，「他們只是懾於我兄弟的權威，方纔隱起惡來。他們並非從今往後不再施惡，而是在匿光韜跡，以期有朝一日再起施惡。」

「這就是你的歪理！」炎帝聽到這裏，更是氣惱難抑道，「欲行邪惡還有道理？」

「我想我兄弟定然不能久在凡界，若我兄弟一去，惡者無威可懾，豈不就要再起作亂凡界！」黃帝害怕炎帝打斷其言，搶著向下講說自己之意道，「小弟正是心想至此，為保仁德之道永行凡界，方纔想起興武建軍之法。以交給凡人一個佐治凡界之法，確保我兄弟去後凡界仍得仁德之治。」

炎帝聽到這裏，雖覺黃帝之言不無道理，但卻透過其言看到了其

對自己治世之道的這點些微改變，在治世實踐中必會與自己治世之道生出巨大的差別。為此他即開口否定黃帝之言道：「說得似乎有理，但完全違背仁德之道！」

「哥哥，小弟話還沒有說完。」黃帝這時不僅既想對炎帝講清自己的道德治世之道，而且又想讓炎帝改變自己所想，接受其道德治世之道，因而他見到炎帝這時氣惱不言，急忙繼續向下講說道，「小弟先前雖已心想至此，但也不敢付諸實施。為行此舉，小弟故而北至陽石山，南到黃山，西至青城山，末了方纔尋到崆峒山求問了廣成子。」

「噢，還去求問了高人！」然而，炎帝這時依舊不為其說動絲毫道，「他們如何講說？」

「大仙廣成子深諳治世之至道，其言完全與小弟所想相合。」黃帝向下講說道，「即在效法天道無為而治之時，也不絕對排除使用武威之治。以借武威誅除違背天道的惡者，確保天道實施。」

「一派胡言！你只想到以武作備，充滿尚武之心，」炎帝聽到這裏，仍是未被說動厘毫，更生氣惱道，「但怎麼就沒有想到，只要心誠石頭也能開花，只要繩鋸木頭也可鋸斷的道理！」

「但兵者，乃是不祥之物，誰都厭惡它。效法天道者，不靠兵力逞強於凡界，不得已時方用之，但也最好淡然處之。」黃帝這才把自己欲講之言，講說完了道，「小弟正是本著這樣的意思，為保仁德之治永遠實施，方以厭惡之心興武建軍，以作武備的。」

「依據我講之理，就沒有用仁德之心感化不開的頑石，用仁德之治治服不了的惡者！」炎帝這時不僅心思不動厘毫，而且話語不退半步道，「為此我不許你再一門心思亂想一派胡言下去，我敕令你立刻解散那支隊伍，讓風后隨我洗心革面，改惡從善！」

「哥哥，既然我兄弟道不相同，不能融合，從今往後就難以繼續

相互維繫！現在我說服不了哥哥，」黃帝聽到這裏，實在想像不到炎帝心思強固若此，竟使得自己越說越無成效，便也心中陡生氣惱道，「哥哥你便也說服不了我！因而我也不想解散我的軍隊，更不願讓風后隨你洗心革面，因為我認為他無惡可改！」

「你，」炎帝想不到黃帝會如此言說，因而氣惱得身子頓然發起抖來道，「真要一意孤行？」

「所以哥哥若依我意，就請答應將凡界劃我一半，你我兄弟分治凡界。屆時我行我的道德之道，你行你的仁德之道，我道若敗定當改行哥哥之道，反之哥哥當行小弟之道！」黃帝這時講出了自己的無奈之想道，「哥哥聲言恪行仁德之治，那麼你就答應小弟這一請求，以用你的仁德之道，感化小弟的這顆頑石之心吧！」

黃帝是炎帝的一母同胞兄弟非同別人，而且炎帝也深知他幾十年來的治世之功，加之又見自己一時也說服不了黃帝的尚武之心，就不如讓其道德之道在實施中失敗，以使其轉變心思盡棄前非重歸仁德之道。為此炎帝心雖氣惱，口中則依據其想立即答應了黃帝之想道：「好吧！你我兄弟就北以涿鹿為界，我治中原大地，你治黃土高原。看我兄弟之道，誰個合乎天道！」

黃帝聞聽心喜，當即謝辭兄長炎帝，引領起風后一班臣子和那支千餘人的隊伍，離開宛丘地方，前往治理黃土高原而去。臨行，黃帝要炎帝後裔舊臣后土重歸炎帝為臣，后土直言其不贊同炎帝仁德治世之道，深信黃帝道德治世之道適合時宜，決計追隨黃帝為臣去了。

八、情神暢言

　　黃帝眾人在途行進數十日，這日來到今日陝西黃陵縣城北橋山腳下。黃帝命令眾人駐紮下來，即以此為都，治理起了與炎帝分劃歸自己的凡界。虧得炎帝是位仁德之帝，不然他二帝這時決無劃地分治之說，非要打鬥起來爭個你死我活不可。

　　黃帝治理起自己的轄界，在施行道德之道時，當然仍是處處以仁德之治為先。僅以此講，與炎帝所行仁德之道不僅毫無差異，而且完全一般無二。不同的只是炎帝的德是由仁決定的，黃帝的德是由道決定的。

　　正因為黃帝的德是由道決定的，所以黃帝為了適應變化了的凡界情況，不僅保留下來了風后為其組建的那支軍伍，而且還進一步擴大了那支軍伍。並且進行了更加嚴格的訓練，以作武備之用。與此同時，黃帝為了治理好自己的轄界，敕封后土為輔佐，風后為宰相，力牧為將軍，共同輔佐自己頒行道德之道。

　　黃帝知道，這時他是在用自己的道德之道，與哥哥的仁德之道在進行競爭。先前他用言語說服不了哥哥改行自己的道德之道，現在他要用所轄凡界進一步大治的事實，來說服哥哥改行自己的道德之道。

　　而其哥哥先前也用言語說服不了自己放棄道德之道，方纔同意

劃地讓自己分治於此，實則正是等待著自己治世之道在這片轄地上失敗，從而改行他的仁德之道！為此他要拿出轄界大治的事實，以作證據說服哥哥放棄仁德之道，改行自己的道德之道。

據此黃帝推行道德之道治理轄界格外精勤，但見他在后土、風后與力牧三個輔臣的輔佐下，先對轄界凡人以仁德感化之，盡量使善者更善，惡者化惡從善，然後則對那些感而不化的頑固惡者施以武威剿滅之。

如此治理數載過去，黃帝轄界之上果然善者更善，惡者絕跡，進一步大治起來，呈現出一派昇平祥和幸福之景。黃帝眼見自己的道德之道治世成效顯著，說服哥哥改行其道的證據不久就將具備，心中高興不已。

黃帝不僅如此以其道德之道精勤治理轄界，與此同時他還先是自己並動員屬下眾臣大搞發明創造。以通過發明創造成果促進生產發展，解決轄界凡人生產和生活之需，進一步促進轄界大治。

黃帝與其眾臣屬對發明創造，對轄界大治產生的作用認識深刻。因而迅疾掀起了一個我中華民族發展史上空前的發明創造熱潮。在這一熱潮之中，史皇倉頡創造漢字的創舉，無疑是黃帝時代凡人最偉大的創造。

倉頡小時候是個很有心計的孩子，平時沉默寡言，但對什麼事情都愛尋根究底。他問大人，天上為什麼會下雨？地上為什麼會長樹？鳥兒為什麼愛在空中飛？魚兒為什麼總在水中游……

大人們若是能夠圓滿回答他的問題，他就心中非常高興。若是有的問題連大人也說不清楚，他就皺起眉頭自己思索。久而久之，他學冠眾人，被人們譽為「最聰明的人」。誰要是遇上什麼鬧不懂的問題，連大人也都去求問於他。

如此隨著年齡增長，倉頡的名字便傳進了為治轄界求賢若渴的黃帝耳朵裡。黃帝隨之親自尋來，當面詢問倉頡很多事情，倉頡都回答得清清楚楚。黃帝心中十分高興，對倉頡讚譽道：「你記性真好！直到現在，我還沒有找見過第二個像你這樣記性好的人。」

「謝大帝誇讚！」倉頡聽了言謝道。

「我治理凡界事情太多，唯恐一時疏忽忘記了祭祀給凡界招來災禍。為此一直在尋找一個記性好的人，替我把一年裡所有的祭祀都記清楚，以便隨時提醒我。」黃帝則繼續其言道，「今天我終於找見了你，我就封你做一個史皇官職，專門為我掌管祭祀的事情。你答應嗎？」

「謝大帝栽培！」倉頡大喜過望，忙叩謝黃帝重用之恩。然後，便隨黃帝赴任而去。

那時，凡人為了避免災難尋求平安，祭天地祀鬼神都要格外虔誠，以期求得諸種神靈的保祐和恩賜。黃帝是一個賢德大帝，為使轄界眾人得到幸福，對祭祀當然一點也不敢疏忽。

因而倉頡赴任之後，雖然頭腦聰穎過人記憶力極強，但由於當時神鬼名目繁多，祭祀儀式又不一樣，祭祀次數也多不勝數，單憑一個腦袋還是覺得力不從心。很難把要在各種季節裡進行的各種各樣祭祀活動，全部熟記起來不出一點紕漏。為此，倉頡心中焦急起來。

倉頡知道，黃帝重視祭祀是為了給凡人造福，如果自己因為記憶錯誤給黃帝的祭祀造成過失，由此給凡人帶來災禍，那該是自己的多大罪過呀！為此焦急之中，善思的倉頡苦苦思謀起了解決這一難題之法，以保證把每次要進行的祭祀，都記憶得準確無誤。

他想啊想呀，末了終於想出了一個使用傳統結繩記事之法，輔以在繩上塗以不同色彩，以佐腦子記憶的方法。一時間，只見倉頡在自己住房的牆壁上，整整齊齊地結滿了大小不一的繩疙瘩。用大疙瘩代

表大祭祀，小疙瘩代表小祭祀。並對春季裡的祭祀塗以綠色為記，夏季裡的祭祀塗以紅色為記，秋季裡的祭祀塗以黃色為記，冬季裡的祭祀塗以黑色為記。

倉頡發明如此記憶方法之後，雖然對大祭祀記得準確無誤，但對發生在同一季節裡而又同樣大小的祭祀，卻依舊無法區分清楚。因而使他把該用羊祭祀的記成了牛，該用魚祭祀的記成了雞，該用穀物祭祀的記成了肉，錯誤地準備出了這些祭品。黃帝對此甚為不滿，要他一定要把每一次祭祀，都記憶準備得準確無誤。

對此，倉頡便又費起了腦筋。然而他思啊想呀，雖然他急得由此坐臥不安，飲食難進起來，但卻久久沒能想出新的方法。無奈之時焦思不解之中，倉頡來到小河邊上徜徉苦思。正行之中眼見前方一群人正在河邊捕魚，一個人捕到一條大魚抱上岸來。倉頡趕到之時，那魚恰從捕魚人的懷中蹦落地上。當捕魚人撿起魚兒之時，剛才蹦落地上的濕漉漉魚兒，卻在地上清晰地印出了自己的身形。

看到魚兒印在地上的清晰身形，聰明的倉頡心中豁然明白開來。他想到，如果自己仿照魚印的模樣，把牛、羊、魚、雞和穀物等諸種物事的形狀，都如其狀圖畫下來作為標誌，不就可以記准哪次祭祀該用何種祭品了嘛！

而且，人祖伏羲爺創演八卦之時，不也正是如此將男女生殖器的形狀圖畫下來，畫成了一和兩個代表陰陽的符號，從而演示圖畫出了他的代表天地萬物的八卦圖形嘛！心明至此，糾纏倉頡多日的焦愁頓然釋解開去。他高興地奔回住房，便在牆上細心圖畫起來。

倉頡畫呀畫呀，一段時間過去，他終於在所有祭祀之下畫完了應備之物。從而使他實現了黃帝的要求，對每一次祭祀都記憶得準確無誤起來。實現了對複雜祭祀的準確記憶，聰明的倉頡隨著又想到，如

果把其如此記憶祭祀之法推廣到凡界，讓人們都使用此法記憶需記事物，不就可以大大有益於凡人了嗎？

為了實現這一目標，沉默善思的倉頡也不多言，便又默默地思索創造起來。一時間，只見他抬頭探看天上日月星辰的形狀，低頭考察烏龜背上的花紋與鳥雀羽毛的文彩，以及山川河流起伏曲折的模樣，並融匯人祖伏羲爺的八卦記事之法，整日裡在手掌上塗塗畫畫。此後經過長期探索，終於創造出了諸多以各種物事的形狀為某種東西標記的畫兒，它就是我們的最早漢字——象形字。

後來隨著歲月的推移，雖然善思的倉頡忙於造字依舊沉默不言，但他造出文字的事兒還是很快傳遍了凡界。眾凡人聞聽倉頡的創造都大為驚奇，紛紛從四面八方趕了過來，要求倉頡教授他們把各自欲記的事兒記錄下來。

奔來眾人哄哄嚷嚷，像一群麻雀一樣天天吵得倉頡的一雙眼睛怎麼也難以看清所有來人，兩隻耳朵怎麼也難以聽清各人的要求，一個腦袋怎麼也難以把每個人要求畫的圖形全都想像出來，兩隻手怎麼也難以把眾人要畫的圖畫全都圖畫出來。

倉頡於是被吵得心中焦急萬分，這焦急使得他身子突生激變，一下子又生出一個腦袋、兩隻眼睛、一雙手來。就這樣倉頡便有了四隻眼睛，成了流傳至今的四目倉頡。

儘管倉頡又生出一個腦袋兩隻眼睛和一雙手，但由於來人太多並且你去他來，所以他依舊應接不暇。就這樣他一天天一月月地應眾人之求想啊畫呀，不久就給累死了。

黃帝聞聽急來看視，眼見倉頡確實已死。為此他心痛之中，即讓眾人為倉頡造了一個寬敞的墓穴，以讓倉頡在墓穴中繼續造字道：「倉頡活著，沒能把凡人所用文字全部創造出來，就讓他死後繼續為我們

創造吧！」

後來倉頡果應黃帝之言，白天在墓穴中繼續為凡人造字，深夜便把白天造好的字兒撒在自己的墳墓周圍，以讓白天前來祭奠他的人撿去。據說，我們今天所用文字，大部分都是後人從他的墳墓周圍，陸陸續續撿來的。

據說，四目倉頡如此剛剛造出文字之時，就連上天也被驚得下起了雨點般的粟米，魔鬼也被駭得夜晚哀聲啼哭不止。高天雨粟，是因為高天恐怕凡人從此以後會舍本趨末，拋棄農耕的大業，而去貪圖用錐刀刻寫文字的小利。弄得將來無食果腹全都滅絕，故而先降粟米救濟未來的災荒，以警告世人。

眾鬼夜哭，乃是它們害怕自己將來受到這些可怕文字的彈劾，使得自己的前世罪惡被轉到陰間，在陰間備受懲罰之苦。由此可見，黃帝時倉頡造字的創舉，在我中華民族文明史上，是一件多麼了不起的偉業。實堪謂一件驚天地動鬼神的大事！

就這樣，黃帝與他的眾臣像倉頡造字一樣，為了滿足凡人生產和生活之需，實現轄界進一步大治，在這次空前的發明創造熱潮中，取得了一系列創造發明之果。比如有人說，黃帝受到風吹蓬轉的啟發造出了輪子，從而發明了車子，所以叫作軒轅氏。有人說他創造出了冕旒；有人說他發明了煮飯的鍋和甑；有人說他發明了陷阱捕獵獸類；有人說他教人蓋房居住；有人說他發明了踢球的遊戲。

關於其眾臣的創造發明，僅《世本》一書所記，就有什麼雍父作杵臼，共鼓、貨狄作舟，揮作弓，牟夷作矢，胡曹作冕，伯余作衣裳，夷作鼓，於則作扉履，巫彭作醫，巫咸作銅鼓，伶倫造律呂，大橈作甲子，隸首作算數，容成作調曆等等。

據此，有人把黃帝譽為我國神話傳說時代創造發明的「萬能博

士」。評論說在黃帝時代，我中華民族文明的曙光已經閃耀出了它絢爛多彩的耀眼光輝。而我們說，黃帝及其眾臣的這些眾多發明創造成果，不僅閃耀出了我們中華民族文明曙光絢爛多彩的耀眼光輝，而且它們在當時人們改造自然的生產領域中，無疑就像日後的鐵器、蒸汽機、電子技術一樣，引起了生產的巨大革命性變革，給人們帶來了豐碩的物質成果，從而不僅大大改變了當時人們的生產生活條件，而且也把轅界的大治向前有力地推進了一大步。

後言不贅。就在倉頡造出文字，駭得高天雨粟惡鬼夜哭，聰明的黃帝對此也一時驚奇不已之時，卻突見一位臉兒比牡丹還嬌，顏色比芍藥還豔的妖嬈神女，不知從哪裏笑盈盈地飄落到了黃帝面前，開口笑言道：「軒轅星君，你的福氣可真大呀！瞧你都快把美好凡界的福氣享受完了，可我們卻難得看上一眼！」說著，便「咯咯咯」地甜蜜暢笑起來。

這妖嬈神女的驟然到來，實在令黃帝覺得太突然了！因為他認識這位元突然來到面前的妖嬈神女，是玉皇大帝後宮娘娘王母侍前的最嬌美侍女曇花。曇花不僅生得臉兒比牡丹還嬌，顏色比芍藥還豔，而且走過去比茉莉花兒還香。所以在天界不僅眾神女們見她自愧弗如，眾天神們也見她難抑心動。

為此，王母娘娘對她最為喜愛，也同時對她管束最嚴，平日裡從不讓她離開自己身邊半步。正因為如此，他軒轅星君救罷玉皇大帝之後住在天宮裡，曾經被曇花姑娘弄得心搖意蕩，多次生心與之言說，但皆因沒有機會而告失敗。與此同時，他也看到了曇花已經有意於自己，但終於也因王母娘娘管束太嚴，沒有機會與自己見面傾訴壓在了心底。

可是今天，這平日裡毫無點滴自由的曇花姑娘為何驟然如此來到

了凡界，獨自一個來到了自己面前？為此，黃帝心中禁不住大為奇異起來。奇異之餘他想曇花此來可能是為公務。但他接著又否定了自己如此之想，因為他覺得對她管束極嚴的王母娘娘，是絕對不會如此遣她一個獨自辦理公務而來的。

因而他接著便認定她如此前來，一定是為自己私奔！即為了其心中對自己之愛，私奔凡界向自己傾訴而來！可他立刻又覺得她仿佛不是，是自己做夢娶媳婦淨想好事兒，使得頭腦中生出了曇花是為向自己傾訴其愛，私奔而來的錯覺。因為曇花這時的音容笑貌坦蕩大方，沒有一點兒私奔者鬼鬼祟祟的情態。

然而黃帝這時心中又不忍否定曇花是為自己私奔而來，因為他這時驟然看見曇花，深深埋在心底對曇花的滿腔摯愛，便又陡地全部倒海翻江般翻上了心頭，他抑制不住了呀！但是就在這時，他的頭腦卻又不由得驟然冷靜了下來。他想到了自己早已是有了妻室之人，他的妻子叫嫘祖，早為他生子生女了啊！

為此，他不能再對嬌美的曇花姑娘傾訴心底的情愛了，若再那樣就是褻瀆了嬌美的曇花了！但是這理智又脆弱得戰勝不了其心中之愛，因而他驟見曇花之貌聞聽曇花之言，頓然驚愣在了那裏。

曇花姑娘在王母娘娘身邊確如黃帝所知，被王母娘娘管得難離其身邊半步。今日她之所以得以脫身，獨自一個來到黃帝身邊，正是因為心中一直深藏著對黃帝的摯愛。為此聽聞王母娘娘要派神女前來給黃帝傳信，便不失時機地死纏百磨方纔得到允許，獨自一個給心愛的黃帝傳信而來。

但她來給黃帝傳信當然只是此來目的之一，而伺此時機來向黃帝傾訴其愛才是她的真實本意。因為她實在難以得到如此單獨一個面見黃帝的時機！不料曇花雖懷如此本意而來，純情的她這時果真見到

了心愛的黃帝，有了傾訴之機，卻又如同凡界之上情竇初開的少女一樣，頓然大為膽怯起來。

她不僅不敢直言心中之愛，相反卻又反常地把情愛在心中埋得深深的，表面上故意做出輕鬆無意的樣子，向黃帝前般無關痛癢地言說起來。言說之後她見黃帝不僅不開口言說，反而呆怔在那裏，敏感的她便又立刻察知了黃帝心中這時也像自己一樣情緒複雜。於是其心中便求不得像自己愛著黃帝那樣愛著自己的黃帝，快些對自己勇敢地說出心中之愛，以在這難得的單獨會面時機中暢敘情愛，定下終身。

然而她心中雖懷此盼，但見黃帝怔在那裏遲遲不言，便不由得心中焦急起來。可她心中雖急卻也依舊不敢直言，而僅僅口出雖含無限深情，卻無關痛癢的一句平常話語道：「怎麼，星君不歡迎我曇花姑娘嗎？」

「歡迎，歡迎！」黃帝這才被曇花的話語驚醒，忙臉綻笑顏，但卻開口說出了令曇花大為失望、一句平常的寒暄話語道，「是哪股神風把神女吹到了這裏？」

「歡迎就好！是娘娘讓我給你傳信的神風，把本姑娘吹到了這裏。」曇花聽了黃帝如此令她失望之言，心中頓生氣惱，因而立刻擺出高傲情態道，「量你小小軒轅星君，也沒有生出不歡迎的膽呢！」

「好你個曇花姑娘，你別給我繞彎子了！」黃帝聞聽曇花如此口出氣惱之言，卻不禁「撲哧」一聲笑出聲來道，「娘娘會讓你來給我傳什麼信？」

神和人一樣也真是奇怪，剛才曇花急盼著黃帝快些說出真情，可她卻「有心栽花花不開」。這時她果真生氣了，黃帝卻又以為她不為傳信而為傳情而來，與自己笑鬧起來，出現了「無心插柳柳成蔭」的勢頭。

「娘娘讓我傳信給你，」然而這時心中生出氣惱的曇花，卻不因為出現了如此勢頭改換笑顏，只見她依舊氣惱不息道，「她明日早上前來看你。」

「娘娘明日前來看我？這太有意思了！」黃帝這時真個是不聽曇花此言還罷，聽了此言更是不相信地笑出聲來道，「我的好曇花姑娘，有話你就直說，別再這樣拿我逗樂子了！」

黃帝在天界時就知道，王母娘娘尊為天界之母，她不僅執掌天規最嚴，而且力行天規寸步不移。特別是在玉皇大帝看到大開凡禁生出不少事端，頒佈了不准上神窺伺凡界，更不許上神私自臨凡的天規之後，王母娘娘更是不僅不容許別個逾越天規釐毫，自己則更是不逾越天規半步。

因而在天界誰都知道，從天規頒佈之後，王母娘娘不曾下臨過凡界一次。這時曇花給他傳來了如此資訊，他聽了怎能不「哈哈」大笑，因為它太有違於真實了！

本已氣惱的曇花，原想通過自己對黃帝的如此嚴肅講說，使黃帝迅速明白過來自己此來的不易，促其抓住如此時機趕快對自己講說真情。但不料弄了個事與願違，自己越說黃帝越以為是假，不僅他與她逗起樂來，而且還以為她也在與他逗樂。更使自己死纏百磨才爭得的如此難得時機，眼看著就要白白付之東流。

「你不相信我曇花也就算了，反正信我已給你傳到了，我這就走了！」加之曇花未料到剛才黃帝出於對王母娘娘的那番認識，才不相信曇花說的王母娘娘會來看他之言，反以為是黃帝不相信了她曇花。因而心中更加禁不住惱怒起來說著，真的就要離去。

其實曇花根本不會離去，因為心中深深埋著對黃帝滿腔摯愛的她，一腔摯愛在此難得的時機中尚未傾泄，她心中雖惱又怎麼捨得就

此離去呢！但是黃帝見之急了，信以為真了，忙止住逗樂的笑聲，轉為認真開口解釋道：「姑娘錯領了星君的意思！星君不是不相信姑娘，而是心想娘娘執掌天規森嚴，獨自不曾下臨凡界一次。星君怎會如此受寵，引來娘娘臨凡看視呢！」

「好你個癡呆的軒轅星君！你怎麼只想娘娘執掌天規森嚴，沒有獨自下臨凡界一次，但就沒有想到你是玉皇大帝的救命恩神呢？」曇花聽了黃帝此言，心中也方纔解開黃帝剛才言說自己逗樂於他，不相信自己之言的緣由，忙不迭聲開口講說道，「就是奔著這一點，娘娘才破例下臨凡界，特來看望你的呀！」

「原來是我鑽了牛角尖！但我再問姑娘一語，娘娘明晌是獨自前來，還是與玉皇大帝一齊前來？」黃帝聽到這裏，方纔信以為真不敢大意詢問道，「是從天界來，還是從凡界別處來？問清這些，我好做準備呀！」

曇花這時雖然氣未消盡，但由於她心中這時正在激烈地衝動著壓抑已久的情愛，所以別說氣未消盡即使怒氣衝天，對黃帝也不會真正生起氣來。因而這時她見到黃帝認真地詢問起了自己，便決計在黃帝面前故意炫耀自己的多知，以抬高自己的身價，使黃帝有求於自己，從而使他對自己迅疾吐露真情，坦露雙方互愛之心，結成同心定下終身，實現心願。

「我歸凡界去，」為此只見曇花這時重又擺出傲然的氣勢，講說道，「娘娘屆時便從凡界來。」

「噢，若依此說，娘娘這時已是到了凡界！她怎麼到了凡界？」黃帝聽了曇花此言，卻不禁心中大驚焦急起來道，「她現在哪裏，姑娘快快領我前去拜見娘娘！」

曇花聽到黃帝如此一言，也才頓知自己剛才只顧居傲，卻不慎一

言洩露了王母娘娘不容洩露的絕對機密，已經犯下了不可犯下的不可饒恕之罪。因而心中一驚急言推卸道：「是你星君那樣講，本姑娘可沒有那樣說！」

原來，黃帝認識的王母娘娘嚴行天規一面，只是王母娘娘顯露的表面假像，這是她作為天界至尊玉皇大帝的王后必須展示的形象。而在這一形象的掩蓋之下，真實的王母娘娘則是一位不遵天規、隨處玩耍的女神。她不僅經常來去無蹤地悄悄下臨凡界戲耍，而且由於她過厭了天宮裡紙醉金迷的繁鬧生活，還經常來到凡界昆侖山上的一方石室之中，住下身來以尋清幽。

為了在昆侖山石室中不受打擾，也為了對天界眾神掩蓋自己如此不遵天規的行蹤，保住自己恪守天規的假面，王母娘娘下臨昆侖山之時，故意變作一個人身豹尾，虎牙亂髮，不男不女，頭上戴著一個玉勝，常常站在石室門口暢懷大聲嘯叫，以泄心中之煩的怪人。

與此同時，她還讓曇花三位侍女也隨同自己一起化作三隻長著青身子、紅腦袋、黑眼睛、多力善飛的猛禽。住在其石室周圍，以為她隨時遣用。天界的眾神魔和地上的眾凡人因其之變，果然未能認出她來。而稱其為西王母娘娘，說她是掌管瘟疫刑罰的怪神。並把她的三個侍女變化物，分別叫成了大、少和青鳥。

就這樣，王母娘娘雖然經常在昆侖山上閒居，天界凡界卻沒有神人知曉。王母娘娘就是這樣一個表面不僅自己嚴守天規，而且嚴處不守天規之神的嚴厲天母，而實際上則是一位只要別個嚴守天規，自己卻從不恪守天規之神。她知道自己的如此作為，若是傳了出去有損玉皇大帝之威，平時行動便不僅把知曉範圍縮至最小，而且嚴令知其根底的曇花三個侍女守口如瓶不可洩露一語。

這時，曇花剛才由於想在黃帝面前炫耀自己的多知，無意中一語

洩露了王母娘娘嚴令的不允洩密之事，使得聰明的黃帝頓然知道了王母娘娘就在凡間，開口就要前去拜見王母娘娘。真個是使她不禁心中驟然一驚，害怕黃帝真要前去，王母娘娘責怪下來，自己焉有活命之理！為此她只有開口否定，以掩蓋自己犯下的洩密之罪。

「是姑娘講的，姑娘怎麼說是我講的了！到了就是到了，姑娘怎麼說過的話又吞了回去。」然而黃帝不容曇花否認，便即開口追問道，「快說，娘娘現在何處？不然，小神怠慢了娘娘，豈不犯下不赦之罪！」

聰明的曇花聽到黃帝說到這裏，心知黃帝說的害怕怠慢了王母娘娘甚有道理。剛才她已經不慎出言洩露了王母娘娘身在凡界的行跡，自己這時任是怎樣否認也不會使黃帝相信，令黃帝不擔心罹致怠慢娘娘之罪的。而且日後也定然有機會還會在王母娘娘面前提及此事，屆時就將使自己罹致洩密之罪了。

曇花處此無奈之境，加之心中的情愛又使她對黃帝信賴不疑，以自己之心度黃帝之腹，心想黃帝也會像自己愛他一樣愛著自己。便決計乾脆對其講說清楚，以使其照顧自己的失言洩密，當更是萬無一失之舉。

「剛才侍女不敢洩露娘娘行跡，可是現在侍女想到面對的是你軒轅星君，你不會壞我曇花之事，」想到這裏曇花便不再否認，而開口對黃帝直言道，「所以我就實言告訴於你。娘娘昨日已經到了下界，明日就從凡界獨自到你這裏。」

「她在哪兒？快領小神前去，」黃帝這時不知曇花此時心意，聽了曇花此言頓感自己已罹怠慢娘娘之罪，遂禁不住對曇花開口急叫起來道，「叩拜謝罪於娘娘！」

「慢，星君聽我說完。星君大可不必為怠慢了娘娘而害怕，因為

娘娘臨凡昨日並未讓你知曉。」曇花聽了則不急道，「今日讓侍女前來傳信於星君，是讓星君等待娘娘到來，而並未讓星君前去。同時也更未讓侍女告訴星君，娘娘已到凡界。」

「噢，」黃帝仍是不解道，「竟是這樣！」

「告知星君娘娘已到凡界，是侍女沒有把星君當成別個，而洩露了不該洩露的娘娘的絕對機密，」 曇花這時實言道，「小女為此已經罹致大罪，星君不該知道娘娘到了凡界，又豈有怠慢之罪！」

「可是我軒轅星君不管你姑娘如何，但卻從你嘴中知道了娘娘已到凡界。」黃帝這時仍是放心不下道，「小神若是知而不往，豈不是犯下了怠慢娘娘之罪！」

「我看你軒轅星君今日不是憨了，就是傻了。你不瞭解自己之心，」曇花見到黃帝雖經自己三番講說，竟然還是如此不解自己深意，真個是心中大為氣惱起來道，「怎麼也不瞭解我曇花之心？難道我的數番話語，全都對你白說了不成！」

「姑娘之心是什麼意思？」黃帝這時仍未盡明道。

「那好，你現在就隨我去見娘娘吧！但你這不是隨我去見娘娘，而是去給我洩密的曇花前去送終！」曇花這時已是氣惱至極道，「到你見到娘娘之時，就是我曇花犯下洩密之罪的死期！」

「姑娘快別說了，我一切都明白了，我是憨了傻了！我一切都照你說的去辦！」剛才只顧驚怕罹致怠慢娘娘之罪的黃帝，這時方纔完全聽懂了曇花話中的深意，忙後悔不迭開口安慰曇花道，「但你我之間心通至此，你不該對我這樣話語吞吐，早該對我說個清楚才是！」

「你還說我呢，是誰對別個吞吞吐吐不講真情！」曇花想不到自己末了反被黃帝倒打一耙，禁不住心中又是氣惱又是委屈地一語雙關道，「洩密之罪罪重當誅，我怎敢對你言說呀！」

聰明的黃帝當然聽出了曇花此番話語中的雙關之意，而且也當然深知「意」含之情。但他也並非願意對心愛的曇花吞吞吐吐不講真情，他也實在是求之不得值此得見曇花之時，對其盡吐長期壓抑在心底的摯愛真情！可是他還是想到自己是有妻之人，不忍如此去做褻瀆曇花之情！

「實在是難為你曇花姑娘了，但我現在全答應了你，你該放心了吧！」為此黃帝這時雖然聽出了曇花之意，並理解「意」含之情，但他卻依舊對曇花避開那「意」，隔靴搔癢不著癢處地安慰詢問實情道，「你說，娘娘昨日怎麼就突然到了凡間？」

九、幸會王母

　　黃帝問罷只待曇花講說，曇花這時則雖對黃帝避開其話中真意，隔靴搔癢不著癢處的詢問話語甚不滿意，但她卻又覺得這時畢竟已與剛才不同，心跡已與黃帝溝通。所以不僅沒有了顧慮和害怕，而且也沒有了洩密之想。純摯的愛情，就這樣促使她對黃帝有氣不氣，有問必答起來。

　　「前天，是你在天壇山上設壇祭天，」隨著，曇花先是開口反問黃帝道，「祈求豐年了吧？」

　　「是的。你問這個幹啥？」正待曇花言說的黃帝驟聞曇花此問，禁不住先是一懵，然後略作思索道，「這個與娘娘來到凡間有啥關係？」

　　「當然有關係，」曇花「咯咯」一笑道，「娘娘這次臨凡，就是從那開始的。」

　　「從那開始？」黃帝聽了一時更是不解，驚詫道，「那與娘娘臨凡有什麼關係？」

　　「那天你用天壇山上的樹木當香燒，山上的樹全是檀香木，檀香氣不僅把整座王屋山都熏得香噴噴的，而且一直飄上了靈霄寶殿。」曇花於是講說起來道，「玉皇大帝聞到香氣問：『這是哪兒來的香氣？』

王母娘娘答：『今日是你的生日，下界給你燒香祝壽哩！』玉皇大帝聞聽心喜，即令太白金星下凡察看誰個為他燒香。」

「噢，竟有這事！」黃帝心奇道。

「太白金星領命循著香氣來到王屋山上空，只見綿延七百里的王屋山上到處香煙繚繞，卻不見燒香人在哪裏，也分不清香氣是從哪裏冒出來的。」曇花繼續講說道，「太白金星於是朝山頭『咚咚』跺了兩腳，叫出山神方纔詢問清楚。」

「真是太有勞太白金星大神了。」黃帝隨即接言道，「太白金星大神怎麼講說？」

「太白金星隨即返回天宮，稟報玉皇大帝道：『陛下，燒香者是凡界的軒轅黃帝，燒香的地方是在王屋山中。王屋山中奇峰聳翠，綠水逸秀，實堪稱人間仙境。』」曇花向下講說道，「玉皇大帝聞稟道：『他燒香何干？』太白金星答道：『為給王屋山求個好年景。』玉皇大帝當即答允道：『好，給王屋山個好年景。』答允之後，玉皇大帝便不再過問此事。」

「這與娘娘有啥關係？」黃帝這時不解道。

「貪愛遊玩凡間奇山秀水的王母娘娘，卻不忘太白金星讚頌王屋山之語，昨日引領我等三個侍女，悄悄到王屋山遊玩而來。」曇花繼續其言道，「王屋山峰俊水秀，王母娘娘游山遊觀不夠，玩水玩耍不足。遊玩一天仍然興味不減，昨晚在五鬥峰揮手點造一座山洞，留居其中以多享受幾日王屋美景。」

黃帝聽到這裏，由於曇花之言與其頭腦中王母娘娘的形象完全相悖，特別是他又立刻聯想到剛剛發生不久，給其印象殊深的王母娘娘嚴處其親生孫女織女的事實，便更對曇花之言不敢相信道：「這不可能！娘娘恪守天規，天界皆傳自從玉皇大帝頒行新的天規之後，她不

曾下臨凡界一次，你這說得不像！若是如此，她處罰織女的事兒怎麼解釋？牛郎與織女的事兒姑娘難道不知道嗎？」

曇花時刻侍候在王母娘娘身邊，當然知道新近發生的牛郎與織女的事兒。但她剛才並不打算與黃帝在此單獨相處的難得時刻裡，言說與自己和黃帝無關的牛郎織女的事兒。她剛才所以對黃帝講說王母娘娘為何下凡的事兒，一是為了回答黃帝之問，二則仍是為了再向黃帝炫耀自己的多知，擡高自己的身價，使黃帝進一步崇拜自己。

與此同時，曇花也是為了向黃帝講說清楚王母娘娘的真面實貌，使黃帝看到自己對他的真心實意，以進一步溝通雙方已經溝通了的心跡，進而達到互傾愛心的目的。但是末了她聽到黃帝言說織女與牛郎之事，則又心思陡然一轉，想起牛郎為凡間男子，織女為天界神女。他兩個在凡間結成了夫妻，過起了恩愛的夫妻生活。

牛郎與織女之間，恰好如同目前黃帝與她一樣，一在凡界一在天界。如果自己來它個將計就計，讓黃帝說說牛郎與織女的事兒，使他心中聯想到自己與他之事，並進而促使他利用其為玉皇大帝救命恩神的身份，明日說動王母娘娘答應自己留在凡界，與黃帝像牛郎與織女一樣結為夫妻，那該多好呀！

想到這裏，曇花立刻改變剛才做好的打算，壓下準備好的欲說之言，改說牛郎織女之事，以期引起黃帝聯想自己之事道：「知道，但只知道織女被天神捉拿回天界之時，牛郎帶著兩個孩子追上了天界。牛郎追得緊，轉眼便要追進天宮追上織女了。王母娘娘見之大怒，立刻拔下頭上的玉簪，在織女身後牛郎面前劃出了一條滔滔天河，阻斷了牛郎父子前追之路……」

「真是太可悲了！」黃帝心中為之生痛道。

「是呀，兩個孩子眼見娘親就在對岸卻不得見，雙方哭啊叫呀，

他們的哭叫聲驚動了玉皇大帝。玉皇大帝見之心疼，准他一家每年七夕相會，並令喜鵲屆時飛臨天河為之搭橋做渡。」曇花說呀講呀，口中說著講著，她溢滿摯情的秀眼卻定定地望著黃帝，欲圖黃帝快些聯想到她與他之事道，「至於前邊的事兒，只是聽說他倆在凡界結成了夫妻，過得恩恩愛愛，羨煞天界眾神，具體就不知道了。星君可以講講嗎？」

黃帝當然不會使曇花滿意，因為這時他正想避開自己不可與曇花言說的摯愛之事，同時也為了讓曇花在此多耽擱一些時光，讓心愛的曇花多在自己面前逗留一會兒。為此他這時正求之不得對曇花詳細講說牛郎織女之事，曇花此問便正合黃帝心意，黃帝隨之便侃侃講說起來。

他說，牛郎是伏牛山東麓孫家莊的青年，原名叫孫如意。孫如意自幼聰明、勤勞、忠厚，人們都很喜歡他。小如意父母雙亡，跟隨兄嫂為生。他家中貧窮，沒有牛耕田。他聽村中老人說，村西北伏牛山中臥有一頭老牛，便決計前去牽回來為其家耕田。小如意為此進山尋牛，翻過九十九道山，越過九十九道澗，方纔在山半腰間找到那頭臥在大石頭上的瘦骨嶙峋的老牛。

「太好了。快講下去！」黃帝的講說雖然沒有使曇花滿意，曇花這時當然也不失望。因為牛郎與織女的事兒黃帝剛剛講個開頭，下面還有借之引出其情的時機。為此她不僅任憑黃帝講說下去，而且還故意至此插言刺激黃帝的談興道。黃帝隨之則繼續向下講說起來。

他說，小如意見之心喜，忙跪下對老牛深施一禮道：「牛大伯，我家由於太窮沒有牛耕田，請你跟我回家耕田好吧！」說著，拉起老牛就要回去，但他卻怎麼拉也拉不動老牛。小如意拉不動老牛回頭看視，見到老牛無精打采至極，雙眼閉著睜也不睜。他心想一定是老牛

餓了，就去給老牛割草，打算喂飽了老牛再牽它走。

「太聰明了，」曇花聽到這裏，又插一言道，「這小如意！」

黃帝繼續說，小如意割回一捆草老牛吃了，又割一捆老牛又吃了。如此他割了一捆又一捆，但卻總是供不上老牛吃食。但他依舊繼續割草，決心把老牛喂飽餵養精神起來。就這樣他一連餵養三天，終於把老牛喂飽了。

「噢，這樣就可以牽著回家了。」曇花這時接言道。

黃帝向下說，不行。只是吃飽的老牛突然精神起來，對小如意口吐人言道：「小如意，我原本是天上的一條龍。只因當年錯行了一場雨，淹死了不少凡人，受玉皇大帝懲罰被打傷一條腿，貶至凡界脫生成了一頭牛。我的腿傷用百花露水塗洗一百天，就會好的。你若給我治好了腿，我就隨你去你家耕田。」

曇花聽到這裏故作焦急道：「小如意怎麼辦？」

黃帝說，小如意聞聽心喜，當即答應為老牛治腿。於是他留居在了山上，餓了吃野果，渴了喝山泉，夜裡依偎在老牛身邊睡覺。每天清晨則去採摘百花，用花朵上的露水給老牛洗傷。如此一百天過去，老牛的腿傷真的好了。只見它站起身來，即隨小如意下山回家而去。

「這就好了！」曇花這時高興道。

黃帝繼續說，老牛隨小如意回到其家中之後，小如意待老牛很親。白天他去放牧老牛，夜晚便睡在老牛身邊。如此時日一久，人們便忘記了其叫小如意的原名，而喊他叫「牛郎」。老牛也待牛郎很親，每當牛郎的嫂子在家偷吃東西的時候，老牛便叫牛郎趕回去吃。如此一來二去，牛郎嫂子生氣了，要和牛郎分家。牛郎聽後急了，老牛則對他說：「分就分，你只要下我和那輛破車就行了。」牛郎按照老牛之意說與哥嫂，哥嫂當然同意。牛郎便分得了老牛和那輛破車。

「噢，」曇花這時故作驚詫，插言道，「這可怎麼辦？」

黃帝說，這沒有什麼。分家之後，牛郎照樣還是每天放牧老牛。只不過是回家之後，多了一樣必須自己燒飯的麻煩，老牛看在眼裡急在了心中。轉眼到了夏季，伏牛山上樹木蔥籠，綠草如茵。小鳥在山上歌唱，小鹿在山間長鳴。山中有個小潭，水清照人，牛郎常常在此潭邊給老牛飲水。

「那地方太美了！」曇花不禁讚歎道。

黃帝繼續說，忽然到了仲夏的一天，老牛對牛郎說：「牛郎，今日有九個仙女從天上下凡，到山中小潭裡洗澡。她們的衣服都放在小潭邊上，你去把最邊上的一身衣服藏起來，那是九仙女的，她就是你將來的妻子！」誠樸的牛郎起初說什麼也不肯，講說如此行事太沒有道理。

性情奔放的曇花聽到這裏，看到她期望的引發黃帝聯想他倆愛情的時機終於來到，便立刻不失時機地把豔麗的秀目一閃，向黃帝先送去一陣秋波。隨著話含深意，一語雙關道：「牛郎真憨，真傻！到哪裏去找這般天賜良機呀！」

黃帝當然領悟到了曇花眼中送來的秋波，因為他心中也正在激蕩著壓抑在心底已久的對曇花之愛，所以他對曇花的一舉一動都可察知其意。也當然敏感地聽出了曇花話語中假借言說牛郎，實則是引啟自己之愛的雙關之意。但他仍是不忍褻瀆曇花的真情，如若不然他是不用曇花如此引啟的。

為此他仍然知若未知，費力地壓抑下心中激蕩的情愛，依如先前繼續向下說，老牛對牛郎催促起來道：「機不可失，時不再來啊！」牛郎聽到這裏方纔答應下來，悄悄向山中小潭邊看視而去。

多情的曇花這時依然不知黃帝因有凡妻，不忍褻瀆她的純真情愛

的真實思想，所以才強抑情愛不露絲毫情愛之意。而只是不解這在天界聰明過神的軒轅星君，在此凡界之上今時不知究竟為何，卻變得如此憨呆得絲毫不解自己之意！

不解至此，敏感的她心頭不由得倏然掠過了這樣的想法，是否自己對軒轅之愛只是漫野中烤火一面熱，自己自作多情於他，而他則壓根兒就對自己絲毫不愛？然而這念頭一閃就又倏然被她放棄了，因為她相信自己的判斷準確，相信自己判斷的軒轅星君在天界時就已酷愛於她不會出錯！

因而她在對軒轅這時變得如此憨傻不解之餘，突又聞聽黃帝剛才繼續講說之言，恰好又給自己提供了再次引啟黃帝情愛之機，便立刻接過話頭道：「對呀，牛郎這才變得不傻了！」隨著這句雙關的話語，多情的曇花又轉動溢滿深情的秀眼，向黃帝深情地看了過去。

黃帝對曇花之言依如未聞，對曇花望去的秀眼避而不見，繼續向下說，牛郎來到潭邊小樹林中偷偷向潭中一看，只見潭中果如老牛所言，正有九位妖嬌神女在潭中戲水。清亮的潭水映現出她們如玉的肌膚，清淨的潭邊溢蕩著她們歡樂的笑語，一拉溜九身衣服就擺在潭邊的茵茵草地之上。原來這正是玉皇大帝與王母娘娘的九個孫女，因天宮悶熱偷下凡界洗澡納涼而來。清頭絲兒的牛郎眼見此景，早嚇得氣都喘不出來，一時間沒有了去偷衣服的信心。

多情的曇花對黃帝愛心彌堅，因而剛才她對黃帝引啟一番未能成功並不灰心，因為她依舊不解黃帝心中之情，而仍舊只是以為黃帝來到凡界確實變得呆了，決計再伺話頭引啟於他。這時聽到黃帝話說至此時機又到，便又立即秀眼一閃傳動秋波，隨著開口一語雙關道：「虧得還是堂堂鬚眉，膽氣兒哪裏去了！」

黃帝還是依舊聞若未聞，繼續向下說，牛郎愣怔許久，方纔清醒

過來想到老牛「機不可失」之語，鼓起勇氣潛到潭邊，把最邊上的一身衣服拿了過來。

「好，這才有個鬚眉的氣派！」曇花聽到這裏，又忙打斷黃帝之言進行引啟道。接著她本想往下繼續說：「可是，你呢？」但她話到嘴邊又咽到了嘴中，因為她自己也一時沒有了如此氣派。只有等待黃帝被自己之言引啟開來，棄掉牛郎與織女的話題，轉說她倆情愛的事兒。

但是曇花實在不解黃帝今日究竟是怎麼了，只見他依舊不動聲色，繼續向下言講牛郎之事道。轉眼時過正午，眾神女不敢再多逗留，一齊口中抱怨著她們王母娘娘奶奶的苛刻，上岸穿衣欲要返回天宮而去。當然這時，九神女找不見了自己的衣服，急得叫了起來。

「好，」曇花再次對黃帝點醒道，「牛郎這樣就要得手了！」

然而黃帝仍是不醒，繼續說。眾神女聞聽齊埋怨她太粗心，言說她們先走一步，回去晚了全要受罰，留下九神女一個飛回天宮而去。山中潭邊隨之只剩下了九神女一個，剛才的喧鬧場景頓然被山間的清靜所代替，九神女心中更是焦急起來。但她尋不見衣服仍然無法歸回天宮，心中又怕奶奶懲罰，不一會兒便急得嚶嚶哭泣起來。

「那麼，牛郎這時怎麼辦？」曇花聽到這裏，唯恐黃帝再講說完了牛郎與織女之事，失去引啟黃帝言講愛情之機，而且又聞引啟黃帝情愛時機來到，本欲開口言說「呆子，若是你怎麼辦」，可開口卻又把話說成了前言道。曇花雖然奔放多情，但一個姣姣玉女，卻也不好在自己摯愛的情神面前，放肆粗率直言啊！因而，她話到嘴邊又改了口。

「九神女，衣服是我給你收起來了。你要衣服我答應，可是你必須答應做我的妻子！」黃帝向下繼續說，「牛郎走上前來道。」

「好，勇敢，牛郎就該這麼做！」曇花聽到這裏，頓然為引啟黃帝的情愛高興得大叫起來道。說著，她用溢滿情愛的秀眼盯視著眼前的黃帝，多麼盼望看到他領會自己之意，也向自己看來如此一眼，或者言說一句，或用眼睛或用言辭傾露心跡啊！可是曇花雖然秀眼未眨一眨，卻仍然沒有見到黃帝望來一眼，也沒有聽到黃帝言說她期盼的一語，而只是見到黃帝依舊癡呆般地向下繼續講說起來。

黃帝說，九神女正赤身露體在無人的山中，猛不防聽到一個男人的聲音傳來，裸身無處躲藏正在大為驚怕，又聽其要她做妻子，更是驚怕不已！聰明的牛郎見之又趁機進逼道：「你何必非要歸回天宮去呢？天宮裡的王母娘娘苛刻至極，凡間如此自由美好，你為什麼放著自由美好不去享受，而甘願歸回天宮再去受罰，過苛刻至極的清苦日子呢！」

「是呀，牛郎真是理解我們神女之心呀！」曇花聞聽至此，更不放過引啟黃帝情愛之機，即又口出慨歎之言道。說著，她又用溢滿深情的秀眼，盯視起了黃帝如何動作。

黃帝當然仍是表現得無動於衷，繼續向下說。牛郎的這番話語，是他剛才偷聽到眾神女的抱怨，剛剛敷衍出來的。但它正好說在了九神女的心頭，體貼在了九神女的心底。使她頓然心中一驚，猛攖頭看見牛郎年輕誠樸，便心中頓然溢滿了愛的甜蜜。對牛郎開口說道：「你怎麼知道天上的事兒，知道我九神女的心地！你太聰明了，就奔著這一點，我也決計答應你的要求。」牛郎聽了，高興得頓然禁不住撲身上前，張開有力的雙臂，擁抱住了渾身玉潤珠圓的赤裸九神女。

這時，曇花眼見自己數番引啟黃帝言情，黃帝都無動於衷，她實在琢磨不透黃帝究竟是呆傻了還是怎麼了。若是呆傻了，經過自己如此數番引啟也該清醒過來了！可他仍舊無動於衷，究竟是怎麼了呢？

難道他真的變心了嗎？自己的判斷出現失誤了嗎？為此她怔在了那裏，氣惱了起來。加之黃帝這番話語骯髒她也不好接言，便也不再言說任憑黃帝講說下去。

黃帝繼續說，九神女見之嗔怪道：「瞧你猴急的樣子！快把衣服給我穿上。」牛郎這時當然不敢不應，又想到九神女已經答應去做自己的妻子，於是他便把衣服給了九神女。九神女穿好衣服道：「在天界我整天坐在織機上織布，所以眾神都叫我織女。天上正如你牛郎所言，天界雖然很好，但奶奶卻執行天規森嚴，讓我們每天坐在織機上織布。連個歡樂的日子也沒有，遠不如凡間幸福哩！」

黃帝見曇花不言，繼續說。牛郎聽了道：「那你就永遠留居凡間，把你織布的本領教給凡人吧！」織女當即答應下來。從此，織女便成了牛郎的妻子，牛郎放牛種地，織女織布並把織布之法教授給眾凡人。牛郎與織女小倆口男歡女樂親密至極，恩愛至極，日子過得美滿至極。

曇花聽到這裏，知道黃帝已將牛郎織女的事兒快要講說完了，但她心中卻又實在對牛郎織女的夫妻恩愛生活豔羨十分，加之又想最終引啟黃帝講說真情，便禁不住開口直率得幾近明言道：「太羨煞小女了，若能如此太叫我高興了！」

然而，這裏曇花雖然已經大膽地幾乎完全向黃帝坦露了心曲，但黃帝卻依如先前主張不動絲毫，繼續無動於衷地向下說。如此轉眼到了第三年七月七日，織女一胎給牛郎生下一男一女兩個孩子。他夫妻給男孩起名叫金哥，女孩叫玉妹。織女對金哥玉妹疼愛不夠，每天晚上都給他們講天上的事兒。牛郎看在眼裡，更是喜在心裡。

說到這裏，表面無動於衷、心中實則倒海翻江般湧動的黃帝，知道曇花又該借機插言引啟自己言情了，為此他故意停頓下了自己之

言。但是，曇花這時卻不再插言。因為她數番插言引啟黃帝坦露情愛不見回應，剛才又直率言說完了仍是不見黃帝回應，便預感到了這決不是黃帝憨呆所至，聰明的軒轅星君絕對不會憨呆至此，定是其中另有自己想像不到言說不清的緣由。為此她懷疑了，她覺得自己此番情愛空拋了。她惱了，她不再言說了。

黃帝當然從曇花的此番不言中，立刻感受到了其心思之變，並為其如此之變即刻心痛萬分！但他身邊的處境和由此既定的主張，卻不容他有絲毫的改變。為此他只有強抑心痛假裝不動聲色，繼續向下講說起來。

他說，如此幾年過去。這日，牛郎正在犁地，卻聽晴空「轟隆」驟響一聲驚雷。牛郎正在奇異卻見老牛隨著雷聲停下腳步道：「牛郎，我把織女給你留在凡間犯了天條，天鼓在響，我難活下去了！我死之後，王母娘娘定會前來拆散你夫妻。你記住，我死後你把我的皮剝了，肉吃了能脫凡成神，皮做雙靴子穿上能踏雲登天。」言畢，老牛立即倒地死去。牛郎見之痛哭一場，便依老牛之言，留下老牛之皮做成靴子，吃盡了老牛之肉。

曇花這時不再言說，黃帝無奈繼續說，果然又過幾日到了七月七日。牛郎正在田中鋤地，突見金哥玉妹哭喊著跑了過來道：「爹爹，剛才突然來了個兇神惡煞的天神，把俺娘從織布機上拉著上天去了！」牛郎聽了擡頭朝天上一看，正見到織女被天神捉拿著往天上飛去。牛郎於是即不怠慢，立刻扔下手中的石鋤，回家穿上靴子。然後左手拉起金哥，右手拉起玉妹，躍身騰空就追。轉眼追出多時，眼看就要追到天宮，結果卻出現了姑娘剛才講說的娘娘簪劃天河，隔斷他夫妻見面之路的悲劇。

黃帝至此講說完了，曇花便也耳聽完了，但她依舊不再口出一

言。她說什麼呢？她開始希望通過黃帝如此講說，自己伺機引啟他向自己坦露愛情的希望，至此徹底破滅了啊，她還能言說什麼呢！

同時，通過黃帝如此冗長的講述過程，自己變換手法說出的數番引啟之言，全都沒有發揮絲毫作用啊！黃帝今日究竟怎麼了呢？她覺得自己對其完全沒有了把握，不知道了深淺，又怎麼可以再講說呢！所以，她便雖聽黃帝講說完了，卻依舊氣迷了般地一言不發起來。

黃帝眼見曇花此狀，立刻感受到了這處境的窘迫。他當然知道曇花為何不發一言，也知道造成這窘迫之境的不是曇花姑娘，而是不可改變心中既定主張的他自己。為此他努力打破這窘迫局面，立刻接過前番由於其不瞭解王母娘娘的真相，而以為曇花所說王母娘娘形象，完全與自己心中形象相悖，言說過後未得曇花回答的話語，而改用織女之事向下詢問道：「姑娘講說王母娘娘不遵天規，可如果那樣，她又為何對自己的孫女織女嚴酷若此呢？因而我覺得姑娘之言，沒有可能！」

曇花聽到黃帝此言，方纔從氣迷般的情緒中清醒過來。心機一轉想到自己既然未能通過黃帝的講說引啟他說出自己的情愛，就決計接過先前沒有說完的話題講說下去，以用自己的真誠之愛，贏得黃帝向自己坦露愛情。

一般說來，熱情奔放而又性格倔強的曇花姑娘，是難以如此去做的。但這時由於她對黃帝愛得太刻骨銘心了，這愛一時改變了她倔強的性格，使她做出了平時難以如此改變之事。為此她開口回答起了黃帝對她的詢問。

「這正是星君的不知之處，也才正是我犯下了向星君洩露娘娘不容洩露機密重罪的原因。像你一樣，」曇花對黃帝細說起了王母娘娘，及其在昆侖山上的一切道，「天界眾神也都認為娘娘是恪守天規的典

範，但實際上她則是一位最不遵守天規的天神。她不僅如此經常獨自悄然下凡而來，而且還在昆侖山上經常變形作西王母娘娘，小住下來靜享凡界之福。」

「原來娘娘竟然若此！」黃帝聽到這裏，方纔看到了真實的王母娘娘道，「表面上恪守天規，暗地裡無視天規，真是個會用權柄的女神！」

「是呀，正因為如此我對你洩露了其行動之密，就罹致了死罪，小女的死活就繫於你軒轅星君手中了！」曇花聽了隨之道，「我把該說和不該說的話，都對你說了，你是讓我活還是去給我送終，你就定奪吧！」

說完，曇花便用充滿深情的期待目光盯視著黃帝。一時間只見她那雙美麗溢情的秀眼，仿佛在對黃帝講說：「我對你這樣真誠，不惜罹致死罪，這是為什麼，你難道還不知道嗎？我這是對你之愛啊！」

黃帝這時當然從曇花的話語和眼神中察知了一切，心中也頓然再次翻起了更大的倒海翻江般的巨瀾。他知道曇花為什麼對他如此真誠，是因為她對自己之愛。然而他心中又何嘗不想對曇花傾訴，自己壓抑已久的情愛，可是他實在不忍去褻瀆她的真誠之愛呀！

為此，他倒海翻江般的心中痛苦到了極點！但他決計自己苦著，以不再向後拖延，早早阻斷曇花對自己求愛之想，以免使她傾情越多將來越苦。於是只見他強抑心中倒海翻江般的愛情巨瀾，表面上故作不知地對曇花道：「我只會讓你活得更好，怎能去給你送終呢！」

「這就對了。」曇花這時終於聽出了黃帝的一點情誼，開口道，「還有一點情誼。」

「姑娘放心地去吧，我這就開始做好迎接娘娘的準備，並讓我的妻子嫘祖也拜見娘娘。」然而黃帝此後故意如此一語，對於曇花來說，

卻無疑不啻於當頂一聲霹雷，震得她頓然險些昏倒在地。因為這句黃帝故意委婉講出的話語，是黃帝築起的阻止曇花對其愛情發展的堤壩。他明確告訴了曇花，自己已經娶有嫘祖妻子了！

這樣聰明的曇花聽後，不僅徹底失望，而且是絕望了。真個是驟然間使她沸騰到最高點的心情，陡地降到了冰冷的最低點！但她很快又清醒了過來，那徹底的絕望又頓然化為了巨大的氣惱，氣得她雙眼狠瞪黃帝一眼，隨著便湧出了如潮的熱淚。即扭頭連一聲告辭也沒有，轉身飄然消逝而去。

黃帝這時看著不辭而去的曇花，心中實在有說不出來的滋味，因為她是他的真情所繫！但是她去了，一切便都隨著去了！他是一個仁德的天神，不忍心去褻瀆曇花姑娘對自己那聖潔的愛，其他又有什麼辦法呢？

因而黃帝儘管心中滋味難受，也只有苦苦地忍受著。眼睛一直凝望到曇花的身影消逝，仍是久久不願收回。末了他不敢怠慢，因為他要去做迎接王母娘娘前來的準備，方纔急忙收神召集眾臣下，做起了安排。

做起迎接王母娘娘的準備，黃帝安排眾臣子先要好生打掃他仿照天宮建造的下方殿堂，並準備好豐盛的凡間宴席。與此同時，他令匠人尹壽連夜製造鏡子，以屆時照耀華堂盛宴，增添迎接王母娘娘時的隆盛之景。

一切安排停當之後，黃帝對尹壽能否在短短的一宵之內，造出鏡子放心不下，唯恐耽誤了使用之期。便自己也立刻動手製造起來，以防尹壽如果製造不出，自己造出不誤使用之期。

黃帝與眾臣子匠人為了迎接王母娘娘隨後忙碌一夜，眾臣子不僅打掃佈置好了欲用華堂，準備好了豐盛凡宴，尹壽與黃帝也都造出了

自己的鏡子。尹壽造的鏡子共有一十二面，可在一年十二個月中按照不同的月份，使用不同的鏡子照耀華堂。

黃帝造的是十五面較小的鏡子。他造的第一面鏡子的橫徑是一尺五寸，即效月亮的滿月之數。然後依次遞減，至最後一面鏡子的橫徑只有一寸。以在每天選用不同的鏡子，照耀華堂。

據說，後來到唐代初年有個王度，曾從隋末侯生的手中，得到黃帝這十五面鏡子中的第八面。其橫徑恰是八寸，鏡子的背面雕有精細的龜龍鳳虎，八卦十二辰及古文字。王度得到鏡子後曾遇到不少奇人奇事，並拿它照見了許多妖魔鬼怪。後來他依據自己的親歷，寫了一篇叫作《古鏡記》的小說。這小說便成了唐人小說的開山之作。

黃帝與尹壽做好了鏡子，又見眾臣子準備好了一切，黃帝便當即命人把尹壽的大鏡子和自己的小鏡子分別佈置停當，頓然把華堂照耀得五光十色絢麗多彩起來。

黃帝最後對準備好的華堂仔細巡察一遍，看見華堂中石桌石凳擺設嚴整，光色明亮異彩紛呈，一切準備妥當無失。看看天色已近早晌方纔心滿意足，與眾臣子靜待在華堂之中，只待王母娘娘一行到來。

黃帝聽到曇花昨日講說，王母娘娘身邊只有她們三個侍女隨同而來。據此知道王母娘娘此來沒有隨行儀仗，或者按照曇花所說，她還會為了避免對自己恪守天規聲響的影響，引領三個侍女悄然而來。

依據曇花之言黃帝進行最大膽推斷，王母娘娘最多也不過是四神一行，悠悠騰雲駕霧而來。為此，黃帝命令門衛守卒好生觀察，只待王母娘娘一到便喊他接駕，他與眾臣子便在堂中等待守卒喊叫。

「大帝，王母娘娘一行四神，」黃帝與眾臣子剛在堂中等待須臾，便聽門衛稟報過來道，「悠悠駕雲來了！」

黃帝眾臣聞聽不敢怠慢，急向門外迎去。黃帝剛剛迎到華堂門

口，便聞一股異香挾風倏然撲面而來，頓見一片眩人眼目的亮光閃射過來。黃帝聞覺至此已知王母娘娘來到，舉目一看已見她四神倏然按落雲頭，穩穩站立在了華堂門口，恰與自己迎個對面。

黃帝這時已下凡界時近百載，近百年來一直未能見到王母娘娘及其侍女之面，只有曇花姑娘昨日見到一個除外。因而他舉目看到，王母娘娘雖然又已歷過凡界近百載時光，但其面容體態皆如先前絲毫未改。她粉面酡顏溢祥藹，鳳眼柳眉流慈愛。雍容華貴大福相，位極天界威嚴來。頭上鳳冠綴釵佩，佩釵奇異放異彩。身上霞帔龍鳳走，鳳翔龍走威嚴在。

王母娘娘左右與身後，簇擁著玄女、素女與曇花三個侍女。玄女玄秘，形影似隱似現，如同霧遮的仙山，仿佛海上的蜃樓。現時光豔照人，隱時令人生憾。真個是撲朔迷離，只見其美豔絕倫，難見其真形實體。

素女素樸，形影凸現眼前，就如同天然的美玉不事雕琢，仿佛是出水的芙蓉自然華豔。乍見雖覺素樸，細睹方見樸美。真個是素樸不遮容顏俊，越睹越見素樸美。曇花生得最豔，仍如昨日黃帝所見。但只是這時她跟隨在王母娘娘身後，櫻唇緊鎖雙眼溢恨，不似昨日面綻笑靨。

黃帝看到曇花此貌苦疼頓又泛上心頭，但他不敢耽於此情，立刻抑下心苦跪迎王母娘娘道：「小星跪迎天后娘娘駕臨凡界，令凡界生輝！」

王母娘娘見之，忙令黃帝與其眾臣平身，然後即在黃帝的引領下入堂就座。王母娘娘坐定，黃帝即先與之一陣寒暄，隨之便向其介紹起了其屬下親屬臣子。黃帝先向王母娘娘介紹了妻子嫘祖，直氣得侍立在王母娘娘身後的曇花柳眉倒豎秀目火突，如刀的眼光射向了黃帝與嫘祖一次又一次。

王母娘娘則對嫘祖關切地看了又看，問了又問，既贊嫘祖生性賢淑，頭腦聰慧，又贊黃帝好有福氣。但只是看到站在嫘祖身後的侍女嫫母，生得腦凸鼻皺，形粗色黑，奇醜無比，為此心甚不樂道：「嬌嬌帝妻，為何用此醜侍？」

「啟稟天后娘娘陛下，其女形雖醜陋，但其心地最善。」黃帝聞聽無言以對，嫘祖則立刻接言道，「小婦故而用之，不捨得將其舍去。」

王母娘娘聽了，甚為嫫母貌醜心善表裡不一惋惜不已！然而王母娘娘並不知道黃帝之妻嫘祖使用嫫母醜女，則是另有她的深意。即她是一位嫉妒心極強的女人，深怕自己身邊用一位嬌美侍女，以其美色奪去黃帝寵愛自己之心，故而使用嫫母以防之。

黃帝如此向王母娘娘介紹完嫘祖親屬之後，又一一介紹了自己的臣子。王母娘娘眼見黃帝臣子個個身懷長技，口中盛讚不已。隨著她便詢問起了凡界和黃帝來到凡界的情形，黃帝聞問一一進行回稟。並刻意向王母娘娘回稟了自己的道德之道，與兄長炎帝的仁德之道之爭。

王母娘娘聽到末了，先對黃帝的道德之道加以肯定，言說在天界若無武備，就除不去欲殺玉皇大帝的黑風怪惡流，難保天界安寧。因而在凡界情同一理，必須道德治世之後佐以武備，方纔能夠治得凡界安寧。

黃帝聞聽王母娘娘此言心中大喜，連謝王母娘娘為他撥去了心頭的疑雲。最終堅定了他頒行道德之道，大治凡界的信心。王母娘娘待到黃帝說完，又接著盛讚黃帝靈慧超神，在天界智救玉皇大帝性命，到凡界大治天下造福於凡人。言稱她若不是身為天母，也定要步黃帝之後塵。

黃帝聞贊連謝王母娘娘誇讚之恩，並愧言王母娘娘讚譽名難副實，定當繼續努力！如此黃帝與王母娘娘談說未了，臣子后土稟報凡

宴備齊。黃帝聞聽大喜，立刻稟請王母娘娘用宴，王母娘娘欣然應允。黃帝於是一聲號令，但聽凡樂驟起凡宴頓開，並有一幫姣姣凡女在粗陋的凡樂聲中，在宴前跳起了翩躚凡舞，以為王母娘娘用宴助興。

可以想見，黃帝時代的凡樂之粗陋，凡舞之原始，凡宴之簡單，那凡宴最多也只不過是我們今天說的野味野果粗疏穀飯而已。但是這一切對於久在天界聞神樂觀妙舞，食甘饜肥的王母娘娘來說，卻是別有一番一般人體會不到的幸福滋味，令她食欲大振久食不輟。並且口中連贊凡樂之美、凡舞之妙、凡宴之好。軒轅有至大之福，勝過自己能夠在此美好凡界日日享此凡界大福，實在自愧不如！黃帝聞聽，連說「不敢」。

如此言說美食之中，時間早已過去一日。王母娘娘雖然仍被凡樂凡舞和凡宴陶醉不願離去，但苦於眼見天色已晚，久居在此壞了其恪守天規的美名，只好戀戀不捨告辭黃帝，起身返向五斗峰山洞而去。

「凡界苦難甚多，今後星君若有什麼難事，」臨行，王母娘娘對黃帝盛待深謝不已，連連對黃帝道，「可到昆侖山石室中前去找我，娘娘定當輔助恩神一臂之力！」

王母娘娘雖然誠心不慎，說出了洩露自己秘密之言，但黃帝由於先前聽到了曇花的講說，因而這時對王母娘娘要他到昆侖山石室中尋她並不驚奇，而且印證了曇花之言皆為真實。遂連聲再謝王母娘娘，然後引領眾臣歡送王母娘娘而去。

王母娘娘四神在黃帝眾臣的歡送中迅即消失了蹤影，黃帝這時卻心中更加苦痛到了極點！因為他看到侍立在王母娘娘身後的曇花，一直愁顏未展，凡宴未食，未發一語。特別是當她看到嫘祖之後，氣恨之餘更是身悸不已。末了，她又戚楚滿臉地離別而去。自己真情所繫的曇花心苦若此，自己又無可奈何，他怎能不心苦至極啊！

十、二帝大戰

　　王母娘娘去後，時光在黃帝為曇花心苦中轉眼過去十餘載，到了涿鹿地方小阪泉生亂之時。這日黃帝正在心想王母娘娘臨去之時，叮嚀自己今後有難可西上昆侖尋她相助的話語，不僅過去十餘載中毫無用處，而且日後仍不見其有用的徵兆，為此心中甚喜王母娘娘此言的多餘與無用！因為這更證實了自己治理凡界有方，一切事務自己均能駕馭處理，實現凡界大治保證凡人幸福。

　　「啟稟大帝，」然而就在黃帝如此高興之時，卻突見一人風塵僕僕奔到他的面前，「撲通」跪倒在地急稟道，「大事不好了！」

　　「何事不好？」黃帝聞聽來人此稟，不禁心中陡地一沉，隨著開口急問道，「快快講來。」

　　「小人乃大帝所轄東部邊界之上，與炎帝所轄涿鹿地方搭界氏族之人。我氏族之人承蒙大帝之福，數十年來一直衣食充盈，生活無憂。」來人隨之講說道，「可是近日以來，炎帝所轄涿鹿地方阪泉氏族人，在其新首領小阪泉的引領下，數攻大帝所轄地界氏族之人。殺我老弱，掠我男女強壯和衣食財物，占我居住之地。」

　　「噢，竟有這等事情發生？」黃帝這時心有不通道，「真的嗎？」

　　「真的。小人來時，」來人接續其言道，「他們已攻掠我數個氏

133

族居地了！」

黃帝聽到這裏，雖知作亂惡人出現在炎帝轄地之上，恰為自己說服炎帝改行其道德之道提供了證據。但一心為凡界凡人造福的黃帝並不為此而高興，相反卻對凡界驟生此亂心中陡沉萬分道：「快講，他們為何肆行此惡？」

「近日來，阪泉氏族人已經組建起了一支近千人的隊伍，不僅攻掠了涿鹿地方炎帝轄地的不少氏族，」來人聽到黃帝此問，隨著便把自己知道的小阪泉殺父設計作亂，預謀奪據炎黃二帝所轄凡界的經過講說了一遍，末了，則乞求黃帝道，「而且也攻掠了大帝所轄相鄰地域上的十數個氏族。大帝，情況險惡，你快作定奪呀！」

來人如此一番講說，早說得黃帝眾臣怒不可遏起來。力牧率先抑止不住心中的氣惱，急叫起來道：「陛下，你就傳下一令，讓我前去剿除此惡吧！」

「陛下，你就快派力牧領兵前去剿除此惡，」后土也是禁不住了道，「以護炎帝不受此惡之害吧！」

「不，」早已氣惱至極的黃帝聽罷力牧與后土此言，這時卻突然沉靜下來否定道，「不可如此行事。」

「對待惡人仍以仁德待之，只能姑息養惡，生出更大的禍患來！如此阪泉氏生亂，」力牧聽了忍不住了道，「不就正是炎帝實行仁德之治，養出邪惡的證據嘛！陛下，你不能對待邪惡像炎帝一樣心慈手軟啊！」

「陛下，您不派兵誅除此惡，炎帝就只能會依舊以仁德之道姑息養惡呀！」后土也是急不可奈道，「阪泉氏作亂，就正是乘了炎帝此隙啊！」

「二位臣下所言皆是，但我黃帝也如我帝兄炎帝一樣，身為仁

德之帝。我與他的目標皆為一致，即以仁德之道大治凡界。」黃帝則胸有成竹道，「我行武備乃是在仁德不行之後，方纔實行之。因而對待惡人，我仍以仁德為先，以仁德感化之，非以勇武為先，以勇武壓服之。」

「陛下，這個臣下全都知道。」后土這時打斷黃帝之言道，「但是只以此法，是斷無感服惡者之理的！」

「不。我等若能以仁德之道，治服行惡若此的阪泉氏族重新歸善，則天帝喜之，炎帝喜之，也才契合我黃帝之意也！」黃帝堅心不改言說道，「如果實在用仁德治服不了，我等再施勇武也不為遲。」

「陛下仁德齊天，臣下服之。」風后眾臣聽了黃帝此言，心想一陣方說黃帝想得周全，消去了氣急，開口詢問道，「下步如何行動，臣下聽候大帝吩咐！」

「既如此，后土，我命你即刻前去涿鹿地方，面見阪泉氏族人首領小阪泉，曉之以仁德之道，」黃帝見之心喜道，「動之以仁德之情，讓他早息干戈，改惡從善，平靜凡界。」

后土雖為黃帝臣下，但又身為炎帝直系後輩子孫，因而他早對炎帝所行仁德之道心有異見，故而離棄炎帝跟隨黃帝利行道德之道。這時聞聽炎帝之道果然孕生出阪泉氏之亂，因而甚喜自己選擇跟隨黃帝之路正確，黃帝的道德之道正確。又聞黃帝令他前去以仁德感化作亂的小阪泉，心中更是高興萬分。

因為他由此進一步看到了黃帝果如炎帝一樣，是一位仁德之帝。值此心惱至極之時仍以仁德之道為先，實與炎帝的仁德之道並行不悖。而且又是一位比炎帝高明之帝，他在仁德之後施以武備，以保仁德之道切實實施，著實棋高一著！

同時在此時刻又派自己前去，無疑又是智高一籌。因為若派別個

前去，就有插手炎帝轄地事務之嫌。而派自己前去，自己的雙重身份則就可以避免一切。為此他聞命心中高興，即答一聲「是」字，便辭別黃帝，與來人一道徑向涿鹿地方行去。

后土與來人在途十餘日，這日早晌來到涿鹿地方，見到了作亂的阪泉氏族首領小阪泉。小阪泉突見后土來到，不知其為何恰在這時到來，又不知其來何干，不禁心中乍然一驚。他知道，后土既為炎帝後裔又為黃帝重臣，猜知他恰值此時來到絕非無意，定然是不講仁德之治便行道德之道。

而且他深知后土是因為不贊同炎帝的仁德之道，才離開炎帝追隨黃帝的。他害怕后土因而此來是仁德為先，隨後便有大兵來到。若是那樣，他小阪泉剛剛開始實施的惡計，就將處在危機之中了！為此他一時不知后土此來的根底，心中害怕，忙恭迎后土上座，隨著便刺探起了后土此來之意。

后土此來目的明確也不躲閃，因而他與小阪泉一陣講說，小阪泉便知道了后土只是孤身前來施行仁德之道，身後並無軍兵相隨。為此他邪惡的心中便又壯了起來，靈機一轉便不容后土對他言講仁德之理，而搶先對后土勸說起來道：「大人，你身為炎帝之後，可你卻不助炎帝保衛轄地，而去做了黃帝的臣子！你做了黃帝的臣子姑且不說，你在黃帝屬下清楚地看到黃帝在行道德之道，他擴建軍伍，訓練兵勇，他那樣做是要做什麼？」

「以小子之見，」后土聽到這裏，為摸清小阪泉心中之想詢問道，「黃帝這樣作為，是要做什麼？」

「還不是有朝一日，要攻殺吞併炎帝的轄地嗎？對此，你不僅認識不清，反助黃帝以全副心力！」小阪泉依其思路道，「你知道你這是在做什麼嗎？你這無異是在為你的前輩炎帝挖掘墳墓，送其壽

終啊！」

　　小阪泉實在狡惡，他剛才看到只是后土一人前來，心機一轉便決計借機說動后土，以讓他前去勸說炎帝，實現自己前去勸說炎帝攻打黃帝不成之事，因而故意調唆道。然而，胸有城府的后土，當然不是邪惡的小阪泉一番話語就能說動之人，他聽了小阪泉此言即刻否定道：「小子此言完全錯了，這是小子完全不瞭解個中真情所致！」

　　「大人此言何意？」小阪泉不解后土之意，詢問道。

　　「黃帝絕非如小子所想所言，僅僅是一位與炎帝相異的赳赳武夫，心懷邪惡之想的惡人。」后土對之直言道，「他乃是與炎帝一樣的一位仁德大帝，不然他豈會讓我前來以仁德之道感化於你，而不立刻對你施之勇武，予以剿滅？」

　　「大人如此是說，」小阪泉這時明白了后土之意，探問道，「黃帝也是一位仁德之帝？」

　　「他只是以武備保衛仁德之道的實施，他希望凡界施行仁德之道實現大治，」后土繼續其言道，「而不忍心用武力傷害一個凡人，他對武備也是心中深惡之淡漠之的！」

　　「瞧你說的這些，全是黃帝的好處！你忘記了血親之情，沒有了骨肉之親！」禍心滿腹的小阪泉豈容后土講說這些，聽到這裏他實在不能容忍后土再講說下去，因而立即開口打斷道，「眼見著炎帝轄地就要被其對手黃帝掠去，可你還在這裏為你先輩炎帝的對手歌功頌德！」

　　「你，」后土這時心生氣惱道，「真是朽木不可雕！」

　　「而我們不忍見你前輩炎帝失去轄地，起而捍衛之。可你卻又受你前輩炎帝的對手之命，」小阪泉則不被后土之言打斷道，「不僅不來助我們一臂之力捍衛你前輩，相反卻來替你前輩的對手用所謂仁

德，騙說我們丟棄勇武，而只讓黃帝肆行勇武。」

「你一派胡言！」后土更為氣惱，吼叫起來道。

「你這不是在讓我們隨同你先輩，一同滅亡在黃帝的勇武之下嗎？你不要再說了，你背叛遺棄了你先輩，沒有了血親之情！」小阪泉不為后土之言所動，繼續其言道，「我們不背叛不遺棄，並誓死捍衛你先輩，以不負炎帝對我們的仁德之情！」

邪惡的小阪泉就這樣，把邪惡的話語說得堂而皇之起來，而且做作得感情是那樣的真摯，聲調是那樣的激昂！然而善思老成的后土當然不會被其假像迷惑，他依舊講說小阪泉言說有誤，不合真情，要小阪泉放棄此想停止作亂。並再三對其講說仁德之理，以保凡界平安，以免凡人受難。

然而包藏邪惡禍心的小阪泉這時正在得勢之時，豈有收心之理！他末了眼見自己勸說不動后土，后土不能如自己所想被其所用，便頓生氣惱不僅不容后土講說，而且怒斥起了后土為「叛逆」，並將其逐出了阪泉氏族人居住的涿鹿之地。

后土前來以仁德之道如此感化小阪泉失敗，他本想奉黃帝之命如炎帝所行之法，一次不行再來二次，直至三次四次甚至多次，像心感石開水滴石穿那樣用仁德感化邪惡，使小阪泉棄惡從仁棄亂從德。但他經過此次實踐，已經看到了無論自己如何心誠，也難以感化小阪泉的邪惡之心。因而無奈之中他只有棄去此想，離開涿鹿返歸橋山稟報黃帝而去。

「看來此惡果然非比尋常，僅施仁德之道難化其邪惡之心，」后土回到橋山把情形向黃帝稟報一遍，黃帝聞聽禁不住心中一凜，蹙緊眉頭道，「只有將我道德之道首試於懲服此惡了！」

然而言說至此，他不由得眉頭蹙得更緊起來。他隨之想到，阪泉

氏本來是炎帝轄地之人，他們又主要是在炎帝轄地上逞惡，自己如果首試其道於阪泉氏族人，就是要在炎帝轄地之上首行其道。

而炎帝先前已對其道大異，自己如此又在其轄地行其反對之道，雖為其平除其轄地之上由其仁德之道孕生的阪泉氏之亂，但豈能保證不會激起炎帝不滿甚至反對？因為這是與炎帝之道完全相悖啊！炎帝要心感石開，他黃帝對惡者要武威懾之甚或剿滅之呀！

「陛下，我們為了凡界平安凡人幸福，實在顧不得那麼許多了！」后土看出了黃帝的難處，忍不住了道，「我在來回涿鹿的路上，看到了那淒慘的場景。涿鹿地方百里之內，到處都是被殺凡人的屍體，慘淒的哭聲，荒蕪的土地啊！」

「這樣如果我們遲疑一天，就將有更多的凡人，死於小阪泉手中啊！」風后這時插言道，「因而我們早除去小阪泉一日，雖然殺死了小阪泉數人，但卻保住了更多凡人的生命呀！」

「因而大帝不要再想得那麼多，快做決斷要緊啊！」力牧這時也即幫言道，「這是為了凡界，為了凡人。不是為了你，也不是為了炎帝啊！」

后土眾臣的上述話語果然堅定了黃帝之心，但見他滿臉的愁顏頓然被堅毅之情所取代，開口頒令道：「力牧，你帶領一千軍兵，立刻隨我東去涿鹿，懾服阪泉氏族人！」

力牧即答一聲「是」字，隨即點領隊伍而去。黃帝隨後又令風后留守橋山。待一切安排停當，他便與后土即領力牧所率之兵，向涿鹿地方行來。

行進路上，黃帝對此去究竟如何行動反復進行了思考。他想，去到涿鹿之後，還是能夠不戰以武威懾服小阪泉為好。那樣既省去了殺戮之惡，也恰好證實了自己所行道德之道的大治之功，進而又有了說

服炎帝改行道德之道的最好證據。

為此他反復思想如何做好此舉，末了決計待他領兵去到涿鹿近處，先按兵不動但做好攻殺準備以威懾之。與此同時再派后土前去面見小阪泉，對其陳以利害，曉以仁德之理。小阪泉雖然邪惡至極，但懾於武威定然不敢不棄惡從善。想到這裏黃帝心有把握，便催動眾兵加快步伐，更加疾急地向涿鹿地方行來。

黃帝引領眾軍在途行進十數日，這日上午來到涿鹿北方近處。然而事情恰有湊巧，就在黃帝正欲令軍止步，按住眾軍而讓后土前去涿鹿再說小阪泉，尚且沒有發令止軍之時，卻見哨探急火跑來稟報道：「啟稟陛下，大事不好了！」

「炎帝此前剛剛來到涿鹿南邊，仍以仁德之理說服小阪泉。可小阪泉不僅不為仁德所動，反而嚴斥炎帝所行仁德之道。」黃帝聞聽哨探此言知道事情緊急，忙問哨探何事不好，哨探接著稟報道，「聲稱炎帝不聽其言將滅在你黃帝之手，為轄地凡人罹致大禍！而他自己此刻行此禍亂，則是今行小禍避免明日滅於大帝之手的大禍，是中原凡人的有功之臣！」

「太可惡了！」黃帝聞聽氣惱道，「果在預料之中。」

「是呀，此惡不除，」后土這時接言道，「凡界難寧啊！」

「炎帝聞聽心中雖惱至極，恨不得立刻除去此惡，但他依舊躬行仁德之道不移。想著一次說服不了小阪泉，就兩次三次繼續下去。」哨探繼續講說道，「但那小阪泉邪惡至極，他害怕自己如此行惡下去，夜長夢多激起炎帝氣惱誅殺自己，便索性來了個先下手為強……」

「噢，」黃帝聽到這裏，一驚道，「他要做甚？」

「就在炎帝正說之時，小阪泉竟突出殺手，」哨探隨之道，「麾兵殺向了無備的炎帝眾人。」

「啊！」黃帝聽到這裏，禁不住更是驚得叫出聲來道，「炎帝他們怎麼著？」

「炎帝眾人沒有料到突處此境即生混亂，仁德的炎帝又怕與之相敵殺死了無辜凡人，因而只退不擋。」哨探接著道，「隨從炎帝的眾人無令皆不敢自出殺手，只有護定炎帝一齊向南退去。」

「這怎麼行？」黃帝這時口出慨歎道，「若如此，則我兄危矣！」

「但那小阪泉眼見仁德的炎帝眾人，果然仁德到了任其宰殺的程度，便毫不相讓，」哨探隨後講說道，「正在死命追殺向炎帝眾人，炎帝眾人這時正處在死在須臾之境！」

黃帝聽到，心知事情緊急至極，再行途中擬定之法，其仁德的兄長就有傷身之險。為此他救援炎帝要緊來不及細作思索，即改原定方略一聲令下，率領軍兵一路向南，剿殺小阪泉之軍後路，營救炎帝而去。

黃帝所率眾軍為訓練有素之軍，眾軍兵聞令皆如出山猛虎，一陣奔跑便殺到了正在追殺炎帝眾人的小阪泉眾軍之後。小阪泉之軍雖與黃帝之軍數量相當，但由於他們皆為剛剛掠來凡人，缺乏訓練為烏合之眾，加之心中不願為小阪泉賣命，因而被黃帝之軍一擊即潰。

為此只見黃帝眾軍入其軍中，如入無人之境。出手一陣大殺，已將小阪泉之軍連同小阪泉兄弟十人，全都殺死在了炎帝眾人面前，救了炎帝眾人性命。黃帝引領眾軍如此一舉剿滅了小阪泉軍兵，斬除了作亂惡源救了炎帝眾人性命，眾軍兵為之高興不已，但是黃帝卻沒有為此高興。

因為如此惡殺並非他的本意，他也像炎帝一樣厭惡如此用兵。同時他也知道，他這時是在炎帝的轄界之上進行了這場惡殺，這惡殺不僅是炎帝最為反對的，同時其所行道德之道也是其堅決反對的。為此

141

他雖然救了哥哥，卻也猜知哥哥決不會為此而高興，更不會為此而改行他的道德之道，說不定還會有一場不可避免的兄弟間的尖銳論爭。所以他不僅不為此高興，反而為此蹙緊了眉頭。

事情發展果如黃帝所料，就在黃帝穿過隊伍來到炎帝面前，剛剛言說數語之時，見他早已氣惱至極的兄長炎帝，已是厲聲怒斥起了他來。因為炎帝這時不僅絲毫沒有察知世事之變，看到自己應該像黃帝一樣因勢而變，不再僅行仁德之道。為此他把阪泉氏作亂的原因，全部歸咎在了黃帝身上。因為小阪泉先前對他說過，他此舉學自黃帝，而私毫沒有察知是其仁德之道所孕生。

如此他兄弟一陣講說難分高下，炎帝認定黃帝已成為凡界萬惡之源，便決計為保凡界平安凡人幸福，擒囚黃帝使凡人安樂。於是他即出手欲圖擒住黃帝將其囚禁，徹底廢除其所行道德之道。

「哥哥休得動手，以免傷我兄弟和氣！」黃帝正言突見氣惱的炎帝出手向自己拿來，不敢怠慢，忙先躍身躲過炎帝拿來之手，隨之開口急叫道，「我兄弟有話皆好商量！」

然而這時炎帝決心已定，黃帝如此話語當然說動不得。但見炎帝對黃帝此言如同未聞，眼見自己剛才前去擒拿之手被黃帝躲過，不用強力擒拿不住黃帝。便又立刻改手為拳，出拳向黃帝打了過來。

黃帝這時眼見自己再對炎帝講說已是無用，而且又見炎帝氣惱得牛首上的七竅火突，出拳打向了自己，非欲擒住自己而不可。無奈之中只有邊躲邊擋，出拳與炎帝鬥在了一處。他二帝在天界皆為仁德之神，到下界皆為仁德之帝，因而雙方無論是在天界還是身在下界，都還從來沒有交過手腳，所以很難判定誰強誰弱。

這時眼見他二帝交起手來，炎帝心中氣惱只想出手擒住黃帝將其囚禁，割斷凡界道德之道致亂之源。一招不成又來一招，招招狠猛疾

急，只求一招擒住黃帝。黃帝來時就深為擔心傷了兄弟和氣，對來此兄長轄地之上，行其反對的道德之道猶豫不決。這時眼見果如其料，生出了他最不願意生出的兄弟失和之事，真個是又急又怕。

他想的是再向兄長好生言說溝通心中真情，讓兄長認清凡界情勢改行道德之道實現凡界大治。但其兄長如此不讓其講說，並出手一招疾過一招地向他打來。這樣下去講說不成，思想溝通不得，只有打鬥下去，心中實在焦急萬分。

同時他又害怕如此打鬥下去雙方互有傷亡，引起了眾從屬共起惡鬥，豈不就要鬧起更大的禍亂。那樣就會引起凡界不安，造成凡人死傷，這是完全違背他兄弟之意的呀！然而急怕之中他又無奈，只有對炎帝來拳儘量躲避。躲避不開便行攔擋，而不出手進擊一著。以伺時機，與兄長再作言說。

就這樣他兄弟心懷異想鬥在一處，一個心中疾急出手迅疾，一個心想躲避連連躲閃。轉眼交手十餘回合，氣急的炎帝硬是得手不得。炎帝如此眼見黃帝只躲不鬥，自己又一時擒其不得，心中實在是更加氣惱萬分。

氣惱之中他見身邊有一根腿粗木棍躺在地上，便立刻用腳一挑撿進手中，「颯」地揮舞起來，疾急地打向了只躲不進赤手空拳的黃帝。黃帝見之仍是只躲不進，使得欲圖一招制勝的炎帝仍是取勝不得。激得炎帝心中更加氣惱，把手中之棍舞得更加疾急，一棍接首一棍疾風暴雨般向黃帝打來。

黃帝如此躲避一陣，眼見炎帝越打越惱，而且棄拳捉棍更加升級地向自己疾急打來，非置自己一敗塗地而不可。自己即使再這樣躲讓下去，也難以換得炎帝停住打鬥與自己言說之機，相反還會激得炎帝更加氣惱。便決計改變眼前只躲不進不能了結戰局的做法，而改用了

出手還擊一招制勝炎帝，以再與其講說的策略。

心計如此拿定，黃帝便先是更加疾急地躲閃起來。他想如此先行躲閃，使炎帝更加疾急地揮打一陣，以耗去炎帝的氣力。然後自己才好伺得時機，一招制勝於他。

這是因為黃帝也深知自己從未與兄長交過手腳，不知炎帝的深淺。雖經眼前這番交鬥，但自己與其未用真功，也難料其功力高下。

為此他唯恐自己一招制勝炎帝不得，反被其果真擒囚起來。那樣就要斷送掉自己推行道德之道的前提，使得炎帝的仁德之道，給凡界造成更多更大的禍亂了。到了那時，自己身受囚禁，失去點自由經受點苦難倒無所謂。偌大的凡界眾多的凡人，就要遭難受苦了呀！

想到這裏，他決計絕對不能讓炎帝制勝自己。他要制勝炎帝頒行道德之道，保得凡界太平凡人安樂！因而他先施謀略，與炎帝突然疾急周旋起來。這時，只顧一門心思擒住黃帝的炎帝不知黃帝是計，眼見黃帝突然動作疾急起來心中大惱，便更加動作疾急地打向了黃帝。如此轉眼鬥將多時，黃帝疾急地躲閃炎帝疾急地揮打，直鬥得風聲呼呼塵土飛捲，看得他二帝所率眾兵目瞪口呆起來。

就在這時，黃帝心想炎帝如此疾鬥多時，加之剛才已經空手鬥過一陣，力氣已經消去不少。自己出手奪勝炎帝的時機來到，便也不再怠慢，「嗖」地躍到一旁的一根木棍跟前，用腳一挑攬在手中，即「颯颯」揮舞著迎上了炎帝。即刻間改變了其剛才赤手空拳，只躲不進的被動局面，奮盡全力向炎帝進擊起來。

炎帝正為自己打鬥多時，未能擒獲黃帝而氣惱至極。這時突見黃帝棄拳捉棍，改躲為進向自己攻來，真個是陡然間惱怒得心肺皆炸。大吼一聲：「惡孽休得逞狂！」便更加狠猛地傾其全力，向攻來的黃帝迎了上來。

　　這一迎他二帝才算是真的各傾全力，交起手來。一時間，但見他二帝一個牛頭人身，一個首生四面，各揮木棍互不相讓，打得你死我活。這一個出棍徑戳要害，那一個揮棍徑掃險處。這一個棍進動地撼山，那一個棍擊泰山壓頂。直打得天昏地暗日月無光，令雙方圍觀眾兵不寒而慄起來。

　　炎黃二帝就這樣棋逢對手，將遇良才轉眼惡鬥多時，開始雙方實力相當不相上下。此時打鬥一久炎帝畢竟年已老邁，加之其剛才疾鬥多時耗去不少身力。黃帝則年富力強，加之剛才只躲不進保得了不少身力。所以一時間只見黃帝越鬥越勇，炎帝越鬥越弱起來。

　　戰局的如此逆轉，大出只有取勝之心的炎帝之料。處此自己越鬥越弱之境，炎帝看到再鬥下去，自己只有敗北難有取勝之機，心中不由得急劇翻騰起來。他想到他絕對不能失敗，他失敗了黃帝的道德之道就要頒行凡界。到那時就會蔓生出不盡的阪泉氏之亂這樣的禍亂，使得更多的凡人先在諸如阪泉氏作亂的禍亂中遭殃，然後又會像作亂的阪泉氏眾人一樣，身死在黃帝的道德之道之下！

　　這是他炎帝絕對容忍不得的，他要使他的仁德之道繼續行遍凡界，像過去一樣使凡界大治，讓眾凡人幸福安然地生活下去。為此他要取勝，他不能失敗在黃帝之手。炎帝於是身力陡生，心想再次突出殺手一招奪勝黃帝。

　　然而儘管炎帝身力陡生，卻也難勝身力正旺的黃帝。黃帝對他打去之棍左去左擋，右去右攔，炎帝如此又是交手數合仍是得手不得。眼見戰局仍是向著黃帝奪勝的方向發展，炎帝心中這時再也難以平靜，頓然焦急起來。

　　炎帝心急之中便顧不得了許多，無奈之中為保其仁德之道施行凡界大治，他倏然棄棍使出平時禁用的身藏法寶撥火杖，「颯」地打向

了黃帝。炎帝撥火杖使出突然，黃帝驟然反應不及，眼見那杖已劈頭打來不敢怠慢，用手中木棍一攔，木棍「叭」的一聲已被炎帝的撥火杖攔腰打斷，撥火杖又隨之徑向他頭上打來。

「啊呀！」黃帝見之驚得一聲大叫，隨著急忙一個「鷂子翻身」向後急滾，方纔躲過來杖。黃帝躲過此杖方纔知道炎帝使出了法寶，便也不再相讓，使出身藏法寶降龍杵，「颯」地一揮迎向了炎帝。就這樣，他二帝倏然間各自使出法寶，一仗撥火杖一揮降龍杵，更加險惡地鬥在了一處。

炎黃二帝的法寶皆比木棍厲害百倍，但見炎帝的撥火杖火光颯颯，濃煙滾滾，力重千鈞，誰擋誰死。黃帝的降龍杵電光閃閃，風聲呼呼，勢可摧山，誰攔誰亡。他二帝如此鬥在一處，真個是頓然間電閃火耀，風煙四起，險惡萬端。

炎帝突施法寶本想先出手一招奪勝黃帝，但他又如此一招未能擒住黃帝，而被黃帝使出法寶鬥來，便知再鬥自己也是難以取勝。為此心中一沉手腳一慢，頓然便由平手相交之勢轉入為敗勢。一時間但見轉為勝勢的黃帝越鬥越猛，炎帝則在黃帝的凌厲攻勢下只有招架之功，沒有了還擊之力，眼看著就要敗在黃帝手中。

「黃帝休得逞狂，看我等前來制勝於你！」跟隨炎帝前來的炎帝眾臣，特別是那善鬥的祝融、共工、蚩尤、刑天之輩，眼見此景心中大急，忍不住高聲喊叫著，就要殺上陣來。

「你等休得逞勇，有我等在此就輪不到你們！」黃帝的隨臣后土、力牧等見之，也立刻吼叫起來，就要迎向殺上前來的祝融之流。

正鬥的炎帝眼見此景心中又是頓然一急，因為他知道如果祝融之流與后土之輩，這樣為助他二帝之戰攻殺上來，就勢必要引起一場雙方之間的更大惡戰，造成眾多凡人的死亡。而這則是與他先前只擒囚

黃帝一個的動機完全相悖，而且也完全是與其仁德之道相悖的！為此他心急之中陡下決心，決計施用神功止住欲開之戰，並借之擒住剛才無以擒囚得住的黃帝。

炎帝決心既下，便不待祝融之流與后土之輩殺上場來。而倏然使動神功，揮手從空中招來熊熊大火，劈頭蓋腦向黃帝及其后土眾臣猛地燒了過去。黃帝正鬥無防，被這突來之火驟然燒得眼閉氣短，頭腦發懵只顧躲火無法再戰起來。

十一、炎帝凱旋

　　炎帝施此火功本僅打算燒向黃帝與其身後殺來眾臣，用以免除雙方一場惡戰，並借之擒住剛才擒其不得的黃帝。但由於其為太陽大神，其略施小功那大火便已生得遍地皆是，驟然間燒向了黃帝眾軍之中。

　　黃帝身為下凡星君凡體天神，尚且如此耐受不得這般火燒。其眾兵個個皆為凡體肉胎，當然就更加耐受不住如此火燒煙熏。因而一遇炎帝施來煙火，便頓然眼閉氣短，頭懵心驚。你呼我叫，東躲西撞，亂作一團。

　　黃帝眼見自己之兵如此被炎帝所布之火燒得亂作一團，自己也被大火燒得耐受不住無以再戰，心中害怕如此再怠下去必被炎帝擒獲，便不敢怠慢急忙向後逃奔。黃帝如此向後一逃，必然就要踏入與自己同樣被火燒得忍受不住的眾軍之中。其混亂眾兵這時皆被燒得眼睛閉著瞧不見東西，因而誰也瞧不見逃來的黃帝不給黃帝讓道。

　　黃帝如此踏入自己軍兵之中，便隨之也就陷入了極度混亂之境。一時間，只見他被東躲西撞的混亂軍兵撞得東倒西歪。眾軍兵對他前推後擁，使得他即刻間便失去了前後左右方向概念。不知道自己究竟是在往後潰逃，還是返向炎帝待處而去。

　　身處如此混亂之境，黃帝依舊不能睜眼看視，因而心中大急起來。他急自己如果再返向了炎帝待處，炎帝正好乘此自己無力防備之時擒住自己，把自己囚禁起來斷了其正行之道。那樣眾凡人就要為之遭殃，凡界就要大亂了！他擔心炎帝如此火燒眾兵造成混亂，正是為了擒拿自己設下的奇計。自己如此在混亂的眾軍之中胡奔亂撞，必被炎帝擒獲無疑！

　　然而黃帝如此焦急擔心無奈之中，卻突然想到自己竟然一時被大火完全燒懵了頭腦，忘記了炎帝有佈火之招自己則有播雨之功。後悔自己沒有早施播雨之功澆滅炎帝之火，避免此亂。但他心想至此方又明白自己剛才突被火燒，實在沒有施功之機。於是他不再怠慢，立刻忍住火燒的巨大痛楚施動神功，使高天之上驟然下起了傾盆大雨。

　　黃帝的傾盆大雨果然滅火有功，但見大雨剛下須臾，炎帝佈下的熊熊烈火便被澆滅了下去。其實黃帝播下的如此大雨，並無如此滅去炎帝所布大火之功。因為炎帝如果要除去此雨，只要把烈火燒得更旺，把太陽點得更烈，黃帝播下的大雨就會被燒蒸淨盡。黃帝因而根本不能用其播雨之功滅去炎帝之火。

　　黃帝之雨不能滅去卻又滅去了眼前炎帝所布之火，這完全是巧合的事情。炎帝剛才施用播火神功，並非要將黃帝眾兵燒死，那樣不符合其仁德之道，不稱其仁德之心。他施用此功，僅是為了在擒拿不住黃帝又要引發新的戰端，由此將要造成眾多凡人為之傷亡的無奈之時，採用的無奈救急之法。即先用此火止住欲要參戰的雙方臣子，避免迫在眉睫的一場大戰。與此同時或可借助此火，擒住剛才無法擒住的黃帝。

　　但那大火一燒，他便看到大火雖然止住了欲戰雙方臣子，卻出其預料地也把黃帝軍兵陷入了火海之中。燒得都耐受不住，一陣混亂就

要身死斃命。被燒得眼閉氣短耐受不住的黃帝，害怕這時被擒，也早已退入被燒得混亂軍兵之中不見了蹤影。

仁德的炎帝眼見此景不敢怠慢，暫且擒不住了黃帝他就不擒，反正已經止住了雙方的一場惡戰。於是他立刻收起神功，恰在黃帝播下大雨之時，熄滅了狂燒的烈焰。使得黃帝及其眾兵誤認為，是黃帝之雨澆滅了炎帝之火。

黃帝眾軍生出如此誤會尚且罷了，黃帝自己由此生出如此誤會，此後便會給他及其眾兵帶來慘重的後果。黃帝眾兵眼見黃帝播雨澆滅了炎帝之火，使他們脫出了被燒無奈之境，便一齊讚頌起了黃帝之功！

無奈他們剛叫一陣，便一個個身疼難耐叫起疼來。他們剛才全被火燒得皮傷肉綻，如此又被雨水一澆，這時當然生出了鑽心之疼！黃帝這時也身疼難耐，為此他不想與炎帝再戰。因為他也是仁德之帝，他與炎帝的不同只是所行治世之道的不同，並無其他利害之爭。

同時剛才他兄弟交鬥之時，他開始也並不想交鬥，而只是想讓哥哥停下爭鬥，雙方再作言說。末了見到如此行事不能，方纔決計鬥服哥哥，以再與其言講改行道德之道之事，但不料竟然釀成眼前如此大事！黃帝心境若此，唯恐再戰引起更大的戰端，帶來更慘的結局，便不在此停怠，即領眾軍離開涿鹿退向自己轄界而去。

黃帝引領眾軍退入自己轄地之後，眼見眾軍兵身疼難耐，加之他想再次趁此時機說動炎帝，使其認清阪泉氏之亂並非源於自己，而為其仁德之道孕育的必然結果。使其捐棄前嫌改行自己的道德之道，以解剛才交鬥之怨而共使凡界大治。

「我與炎帝晤面一次實為不易，而且如此時機，正是勸其改行道德之道的良機。」為此黃帝即令眾軍駐紮下來，對后土與力牧道，「因

而我決計不失此機，立刻獨自一個返回涿鹿前去說動炎帝。這裏的事情就交由你們處理了！」

「大帝怎可如此，」后土與力牧聽了黃帝此言，見其起身就要返向涿鹿而去，立刻雙雙上前阻止道，「切切不可前去！」

「臣下剛才看到炎帝鬥你之時，胸中懷有將你擒住以除去你道之心。」待到黃帝停了下來，力牧接著又言道，「大帝這時前去豈不正中炎帝下懷，等於自投羅網！」

「力牧所言極是。大帝如此前去，是定然回來不得的！」后土隨著勸言道，「若是如此，大帝就不僅勸說炎帝改行道德之道不成，相反就要使凡界絕去道德之道了！」

「二位如此就是多慮了！我當然知道我兄長懷有將我擒囚，以斷我道德之道之心。」黃帝這時則「哈哈」一笑道，「但剛才他鬥我不過，後其所施大火又被我播大雨澆滅，如此他剛才奈何我不得，此去他就能奈何得了我嗎？」

「不，大帝。先前歸先前，現在是現在！誰能知道炎帝身上是否還藏有未用之招呢？」后土聽了急言道，「再說剛才大帝遇到炎帝大火之時，也是被燒得耐受不住呀！」

「再說，一味害怕躲避，喪失勸說之機而不去勸說，又怎有使我兄長改行我道之時呢？」黃帝這時則對后土之言聞若未聞，繼續道，「因而你二位儘管放下心來，在此好生照看軍伍，我一定會給你們帶回佳音的！」

「后土說得對，大帝現在還是不去為上，以防不測為妙！失去現在一個講說時機，今後還會獲得更多時機的！」力牧這時繼續勸言道，「俗諺云，任何事情都不可操之過急。緩一緩，時間往往會解決人們解決不了難題的。」

「二位所言都對，但我認定我決定前去也對。剛才我耐受不住炎帝之火是實，但下次我若再見他施火，」黃帝聽到后土兩個仍是阻攔自己，便禁不住心中焦急起來即轉嚴肅道，「我就立刻播雨破他之火，就將平安無虞了！因而你二位儘管放心，我此去多加小心也就是了。」

「慢，大帝！據臣下心想，既然炎帝所行仁德之道是凡界孕亂之因，且其又固執不化，反誣大帝所行道德之道是凡界致亂之源，」力牧眼見他與后土勸說半天，仍然勸止不住就要離去的黃帝，又知他此去必然有去無回，因而心中一急，生出新的勸阻之法阻止黃帝道，「非欲擒囚大帝斷去道德之道而不可。我等豈不可以炎帝之道還治炎帝之身，將其擒囚起來斷其仁德之道，以保凡界太平呢！」

「大帝，力牧所言極是！依據先前情勢推斷，大帝如此身冒被擒之險前去勸說炎帝，」后土也是正在心急勸阻不住黃帝，又知黃帝此去難回，焦急中聽了力牧此言頓然心中一亮，隨即插上話來進一步出謀勸說道，「定然不僅不能成功還要身罹其害。就不如行剛才力牧所言之策，來他個以其之道還治其之身！」

「反正大帝身力神功皆可取勝炎帝，如此擒囚炎帝一個而使天下大治，既省力又不牽連眾人，豈不是上上之策！」力牧聽了，又隨后土之言勸說黃帝改行此謀道，「大帝，你就不要再去身歷險厄勸說固執的炎帝，而快拿擒囚炎帝之策吧！」

「不，我兄長可以那樣，我暫且決不那樣！為了凡界大治，」然而黃帝聽到這裏，不僅心思未變厘毫，而且心志彌堅開口否定起來道，「我雖然知道此去險多吉少，但我仍然決計冒險前去勸說炎帝，使其改行我之道德之道。」

「大帝，你……」后土見黃帝不聽勸說，心中焦急起來道。

「因為凡間的事情正如我兄長所說，心服方為誠服！如能說動我

兄長改行道德之道，由我輔佐他治理凡界，就會省去擒囚他一人和說服其他人的麻煩。」然而黃帝不等后土言說，繼續其言道，「使凡界大治於一統，豈不為治之最高境界！我前去決心已定，你倆不要再作勸說，好生在此照料，我去了！」

后土這時眼見黃帝前去心志已堅，說著又要前去，再說也難勸其回頭。心中隨之想到黃帝此去難回之後，凡界就要生出更多的禍亂，眾凡人就要遭受更多的禍亂之苦，無奈之時心思急轉決計自己代替黃帝前去道：「大帝，若你非去不可，就不若臣下代你先行前去！」

后土想以自己冒險保得黃帝不履險境，從而保得凡界安寧凡人幸福，故而如此勸說道。黃帝突聞后土此言，禁不住口中「喔「地叫了一聲，陡地止住前行的腳步，心動道：「你代我先行前去？」

「這個主意好！」正在無奈的力牧在旁看到了黃帝的心動，不等黃帝向下講說，立刻接言贊同道，「由后土代替大帝前去實為上策！」

「后土代我前去，有什麼好呢？」黃帝這時心思轉動，深究一步自語道，「不就是代我前去歷險嗎？」

「后土代你前去，主要有兩個好處。一是他既是炎帝的直系後代，也是你的旁系後代。」力牧立刻接言，講說如此行事的長處，以堅黃帝心志道，「他代你前去勸說炎帝，如同你去無異，並且說不定比你前去還好。」

「臣下說的也是。」黃帝這時心思轉了過來道，「這樣減少了對立，緩和了矛盾，話可以說了。」

「是的。二是你是大帝，炎帝要擒囚的是你，而不是他后土。因而即便后土說不動炎帝，炎帝也不會擒囚於他。」力牧繼續講說道，「這樣就可以由后土既代你前去勸說炎帝，又為你避開了風險，如此豈不是好！」

「大帝，力牧所言極是。我比你去好，」后土這時也急插言道，「就由我代你前去，勸說炎帝前輩吧！」

「是呀，后土前去當然是最佳人選，」黃帝這時仍是猶豫不決道，「但還是不若我親自前去為好。」

「大帝，我想你還是丟掉說動炎帝的幻想為好！你想，先前你兄弟即因道不同而分治凡界，」性格火急的力牧這時忍不住了道，「前時你又當面勸說於他不成反而生出激戰，如此你若第三次前去就能輕易說動於他嗎？前兩次不行，這第三次也絕對不行！」

「不要說得那麼絕對，」黃帝這時心中仍存幻想道，「這時才要拿出心誠石頭才能開花的精神來！」

「因而我勸大帝不僅先要丟掉如此幻想，而且還要做好以武力擒囚炎帝的準備。不然你兄弟之事了無竟時，凡界也就將永無寧日了！」力牧這時更加直言道，「所以你還是先讓后土代你前去為好，讓他前去看個究竟。若是仍然勸說不動，我們就只有採用炎帝之道還治炎帝之身，設法擒囚於他了！」

「大帝，力牧說得有理，」后土這時也是催促道，「大帝就照力牧說的去做吧！臣下這就代大帝去了。」

「後輩代我前去，」黃帝這時猶豫片刻，思慮后土與力牧所言確實有理，方纔同意后土前去道，「要向炎帝把我意表達清楚，速去速回！」

「請大帝放心，后土去了。」后土聞聽這才最終放下心來，即言一聲隨著離開黃帝眾人，前往涿鹿而去。

后土上路之後，由於心中對此去勸說炎帝吉凶難卜，加之身被火燒之後又被雨澆像眾軍兵一樣傷疼，真個是心愁身疼走得實在不易。如此行走半晌來到涿鹿地方尋到炎帝待處，炎帝不待其開口言說，便

對他厲聲喝斥起來道：「孽畜，你身為我的後代，舊日重臣，今日卻不從我為善，反從惡助惡為惡，你還有何面目前來見我？」

「前輩暫且不要如此斥責後輩，」后土眼見炎帝氣惱，但這是他預料之中的事兒，因而便開口說道，「但聽後輩對前輩講說。」

炎帝心中剛才想到后土這時歸來，可能是意識到了黃帝的道德之道為惡，通過這次事變警醒過來，故而歸來改從自己為善。為此禁不住心中一喜，但又抑不住心中的氣惱，口中說出了前番怒斥之言。這時聽到后土要對他講說，心想后土或許是要向他講說改悔之言，方纔壓抑住心中的高興，仍舊臉如嚴冰地允許后土講說道：「小子快講。」

「大帝，後輩此來不為別個，」后土聽了，立即開口道，「特為勸說前輩棄絕仁德之道，改行道德之道而來……」

「你……」正在抑住心中暗喜等待后土口出改悔之言的炎帝，突聞后土出言與自己的期待完全相反，立刻心中暗喜頓消怒火陡騰，氣惱得說不上了話來道，「你這孽畜……」

「大帝，過去你與黃帝互爭其道善惡，那時沒有事實作為佐證，只是空口相爭難辨分曉。」后土對炎帝氣惱視若未見，趁他說不上話來之機，急忙向下解說道，「而今阪泉氏之亂足可作為佐證，已經證實了一切。大帝應該從中看到仁德之道的弊端，改行道德之道了啊！」

「胡說！我道你這孽畜是改惡從善而來，想不到你竟然是以惡誣善而來！你這孽畜是沒有用了！」炎帝聽到這裏，真個是如鯁在喉，再也聽不下去怒叫起來道。說著，早已氣得呆怔在了那裏。

先前，炎帝眼見后土這個自己的直系後輩，頭腦聰慧行事慈善，而且辦事老成可靠得如同地上的厚土，曾對其疼愛有加。把他看作是自己的希望所在，並且用為心腹重臣。剛才他見后土單身歸來，又想著是他改悔來了，卻想不到他仍是前來勸說自己改行道德之道！先

前，他對離棄自己而改歸黃帝的后土只是失望，現在他的希望徹底破滅絕望了！

「大帝，不是後輩后土不孝順前輩，也不是後輩后土不遵從前輩，更不是後輩后土不崇敬前輩，而是昔日前輩殷殷教誨後輩要以凡界平安為己任，以凡人幸福為幸福。」后土則對炎帝氣呆不予理睬，而趁其不言繼續勸說道，「後輩后土正是從前輩這一教誨出發，並用之審視一切，看到了黃帝的道德之道為保障凡界平安凡人幸福之道。前輩的仁德之道，昔日為保障凡界平安凡人幸福之道，今日特別是後日鑒於世事之變，則將成為禍亂凡界之道，故而改行黃帝之道並來勸說前輩啊！」

氣呆的炎帝聽到這裏，更加氣惱得怒火陡騰萬丈。染霜的牛首被這怒火沖得直顫，口中不容后土再說一句怒吼起來道：「孽畜住嘴，少再胡說八道黃帝那一套！」

炎帝當然不容后土再作勸說，因為他壓根兒就容忍不得黃帝的道德之道。現在他已因道不相同，為擒囚黃帝與之拉開了戰幕，又豈能容忍后土在其耳邊再去講說道德之道的好，自己之道為邪惡之道！

為此他容忍不得，不容后土再說一句，而接著趕走后土道：「今日你這孽畜既然恰好為黃帝派遣而來，我現在就放孽畜給黃帝捎回信去。你對他講，他若不棄惡從善，為了凡界平安凡人幸福，我就非把他擒囚斷去惡源不可！若他明智，就讓他快快棄惡從善。若他不改，就讓他速來就擒，免得我再費手腳，使凡界不安凡人遭難。滾吧，快傳信去吧。」

后土這時替代黃帝前來，肩負著代替黃帝說動炎帝改行道德之道，以免去他兄弟之爭，避去他兄弟之戰，為凡界凡人除去禍亂的山一般沉重責任。這時他見到自己剛說數句，炎帝果如其料不容自己講

說。自己無以講說，便無法說動炎帝之心，不能實現黃帝如此夙願，完成自己代替黃帝前來的重任，心中因而焦急到了極點！

焦急之中，后土擔心自己如此無功歸去，黃帝聞知依如先前非要自己前來勸說炎帝不可，使得黃帝身歷遭囚之險，就要難免凡界大亂凡人罹難。為此他顧不得了自己，立即「撲通」一聲跪倒在 地，撲倒在趕他離去的炎帝面前再求道：「前輩，後輩有話要對您說，您要早日斷清二道孰是孰非呀！」

「滾，不滾再說，」炎帝眼見后土此狀耳聽其言，心中更是惱怒難抑道，「我就著人把你打了出去！」

「前輩，黃帝與後輩一片苦心，決不是為了自己，而是與前輩一樣為了凡界凡人，」后土眼見自己實在沒有了再對炎帝講說的時機，想到肩上的重任，更是急得禁不住聲淚俱下道，「前輩要體察黃帝與後輩的一片苦心啊！如若不然，前輩屆時將會後悔不及呀！」

「打，給我打了出去！」炎帝聽到這裏，更是惱得怒眉倒豎下令道。待在炎帝身旁的蚩尤眾人早已氣惱至極，聽到炎帝此令即出手把后土一陣打了出去。

后土如此勸說炎帝無功，又被炎帝趕了出來，真個是頓然陷入了進退無奈之境。如果他就此歸去稟報黃帝，天知道黃帝不會再來勸說炎帝。如果他不返回去，卻也勸說炎帝已經無門了呀！

后土從小跟隨炎黃二帝長大成人，炎黃二帝皆為大慈大德之帝，俗言近朱者赤近墨者黑。從小生性慈善的他加上二帝的薰陶，也養成了以慈以德為本的性格。因而面對此境，他怎能不為凡界凡人擔心，陷進了進退兩難之境啊！

陷入如此境地的后土踟躕再三，末了雖知他每走一步，都關乎到凡界凡人的禍亂臨近一分，但是勸說炎帝無門只有返了回去的他，也

只有心中承受著巨大的折磨，邁開沉重如山的腳步，一步步返向黃帝居地，向其稟報實情而來。

后土隨後走啊走呀，他知道自己步子的分量想停下來不走了。但他又知道黃帝在急等著他的回報，他不走也是不行。所以他只有心重如石，腳重如山地向黃帝待處返去。

后土隨後也不知道走了多長時候，末了終於來到了等待他的黃帝眾人面前。黃帝眼見歸來的后土心情這般沉重，便已察知了其此去無功。遂開口對之道：「後輩不必這樣心苦，看來我兄長是鐵了心了。僅靠言辭是勸不回其心的，我等現在只有反以其道還治其身了！」

「大帝所言極是，舍此別無良策了！」后土聞聽黃帝此言，方纔從沉重的心情中解脫出來，綻開了緊鎖的眉頭。因為黃帝沒有再說他親自前去勸說炎帝，后土為凡界凡人懸著的心方纔為此放了下來，忙開口道。隨著，便把自己此去勸說炎帝的前前後後，氣惱地向黃帝講說了一遍。

「好了，不講他炎帝這麼多了。先前我還心想後輩此去如果勸說不成，我再親自前去一遭。」黃帝聽完后土講說，「唉」地慨歎一聲道，「但是後來我想通了，我兄長是任憑誰個也勸說不動的！而且弄得不好，我親自前去還正如你們所說，反會被我兄長擒囚起來。」

「是呀。若到那時，我們就不僅無以勸說炎帝改行其道，」后土這時聞聽黃帝思想回歸了正常，隨著急忙接言道，「而且還喪失了道德之道。凡界大亂凡人遭難的日子，就指日可待了！」

「因而為了凡界平安凡人幸福，我不去勸說了。」黃帝這時繼續講說自己之想道，「我們只有以炎帝之道還治炎帝之身，前去擒囚炎帝一個，以免凡界之亂凡人之難了！」

「我等此去只能成功不能失敗！」后土聽到這裏，即為黃帝出兵

之想出謀道，「因為只有成功，才能為凡界免亂為凡人避難。大帝要三思呀！」

「是呀，你走之後，我與力牧已經合計多時了！」黃帝隨之道，「為了一舉擒獲炎帝，我已命人前去居地，將風后及剩餘軍兵全部帶來。待到他們來到，我們就立即前去擒拿炎帝。」

「好。但我想若要擒獲炎帝，僅靠兵多仍然不能取勝。」后土為了一舉奪勝炎帝，這時即對黃帝講說其心中之想道，「只有施計，方可保證奪勝萬無一失。對此，大帝可有熟慮嗎？」

「後輩所言極是，我與力牧已經合計過了奪勝之計。就是屆時我們以百乘戰車盡數軍兵，從四面合圍涿鹿，一舉將我兄長眾人圍在正中。」黃帝這時即對后土講說下步行動部署道，「在此之時，我先施神功播降大雨，使其火攻我等不成。我再奮力與戰，使其退走不得。讓其施火攻殺不成，戰又鬥不過我，只有束手被我所擒。」

「如此甚好！」后土聽了一陣讚叫。隨後便與黃帝一起，等待起了風后引領軍兵來到。他眾人此後一連等待兩日，沒有等來風后軍兵，卻在第三日等來哨探稟報道：「陛下，炎帝一行百人，就要來到了。」

「啊！」黃帝聞稟一詫道，「他來做甚？」

原來，炎帝前時出手惡戰一場，沒能擒住黃帝心事未了。這幾日所以沒有行動，是想假以時日，等待敗戰的黃帝知錯改弦，前來向自己認錯放棄其道德之道，遣散其集來軍兵，送來軍兵首領。

但不料他需要的結果沒有等到，卻等來了后土代替黃帝要其放棄仁德之道，改行道德之道。為此他心中大為氣惱，在命人打走后土之後稍待，這日便帶領子孫隨從眾人，徑直奔到黃帝在處，再次擒拿黃帝而來。

炎帝一行行走疾急，不等黃帝眾人弄清根由，他們已經來到了黃帝近前。黃帝這時也不怠慢，急率眾臣隨從迎上前去。心想借此送上門來的時機，再說炎帝改行自己道德之道。

「軒轅小子，你知錯了嗎？」然而黃帝眾人剛與炎帝眾人迎個對面，不待黃帝開口，已聽炎帝怒叫道，「若你願意改錯，為兄便不再擒拿於你。如若不然，就怪不得為兄了！」

「兄長，」黃帝這時也不焦急，欲對炎帝講說道，「你聽我說……」

「你說什麼？」炎帝這時氣惱道，「你捨棄道德之道嗎？快講！」

「不，」黃帝立即接言道，「我勸為兄改行道德之道。」

「你……」炎帝聞聽，已是被氣惱得說不出話來。

「兄長試想，若是沒有風后、力牧之軍，豈能除去阪泉之亂救得兄長性命，又豈能做到殺一儆百震懾惡人！」黃帝借機急言道，「兄長，小弟道德之道並非肆意濫殺，而是偶殺罪大惡人，做到殺一儆百震懾惡人，保證天下大治！仁德之道與道德之道目標同一，孰是孰非，已是不言自明瞭！」

「你仍是邪惡不改，」炎帝這時氣惱難息，仍是開口怒叫道，「一派胡言！」

「兄長，你若仍是不識世事之變，不依世事變易而改變自己的治世之道，天下不治就是必然的了。」黃帝這時依舊坦誠相勸道，「因而願兄長看清世事之變，改行道德之道，我兄弟共治天下太平保障凡人幸福！」

「若如此，你就怪不得為兄擒拿於你了！」氣惱的炎帝這時知道再對黃帝講說也是無用，因而他也不再多言，說著即出手再次拿向了面前的黃帝。

黃帝當然這時也見到自己再說也是無用，無奈只有出手迎向了

打來的炎帝。心中想著趁此時機反將炎帝擒囚，以在天下廣頒道德之道。就這樣，他二帝眨眼又是鬥在了一處。一時間只見炎帝心中氣惱，招招打向黃帝要害，非擒黃帝而不可。黃帝也寸步不讓，式式鬥向炎帝險處，欲要制勝炎帝求得全勝。因而這是一場真殺惡鬥，轉眼已殺得風聲呼呼，塵煙四起。

然而他二帝這邊只顧如此惡鬥，卻不知道那邊由於風后引領逾千軍兵來到，后土聞之也無法向黃帝稟報，即令風后與力牧領兵向炎帝眾人攻殺上來。黃帝正鬥之中目睹此景，見到炎帝眾人必敗，自己已經穩操勝券，因而慈善的心中不想再施武功，僅想讓炎帝認清情勢自己束手就擒。為此，他欲要再說炎帝而奪勝。

「兄長，為了我兄弟二人共同的目標，即為保凡界平安凡人幸福，」黃帝這時講說道，「小弟現在以兄長之道還治兄長之身。就請兄長認清情勢束手就擒，免我兄弟再動手腳傷了和氣吧！」

「惡孽軒轅，我說你的道德之道為凡界萬惡之源，你非要與我一爭高低，不僅自己多次與我爭辯，而且還派孽畜后土前去與我辯說！」炎帝這時正鬥中突見黃帝軍兵殺來，對黃帝突施此舉更惱萬分。又聞黃帝口出此言，真個是心中怒火陡騰萬丈，忍不住開口怒叫道，「但是事實勝於雄辯，那阪泉氏之亂是因你的道德之道引起，這不你又集來如此兩千軍兵作亂於我，你這道德之道不是萬惡之源還有何說？你叫我束手就擒於你，你這是妄想！」

「哥哥既然如此不識情勢，不察小弟如此一片仁德之心，非要小弟動手不可，那就莫怪小弟了！」黃帝聽到這裏，也忍不住了道。如此言畢，他便立刻率先施法播起了大雨，以防炎帝火攻自己及其殺來軍兵。因為這時他還誤以為，炎帝之火不能燒乾其所播之雨。隨著又立刻使起法寶降龍杵，「颯」地向炎帝打了過去。

161

「軒轅，你想擒囚住我，使你肆意逞惡於凡界嗎？告訴你軒轅，你這只能是癡心妄想！」炎帝見之心中更惱，但氣惱的他卻開口「哈哈」一陣長笑道。隨著，便在大雨中揮起法寶撥火杖，迎住黃帝打來的降龍杵，與之你來我往鬥在了一起。

這時，鬥場上真個是風吼雨傾，交織著炎黃二帝的奮力酣戰，險惡無比。黃帝本來只是想讓自己之軍纏住炎帝隨從眾人廝殺，給自己騰出空檔讓自己擒獲炎帝。但豈耐今日他二帝交起手來齊使氣力，不像上次炎帝惡鬥多時使盡了氣力為黃帝所乘，所以打鬥多時黃帝也只能與炎帝鬥個平手，硬是無論如何也擒拿不住炎帝。

黃帝眼見自己如此再鬥下去，也難有擒住炎帝的希望，心中一急便發令麾動殺來眾兵，一齊向前攻殺上來。他想以此擾亂炎帝之心，趁亂一舉擒住炎帝。炎帝眼見此景心中更惱，邊鬥邊開口怒斥黃帝道：「軒轅小子，瞧見了吧！你不僅自己一人逞惡，又引來了這兩千軍兵一齊逞惡。現在如果不制勝於你除去你這惡源，將來還不知道要使凡界亂到何種地步！」

「誰是惡源我已講清，」黃帝這時針鋒相對道，「你就束手受擒吧！」

「你是妄想！為了凡界平安凡人幸福，我今日就容不得你等了！」炎帝更不相讓道。說著，只見他一陣使動撥火杖擋開黃帝打來的降龍杵，已是施動法術引來了漫天大火。結果大出黃帝眾人的預料，其所布之火陡地便已燒盡了黃帝播布之雨，燒得黃帝與其眾兵一陣亂叫起來。

黃帝正攻軍兵抵擋不住如此大火，又被燒得齊叫著往後潰去。潰逃之中，他們全被燒得眼閉氣短，前行不能看視清楚，因而在大火中只能是胡沖亂撞起來。由此使得他們在胡闖亂撞中你踐我踏，頓然間

便已是死傷無數。還有黃帝剛剛打造出的攻戰利器百乘戰車，初上戰場尚未與戰，便已全被大火燒毀。黃帝當然也被燒得睜不開了眼睛，但他知道自己再戰必被炎帝擒住，為此急棄戰在眾臣子的護衛下，匆匆奔逃而去。

憤怒的炎帝隨後追趕逃跑的黃帝一陣，眼見追趕不上擒獲不住，又見黃帝所率眾兵皆已被燒潰敗，仁慈的他心中不忍再燒黃帝敗逃眾兵，便急忙施法熄滅了布下的大火，方纔保得了黃帝眾人性命。

然而炎帝收熄大火之後一看，仍見鬥場地面之上，不僅遺下了燒殘的黃帝軍兵棄下的眾多戰車，而且佈滿了燒死踏死的無數軍兵。其慘烈之象，實在令人目不忍睹！炎帝見之心痛萬分，更加忍不住心中氣惱，開口大叫起來道：「軒轅小兒，你真個是作孽至極也！」

十二、一統凡界

　　黃帝再戰又敗，逃奔一陣不見炎帝眾人追來，方纔停下腳步，等
待收拾敗逃眾兵。然而他等啊等呀，整整等了半天，方纔等回來了一
半的軍兵。這一半軍兵不僅各帶傷殘，而且其苦心創制的百輛戰車，
也全部毀棄在了戰場之上。

　　目睹此景，戰敗的黃帝真個是心痛到了極點，也苦愁到了極點。
他心痛自己苦心營建的這支軍隊眨眼已被毀去過半，他心苦自己所播
之雨本可澆熄炎帝之火，今日不知為何其雨卻反被其火燒乾！如此自
己之雨不能戰勝炎帝之火，以後就不能擒住炎帝，那樣就難保自己的
道德之道頒行凡界，也就難保凡界永遠平安凡人永遠幸福了。為此他
愁自己既已兩戰皆敗於炎帝，再戰已無取勝之法了。

　　苦愁之中，無奈的黃帝心中突然想起了王母娘娘在橋山臨別之
時，對他講說的讓他有難之時，可以西去昆侖尋她的話語。想到這裏
黃帝頓然心中一亮，綻開了四張龍顏上緊鎖的四雙眼眉。然而那四雙
眼眉剛一綻開，便隨著又立刻鎖在了一起。

　　他隨著想到自己此難非為別個，這是自己去與炎帝爭戰，炎帝
也是天上的天神，王母娘娘雖然肯定了自己的道德之道，但這時是否
會幫助自己擒囚炎帝，就難以講說了！自己若是去向王母娘娘講說，

她如果不僅不幫助自己，而且又阻止自己，自己不就陷入更加欲進不能，欲退不可的更難境地了嗎！那樣，凡界平安凡人幸福不就將難以確保，凡界禍亂凡人苦難不就要在自己眼睜睜中到來了嗎！為此他又鎖起了眉頭，陷入了苦愁無奈之中。

「我等兩戰皆敗於炎帝，再戰已無取勝之能，這可如何是好？」置身此境，黃帝無奈只有求問於后土眾臣道，「我道不行，凡界必亂凡人遭殃，我等怎能忍心！你等快快開動腦筋，想想有何妙法奪勝炎帝，擒囚於他。」

黃帝尚無良法，后土、風后與力牧三個當然更無良謀。但他們眼見黃帝心中焦愁至此，聽了其言雖然一時無法，卻也都立刻投入了思謀良策之中。黃帝四個隨後思啊想呀，在思想中轉眼已是過去了半個時辰。但他四人卻依舊無人一言，因為誰也沒有想出良謀。

「蒼天，玉皇大帝，難道我軒轅的道德之道真為邪惡之道，神農的仁弱之道為仁德之道，我道必敗他道必勝嗎？然而據我軒轅所見，則我道為除惡揚善之道，他道為孕惡抑善之道呀！」黃帝見之更加無奈，禁不住仰對蒼天嘯叫道，「我道不行凡界必亂，我道頒行凡界必治呀！再說，王母娘娘也已肯定了我之道德之道，為治世之正道啊！蒼天，玉皇大帝，你們要明察呀！這是關係到凡界治亂、凡人禍福的大事啊！」

「大帝不要如此言說，大帝不必如此心地頹喪！大帝豈不聞知，凡界一事成就都要經受磨難，或經苦中苦，或歷難中難嗎！」后土眼見黃帝如此無奈至極，忍不住開口對其言道，「一件微乎其微的小事若要成就尚須如此，何況大帝要頒行道德之道於凡界！因而大帝要迎難而上，知難而進。一時沒有辦法，只要我們開動腦筋，凡界就沒有絕人之路，我想是一定會有辦法的！」

「后土說得對！大功告成，歷經九難。一道頒行，豈會輕易！」風后聞聽，也立即接上話來道，「大帝，我們一定會有辦法可想的，眼下只不過是我們還沒有想出來罷了！」

「諸位說得都對，此理我軒轅也懂。但只是我等兩戰皆敗，再戰沒有取勝的妙法，又怎有讓道德之道頒行凡界的方法呢！」黃帝聽到這裏，苦愁的心境仍難解去道，「有道是天不絕人，人方有路。天若絕人，人乃無方。天知道我道是否合天之意，天是絕我道德之道，還是行我道德之道呢？」

「我道定然合乎天意！如若不然，王母娘娘豈會肯定我之道德之道。」風后聽到這裏略一沉思，心中想出一法開口對黃帝道，「大帝苦愁疑慮若此，我等占卜一卦做個判斷如何？」

「好吧，」黃帝這時心中沉重道，「那就由你占卜一卦，看看天意吧！」

風后聞命，立刻取來龜蓋蓍草等一應占卜之物，然後與黃帝、后土、力牧祭天祀地，虔心開始了占卜。但見在黃帝、后土與力牧的頂禮膜拜之中，風后虔心靜意地反復變化手中蓍草。歷經二九一十八變，占得一個鼎卦之象。按照伏羲爺對此鼎卦卦象的解意，為「鼎折足」。

風后占得此卦頓然大驚，呆在那裏不敢言說了。正在祈求好卦的黃帝三人眼見此景，不知求占的風后呆怔那裏是喜是憂，全都不敢打擾，唯恐占得不吉之卦，所以也都望著呆怔的風后呆愣起來。

時間在黃帝眾人愣怔中過去許久，占得不吉之卦的風后方纔驚醒過來。他當然不敢隱瞞占得卦象，開口對呆望於他的黃帝實言道：「大帝，方纔臣下占得鼎卦之象。」

「啊！」黃帝精通八卦占卜之學，聽了風后此言，頓然驚得四張

口中齊出一聲失禁之言，重又愣怔在了那裏。

「鼎折足」的卦意是說，鼎的足折斷了，這就意謂著事不能行了啊！結合他們此次占卜求問其道可行否，不就正說明黃帝的道德之道恰如折足之鼎，不能頒行凡界了嘛！黃帝之道不能頒行凡界，炎帝之道就要繼續頒行凡界。那樣凡界不久就要大亂，凡人隨之就要遭殃了呀！這怎麼成呢？

天意不讓他黃帝之道頒行凡界，他又該用什麼方法去拯救凡界凡人呢？再說，如果其道真的為不合天意之道，王母娘娘為何肯定於它呢？難道王母娘娘的肯定，也不可相信嗎？呆怔中的黃帝，就這樣心中倒海翻江般地急劇翻湧著。

正在黃帝如此越思越想心中越加苦愁之時，卻聽力牧突然「哈哈」一陣笑了起來。苦愁的黃帝對力牧的笑聲大為不解，心中頓然湧起一陣氣惱訓斥道：「你為何不知愁苦，反倒笑了起來？我道之行不合天意，你難道為之高興嗎？」

「我說大帝不必愁苦若此，」力牧聞聽止住笑聲道，「此卦正占得我道之行也！」

「啊！」黃帝聽聞驟然一驚道，「卦意明明是鼎折足我道不行，你怎麼反說正占得我道之行？」

「大帝，你怎麼不想想，鼎若是折去了足，其形狀不是就像舟船了嗎？」力牧又是一陣「哈哈」笑言道，「若以鼎謂道，則此卦不就正好占得，我道將頒行於凡界嗎？也可能正是因此，王母娘娘才肯定了大帝之道啊！」

「大帝，力牧此解甚是，」黃帝聽罷力牧此解正在沉吟，后土在旁心中一明接言道，「我道必將頒行於凡界！」

「只是他這個解卦之法，」黃帝依舊沉吟心疑道，「是否真合鼎

卦之意呢？」

「我的解卦方法定然合乎天意，大帝可以走著去瞧！再說如果不合那也沒有什麼，因為就這些枯骨死草知道天意，而我輩活人反要受制於這些枯骨死草嗎？」勇武急火的力牧這時見到黃帝仍然心疑，便在旁忍不住了道。說著，他竟氣惱地走近神案，一把將案上的龜殼著草揮到地上，憤憤地用腳踏踩起來。

「大帝，俗話說事在人為，人不為則事不成，我等豈能聽任枯骨死草的擺佈！」黃帝眼見此景，心中一時間也頓然不知是攔好，還是任憑力牧如此作為好，猶疑在了那裏，黃帝如此一陣猶疑，力牧則早將龜殼著草踩了個粉碎，方纔立定腳步對黃帝大聲言說道，「再說，天有天道，人有人道。我行人道，天道何干！大帝，我們還是快想辦法，去使我們的道德之道頒行於凡界吧！」

黃帝聽到這裏，方纔「唉」地慨歎一聲道：「可是，我們不是沒有辦法可想，人為不成了嗎？」

聞聽此言，力牧方纔又與黃帝眾人一起，重又陷入了無奈之中。然而就在這時，一隻兇猛的巨雕突然「颯」地飛到正在無奈的黃帝眾人面前，開口對黃帝人言起來道：「大帝莫愁，我等凡界飛禽皆願歸心於道德之道，特派小禽前來躬聆大帝差遣。」

「噢，」黃帝見之詫異道，「你能幫我做甚？」

「若是大帝一聲令下，我巨雕即可統領凡界飛禽，為大帝軍伍之旌旗。」巨雕立即接言道，「任憑大帝指哪，我等便揮向哪裏。大帝，你就號令吧！」

黃帝聽罷巨雕此言，心中先是一詫轉而便是一喜。他心喜這眾禽選派巨雕前來言表歸心自己，則說明自己的道德之道不僅深得凡人之心，而且深得飛禽擁護。是凡界之正道，因而先前就得到王母娘娘的

肯定。

　　然而他正要答允巨雕之言，但旋即卻又心喜頓消，心想起了巨雕為兇猛之禽的代表，凶禽前來歸心，是否自己的道德之道真的錯了呢？想到這裏，他禁不住心中陡又一沉，沒有說出就要出口的答允巨雕之言，心中重又陷入了沉思。

　　就在這時，一隻兇猛的斑斕大虎挾裏著「颯然」一陣風響，又奇異地撲倒在黃帝面前，口吐人言道：「大帝莫愁，我等凡界獸類與眾禽一樣，盡皆歸心於大帝的道德之道，此刻特派小獸來躬聆大帝差遣。」

　　「啊！」黃帝這時更是驚得叫出聲來道，「你又來做甚？」

　　「若是大帝一聲令下，我虎王即可統領凡界眾獸，為大帝軍伍前鋒。」

　　「你們……」黃帝甚為不解這是為何，頓然間不解得說不出了話來道。

　　「任憑大帝指哪，我等便沖向哪裏！」虎王不待黃帝言說，接著道，「大帝，你就號令吧！」

　　正在因為凶禽來歸，而心疑自己之道是否為凡界正道的黃帝，這時又見猛獸驟然來歸，真個是心中頓然懷疑到了極點！凶禽和猛獸，都是凡界邪惡的象徵，而今它們都自覺主動地歸心在了自己的道德旗幟之下呀！

　　俗話說，物以類聚，人以群分。它們如此歸心，難道真是證明了自己的道德之道為邪惡之道嗎？如若不然，邪惡的它們，怎麼歸心在了自己的道德之道旗幟之下呢！

　　等待著黃帝回答的巨雕和虎王看出了黃帝的猶疑，但它們沒有想到黃帝在想如此心事，而以為黃帝是見它倆只有一雕一虎不夠使用，

所以仍舊苦愁不解。便雙方一起開口道：「大帝不必犯愁，我等雖然僅來一雕一虎，但我們是凡界眾禽諸獸的首領。我等身後有鷹、隼、鳶、鷦眾多飛禽，有虎、豹、豺、狼、熊、獅眾多猛獸啊！」

「這一切我都知道。」黃帝這時心煩道，「但正因為如此，你們禽獸不是要把我軒轅推上絕路嗎？」

「不，大帝！」雕虎禽獸沒有明白黃帝心思，這時見其仍無收留它們之意，已不耐煩起來道，「我等聚集起來，是可以無堅不摧，攻無不克的呀！」

「你們……」黃帝本要講說「你們不要逼我」，但話到嘴邊又覺不妥，僅僅說出了兩字便收住了口。

雕虎不得黃帝收留，仍是不解黃帝之意，又以為是黃帝擔心炎帝的神功厲害，自己尚且不是對手何況它們禽獸。因而又立刻接言對黃帝道：「大帝，我們禽獸比人兇猛十倍，因而是一定可以助力大帝，使道德之道頒行凡界的！」

黃帝聽到這裏，心中則更是拿不定了主意。因為他與炎帝畢竟是一母同胞，皮不親肉親，肉不親骨親啊！他怎能麾動凡界禽獸，去向一母同胞的炎帝攻殺呢？再說，他兄弟之爭並非為了爭奪凡界，而是為了更好地大治凡界，造福於凡人呀！他們的道雖不同並因此而爭，但他們的目標卻是一個呀！

為此他又怎能麾動凡界禽獸，去向目標與自己一致的炎帝攻殺呢？而且，那攻殺本身即為邪惡之事，自己再以邪惡的禽獸去施邪惡的攻殺，不就是真正地去行邪惡了嗎？想到這裏，他的心中真個是更加猶疑到了極點，對面前的雕虎無以回答起來。

「大帝，請你寬恕臣下力牧之言冒昧，臣下覺得大帝此刻心中如此猶疑，」力牧在旁看到了黃帝的苦衷，靈機一轉開口道，「則是因

為對你二帝之戰的性質認識不清所致。」

「啊！」黃帝驟聞力牧此言，心中一詫開口道，「力牧快講，我對我兄弟之戰的性質有何認識不清？」

「據臣下心想，凡戰皆有兩重性質。大帝試想，一個戰者若是為惡而戰，其戰當為惡戰。但若一個戰者是為除惡揚善而戰，其戰不就當為善戰了嘛！」力牧於是講說道，「而且對於惡者，不用邪惡的爭戰去除不掉，他就要繼續揚惡欺善。這時就又非用邪惡的爭戰去除邪惡不成，這必用的爭戰又怎能不是善戰呢？」

「嗯，臣下言之有理！」黃帝這時開口贊同道，「把你想的講完。」

「所以大帝不能一味只講爭戰的邪惡，而應該看清爭戰的性質。」力牧這時繼續道，「若是看清楚了，大帝使用歸心的禽獸，還有什麼猶疑呢！」

「大帝，力牧所言是呀！炎帝的仁德之道將孕生出凡界之亂凡人禍殃，它就是邪惡之源。」幹練的風后聽到這裏，這時也心中豁然明朗起來道，「我們雖用邪惡的爭戰去除凡界邪惡之源，我們所用的邪惡爭戰就是善戰啊！爭戰本身雖是邪惡的，是該反對的，但善戰又是非用不可的呀！」

「我的頭腦全被骨肉親情攪迷糊了，怎麼就忘記了分辨爭戰的兩重性質呢！昔日，仙人廣成子就曾對我說過，在效法天道無為而治之時，」黃帝聽到這裏，心中也終於從迷亂中理出了頭緒，清醒過來道，「也不絕對排除使用武威治世。也可以佐以兵事，以除違背天道之惡，以保天道實行。他這話說的，就正包含有這樣的意思呀！」

「大帝，為了凡界平安凡人幸福，」老成持重的后土，這時也忍不住插言道，「你就快對禽獸發號施令，藉以擒囚炎帝吧！」

「好，舍此我等也暫無他途了！」黃帝這時堅定起來道。說著他

話鋒一轉，即對巨雕猛虎道，「雕虎聽令：你等快去，各自招來一千禽獸，以待大帝號令！」

「遵命！」巨雕與猛虎聞令，齊答一聲立刻雙方召集禽獸而去。眼見巨雕與猛虎去了，黃帝卻又沉吟道：「一千凶禽一千猛獸，加在一起實可謂鋪天蓋地銳不可擋了！」

「是的。」風后這時贊言道「堪比四千軍兵，有過之而無不及也！」

「但我只是擔心，它們集來為烏合之眾，惡性難改，不遵號令。」黃帝則繼續講說自己的憂慮道，「一旦亂行起來就將號令不止，勢如洪水猛獸。屆時就除惡沒有行惡多，違背我等之意了。這可如何是好啊！」

「大帝不必為此犯愁，你只管把集來禽獸交付臣下，」力牧不待黃帝話語落音，已是耐不住了性子道，「臣下管保你令行禁止，絕不生誤！」

「禽獸不如凡人，凡人令行禁止，」黃帝這時仍然不知力牧根底，因而聽聞其言不相信道，「禽獸怎會如此？臣下身懷何能，竟敢誇下如此海口？」

「原來大帝尚且不知，力牧不僅有訓練人組軍伍之能，而且還有訓練各種物什組成的軍伍之奇能啊！」風后這時則對黃帝一笑道，「別說飛禽走獸組成的軍伍，就是草木山石經過他的訓練，也會陡起殺聲的！」

「力牧，這是真的嗎？」黃帝這時驚詫道，「你好會保密啊，竟然讓我至今不知，你為什麼不早對我講說！」

「臣下這點雕蟲小技，怎敢在大帝面前賣弄！不值一提，不值一提！請大帝見諒了！」力牧這時則對黃帝粲然一笑道，「大帝儘管把兩千禽獸交給臣下，放心也就是了！」

「識人真不易也，特別是真人！」黃帝這時慨歎道。言畢，即把訓練禽獸的任務交給了力牧。力牧剛剛擔起此任，巨雕與猛虎便已集齊兩千禽獸返了回來。力牧見之心喜，遂立刻編組訓練起了這支禽獸組成的奇異隊伍。

力牧雖然性格急躁，但卻是一位心思細密之人。而且他生性謙虛，從來不在人前顯露真形。因而他雖然已經跟隨黃帝數十載，黃帝卻連其身懷之能，也竟然不盡察知。

力牧實在是一位天生的將才，他正如風后所說不僅可以將人，而且可以將領凡界一切物什組成的隊伍。將領禽獸對於他來說當然就更是不在話下，因為他精通禽言獸語，正好可對禽獸之軍發號施令。

風后知道力牧懂得禽言獸語，還是在不久前的一次災厄之中。那時風后獨自外出，在一道山谷中突然受到一群惡獸襲擊。風后奮力抵抗，但終因寡不敵眾，很快便陷入了絕境之中。

恰在這時，他突然看到力牧引領一隊快騎，風馳電掣般趕來，驅散了惡獸，救下了自己性命。風后深謝力牧救助之恩，並詢問力牧怎麼來得這麼及時湊巧。

「我聽聞從頭頂飛過的一群飛鳥言說，」力牧無意道，「你在此處身遇急難，便急忙趕了過來。」

風后聽後大為奇異，忙又詢問力牧除懂鳥語之外，是否還懂得別的語言。力牧這才察覺自己一語洩密，無奈說出了自己還懂得獸語。

力牧由於懂得禽言獸語，所以兩千禽獸交到他的手中，他一陣言說，便編組好了這支剛剛集合起來的禽獸隊伍。隨後他便發號施令，訓練起了這支禽獸隊伍。剛剛訓過一個時辰，這支烏合起來的禽獸隊伍，已經成了有令則行、無令即止的令行禁止之軍。

黃帝在旁看在眼裡，喜在心頭。特別是看到眾禽獸被力牧分類編

隊，獸陣為底禽類棲於獸身之上，向前共作進攻的無敵陣勢，更是喜難自抑。口中連贊力牧道：「好，就這麼訓練。再練一日，我等就去擒囚炎帝！」

黃帝如此話音剛落，卻見一隊兵丁押著炎帝苗裔重臣蚩尤走上前來。蚩尤生得人身牛首，四目六手。手像虎爪，掌有威文。首為銅頭，其上生一堅利的獨角。耳邊毛髮豎如箭簇，鐵額石項，獰猛無比。

黃帝當然認識蚩尤，知道他不僅生相獰猛無比，而且搏沙為飯，以石作糧。除有飛空走險之異能，還有呼風喚雨、興雲作霧之奇功。是一個生性好戰、善戰的勇武狡猛之人。正因為蚩尤生有一身異相懷有一身異能，炎帝故而把他用為重臣，侍候在身邊。

知道若此，黃帝對蚩尤突被自己軍兵押到不解何故，便等待蚩尤押到問個究竟。他想到蚩尤身為炎帝重臣，值此自己與炎帝兩戰皆敗之時突然來到，定然不是無緣而來。如果除去其負炎帝之命勸降自己而來，其就將是前來歸心於自己了。

但他又不解蚩尤即使因為上述緣由而來，也都應該自己坦蕩走來，而不應該被自己軍兵押解而來。自己軍兵又是怎樣得以將這獰猛善戰且又狡點無比的蚩尤順從押解而來的呢？

「啟稟大帝，蚩尤窺看我禽獸軍陣，被我等擒住。」黃帝不解若此剛待須臾，眾兵已押蚩尤來到其面前，稟報道，「他說他是奉了炎帝之命，前來拜見大帝。故而，我等把他押了過來。」

黃帝聞聽此稟，方纔明白蚩尤此來緣由和被押原委。明白至此，黃帝雖已心知蚩尤定為勸降自己而來，但他又從蚩尤此番好戰而不戰，被自己軍兵順從押解中，幻想蚩尤如此反常行事，或許是為傳送炎帝歸心自己之道的資訊而來。為此他心中不禁陡地一喜，開口詢問道：「蚩尤小子，你前來見我，身負何干？」

　　蚩尤聞問，立刻開口回答起來。當然蚩尤此來，決非黃帝幻想的為其傳送炎帝歸心道德之道那般美好，他依舊是奉炎帝之命勸降黃帝而來。炎帝在前番兩次戰敗黃帝之後，追趕黃帝一陣沒有追上，停下腳步眼見黃帝軍兵被自己燒得血流遍地，頓然心痛萬分。斥罵黃帝一陣之後心想，自己已經兩番戰敗黃帝，黃帝眾軍死傷過半，已戰得黃帝再無取勝希望。值此黃帝奪勝無望之時，他一定會來歸心自己，棄去道德之道恭行仁德之道。

　　然而這同樣天真的炎帝等啊等呀，足足等過了兩個時辰，仍是不見戰敗的黃帝前來歸心。便等得心中的幻想破滅了去，生出了氣惱即令獰猛的蚩尤前去黃帝轄地，尋找黃帝傳其敕令而來。

　　他要蚩尤對黃帝言講，戰，黃帝只有慘敗之路一條。只有棄去道德之道恭行仁德之道，以保凡界安寧凡人幸福方是唯一出路。因而他要黃帝快快束手歸順於他，否則他定將其擒住囚禁起來。

　　蚩尤領命即行，然而他剛剛來到黃帝軍兵近處，便看到戰敗的黃帝之軍不僅沒有失魄落魂之象，而且正在奇異地訓練一支威武浩壯的禽獸隊伍，欲與炎帝再決雌雄。蚩尤眼見此景，心中已知自己身負之命斷無成就之望。因而已無再去面見黃帝的必要，需要的則是立即返回去，稟報炎帝早作再戰準備。

　　但是蚩尤乃為尚武好戰之人，這時他眼見黃帝的奇異禽獸之軍，被訓練得令行禁止，指哪攻哪，威猛無比，心中不禁豔羨十分。為此他忘記了需要立刻返回的事兒，而靜心凝眸窺看起了正在訓練中的黃帝禽獸之軍。

　　蚩尤看啊看呀，他越看對這支禽獸之軍越加贊羨，越看對這支禽獸之軍如此訓練有素越加奇異，心中越加不解黃帝究竟身有何能，竟把凶禽猛獸訓練得如此令行禁止！贊羨奇異若此，他竟然忘記了自己

身處與其為敵的黃帝轄地之上，禁不住口中連聲贊叫起來道：「若不遇到炎帝神功，這禽獸之軍真個是一支無敵勁旅也！」

然而就在蚩尤話音未落之時，一隊巡邏軍兵便圍了上來。他們早就發現了窺看自己禽獸之軍的蚩尤，這時圍了過來道：「何來小人，膽敢在此偷窺訓練新軍！」

蚩尤聞聽一怔，方纔從贊羨中清醒過來，看到自己已被黃帝眾軍所圍。獰猛善戰的蚩尤當然不把圍來眾軍放在眼裡，四目一轉想出六手除掉圍來黃帝眾軍，立刻返回稟報炎帝。但他轉而想到炎帝命他前來面見黃帝，黃帝未見自己歸去炎帝無論如何也是不依的。為此他放棄了自衛之舉，決計前去面見黃帝道：「我乃炎帝後輩臣下蚩尤，今奉炎帝之命前來面見黃帝，你等快快帶我前去。」

黃帝巡邏軍兵聞聽，便即押著蚩尤來到了黃帝面前。蚩尤來到黃帝面前聽了黃帝此問，便即講說了上述一切，然後道：「炎帝命我前來告知大帝，大帝再戰也不是他的對手。為了凡界安寧凡人幸福，炎帝要你立刻棄戰從善。否則，炎帝就非擒囚你而不可！」

黃帝聽了蚩尤如此一番講說，心中剛才生出的幻想雖然立刻破滅了，但他卻也並不感到意外。因為蚩尤是奉炎帝之命勸降自己而來，也是他意料中的事。因而他想到這樣自己正好可借蚩尤傳信給炎帝，讓他歸心自己道德之道。為此他立刻「哈哈」笑言道：「蚩尤晚輩，你來得正好。你回去告訴我兄長，就說我兄弟之爭，既非為了個人恩怨，也不是為了爭搶地盤。」

「那是為了什麼？」蚩尤這時聽了，不信黃帝之言道，「那還爭戰什麼？」

「我倆的爭戰則都是為了一個目的，即大治凡界造福凡人！他以為他的仁德之道永遠是實現這一目標的途徑，並因而奮力守護之。」

黃帝隨之對其道，「我則以為他的仁德之道過去雖是治世之至道，但是現在及將來由於世事之變，其若不作完善則都將是致亂凡界之源，因而需要完善之。就這樣，相同的目標使我兄弟爭戰起來，為了這一目標我只有戰勝擒囚他之理，決無後退半步之說。你記清楚了嗎？」

「大帝所言晚輩都記在了心中。但是大帝怎麼不曉得你已敗過兩陣，再戰已無奪勝之望。」蚩尤聽到這裏，四目一轉忙趁機進言道，「你已到了窮途末路，只有身遭擒囚之時。就怎麼不選擇歸順仁德之道，而非要堅守道德之道，孤注一擲身遭擒囚而不可呢？」

「為了凡界安寧凡人幸福，我個人別說是身遭擒囚，即使生死也早已置之度外。為此我不能只顧自己，而不顧凡界凡人，去歸心我兄長的仁德之道呢！」黃帝這時即言道，「是的，正如你所說，我黃帝確已敗過兩陣。但前進的道路歷來就是曲折的，真理有時候是會變得黯淡的，更何況勝敗乃一時之事呢！你不是見過我的禽獸之軍了嗎？你以為這第三仗我還會失敗嗎？」

「大帝雖然言之有理，但大帝以禽獸為師，」獰猛好戰的蚩尤也是心機狡黠之人，這時聽聞黃帝說到這裏，心機一轉再次借機攻擊道，「興邪惡之軍作亂於凡界，怎能就說大帝的道德之道施善於凡界呢？」

「小子原來不知，征戰歷來為邪惡之事。用邪惡的征戰去制勝邪惡，」黃帝聽了，又不以為然地「哈哈」大笑道，「邪惡的征戰便成了義舉！小子不知這些，怎可妄言誣衊我之義師呢！」

「如此若依大帝所說，」狡黠的蚩尤聽了黃帝此言，即又針鋒相對進攻道，「以邪惡手段實現正確目標，也是正義的了！」

「我反對以邪惡手段實現正確目標，」黃帝聞聽反駁道，「但我堅持可以使用邪惡的戰爭，去為正義剷除邪惡！」

「大帝，你與炎帝為一母同胞，炎帝的仁德是凡界皆知的，他的

仁德之道正是他大仁大德的具體體現！」蚩尤聞聽仍不甘休，繼續進攻道，「而你卻把仁德的炎帝說成邪惡，並非要以邪惡的爭戰，去剷除他的大仁大德不可。試問大帝，這把自己不是擺在了邪惡之地，又是擺在了哪裏呢？」

「方纔晚輩所言極是，我兄長確實是一位仁德之帝。而小子豈知我使用邪惡的爭戰爭戰於他，」黃帝聽到蚩尤說到這裏，靈機一轉想到正好借此時機瓦解蚩尤之心，說動蚩尤為自己所用，於是開口講說道，「並不是說我兄長即為邪惡，而是說他這個仁德之帝若不改變，其也會給凡界帶來禍患。」

「所以前輩就要把他除去，」蚩尤這時即言道，「對嗎？」

「非也！我爭戰於他並不是要除去他這個人，也不是要除去他的仁德之道，而是要幫他完善他那將要孕生出凡界之亂的仁德之道，」黃帝這時繼續道，「即賦予其仁德之道以新的內涵，或者說就是在堅持仁德的基礎上，同時做好武備，以真正去適應世事之變，改行道德之道，保證凡界的平安！」

蚩尤聽到這裏心雖狡黠，卻也一時拿不出言辭再去攻擊黃帝，為此他便沒有再言，怔在了那裏。

「你蚩尤也是善戰之人，你難道就看不到我兄長的仁德之治，只能使惡人一時隱惡，但他們卻隱藏在暗地裡，更加邪惡地伺機施行更大的邪惡嗎？」黃帝見之，則繼續對蚩尤攻心道，「如此不施道德之治予以剷除，一旦時機來臨惡人作起亂來，凡界豈有得到大治之理，凡人豈有幸福可言！」

「那依前輩之言，」蚩尤這時心中仍是拿不出攻擊黃帝的言辭，故意問詢道，「應該怎麼去辦？」

「因而我的道德之道，表面看來雖不像我兄長的仁德之道那樣純

粹仁德，依據此道我還建有邪惡的軍隊。」黃帝於是**繼續**道，「但它對於凡界凡人來說，卻才是真正的仁德之道，而對於惡人才無疑是地道的邪惡之道！」

「那麼，大帝是說，」蚩尤至此仍是找不到攻擊黃帝的言辭，無奈隨便插言道，「我們都應該遵行道德之道？」

「是的。說到這裏，晚輩你說究竟是我黃帝還是炎帝，置身在了邪惡位置之上？我說很清楚，是炎帝。他雖為仁德之帝，但卻為凡界邪惡之源！」黃帝這才切入正題道，「因而蚩尤晚輩，你自己也該猛醒，不要隨同炎帝一起，固執地非走邪惡之途不可啊！」

「前輩所言雖是，但是要我棄絕炎帝，歸心於你，這不可能！既然如此，我只能告訴前輩一語，即你就等著被炎帝擒囚吧！」蚩尤這才聽出黃帝這番話語勸他歸心之意，但對黃帝之勸堅決拒絕道。言畢，告辭便要離去。黃帝心中雖惱，卻也不好錯待其兄長的信使，更何況蚩尤又是他的血親後代呢！為此，他便任憑蚩尤離別而去。

蚩尤回到涿鹿將黃帝情狀報於炎帝，炎帝聞聽心中大惱。但仍是對蚩尤催他也做武備之言拒不同意，道：「小子不必著急，黃帝兩千軍兵百乘戰車，尚且攔擋不住我擒囚他，一群禽獸就更攔擋不得我擒囚他了！」

蚩尤親眼見到了黃帝禽獸之軍的厲害，聽了炎帝如此不以為然之言放心不下，繼續勸說炎帝快做武備。然而炎帝不論蚩尤如何勸說，只是依舊不以為然攔阻蚩尤道：「小子不必如此擔心，擒囚黃帝在此一舉矣！」言畢，依舊等待黃帝攻來，再作擒囚。

炎帝如此等待一日到了次日早晌，忽聽四野中猛然颳起了海嘯般的疾急颶風。那颶風只聽風響不見風動，風響疾急得令炎帝也不禁心中一驚。然而就在炎帝心中一驚之時，黃帝指揮的凶禽猛獸之軍，

已經從四野鋪天蓋地颳到了他的身邊。不等驚怔的炎帝清醒過來，仁武的黃帝已在眾臣的簇擁下，陡地出現在了其面前，開口道：「兄長，快束手就擒吧！免得我兄弟再戰多費手腳，也免得眾生靈再遭塗炭了！」

「軒轅，你驅動邪惡的禽獸攻殺仁德，反要仁德向邪惡投降，天上地下豈有此理！」心中正惱的炎帝眼見此景，立即勃然大怒道，「今日我不擒住你軒轅，怎對天下凡人！」

炎帝如此說著，揮起手中撥火杖便向黃帝打了過來。黃帝眼見炎帝來杖迅疾不敢怠慢，即出手中降龍杵相迎。他兄弟就這樣眨眼間又第三次鬥在了一處，頓時殺得天日無光起來。

如此轉眼打鬥片刻，通過前番交手黃帝早知雙方神功不相上下，這次仍憑打鬥自己擒拿不住炎帝。為此他便急趁炎帝未施火攻之時，向力牧一使眼色，讓力牧依計指揮禽獸之軍除去跟隨炎帝眾人，以期等到僅剩炎帝一人之時，再擒拿他。

力牧即依黃帝眼色行事，一聲號令指揮兩千凶禽猛獸，齊向炎帝眾人攻殺上來。一時間，但見猛獸隊伍嚴整，兇猛嘯叫狠猛無比。原先居身在獸背之上的一千凶禽一齊展翅飛起，翅扇空氣聲若颶風再次颳起，也一齊凶厲地嘯叫著衝殺向了炎帝眾人。

炎帝這時才看到黃帝這支禽獸隊伍，果如蚩尤所言比凡人隊伍兇猛十分。那猛獸橫衝直撞口撕爪扯，那凶禽從空中亂撲嘴啄爪抓，而且各個戰法不一，不一時炎帝眾人已是抵禦不住起來。正戰的炎帝不敢怠慢，急忙施動法術又招烈焰火攻上來。

炎帝招來的烈焰當然又燒敗了黃帝眾兵，但凶禽猛獸遇此烈火一燒，卻一個個被燒心惱百倍，向炎帝眾人衝撞倍烈，攻殺更猛起來。混亂之中，炎帝的身子早被猛獸咬傷，其他眾人也早已抵擋不住。炎

帝眾臣子不敢怠慢，急忙護住受傷的炎帝衝開一條血路，一路向南
逃去。

　　炎帝眾人向南逃奔疾急，但那禽獸隊伍追趕更疾。特別是在炎帝
眾人逃出一陣之後，炎帝唯恐再施火攻燒住了附近的凡人，燒壞了凡
界的山川樹木和禾稼，便止住了烈焰向前疾逃。

　　炎帝止住烈焰之後，剛才被其烈焰燒得渾身灼疼的凶禽猛獸心中
更惱，對他們追殺更疾。但見一千凶禽在天空向前疾飛為隊伍旌旗，
炎帝眾人逃向哪裏，它們便鋪天蓋地追向哪裏，指引著地上窮追的
一千惡獸窮追不止。

　　如此眾禽獸追啊追呀，炎帝眾人逃啊逃呀，他們逃過了黃河，眾
禽獸依舊窮追不止。他們逃到宛丘，眾禽獸還是窮追不止。炎帝眾人
抵擋不住這支兩千凶禽猛獸組成的隊伍，繼續向南逃去。

　　末了他們硬是一口氣逃到長江南岸，在一個偏僻的山洞中躲藏起
來，方纔躲過了凶禽的眼睛。由此使得眾凶禽無以指引方向，眾猛獸
無處追尋停止了追擊，炎帝眾人方纔得以暫且安居下來。

十三、蚩尤詐降

　　黃帝眾兵在其禽獸隊伍南追炎帝眾人去後，炎帝收起了所布之火，他們方纔脫出了火海。然而他們查驗眾兵又是死傷過半，看到戰場上自己軍兵屍橫遍野，血流漂杵。黃帝為此心中大惱，便即領剩餘軍兵追隨南追炎帝眾人的禽獸隊伍，向南追擒炎帝而來。

　　他們隨後追啊追呀，都由於他們再度身傷行動緩慢，無論如何也追趕不上向南追去的禽獸隊伍。如此轉眼追趕數日過去，這日剛剛追到黃帝誕生地壽丘地方，凶禽隊伍首領巨雕恰好飛來向黃帝稟報，炎帝眾人逃去江南山中躲藏起來，目標失去無法繼續向前追擒。

　　「我兄長乃為天界太陽神臨凡，玉皇大帝豈會讓你等凶禽猛獸將他擒獲！」黃帝聞聽巨雕此稟，不禁「唉」地慨歎一聲道，「這是天意，是怪不得你等凶禽猛獸的。你們能夠把他趕到江南山中躲藏起來，已是實為不易了！」

　　「有道說天無二日，地無二主。」凶禽巨雕聽了大眼一瞪，心中甚為不滿道，「炎帝不除，大帝的道德之道，不就仍無頒行凡界之是嗎？」

　　「那不一定。我想玉皇大帝雖不讓我等擒住炎帝，但我那仁德的兄長經此一戰，說不定就要躲在江南山中，不再複出與我爭戰了。」

黃帝聽了不以為然道，「因為他是大仁大德之帝，他心中是不忍再戰擾亂凡界，作難凡人的！」

「炎帝雖然大仁大德，但也絕不會如同大帝所言。」巨雕聽了黃帝此言，仍是心中不服氣道，「這一是因為他與大帝一樣，是為凡界安寧凡人幸福而爭戰，不是為了一己私利而爭戰。」

「講，」黃帝聞聽巨雕言之有理，這時讓巨雕盡言道，「還有什麼？」

「還有就是，他屬下還有一幫像祝融、蚩尤那樣剛烈善戰的後代臣子，即使炎帝仁德不戰，他們也決不會不去說動炎帝再戰的。」巨雕於是繼續道，「為此，我勸大帝不要就此罷兵，為了把道德之道頒行凡界，還是引領我等擒住炎帝的好！」

「不，知我兄長者，莫過於我軒轅。昔日，他仁弱得連一隻鳥兒都不想讓人捕殺。今日他已殺死了我之過半軍兵，」黃帝聽罷巨雕此言，即不贊同道，「又燒傷燒死了你等不少凶禽猛獸，而且自己又已戰敗擒我無望。如此仁德的他，捫心疼惜害死如此眾多生靈尚且不夠，怎會再來戰我！」

「大帝，世事在變，人心更是在變啊！」巨雕這時仍是欲要說動黃帝道，「這是你看得最清楚的事情，在這裏你怎麼看不到了呢？」

「不，我最知道我的哥哥！」黃帝說著，隨著便講說起了炎帝昔日的一件舊事，以資證明。他說，一次他隨炎帝在田野中行走，看見一個農夫正在四面張網羅雀，口中念說祝禱辭道：「從天上落下來的，從地裡鑽出來的，從四面八方來的，都掉進我的網裡！」

「這不行呀，如此一來飛禽就給你網絕了！」炎帝聞見此景，擔心如此一來鳥被網盡，就來到農夫面前道。說著，他教農夫把張好的網解去三面只留一面，並教給他念一首新的祝禱辭道：「先前蜘蛛作

網，如今人們學它榜樣。自由的鳥兒們啊，想朝左就朝左，想朝右就朝右。想高飛就高飛，想低翔就低翔。可別自己找死，偏偏來碰在我的網上。」

黃帝說到這裏道：「你想啊，心地慈善若此的炎帝，在殺害眾多凡人禽獸，又自己身傷慘敗之後，焉有前來再戰之理。因而既然玉皇大帝不讓我等擒囚他，我等也就到此罷手算了！」

「大帝既然此言，巨雕遵命也就是了。」兇猛的巨雕聽到黃帝說到這裏，方纔無奈答應道。言畢就要返回江南，收歸禽獸之軍而去。

「現在，江北凡界皆已平靜，你等兩千禽獸之軍返了回來，也已功用不大。」黃帝見之止之道，「因而我命你等就地分散開來，沿著長江一線駐紮，防衛好江北地界。若見炎帝在江南有了行動，即來稟報於我再作定奪。這正如你巨雕之意，叫作以防萬一！」

「謹遵大帝聖命！」巨雕聞命大喜，即謝黃帝信任。黃帝見之仍是放心不下，開口囑咐巨雕道：「你等扼守長江防線，要切記仁德為先，武勇為後。武勇可惡，慎用之至也！」

巨雕聞聽，再言謹遵大帝聖命！黃帝隨後又約法於巨雕道：「你等凶禽猛獸皆為邪惡之輩，若有差錯莫怪我黃帝嚴懲不貸！」巨雕聞聽又是唯唯連聲，黃帝方纔遣它南飛而去。

巨雕去後，黃帝雖然猜定兄長炎帝經此敗戰不會再來與戰，但他心中也如巨雕所言不敢完全放下。因而引領眾兵待在壽丘地方等待起了消息，以期隨時再作定奪。

如此轉眼過去半月時光，巨雕方纔飛回稟報說，炎帝因在這次敗戰中左腿被猛獸咬折，已經不能行走，故而躲在江南山洞中已無心再戰。其眾臣雖然皆懷敗北之恨，勸說炎帝引領他們再與大帝決一死戰，但都被炎帝阻止。

　　炎帝對他們說，人間正道是滄桑。黃帝所行道德之道為邪惡之道，邪惡之道是一定會不攻自滅的，但這時只是時機不到。因而他勸眾臣斂起報仇的邪惡之心，以仁德之心在此待之，靜觀黃帝之道破滅，以免再戰作亂凡界作難凡人。

　　「我兄長果如我之所料，」黃帝聞聽此報，方纔最終放下心來道，「不再複出與我交戰哩！」

　　黃帝話音剛落，兇猛的巨雕便問道：「大帝，我等現已察知炎帝在處，是否將其擒了過來？」

　　「不，已經沒有那個必要！擒囚他是因為他要與我爭戰，現在他即已棄去爭戰之心，僅以仁德之心待我之道自滅，」黃帝即言否定道，「加之玉皇大帝不讓我等擒囚他，我們就讓他待在那裏吧！只是你等要繼續好生看視，一有動靜即來稟報也就是了。」

　　巨雕聞命，即又返歸江邊而去。遣走巨雕，黃帝依據此情思索一陣，即又拿出了下步行動方案，轉對后土眾臣道：「炎帝既然已經不再與我爭戰，躲在山洞中養傷，那麼我等就一統起了凡界！」

　　「大帝說得對，」力牧不等黃帝說完，已是高興難抑道，「我們實際已是一統起了凡界！凡界已是我們的了。」

　　「因此為了在凡界廣頒道德之道，確保凡界安寧凡人幸福，我決計西去西方泰山，會盟天下人獸鬼神張揚武威。」黃帝這時更是高興道，「以懾服凡界邪惡之心，使其改惡從善。達到兵不血刃除去邪惡的目的，眾臣意下以為如何？」

　　后土眾臣高興中聽到黃帝此言，皆稱黃帝此想甚善。只有后土添言道：「既然凡界歸為一統，大帝可在西去泰山之前，在此壽丘地方建立帝部，以鎮凡界！」

　　「臣下所言甚是！」黃帝聞聽應允，隨即引領眾臣一邊忙碌在此

壽丘建立有熊帝都，一邊準備西去泰山會盟凡界人獸鬼神諸種事宜。

黃帝眾臣如此忙碌轉眼月余過去，建都和會盟事宜基本準備完畢，剛剛議定黃帝次日就要啟程西去泰山之時，卻突見生相獰猛的蚩尤，又驟然來到了黃帝面前。黃帝見到蚩尤正不知其這時又來做甚，蚩尤已伏身在地叩拜道：「後輩蚩尤拜見大帝！後輩此來歸順大帝，乞大帝不計前嫌，收留後輩！」

正不知蚩尤底細的黃帝突睹此景聞聽蚩尤此言，真個是頓然又喜又異，但不知蚩尤是真是假，被弄得愣怔在了那裏。蚩尤此來歸順黃帝當然是假。炎帝被黃帝禽獸隊伍追到長江之南，鑽進深山野谷密林之中逃奔一陣之後，在一方隱密至極的山洞中躲藏起來，方纔躲過追趕得以休歇下來。

炎帝眾人休歇下來，見到從炎帝到臣下，竟然沒有一個身子不傷之人，特別是年紀老邁的炎帝更是腿折身傷，傷害嚴重。虎身人面的祝融等眾臣見之好惱，都捶胸頓足誓言報雪此仇！並要炎帝即領他們再施神功，攻滅黃帝禽獸之軍。

然而炎帝經此慘敗，不知是仁德至極還是心傷至極，也不知是年紀老邁心力頹唐，說什麼也不願再領眾臣出戰黃帝。並且用先前巨雕稟報黃帝之言，勸說祝融眾臣待在山洞之中，靜待黃帝道德之道自己滅絕。

祝融眾臣雖然怎麼也聽不進炎帝勸說之語，依舊殺氣不息誓與黃帝一決生死，但苦於炎帝硬是不允，他們也一時不敢妄動。後來祝融眾臣眼見傷痛折磨得從炎帝到眾人日漸深重，奔騰在心中的怒火便越加狂燒不息。為此他們又一次次勸說炎帝振起武威，引領他們一舉擒囚黃帝。

但無奈炎帝依如先前，只講仁德發誓不再言戰，勸說大家躲在山洞中靜待黃帝之道破滅，以免給凡人帶來禍亂。炎帝如此作為，不僅

澆不滅祝融眾臣這些剛烈之人的心頭之火，相反卻更加激起了他們心中的仇恨。發誓炎帝不應不去，他們也要設法報雪此仇，打敗黃帝讓炎帝重新離開山洞一統凡界！

祝融眾臣心懷此想，便背著炎帝計議起了打敗黃帝之策。但他們議來計去皆無良策，無奈之時突然聽到了黃帝建都壽丘，欲要西去泰山會盟凡界人獸鬼神的消息。

祝融眾臣聽到如此消息心中更惱，恨不得立刻前去擒獲黃帝，摧毀其壽丘帝都，使其會盟凡界不成。

然而他們眾人躲在山洞之中又是議來謀去，仍是不得奪勝黃帝之法。無奈中蚩尤突然心動生出一計，對眾人悄言道：「這樣，我前去巧借黃帝會盟之機，對其底細探看個究竟。然後我們再作定奪，伺機奪勝於他！」

「如此方法甚好！」祝融聽了甚是贊同，但卻放心不下道，「我等與黃帝為敵，小子此去豈不正為黃帝所獲！」

「諸位放心，我已想好了辦法！」蚩尤則胸有成竹道。言畢，他立刻背著炎帝告辭眾人，趕向壽丘黃帝都城而來。恰在黃帝欲要動身西去泰山前日，趕到了壽丘。

蚩尤突然趕到壽丘拜倒在黃帝面前一番言語，說得黃帝又喜又異地愣怔在了那裏。黃帝當然又喜又異，他喜的是炎帝的重臣獰猛的蚩尤歸心而來，說明自己的道德之道初勝了炎帝的仁德之道。但他又詫異前時自己數番勸說蚩尤，他都心思不動絲毫，今日驟然來歸是否真為誠意？對此他懷疑十分，難以放下心來。為此喜異之餘，他開口猝然詢問道：「小子為何驟然歸心前輩而來？」

「前輩，晚輩此番來歸並非出於偶然，」蚩尤聽到黃帝此問，知道黃帝對自己猝然來歸心有懷疑，便急忙四目一轉開口狡言道，「而

是多日來心中鬥爭，認識清醒過來的結果。」

「晚輩心中有何鬥爭？」黃帝聽到蚩尤此言合乎情理，懷疑稍消向下繼續詢問道。

「前次晚輩奉炎帝之命，前來勸說前輩。前輩對晚輩講說的那番話語，」蚩尤這時又隨機應變道，「當時晚輩雖然表面上強詞奪理，但心裡頭卻已被前輩說服。」

「噢！」黃帝這時心中陡喜，又問道，「怎麼個服法？」

「後經大戰和大戰之後心中思想，終於認清了前輩的道德之道，為除惡確保凡界安寧凡人幸福之至道，適應凡界變易之仁道。」蚩尤繼續騙言道，「炎帝的仁德之道，則確如前輩所言是孕生禍亂之惡源，逆凡界變易潮流之反動。晚輩雖然獰猛好戰，但在您二位前輩的教訓下，卻也以保衛凡界安寧凡人幸福為目標，以仁德作宗旨。」

「晚輩言之竟然頭頭是道！」蚩尤的話語說到了黃帝心上，為此他不禁讚叫道，「好，你講！」

「因此晚輩心想明白過來，便偷離炎帝居地，歸心前輩而來！」蚩尤這時繼續道，「乞前輩不記晚輩前嫌，收下歸心的蚩尤！」

黃帝聽到蚩尤說到這裏，覺得其說完全符合情理，沒有編造做作之跡，便相信起了詐降的蚩尤道：「晚輩既是歸心前來，前輩就只有心喜歡迎之說，焉有追記前嫌之理！」

「謝前輩收留大恩！」蚩尤詐降成功心中暗喜，連忙抑住心喜言謝道，「晚輩定當追隨前輩永不變心！」

「好！晚輩來得正好。大帝明日就要西去泰山，會盟凡界人獸鬼神，以揚武威懾服惡者之心，頒行我之道德之道。」黃帝這時接言道，「晚輩力大獰猛，善戰勇武，大帝就派你做個開路先鋒吧！」

「謝前輩信任，晚輩定為前輩不遺餘力，」蚩尤聽到黃帝此言，

更喜自己僅用如此一番詐言，便贏得了黃帝的如此信任，為自己奪得了如此求之不得的窺看黃帝根底的良機，為此他急忙再次伏身叩謝黃帝道，「躬效犬馬之勞！」

黃帝聞見此景，更對蚩尤信而不疑，高興得一陣「哈哈」暢懷大笑起來。笑畢，即讓蚩尤隨同眾人準備去了。

時間轉眼到了次日早晌，黃帝預定出發的時刻到來了。準備隨同黃帝前往西泰山參加會盟的人獸鬼神，在有熊帝都內沿街排起了長長的隊伍。靜待黃帝一聲號令，立刻上路向西泰山進發。

隨著一輪紅日冉冉昇上半天，黃帝居處大殿門前，猛地傳出一陣「嗚嗚」牛角號響。黃帝隨著號聲出殿登車，向隊伍傳出了出發的號令。靜待的隊伍聞令，便立刻護擁著一統凡界的黃帝，出城向西泰山浩浩蕩蕩進發而去。

黃帝這支西去會盟的隊伍，真個是浩蕩雄壯。夾道站在街道兩旁歡送的眾凡人看到，在這支隊伍的最前方，是人身牛首四目六手，生相猙獰的蚩尤，帶領一支兇猛異常的虎豹獅狼猛獸組成的隊伍，在前開路為先導。隨後是雨師與風伯二神，沿路打掃塵埃。

眾凡人都知道風伯名叫飛廉，生得雀頭羊角，鹿身蛇尾，身上長滿豹子身上的斑紋。雨師名叫萍號也叫屏翳，身子長得像一隻碩大的蠶兒。他們只要一施法術，天空中就會佈滿濃雲，隨著就要傾下大雨。在雨師與風伯之後，是黃帝乘坐的寶車。

黃帝的寶車由大象拉挽，大象後面跟隨六條蛟龍。大象威武雄壯，拉挽有力。蛟龍騰飛半空，為寶車護衛。駕馭寶車的是畢方鳥，該鳥形狀似鶴，人臉鳥嘴。青色的身子上長滿紅色的斑紋，足只有一隻，叫聲「畢方」。它出現在哪裏，哪裏就會騰起怪火。

在寶車兩旁和後邊，簇擁著黃帝子孫後裔和眾臣子。其中有名的

有管領東海的海神黃帝的兒子禺虢，有禺虢的兒子管領北海的海神禺強，有黃帝的兒子應龍和女兒女魃。有其臣子后土、力牧、倉頡、伶倫、尹壽等。

在寶車上方，有鳳凰在天空飛舞。在寶車經過的地上，有生有翅膀的騰蛇伏竄護衛。在寶車之後，則跟隨著近日集來的其餘人獸鬼神。獸有天上的禽，也有地上的獸。禽有鷹、隼、雕、、鳶、鶌、鳳異禽百種。獸有虎、豹、豺、狼、熊、羆猛獸千樣。鬼神有馬身人面的，有鳥身龍頭的，有人面蛇身的，也有豬身蛇尾的，真個是奇形怪狀，言說不盡。

黃帝西去泰山的隊伍不僅組成怪異若此，而且威儀儼然，浩浩蕩蕩。它前後長達近十里，穿過有熊都城整整用去一個時辰。直看得有熊眾凡人目瞪口呆，震驚不已！就這樣黃帝為了向凡界張揚武威，引領著這只龐大的隊伍緩緩向西泰山行進。

一路之上，所到之處吸引來了數十里內的眾凡人簇集看視。因而實可謂自從這支隊伍出發直到西泰山，一直在眾凡人的夾道迎送之中，沒有出現絲毫的空檔。黃帝一路上眼見眾凡人歡喜若此，達到了自己張揚武威的目的，心中高興不已！

隨後，黃帝引領會盟隊伍在途緩緩行進足月有餘，這日終於來到了會盟地西泰山腳下。西泰山乃是昆侖神山東麓的一座凡山，因為它與昆侖神山山腳相連，且其雄偉高峻，氣勢不凡，黃帝才把會盟地選在了其上。黃帝這時來到西泰山下一看，但見它果是一方勝地佳境。

此山不僅高峻入雲，難見其巔，而且山上樹草由下而上分層而異，變化萬千。其插入雲端雲遮霧繞的山頂尖頭，則為白雪覆蓋。在陽光照耀下銀光四射，如瓊似玉。整座山體長滿奇草異樹，只見樹草婆娑，不見山體表面。

山體東南方突出一方翠綠的平臺，平臺上泄下一道噴珠濺玉的銀亮瀑布，由山半腰直瀉而下，真個是如同銀河落下了九天。瀑布落入山腳之後，匯成一條婉轉的銀亮小河，潺潺地纏繞著山的東面流淌而去，更給奇異的西泰山增添了十分光豔。

黃帝雖然先前早聞西泰山勝地佳境之名，但卻沒有親眼見過其面。這時眼見至此，心中頓覺昔日見過的凡山全都失去了光彩，唯有這西泰山凡山不凡，如同神界仙山一般！因而他禁不住開口讚叫起來道：「西泰山，真乃是凡界神山也！」

黃帝如此話音剛落，先前被黃帝派來此山，準備會盟事宜的臣子風后，已引領來到山上參加會盟的眾人獸鬼神，迎接到了黃帝面前。風后不待黃帝開口，便向黃帝稟報道：「臣下風后恭迎大帝駕到！臣下已奉大帝之命，在山上準備好了一應會盟事宜，並且迎到了前來參盟眾多人獸鬼神。請大帝暫且上山休歇，臣下為大帝接風！」

「恭迎大帝駕到！」風后話音剛落，不等黃帝開口，隨風后一道來迎黃帝的參盟眾人獸鬼神，便異口同聲恭迎道，「請大帝上山休歇！」

由於前來參盟人獸鬼神眾多，跟隨風后前來迎接的隊伍，從黃帝面前一直排列到山巔。因而剛才來迎人獸鬼神一聲言說，恭迎之聲便從山下徑直響到山巔。如同山呼相迎之聲，震盪大山幽谷。

「諸位辛苦了！歡迎諸位到來！」黃帝始料不及，不由得被這山呼相迎之聲震得禁不住心中一顫！隨後他明白了過來，深喜參盟人獸鬼神前來眾多，盛讚風后果然不負其望組織有方，因而心喜得開口大叫道。隨著他便在風后的陪同下，在歡迎人獸鬼神的夾道歡迎中，一路往山上行去。

西泰山是一座玄密之山，剛才黃帝站在山下看視此山，只見樹草蔥鬱不見一絲山體。這時他在眾人獸鬼神的夾道相迎下走上山來，才

見到在蔥鬱的樹草覆蓋之中，山上到處都是奇景異致。

不僅他腳下走著的登山之道路面寬闊，被條石鋪砌得整整齊齊，而且這裏現一座涼亭，那裏呈一方碧潭。這裏有一處仙閣，那裏立一座瓊樓。這裏繁花集簇，那裏奇草競繁。這裏奇獸彙聚，那裏異禽滿園。真個是綠樹叢中藏神異，奇景妙致世難見。看得黃帝目無暇，連連讚叫不停閑。

就在黃帝的如此不息讚叫聲中，風后引領他來到了坐落在山半腰向陽處，為他準備好的居處玉宇宮中。黃帝舉目看視，見到玉宇之宮名副其實，它全部用美玉砌成。地鋪玉，牆砌玉，頂鑲玉，欄嵌玉。美玉駁色放異彩，玉宇之宮實堪奇。黃帝目睹此景連聲叫絕，隨後便依風后的安排住了下來。

黃帝住下小歇用膳之後，風后便立即稟報了會盟準備情況，及已來到的參盟人獸鬼神。黃帝聞聽會盟事宜準備妥當，前來參盟人獸鬼神眾多，自己張揚武威以求凡界大治的目的可以實現，禁不住心中更喜，再次連聲讚譽起了風后之功。隨後風后眾人辭去，讓黃帝在宮中安歇。

風后眾人辭去之後，黃帝躺在玉宇宮中，心喜地回想著自己一路之上張揚武威的盛景，回想著剛才前來參盟的眾多人獸鬼神歡迎之景，思謀著明日早晌更加盛大的會盟場面，真個是越思越想心中越加歡喜。

心喜之中儘管暗夜已深，他卻仍舊心喜難抑，怎麼也入睡不得！於是他便繼續思想如何把明日的會盟儀式舉辦得更加盛大隆重，以進一步向前來參盟的人獸鬼神展示道德之道之威，在更大程度上懾服惡者之心，確保凡界大治。

黃帝入睡不得，就這樣思啊想呀，心喜的他越想越加心喜如潮。

後來他為了表達自己的心喜難抑之情，同時給明日的會盟儀式添加聲威，則決計連夜趕製一首樂曲達到這一目的。於是他穿衣起床，在寂靜的暗夜中心潮翻湧思緒飛轉，很快製作出了一首悲涼激越、威武雄壯的樂曲。

樂曲製作完成之後黃帝反復誦唱，他越是誦唱越加覺得樂曲表達了他的心喜之情，定可使明日的會盟儀式倍增聲威。為此他更加心喜無限，即把樂曲命名為《清商》，只待天亮交給風后以讓樂工演奏。如此樂曲製成之後，黃帝方纔在心喜中進入安睡之境。

暗夜在黃帝的短暫安睡中轉眼過去，黃帝要主持會盟儀式因而黎明即起，指揮風后眾臣利用會盟儀式之前尚有的短暫時刻，進一步做好會盟儀式的諸項準備。時間匆忙地到了早上，會盟儀式開始的時刻到來了。在這莊重肅穆的時刻，黃帝作為一統凡界的大帝，在眾臣子的簇擁下，威赫赫地向會盟場上走來。

會盟場設在距離黃帝所居玉宇宮不遠的山腰一塊平地之上，這塊平地闊達數里，平坦如鏡。從山下眺望由於被樹林遮擋，不見其絲毫端倪。只有從山頂向下俯瞰，才可見其若一面明鏡懸在山半腰間。這偌大的平地，恰好為黃帝提供了一個絕佳的會盟場所。風后又提前在這平地北頭，依勢砌起了一座高臺，為黃帝會盟人獸鬼神之臺。

黃帝在眾臣簇擁下踏入會盟場走上會盟臺，見到會盟場地廣大，前來參盟人獸鬼神眾多，真個是頓然更加心喜無限。他看到，前來參盟的凡界神靈，有四海龍王，八方山神，江河湖澤之主，花草竹木之仙，數目愈千近萬，形態奇異不一。前來參盟的凡界之鬼，有夜叉山鬼水鬼，怨魂冤魂鬼魂，男女老幼不一，奇形怪狀互異，數目盈千愈萬，睹之令人心悸。

前來參盟的凡界人傑，有神荼鬱壘，大鴻大隗，武定具茨，數眾

數千，形態各異。前來參盟的禽獸，有鷹隼雕鶚凶禽無數，獅狼虎豹
猛獸如雲。黃帝不僅見到前來參盟的人獸鬼神數量眾多，緊緊地站滿
了這方偌大的會盟場心中歡喜，而且數量眾多的人獸鬼神在這偌大的
會盟場上，全都靜穆肅立恭待黃帝的到來，靜得如同無物一般更令他
喜難自禁。

　　黃帝在這肅穆莊重的氣氛中剛剛登上會盟臺站定，臺下靜穆肅立
的數萬人獸鬼神便同聲山呼：「黃帝萬歲，萬萬歲！」黃帝聞聽心中
更喜，便在這山呼聲中落座在盟臺之上，隨著便宣佈了會盟儀式開始。

　　會盟儀式真個是盛大無比，但見隨著黃帝宣佈儀式開始，眾下人
便立即抬上了豐盛的整豬全牛等一應凡界物什備成的祭品。待到祭品
擺好，黃帝便率先上前，向著祭品對蒼天行三跪九叩大禮。在黃帝之
後，參盟人獸鬼神也隨之向著祭品，對蒼天行起了三跪九叩大禮，並
且齊聲山呼要奉黃帝為凡界之主。

　　待到眾人獸鬼神拜畢，黃帝作為人獸鬼神共奉之主，便高聲對眾
人獸鬼神宣讀起了盟規盟約。一時間，但聽從黃帝四張口中傳出的洪
鐘之音，在西泰山回蕩道：「一、為保凡界平安凡人幸福，普天之下
凡界之上飭行道德之道。二、道德之道以仁德為旨，以武備為輔。仁
德可通之事，不以武威臨之。三、對於尚武為惡凡界凡人者，堅決以
武威懲除之。四、對於背叛道德之道者，天下共討之，人獸鬼神共誅
之。」參盟眾人獸鬼神聞聽至此，齊聲山呼起來：「天下共討之，人
獸鬼神共誅之！」

　　如此宣讀完盟規盟約，黃帝便命參盟人獸鬼神，在會盟場上共用
起了會盟盛筵。筵宴開處，黃帝又命樂工奏起了他趕制的《清商》樂
曲。一時間，但見筵宴隆盛，但聽《清商》激越，使會盟場上的氣氛
濃烈達到了極點。

　　參盟眾人獸鬼神盡情宴樂，暢懷慶賀。直至盡興方纔散了開去。此後黃帝則命參盟眾人獸鬼神在西泰山玩樂三日，然後方纔各自四散歸去。而他自己則在會盟儀式行畢的當天下午，在西泰山遊玩一圈，次日早晨便西上昆侖神山遊玩而去。

　　一路充當黃帝開路先鋒的蚩尤參加罷如此會盟，並沒有留在山上等待黃帝繼續差遣，而於第三日不告而辭，心滿意足地離開西泰山，一路奔回炎帝居地而去。蚩尤當然心滿意足，因為他看到黃帝為了張揚武威頒行道德之道所操辦的這場西泰山會盟，雖然表面上聲勢浩大氣勢非凡，實際上卻不過是一個空架子虛排場。

　　參盟人獸鬼神雖然表面上歸心於他，並尊奉其為凡界之主，但心中卻並沒有全部歸心於他。別說別個人獸鬼神，就連先前曾經幫助黃帝攻打過炎帝的不少人獸鬼神，也心存異意。

　　比如他看到，凡界眾鬼由於皆都不滿神荼和鬱壘對他們的嚴格管制，都在暗中欲圖推翻黃帝指派的這兩個鬼頭子。為黃帝出過力的凶禽猛獸，先前則都心想炎帝的仁德之道容不得它們逞惡，黃帝的道德之道可以使它們尚武逞兒，所以才去幫助黃帝攻殺炎帝。但是經此會盟它們看到，黃帝的道德之道更是使它們尚武逞惡不得，因而心中都後悔起來，暗罵自己幫錯了黃帝，欲圖伺機推翻黃帝。

　　就連在前來西泰山的路上，為黃帝打掃道路塵埃的風伯飛廉和雨師萍號，也都認為錯看了黃帝的道德之道，跟著黃帝投錯了主兒，不願受制於黃帝的道德之道，與他蚩尤結成了反叛黃帝的同心。

　　蚩尤窺探得到如此情況當然心滿意足，決計立刻返回說動炎帝，組織起一支心藏反叛黃帝的人獸鬼神隊伍，打敗黃帝為炎帝奪回凡界之主的寶座。為此他不告而辭離開西泰山，徑直返回炎帝居地稟報而來。

十四、神農辭世

　　蚩尤在途二十餘日奔回到炎帝居地，一路之上由於他廣謀深思，對組織軍伍攻伐黃帝的方略已經成竹在胸。因而剛剛風塵僕僕地來到炎帝面前，便急欲開口稟報自己此去所見所想，以期早日實現自己攻敗黃帝，為炎帝報雪前敗之仇，奪回一統凡界寶座。

　　「蚩尤，你這尚武好戰的孽逆，這些日子不告而辭去了何處？」炎帝看到風塵僕僕的蚩尤來到面前，不等蚩尤開口便氣惱十分地怒叫起來道，「想想前些時你這孽畜那些不遵仁德之道的言辭，這些日子你定然不會做出好事！」

　　蚩尤這時只顧高興地急著向炎帝稟報自己此去的所見所想，忘記了自己不告而辭一去兩月有餘，炎帝定然氣惱，而且自己驟然歸來，也沒有顧及察看炎帝，沒有察覺炎帝周圍及炎帝身上發生的變化。因而炎帝如此不容他言說，而開口驟然怒斥於他，使得他頓然先是一愣，隨著才想起了先前自己忘卻的一切。

　　由此又使他進一步看到，自己只顧高興不行，急著向炎帝稟報自己所見所想也不行。必須設法先解去炎帝對自己的氣惱，然後讓其平心靜氣地聽聞自己的講說。末了才能最終勸說他依照自己所想，前去再戰黃帝報雪前仇。

　　蚩尤想到這裏，方纔抑住心中的高興和焦急，責怪起了自己剛才只顧高興而忘乎所以，以至獰猛魯莽得在炎帝面前胡亂衝撞起來。為了審時度勢勸說炎帝平息怒火，靜聽自己講說，這時他率先凝眸細看起了炎帝及其周圍的一切。

　　蚩尤剛剛凝眸一看，就看到炎帝和炎帝周圍的一切，與自己離去時大變了模樣。他看到，自己雖然剛剛離開兩個月有餘，但先前精神矍鑠的炎帝，這時則如同換了個人兒一般，渾身滿臉皆呈青紫之色。顯得衰老憔悴得形同枯木朽株，喪失淨盡了氣力地躺臥在石洞之中身子一動不動。只有牛頭上閃射著怒火，期待著自己作出回答的兩隻老眼偶然一動，方能顯現出他仍是一個未死之人。

　　蚩尤看到這裏頓然大為詫異，如果這時是在先前，對自己氣惱若此的炎帝定會站在自己面前，渾身顫慄著怒斥訓問自己。可這時他為什麼盡棄前規靜臥不動，變得只用眼中的怒火，無力地怒斥訓問自己呢？

　　這究竟發生了什麼事情，難道是年邁的炎帝病倒了，抑或是年邁得行將壽終正寢了嗎？詫異至此蚩尤心中大為驚怕，他怕炎帝真的年邁壽終，失去引領他們去戰黃帝的旗幟。他也怕炎帝有病或為自己這次不告而走所氣，自己就將罹罪於炎帝身邊的子孫眾臣了！

　　驚怕至此蚩尤不敢怠慢，急忙從炎帝身上移目看向了炎帝四周。他看到站在炎帝身邊的祝融、共工、刑天等炎帝的子孫眾臣，果然也都與先前變換了模樣。他們先前都與自己一樣，對黃帝氣惱萬分誓報失敗之仇！與自己一起議論勸說炎帝攻伐黃帝之策，一起為勸說失敗炎帝不允而焦急。末了無奈都支持自己不告而走，前去詐降黃帝窺探黃帝根底，以作依據再拿定奪之策。

　　可是這時他們不僅都對自己緘口不言一語，而且全都臉色哀苦似

有難言之痛，對自己歸來全都無動於衷。除此之外，他們仿佛又都心潮翻湧，焦急難耐萬分。但他只是不知道他們心潮為何翻湧，為何焦急難耐。是為炎帝生怒不聽自己之言而焦急，還是為自己生愣不言而焦急？

眼見如此不同尋常的異樣場景，蚩尤心中更加詫異十分。他害怕炎帝此狀果為自己兩個月離去不告而辭所氣，害怕炎帝的眾子孫臣子對自己不容，不敢怠慢急忙開口回答炎帝之言道：「後輩蚩尤不孝，不告而辭竟走兩個月有餘。乞大帝重責不孝後輩，以息大帝雷霆之怒！」

「我沒問你孝不孝的事兒，」然而炎帝聽罷蚩尤此言更為氣惱，但聽他氣得無力地聲音顫抖起來斥問道，「我只問你出去這兩個月，都是做了哪些壞事！」

炎帝如此越問蚩尤心中越加沒底，因為他不知道這裏究竟發生了什麼。他只知道炎帝對自己此去氣惱不已，因而他看到自己說自己沒做壞事炎帝尚且如此氣惱，便想到如果再說自己前去詐降於黃帝，炎帝定然更加氣惱至極！他害怕身生病變的炎帝再氣生出惡變，更給自己罹至炎帝子孫眾臣不容之罪。

因而置此無奈之境，不知啥叫害怕的蚩尤也禁不住害怕起來。怎麼也不敢再去講說他前去詐降黃帝的真情，與剛才急於言說在路上想好的一切，唯恐再給氣惱的炎帝火上澆油。為此獷猛的他無奈中變得話語唯喏起來道：「我，我沒有去做壞事！」

「不講實話！從你去前激烈的作為和言辭，」炎帝聞聽蚩尤如此唯喏之言當然不會滿足，但見他又用無力的話語怒問道，「我就能夠猜知你這段時日出去，幹了何等壞事。快講，你都是幹了哪些壞事！」

「大帝，後輩雖然不辭而去，」蚩尤仍舊不敢實言道，「但去後

實在沒有做下壞事！」

「你這孽逆，昔日你獰猛異常膽大包天，」炎帝這時氣惱得無力的聲音更加顫慄不止道，「今日站在我的面前，怎麼成了軟蛋？拿出你昔日的勇氣，快講。」

炎帝的如此話音剛落，蚩尤實在料想不到，那些昔日與自己一心的祝融等炎帝子孫眾臣，全都焦急地隨著炎帝之言，異口同聲地逼問起了自己道：「快講！」

「不孝後輩敬乞大帝息下雷霆之怒，聞聽後輩對大帝言講。」處此境地，蚩尤實在無奈了。無奈之中，他只有實言回答起來。

他說，大帝，後輩不是對大帝不孝，而正是因為太孝順大帝了，所以替大帝吞不下被黃帝所敗、奪去凡界之主寶座這口惡氣。故而前時數度勸說大帝重整旗鼓重振聲威，打敗黃帝以報前仇廣行大帝仁德之道於凡界，確保凡界安寧凡人幸福！

然而無奈大帝不聽後輩言說，硬讓獰猛善戰的後輩與大帝一齊吞下這口惡氣，並與大帝一起躲居在這荒僻的山洞之中。眼見著明講道德暗中尚武的黃帝稱王凡界，硬行道德之道給凡界凡人造出禍亂。後輩心中難行大帝此行，恰在那時聽聞黃帝為了張揚武威，要到西泰山會盟凡界人獸鬼神。

後輩決心孝順大帝，替大帝報雪冤仇，奪回凡界之主的寶座。但又知大帝必不允許後輩前去，便不告而辭離開了大帝。離去後兩個月來後輩不敢去做壞事，只是詐降於黃帝麾下，隨黃帝去西泰山參加了會盟，窺看清楚了黃帝的內部真情。

「我道你這孽逆不會做出好事，如何？」衰弱至極的炎帝耳聽蚩尤一口氣言說至此，真個是氣惱得話語顫慄更烈語難成句道，「我這不是果然沒有說錯嘛！你，你這孽逆就是不做好事！」

蚩尤既然說到了這裏，便抑制不住再把自己所見所想，全都講說出來，以期說動炎帝，重振聲威擒囚黃帝報雪冤仇。為此他不顧炎帝嚴斥，繼續講說起來道：「大帝暫且息怒，容許後輩把話說完。」

炎帝這時已經氣得說不上了話來，因而沒有阻止蚩尤言說。蚩尤便又借此時機向下講說起來道：「大帝，兩個月來後輩清楚地看到，黃帝西泰山會盟雖然聲勢浩大，卻只是表面上空擺排場。實際上前去參盟人獸鬼神，也多有異心於他者。只是他們屈於大帝隱跡韜光，黃帝威勢浩大，才不得已屈從於他。」

「你……」炎帝聽到這裏，更是氣惱得拼出全身力氣，口中僅僅叫出一聲。

「為此後輩認為，只要大帝大旗一張，凡界眾多人獸鬼神就會來歸。報雪慘敗之仇，奪回一統凡界之位，」蚩尤不顧炎帝阻止，繼續道，「擒囚黃帝，斷其道德之道是不難之事。大帝，你就放心地快快重新抖擻，大張其幟吧！」

剛才還臉色哀苦心中焦急的炎帝子孫眾臣，聽聞蚩尤說到這裏，仿佛全都被說動，求之不得膽大的蚩尤再說下去。以說動面前的炎帝允許他們樹起大旗，建立軍伍，報雪被黃帝所敗之仇。因而他們哀苦的臉上，也仿佛頓然流露出了一絲對蚩尤之說慫恿，對炎帝期盼見允之情。

老邁世故的炎帝當然察知了這一切，然而他察覺至此沒有再去阻止蚩尤繼續言說，而開口對蚩尤無力道：「以後輩之見，可以組織起一支怎樣的軍伍呢？」

正言的蚩尤從眾人臉色和炎帝話語中受到了鼓勵，因為他從中看到了閃現出來的組建軍伍攻擒黃帝的一線希望。為此他一路上心想的那支叱吒風雲的浩蕩軍伍，仿佛頓然出現在了他的眼前，他仿佛看到

了這支軍伍，勢不可擋地殺向了黃帝的軍伍，勢如破竹銳不可擋。黃帝的孱弱軍伍落荒而逃，他縱身上前一把擒住了黃帝。

「我們可以立即組建起一支無敵的龐大軍伍。後輩一路之上已經思謀妥當，首先有大仁大德的大帝為旗幟，而且大帝又身懷黃帝不敵的神功。」思想亢奮至此，蚩尤又頓然忘記了剛才的一切，抑制不住心中的激情道，「其次，我蚩尤有八十一位弟兄，個個生得銅頭鐵額，有萬夫不擋之勇。」

「還有呢？」炎帝似在故意慫恿蚩尤道。

「還有我兄弟前時，在我居地葛盧山和雍狐山崩石之中，找到了赤金，鑄成了鋒利無比的劍、鎧、矛、戟、戈諸種兵器，而且還創制出了一種能夠遠射敵人的弓弩。同時還有大帝身邊的無敵重臣，火神祝融、水神共工、巨人刑天等等。」

炎帝聽到這裏仿佛平靜下來，不再阻止任憑蚩尤向下講說。蚩尤說到這裏見之，又接著道：「另外，我此去不僅結識了願意為我助力的風伯雨師，而且還看到凡界魔鬼皆不滿神荼與鬱壘管束。凶禽猛獸原先去助黃帝，是怨恨大帝的仁德之道使它們逞惡不得，而企望追隨黃帝實行道德之道，它們可以尚武施惡。」

「噢，竟有此事？」刑天這時奇詫道。

「但現在則看到道德的黃帝對惡者多威懾之，少則殺一儆百處之，它們又都後悔起來。」蚩尤繼續侃侃道，「再者，還有不滿黃帝歧視善戰的苗氏族人，他們雖為黃帝後裔，但只要我們略施小計，便可把他們爭取過來。如此，組建起一支浩大的隊伍，擒獲黃帝是無疑的！」

蚩尤說到這裏，激動得四隻眼睛中都溢出了淚水。而且也聽得祝融、共工與刑天都一個個睜大了眼睛，心中激動不已起來。因為他們

201

都與蚩尤一樣，是咽不下上次慘敗惡氣，發誓向黃帝報雪前仇的！炎帝聽到這裏，則不以為然地更是氣若遊絲淡淡道：「孽逆，講說完了沒有？」

「後輩講說完了。大帝，你快做定奪吧！」蚩尤說得激動又見祝融眾人也都激動起來，心中因而更加激動不已。為此他不顧炎帝話語的冷熱心懷何意，抑制不住心中的激動催促起了炎帝道。言畢，便「撲通」一聲跪倒在了炎帝面前，期待起了炎帝的應允。

「知道讓大帝做出定奪就好。」炎帝這時則又令蚩尤不可琢磨地不冷不熱道，「大帝我所以三日來一口氣不斷，就是等待著為你孽逆來做定奪的！」

激動的正流熱淚的蚩尤突聞炎帝此言，頓被炎帝「三日來一口氣不斷」的話語說得驚愕在了那裏。是呀，炎帝此言話中有話呀，但那話中是什麼意思呢？蚩尤突然明白了，瞧炎帝那憔悴枯槁的樣子，看其身邊眾人的變異情態，說不定是炎帝就要壽終了吧！

明白至此蚩尤心中頓然大驚，他不解炎帝為何突然就要如此壽終。為此他不敢再等炎帝的答允，而驚詫得瞪大眼睛急問炎帝道：「大帝剛才怎麼口出此言？大帝，你這是什麼意思啊！」

驚詫的蚩尤口中如此說著，下跪的身子早已膝行到了炎帝身邊，雙手握住炎帝冰涼枯槁的手晃動起來。蚩尤離開炎帝已經兩個月有餘，今日剛剛從西泰山匆匆趕回，尚且不知炎帝三日前已是毒入膏肓，成了必死不可之人啊！

自從炎帝戰敗，逃到江南這方山洞之中躲避起來之後，炎帝眼見跟隨他的眾人經過這場惡戰，大多身受傷害。他們或被凶禽啄傷抓傷，或被猛獸咬傷撕傷，或在逃奔中罹致傷殘。不少人傷殘嚴重，疼痛不已。

　　而且隨著時日的推移，被凶禽猛獸啄撕的傷口經久不愈，潰爛嚴重者大有人在，更增加了傷者的疼痛。自從逃奔至此，仁德慈善的炎帝便對此看在了眼中，疼在了心頭。

　　為了治癒傷殘者的傷疼，作為開創用草治病先河的炎帝，曾經先是使用過去他嘗驗有效的藥草，對傷者進行醫治。但無奈這些藥草效力有限，難以治癒有些口爪帶毒的禽獸造成的傷害。不少傷殘者傷口不僅久治不愈，而且越治傷口越加潰爛傷疼愈加嚴重。仁德的炎帝目睹此景，心中更加傷痛起來。

　　怎樣才能治癒傷殘者久治不愈的傷疼呢？炎帝雖然自己的斷腿傷疼也未痊癒，時時疼痛難忍，但他置自己的傷疼於度外，又接著嘗驗起了山中能夠采到沒有嘗驗過的百草。他腿折傷疼無法走動，便派人四出采來野草，他在洞中一一進行嘗驗。然而儘管他嘗驗遍了江南山中昔日他未曾嘗驗過的野草，卻仍是沒有尋到治癒傷疼的藥草。

　　傷殘者傷疼不愈，自己又沒有找到藥草，眼見傷殘者無藥治療日漸嚴重，炎帝也已無草可嘗心中更是焦急。怎麼辦呢？炎帝苦苦地忍受著難以忍受的自己未愈的傷疼，白天黑夜苦苦地思索著。

　　他思啊想呀，他想到既然作為凡界物什之一的百草，有的可以用來藥治人病。那麼作為凡界另一類物什的百蟲，豈不也會像百草一樣，可以用來醫治人病嗎？想到這裏炎帝心中豁然開朗，認定用草治癒不了的傷殘，用蟲說不定可以治癒。

　　於是為了找到用何種蟲子可以治癒人傷，炎帝又讓人四出捕捉蟲子，讓他在洞中嘗驗。炎帝派出之人開始天天都捉回來數十種蟲子，但只是炎帝嘗驗之後，都未見到它們有治癒創傷之功。

　　在這期間以及先前，炎帝在嘗驗百草和諸蟲之時，曾經不知道多少次嘗吃了毒草毒蟲，身子中毒受到過多次或輕或重的傷害。但好在

他都一次次將毒解去，活了下來。

這時繼續嘗驗當然危險不減，加之炎帝心中為尋找不到治癒傷疼之藥而焦急，便嘗驗蟲子數量日多，遇毒次數也便隨著增多起來。遇毒次數的增加，雖然使他身子所受傷害日漸嚴重，但他看到傷殘的人們潰爛日重的傷口，以及他們因傷口潰爛不愈而引發的諸多病疼，就顧不得再把遇毒的事兒放在心上，心情更急地加倍嘗驗起了百蟲。以期能夠早些找到為傷者治癒傷疼的藥物，解去傷殘者的傷病之疼。

炎帝就這樣嘗啊驗呀，也不知道嘗驗過了多少種蟲子，身遇過被化解開去的多少次蟲毒，時間轉眼過去二十餘日，到了蚩尤從西泰山歸來三天前之時。這日炎帝依舊繼續嘗驗百蟲，他嘗驗一種又一種，末了他嘗吃起了一條不大的百足之蟲。

百足之蟲是一條劇毒之蟲，炎帝嘗吃之前就知道它毒得若從人的身上爬過，其爬過之處，就會立即生出一條如同火烙的乾紅傷痕。而且隨後就會潰爛不止，難以治癒。不少人曾被百足之蟲從身上爬過，因之遇毒而喪命。

炎帝雖在嘗吃此蟲之前已經知道這些，想到過它從人身上爬過就會造成那樣嚴重的傷害，自己若是吃進肚裡後果定會更加嚴重十分。但他隨著又想到不愈傷殘者所以傷口不愈，都是因為被毒禽毒獸撕咬所致，是中了禽獸之毒的結果。

為此心中閃現出了既然其他草蟲都難克其毒，或許用比它們更毒的毒蟲之毒攻之，可以收到以毒攻毒治癒傷殘的奇效。為此他顧及不得百足之蟲的劇毒，毅然嘗吃下去了百足毒蟲。

百足毒蟲劇毒萬分，炎帝剛剛把它吃食下去，就頓覺從嘴唇入口腔，從口腔入喉管，從喉管入肚腹，自己下嚥毒蟲所過之處，立刻齊如刀割火烙熱辣辣地劇疼起來。這劇烈的燒灼之疼，使得傷殘的炎帝

立刻渾身滲出了豆粒般大的汗珠，並隨著劇烈地顫慄起來。

　　嘗吃過千萬種草蟲千百次遇到過草蟲之毒的炎帝，這時也頓然感覺到了百足之蟲毒性的劇烈異常，使他實在難以忍受起來。但他隨著又想到，百足之蟲毒性劇烈若此更好，因為正由於它有劇烈於平常草蟲之毒，才說不定可以攻克禽獸之毒，治癒傷殘者的創傷。

　　同時他又僥倖地心想，自己過去遇到過千百次草蟲之毒都化解了去，百足毒蟲之毒自己也定然可以化解開去。這時雖然灼疼難耐，但他仍然頑強地忍抑著，以期驗得如此百足毒蟲之效。

　　但是，百足毒蟲實在毒得太劇烈了。以至於無論炎帝的意志怎樣頑強，都不能夠忍抑住毒蟲給他造成的傷了。為此未等到炎帝的身體把蟲毒化解，其已是口腹劇疼難耐得渾身劇烈顫慄著，流淌著如雨的淋漓大汗中，躺倒在了地上並隨著失去了知覺。

　　圍在其身旁的祝融等親屬眾臣，開始就勸說炎帝不要嘗吃百足毒蟲，炎帝硬是不聽勸阻吃食了下去。隨著他們看見炎帝吃食之後情態果然大異，便已知道他被毒蟲毒害嚴重十分。這時又見炎帝在劇疼難耐的渾身顫慄中躺倒在了地上，失去了知覺僵直在了那裏，便都驚怕地急忙伏身進前，高聲喊叫起來。然而任憑他們拼力喊叫，倒在地上的炎帝卻久久沒能醒來。

　　炎帝這次實在是不能醒來了，因為百足之蟲不僅剛才毒害了進入炎帝腹中的通道，而且也不知道是玉皇大帝差遣其來毒殺炎帝，以助黃帝頒行道德之道還是怎的，它進入炎帝腹中之後，竟然還有奇異萬般的分身化變之能。就在它被炎帝食入腹中之後，竟然分身一足化變出了一條百足毒蟲。隨後都在炎帝腹中向著任意的方向，順著任意的通道，隨意地向各處鑽了過去。

　　如此新生的百足毒蟲，不僅仍如先前的百足毒蟲一樣毒性劇烈，

而且它們又都在鑽行途中，一個個分身化變出了更多的毒蟲。就這樣，劇毒的百足毒蟲在炎帝難以忍受的傷疼之中，迅疾在炎帝腹中化變出了數千百隻百足毒蟲。使本來具有化解草蟲之毒能力的炎帝，再也沒有能力將如此眾多毒蟲生出的劇毒化解開來，眼看著就要辭世飛昇而去。

祝融等炎帝親屬眾臣不知此情，也不知道炎帝的仁德之道和其作為凡人天數已盡，只是眼見炎帝昏迷不醒心中驚怕對之高叫不已。然而儘管他們拼命地叫啊喊呀，一口氣喊叫過去了整整一個時辰，昏倒的炎帝卻一直沒有醒來。

祝融他們當然仍不死心，依舊高聲喊叫不止。隨後他們又足足喊叫過去半個時辰，方纔把如同死去般的炎帝，最終喊得慢慢睜開了牛首上的雙眼。炎帝睜開雙眼看了喊叫他的祝融眾人一眼，有氣無力道：「你們不要再喊了，我還不能死！我還要再等待三天，等到孽逆蚩尤歸來。我放心不下他。」

炎帝如此說完，便又要閉上剛剛睜開的眼睛。祝融眾人見之，全都難過得哭出了聲來。炎帝見之道：「不要哭，你們都去休息吧。等到蚩尤回來，稟報於我也就是了。」

祝融聽了炎帝此言，一個「是」字還沒有答出口來，看見炎帝已經閉上眼睛，睡著了般昏迷了過去。炎帝如此昏迷過去之後，祝融眾人便頓然心中苦辣酸甜諸種滋味都有，百感交集起來。

因為，他們一方面不知道炎帝這次已經遇毒不能化解，陷入了非死不可的境地。只是由於擔心不辭而走的蚩尤給凡界生出禍亂，才苟延一息等待蚩尤歸來教訓於他。所以全都往好處去想，依舊盰盼著炎帝快快解去蟲毒蘇醒過來。

另一方面他們又見炎帝如此遇毒昏迷不醒過去，也擔心炎帝解不

去此毒身子死去，為此心中焦急萬分。再者，他們也期盼著不辭而走的蚩尤快快回來，以便等他的炎帝早些醒來。

但他們卻又一方面擔心不告而去的蚩尤不會歸來，使得炎帝久待難見其面。另一方面又擔心蚩尤真的返了回來，難以料知炎帝見他之後是活是死！所以他們既期盼著蚩尤快快回來使炎帝活，又害怕蚩尤歸來促炎帝死，心境全都陷入了百感交集之中。

祝融眾人在這樣的心境中等啊待呀，如此轉眼等待三日過去。蚩尤卻真的如同炎帝所言，在三日後風塵僕僕地回來了。祝融眾人看到蚩尤歸來，真個是心中更加緊張到了極點。因為他們不知炎帝見到蚩尤之後，是死是活啊！

然而祝融眾人還是抱著讓炎帝快見蚩尤，使其早解蟲毒復活過來的心思，來到昏迷的炎帝身邊輕聲稟報道：「大帝，蚩尤回來了。」

「快讓他過來。」祝融的話語雖然極輕，仿佛怕驚醒了昏睡的炎帝似的。但已昏睡三日的炎帝，聞聽此聲卻驟然奇跡般地蘇醒了過來，隨聲即答道。說著，他已睜開了閉上三日的眼睛，但只是眼睛已是無力至極，僵直得只是間或一轉。

祝融聞命即引蚩尤來到炎帝面前，蚩尤來到倉促不知發生在炎帝身上和其身邊的一切，隨著便發生了剛才炎帝一語說得蚩尤詫異的一幕。炎帝聞聽蚩尤之言知其不知自己情狀，不解自己之言，故而奇詫若此。便即又開口對蚩尤無力道：「蚩尤，你生性獰猛好戰已是難改，因而我前時的話語你絲毫未能聽進，致使你又生出了此次不告而去之事。我正是擔心自己死後，你這孽逆生出禍亂禍害了凡界，才一口氣不咽等你三天，要為你做出定奪啊！」

蚩尤聞聽至此，雖然仍是不知炎帝為何三日前就要死去，但他卻已察覺出了炎帝就要為他做出定奪。好戰的他唯恐炎帝為他做出了不

戰的定奪，忙開口巧言道：「不，大帝不會去！大帝會好起來，引領我等報雪冤仇，擒獲黃帝老兒的！」

然而蚩尤的話音剛落，便聽炎帝堅定道：「不，我就要去了！我在離去之前再次告誡你，我生前不讓你做的事兒，死後也不許你去做！否則，我的在天之靈是要懲罰你的！」

「大帝，你這是被黃帝老兒害死的，」蚩尤突聞此言，真個是頓如霹雷擊頂，無奈地大叫一聲道，「後輩實在咽不下這口惡氣啊！」

「蚩尤孽逆你好好聽著，俗言常說獸之將死，其言也哀；人之將死，其言也善。你一定要遵從我言，不許挑起戰端禍亂凡界！」炎帝聞聽不讓道，「我去之後，你要即把鑄成劍戟戈弩的赤金，全部化作耒耜，以助凡人農耕，這叫作化干戈為玉帛！另外還要隨從你的前輩祝融好生行我仁德之道，以我之道感化凡界一切邪惡，使黃帝的邪惡之道沒有存身之地，以達凡界大治凡人幸福之目的！」

「前輩，你切切不可留下如此囑託！」蚩尤聽到這裏，堅決不同意道，「黃帝的道德之道正是因為大帝的仁德方纔成為氣候的啊！若是我等繼續遵行大帝之道，必將死無葬身之地矣！」

「你，朽木不可雕琢。氣死我也！」炎帝聽了蚩尤此言，氣得喉嚨不清道。言畢，竟然一口氣緩不過來，溘然長逝去了。但他沒有閉上牛首上睜開的那雙老眼，他對蚩尤放心不下，死不瞑目！

就這樣，我們偉大的先祖神農炎帝去了。他死後，其子孫眾臣將其葬在了今日湖南炎陵縣。那是一方古木陰翳、煙雲出沒之地，名字叫作鹿原陂。也有人說炎帝陵位於今日寶雞南郊常羊山頂，它占地八十餘畝。南依巍巍秦嶺，北臨濤濤渭水。環境幽雅，景色秀麗。其實我們說，炎帝死後在凡界只是留下了肉身。其精靈則飛昇去了天界，在天界做起了太陽大神。每天司掌著太陽，為我們人類播送著須

臾不可缺少的光熱，造福著我們人類。

不說炎帝去後之事，卻說祝融眾人看到炎帝溘然逝去，先是驚怕地一陣喊叫，但數喊不見應聲知道炎帝已是死去，便全都放聲大哭起來。然而一直跪倒在炎帝身邊的蚩尤，卻沒有喊叫一聲也沒有哭叫一聲，但見他先是慢慢地把自己雙手捧握的炎帝之手輕輕地放回到炎帝身邊，然後替炎帝邊合未瞑之目邊口中說道：「大帝，後輩知道您是被黃帝老兒氣死的，您就瞑目去吧，後輩定當為您報雪此仇！」

言畢，他又對炎帝連叩三個響頭，方纔站起身來對正在大哭的祝融眾人道：「哭，大帝也不會再活過來！哭，黃帝老兒也不會讓歸凡界之主的寶座！因而你們大家都不要哭了，我們要化悲痛為力量，組建起一支隊伍，去給大帝報仇，去向黃帝奪回大帝寶座！」

蚩尤的如此一番激昂話語，頓然止住了眾人的哭聲，使他們全都心中思想起來。因為他們之中，是不乏神勇善戰之人的。炎帝的後裔火神祝融、水神共工、巨人刑天，一個個都是身懷無窮神力，有萬夫不擋之勇啊！為此他們這時面對炎帝之死，想到上次的慘敗，想到炎帝說到底還是因為那次慘敗而死，心中怎能不皆被蚩尤如此一番話語說動呢！為此他們止住哭聲，全都思謀起了下步行動方略。

然而隨著時間在他們的思慮中過去片刻，一直恭順於炎帝並深受炎帝思想薰陶的祝融，則清醒過來不同意蚩尤之言道：「後輩雖然說得有理，大帝因為上次敗戰為眾人治傷嘗驗毒蟲而致死，我等與黃帝老兒懷有不共戴天之仇！但只是大帝之屍尚且未寒，大帝話音剛落，我等怎能就違背大帝之命呢！」

「前輩，我想我們如此行動，雖然違背大帝之命，但卻是與大帝確保凡界平安凡人幸福相一致的！」對於祝融此言，蚩尤則不贊同道，「為了實現大帝的目標，我們必須大幹下去！」

「不，大帝剛才說過，」祝融想到炎帝對他的殷殷教誨，這時依舊不同意道，「誰要敢幹他不容之事，他的在天之靈也是要懲罰他的。」

「前輩，先前我們遵行大帝之說，結果釀出黃帝如此大亂！這教訓還不夠深刻麼，這現實不就在眼前麼！」蚩尤聽了祝融此言，則立刻勃然大怒道，「按照大帝的話去做，他的確保凡界安寧凡人幸福目標，不是沒有實現得了麼！」

「你──」祝融聞聽，一時氣得口中僅出一語，便說不出話來。

「前輩，大帝既然已經去了，我們就不能再墨守大帝之規了！只要能夠實現大帝的最終目標，」蚩尤這時則繼續其言道，「後輩心想，即便使用點大帝不同意的手段，末了大帝的在天之靈也是會理解的。前輩，你就領頭帶領我們幹吧！」

「不，不可如此，」祝融心中當然也想領頭，率領蚩尤眾人與黃帝大幹一場。但他囿於炎帝之教，依舊違心阻止道，「壞掉大帝一世仁德之名！」

「前輩，蚩尤說得對，你就引領我們與黃帝老兒大戰一場吧！」祝融的話音剛落不等蚩尤開口，勇猛好戰性如烈火的共工與刑天，早抑制不住心中怒火狂叫起來道，「這是為了報雪大帝身死之仇，怎會壞了大帝的仁德之名！」

「兩位後輩言說不對，我們切切不可違背大帝之教！」祝融聞聽強抑自己心中的怒火，再次違心地勸說共工與刑天道，「我們皆為大帝后人，我們不去遵行大帝之教，還有誰個會去遵行呢！」

「我們當然遵行。」蚩尤這時插言道。

「我們不去遵行，大帝的仁德之道，不就要從此在凡界之上銷聲匿跡了嗎？」然而祝融不讓蚩尤講說，繼續其言道，「若是那樣，我們怎麼對得起大帝的教養之恩啊！」

　　狂叫的共工與刑天聞聽祝融言之有理，無奈只有壓下心中的怒火，隨同祝融放棄去與黃帝大戰之想，一起恭行炎帝遺教，在凡界躬行炎帝的仁德之道。

　　「好，你們不做我做！你們都是大帝的賢孝後輩眾臣，只有我蚩尤是大帝的不屑後輩！」獰猛的蚩尤聞見至此，再也抑制不住胸中的怒火道，「但是你們不做我求你們一條，就是你們不做我不強求，但你們不要干預我的舉動！」

　　祝融眾人心中也都忍抑不住要與蚩尤一起，去痛痛快快地與黃帝大戰一場。但只是囿於炎帝之教不敢妄動，所以誰也不會再去阻止蚩尤的行動。因而他們聽了蚩尤此言，便誰也沒有言說。

　　「另外我這炎帝的後輩，再乞求你們諸位一事。即炎帝既然已去，我蚩尤為了廣張義幟組建軍伍，」蚩尤見之理解祝融眾人之意，便接著向下講說道，「同時討伐黃帝老兒有名，我蚩尤要仍用炎帝的名號！因而敬請諸位前輩後輩不要張揚炎帝已逝之事，並不阻止我蚩尤使用炎帝之名！」

　　說到這裏，狡惡的蚩尤突然心中一亮想道，祝融眾人皆不去大戰黃帝，自己獨戰黃帝使用炎帝的名號好！因為這樣戰勝黃帝之後，自己就成了一統凡界的新一代炎帝，這正是他過去曾經夢想而不敢企及的事情！可是現在，這美好的前景卻風雲際會，突然就展現在他眼前不遠之處。想到這裏，狡惡的蚩尤心中，禁不住暗暗一陣叫起炎帝死得好來！

　　祝融眾人由於這時心中也都想為炎帝報仇，蚩尤又成了他們為炎帝報仇的代表，所以便對蚩尤前番話語誰也沒有阻攔。因為他們這時誰個也沒有想到，狡點的蚩尤會在心中生出那般狡惡之想，而只是想著蚩尤只要能夠打敗黃帝報雪冤仇，別說使用炎帝名號，就是隨便再

使用什麼也都可以。

　　心懷狡惡的蚩尤眼見對自己之言無人阻止心中更喜，因為這樣正符合他狡惡的心機，正為其將來成為一統凡界的新一代炎帝提供了前提。所以他心喜之餘也不怠慢，即又伏身炎帝屍前假惺惺地抑住心喜，故做悲哀地再叩而辭。隨後恭辭祝融眾人讓他們靜待佳音，便連炎帝之屍也不等待安葬，即去葛盧山其弟兄居地，與之一起計議起了組建軍伍，攻伐黃帝之策。

十五、黃帝震驚

　　蚩尤的八十一位兄弟不僅生得皆與蚩尤形象相同，而且皆如蚩尤一樣獰猛好戰，同時大多身懷飛空走險、呼風喚雨興雲播霧之異能。蚩尤既是他眾弟兄的兄長，又為其兄弟中最為獰猛善戰者。所以是他眾兄弟的當然首領，他兄弟皆以其是非為是非。

　　蚩尤眾兄弟不僅個個如此獰猛善戰，使得蚩尤可以依靠，同時他兄弟新近還製造出了一種當時凡界最先進的赤金兵器。那是在不久之前，他們居住的葛盧山下洪水氾濫，使得葛盧山崩塌開來。在葛盧山崩開的山腹之中，他們找到了一種大異於石玉的赤金。這赤金不僅紅光閃耀金輝耀眼，而且堅硬無比。

　　獰猛好戰的蚩尤兄弟正嫌石玉兵器太不堅實，太不鋒利，期望尋到一種堅實的物什，製成堅利的兵器用於攻殺。這時發現了如此赤金，便首先用來製造兵器。於是，他們很快就用赤金，鑄成了劍、鎧、矛、戟、戈等諸種兵器。鑄造之中，他們居地的另一座雍狐山又崩塌開來。他們隨之又在山中找到了更多的赤金，便鑄造出了更多的赤金兵器。

　　蚩尤兄弟鑄造的赤金兵器鋒利無比，削石斷木如同切泥。與此同時，他兄弟還創制出了一種新型的箭弓叫弩，即一種有更遠射擊力

的先進弓箭。後來他們又在箭杆前頭裝上赤金箭簇，用以從遠處射擊獵物。

正因為蚩尤兄弟有了上述先進發明，有人說他們是善於百工之巧者。但只是上述先進發明巧技，掌握在獰猛好戰的蚩尤兄弟手中，不僅沒有被他們用來為凡界凡人謀福，相反卻被他們用來添加自己的獰猛。以期尋得對象與之一鬥，借機一展他們的神武功力和鋒利兵器。

特別是在他們有了上述發明之後，心中想到前次炎帝之敗，都恨不得立刻前去與黃帝一鬥，殺得黃帝眾軍人仰馬翻伏屍遍野，報雪炎帝之仇。為此他們曾經前去懇請炎帝，無奈炎帝硬是不允。他們只有強抑惡氣，返回居地加倍鑄造兵器，以伺時日攻殺黃帝報雪冤仇。

就在這時，欲要起兵攻伐黃帝的蚩尤回到了他們兄弟之中，講說了炎帝之死，黃帝軍伍徒有其名，和自己決計起兵攻殺黃帝為炎帝報雪冤仇的計畫。蚩尤眾兄弟正有渾身獰猛無處發洩，閃耀金輝的赤金利器無處展示，心中咽不下炎帝慘敗的惡氣，聞聽其首領蚩尤此言真個是群情鼎沸，眾聲大嘩。一個個摩拳擦掌，躍躍欲試。決計跟隨蚩尤大幹一場，除去黃帝老兒，為炎帝報雪冤仇，奪回炎帝失去的寶座。

蚩尤見之心中大喜，因為他知道他的這些兄弟，本來就都是能夠以一當十、當百、甚至當千的獰猛善戰之人。這時他們手中又握有如此獨有的赤金利器，心懷如此深仇大恨，更是個個如虎添翼更猛十分。為此若以他們為核心，組建起一支為炎帝報仇的隊伍，定可一舉打敗虛擺闊氣的黃帝。

特別是他又想到，俗言「打仗需靠父子兵，擒虎需仗親兄弟」。為此看著他的這些同仇敵愾獰猛無比的兄弟，便心中更加高興不已。高興之中，他狡惡的心中頓又感覺到，他深深埋藏在心底的打敗黃帝，使自己登上一統凡界的寶座，成為新一代炎帝的狡惡心機實現有

望，便更加高興起來。

　　然而蚩尤心機狡惡至極，這時他雖然為自己將要成為新一代一統凡界的炎帝，如此高興不已，但他卻依舊把這一狡惡心機深深地埋藏在心底。對將要為他實現這一狡惡心機，拼死賣命的八十一位兄弟，也都隱而不露點滴痕跡！

　　他有他狡惡的處世哲學，即保密是成就任何大事的首要前提，更何況他要借此時機，一舉奪得一統凡界寶座！他害怕哪怕是向親兄弟洩露了心中之密，也難免不再泄向外界，那樣就會造成人心離散。

　　不僅他的這些兄弟中會有人，而且還有祝融等一大幫炎帝的子孫眾臣，就會起而反對他使用炎帝旗號，使他組建軍伍不成，無以打敗黃帝，進而使他的狡惡心機實現成為泡影。為此他對親兄弟也隱而不露狡惡心機，而把它深深地埋藏在狡惡的心底。

　　狡惡的蚩尤如此高興之餘也不怠慢，但見他即讓群情鼎沸、摩拳擦掌的八十一位兄弟安靜下來。隨著便向他們講說起了攻打黃帝的容易和不易之處，以期與他們向下細議攻打黃帝之策。

　　「兄長我雖然看到了黃帝虛擺排場，認為攻之甚易，但若真要攻滅黃帝，卻也並非我八十一位兄弟，就可輕易成功的事兒！」蚩尤這時講說道，「因為黃帝畢竟有一支龐大的訓練有素軍隊，有神鬼禽獸相助，有一批機智善戰的如后土似力牧的軍師戰將……」

　　「大哥，你不要只是去長黃帝老兒的志氣，滅咱眾兄弟的威風！咱眾兄弟雖然只有八十一個，但完全能夠以一當百當千使用。」蚩尤剛剛說到這裏，其獰猛好戰的眾兄弟便聽不下去，忍抑不住心中的氣惱打斷蚩尤的話語喊叫起來道，「同時咱們又有無堅不摧的赤金利器，他們的木石武器是抵擋不得的。若是上次惡戰之時，我眾兄弟在場，是絕對不會那般慘敗的！」

「兄弟全都錯解了兄長的意思！兄長深知眾兄弟的能耐，並非去長黃帝老兒的志氣滅咱自家兄弟的威風，」蚩尤眼見其眾兄弟群情鼎沸若此，禁不住一陣「嘎嘎」怪笑道，「兄長僅僅是說，咱們要看清攻打黃帝的容易與不易之處。即既要藐視他，又去重視他。只有這樣，才能不打無把握之仗，一舉打敗黃帝老兒！」

「還是兄長比我們見地深刻，」蚩尤眾兄弟聽到這裏，方纔全都信服道，「就請兄長快做定奪，我等好快做準備！」

「好！為了打敗黃帝老兒，我想我等要以我八十一位兄弟為核心，組建起一支龐大的軍隊。」蚩尤聞聽心喜，即把他早在從西泰山返向炎帝居處路上想好的方略，開口講說給其眾弟兄道，「為了建起這支隊伍，兄長心想要聯合一切可以聯合的善戰力量。」

「對，還是大哥說得好，」蚩尤兄弟中的領頭老二蚩術聽到這裏，立即接言贊叫道，「只有這樣，才能建起一支隊伍。」

「為此，我想派出數位能言善說的兄弟，前去勸說附近山林水澤之神，神荼和鬱壘管轄的陰間魑魅魍魎之鬼，」蚩尤繼續講說道，「以及西南方善戰的苗氏族人，和扼守在長江邊上黃帝的凶禽猛獸隊伍。只要把他們統統說動歸來，我等就可以組建起一支龐大的軍伍，我兄弟就可以一舉打敗黃帝老兒，為炎帝盡雪冤仇了！」

蚩尤眾兄弟聽了此言，皆言蚩尤兄長好計，此後紛紛要求前去充當說客，說動人獸鬼神來歸。蚩尤於是挑選十餘名能言善說兄弟，分別派出擔當此任而去。隨後他組織下余兄弟，廣采赤金多鑄兵器，同時準備各種戰具，以充組建軍伍之需。一時間真個是他兄弟人手雖眾，卻由於備戰事情繁多，也忙得他眾兄弟日夜不可開交，仍有做不完的事情。

如此轉眼十數日過去，蚩尤派出遊說人獸鬼神來歸的十數位兄弟

先後返了回來，帶回來了截然不同的兩種消息。前去遊說山林水澤怪神的兄弟，引來了由山鳩、林、水獸、澤蟒四怪神率領的近百怪神。他們皆願與蚩尤兄弟結為同心，除去使他們更加行惡不成的黃帝。

前去遊說陰間之鬼的兄弟，則引來了由魖魔、魅魔、魍魔、魒魔四惡魔率領的近百惡鬼。他們也皆願與蚩尤兄弟結為同心，推翻黃帝除去其敕封的神荼與鬱壘兩個鬼官，獲取自由逞惡之機。

蚩尤眼見這兩個兄弟遊說有功，引來了二百名惡鬼怪神，使自己組建軍伍初現希望，心中大喜。於是他立刻設宴款待山鳩四怪神和魖魔四魔怪，並賜食於他們率領來的怪神惡魔，以示歡迎結下同心。

然而正在蚩尤如此高興之時，前去遊說苗氏族人和黃帝凶禽猛獸隊伍的兄弟，不僅前去無功，而且前去遊說黃帝凶禽猛獸隊伍的兄弟，還受到了巨雕和猛虎的羞辱，帶傷而回。

蚩尤見之勃然大怒，立刻詢問起了苗氏族人與黃帝禽獸隊伍的情狀，以期設法予以制服。前去遊說苗氏族人的兄弟聞問，便率先開口講說起來。他說，他去到苗氏族人居地之後，開始苗氏族人首領苗山、苗嶺、苗峰、苗嶽四兄弟熱情接待了他。並對他講說，他們兩千苗氏族人雖為黃帝后代，但黃帝卻沒有像對待其他後裔一樣看待他們。不僅讓他們居住在這南方瘴疫之地，而且常年不管不問不來看視。因而他們覺得黃帝歧視了他們，心中對黃帝充滿了責怪憤懣之情。

但當他借此時機，勸說苗氏族人歸心炎帝，攻滅黃帝雪其冤恨之時，苗氏族人卻又猶疑起來。末了，苗氏族人大首領苗山則對他道：「我們雖對祖上黃帝心中充滿責怪怨憤之情，但這並沒有超出親人間的責備範圍。你借機前來要我們幫助你們前去攻打黃帝先祖，這是壓根兒也不可能的事情！」

「大仁大德的炎帝老祖教導我們恭行仁德之道，我們作為黃帝老

祖的後裔，心中無論對祖上懷有多少憤懑，」苗氏族人四首領苗嶽這時也即幫言道，「也是斷然前去攻殺於他不得的！因為那是與炎帝老祖之教完全相悖的。」

「你們的這番意思，定非出自炎帝老祖之口。」接著，機靈的苗氏族人二首領苗嶺便揭穿他道，「大仁大德的炎帝老祖，是絕對不會讓你們前來這樣誘導我等的！」

「不過，你們前去攻伐黃帝，我們也不反對。」苗山隨後則又接言道，「但只是我們絕對不去參加，我們能夠保持中立，就是對你們的最大支援了。」隨後苗氏族人即為他送行，他不願離開想再作勸說，但此後任憑他對他們勸說再三，苗氏族人四首領也沒有絲毫鬆動。他眼見再說也無希望，便只好返了回來。

「是呀，他們不來參戰，說得有道理呀！」蚩尤聽完如此講說，也不禁沉吟起來道，「但他們苗氏族人，乃是凡人中的驍勇之族，而且又鄰近我們居地……」

「大哥，你想得完全對，我們絕對不可忽視苗氏族人！他們不參加我們的軍伍，我們也要設法要他們參加。」蚩尤剛剛沉吟至此，前去勸說苗氏族人的那位兄弟便接下來道，「如若不然，我們一去他們變心靠近了黃帝，剿斷我們的後路就易如反掌。那樣我們就將前後受敵，陷入險境了！」

「兄弟講得對！我們一定要設法讓他們參戰，軟的不行，用硬的也要把他們逼來參戰。」蚩尤聽後即言道，「這樣一可以讓他們為我等出力，使黃帝不好對他們下手，並刺傷黃帝之心。二則以斷我等後顧之憂啊！但只是我們怎麼辦呢？」

「大哥，聽完黃帝禽獸隊伍的情況，再作定奪吧！」就在這時，前去說勸黃帝禽獸隊伍的兄弟等不住了道。正要陷入沉思謀得征服苗

氏族人之法的蚩尤耳聽此言，立即醒來道：「好的，兄弟快講，我們一起再作定奪。」

那兄弟聞聽，便隨著講說起來。他說，黃帝凶禽猛獸隊伍並非如同蚩尤所言，先前因了炎帝頒行仁德之道使它們行惡不得，方纔前去助戰道德的黃帝攻伐炎帝，以期黃帝頒行道德之道使它們得行邪惡。它們都對黃帝忠誠不渝，堅決反對攻伐黃帝。因而他見到凶禽猛獸隊伍首領巨雕和猛虎，剛一開口便被抓了起來。

巨雕與猛虎對他一番訓問，得知他是炎帝派去勸說的使者，便即盛怒不已地下令用石刀割去他一臂，放他回來告知炎帝，讓炎帝休得輕舉妄動。它們說先前只是因為黃帝命令它們不得再殺炎帝，它們方纔遵命保得炎帝一命不死。如若妄動它們就立刻攻上前來殺死炎帝，食其肉吮其血寢其皮！

「不除去黃帝這支可惡的凶禽猛獸隊伍，我等豈有面目站立於凡界，稱為炎帝的後輩！走，我們先去剿滅那禽獸隊伍，吮其血食其肉寢其皮，報雪前仇壯我聲威去！」蚩尤聽到這裏，又望一眼前去兄弟被割去胳膊，留下的仍在流血的傷口，頓然怒火騰起萬丈吼叫起來道。吼著，氣惱得四目噴火的獰猛蚩尤似乎忘掉了一切，將手中金光閃耀的赤金寶劍一揮，就要北去長江剿殺黃帝的禽獸隊伍。

「慢，兄長切切不可如此魯莽行事！兄長知道先前炎帝與黃帝三戰於涿鹿之野，前兩次都是手操勝券的。」蚩尤的二弟心機狡惡十分的蚩術見之不敢怠慢，急忙開口攔阻道，「而炎帝第三戰一敗塗地，則正是敗在這支禽獸隊伍之手。炎帝那樣神通廣大尚且敗在它們手中，我等豈可輕舉莽動！」

「二弟，你怎麼忘了炎帝是炎帝，我等兄弟是我等兄弟。炎帝奪勝它們不得，難道我們兄弟也就奪勝它們不得嗎！」正惱的蚩尤聽到

蚩術此言，仍是不以為然道。說著，又要引領隊伍北去長江。

「大哥，你這時怎麼突然忘了我們這次之舉，不是一時的莽撞之舉，不是先前那般為了與人拼個高下，而是為了組建起一支隊伍，」蚩術見之，即又連忙阻止道，「去鬥勝一統凡界的黃帝老兒！如今苗氏族人不歸，黃帝禽獸隊伍與我們為敵，你作為這支軍隊的首領，怎可再為一時之憤便行莽舉，要多作思謀才是啊！」

「二弟所言極是，氣惱險些使兄長誤了大事。今後，你要時刻如此提醒兄長才是！」蚩尤這時方纔被蚩術說得猛然醒悟過來，「叭」地摔掉手中赤金利劍，怒氣盡消道。隨著，他便與眾兄弟根據眼前情狀，計議起了應對之策。

「依據目前情勢，小弟認為我等還是先去說動苗氏族人為好。因為說動苗氏族人，比戰勝黃帝禽獸隊伍來得容易。這不僅是先易後難的問題，」議論之中，蚩術率先開口道，「而且說服苗氏族人，正可壯大我兄弟攻滅黃帝禽獸之軍的隊伍，加大奪勝黃帝禽獸之軍的把握。一舉剿滅黃帝的凶禽猛獸之軍，為炎帝報雪戰敗身死之仇！」

「二弟所言極是。如此我們就暫且放下黃帝的禽獸隊伍，前去說服苗氏族人。」蚩尤聞聽贊同道。但他剛剛說到這裏，便又轉為沉吟道，「可是如果依舊勸說苗氏族人不動，我兄弟軟的不行，硬的使用哪些招術呢？」

「這個我心想，先由兄長帶領十余位弟兄到苗氏族人居地，勸說苗山四首領。與此同時，剩餘兄弟則引領集來鬼神隊伍，」狡惡十分的蚩術這時邪眼一轉，即言道，「從四面把苗氏族人盡數包圍起來。一旦我們勸說不成，便即施號令把他們趕往一處，示之以威，用之以刑，使他們心生恐懼逼其青壯入我軍伍！」

「如此甚好！到那時，」蚩尤聞聽心喜，贊同道，「我們就正好

亮亮我們手中赤金利器的厲害，叫他們瞧瞧，懾服於他們！」

「不僅如此，」狡惡的蚩術又言道，「小弟近日還新造出了幾種刑具，屆時也正可一試。」

「噢，」蚩尤聞聽心中更喜，急問道「二弟都是新造有哪些刑具？」

「有赤金鍘，鍘人如同切瓜。有鎖人枷，鎖進休想逃脫。有死囚籠，被囚者欲死難成，欲活難忍。」蚩術立即如數家珍說著，即令人把這些刑具搬了過來。

蚩尤舉目看到，擺在他面前的赤金鍘金光閃閃，鍘刀犀利。他讓人弄來一捆柴草一試，那鍘「嚓」的一聲，便把草捆鍘成了兩段。如同切瓜一般輕易，鍘人可想而知。隨後他又試了木枷和囚籠，結果皆如蚩術所言。木枷鎖人人逃不走，囚籠囚人死活難成。蚩尤睹試之後心中大喜，開口連贊數聲「好」字，便即依蚩術之計行起事來。

苗氏族人居地與蚩尤兄弟居地相距不遠，眾苗氏族人皆知蚩尤兄弟的好戰與邪惡，加之他們自知其祖黃帝遠離他們保護他們不得。同時黃帝又是蚩尤兄弟的仇人，所以他們深怕自己與蚩尤兄弟激起仇恨，引起蚩尤兄弟與他們大戰。

如若那樣，他們苗氏族人雖然眾達兩千之數，而且為凡人中驍勇善戰之族，但終久不能敵過銅頭鐵額石頸的蚩尤兄弟。為此他們儘量以寬容對待蚩尤兄弟，避免生出戰端，使族人受到傷害。

前次，蚩尤兄弟前來欲圖憑藉他們苗氏族人對黃帝歧視的怨憤，說動他們與其結為同心共攻黃帝，實在使他們陷入了進退不能的境地。無奈末了他們只有表示中立，以照應左右關係，方纔躲過那難過的一關。

但是他們深知，先前他們雖然躲過了那一關，事情並不會就此完了。事情既已開頭，就說不定還會有更麻煩的進程在等待著他們。果

然正在他們如此擔心之時，傳來了蚩尤親領十余位兄弟，來到族人之中的驚人消息。苗山四首領聞之不敢怠慢，立刻向前迎了過去。

苗山四首領把蚩尤眾人迎入首領大堂，蚩尤也不掩飾，立刻再度說明了來意。為了說動苗氏族人歸心於他，他把黃帝如同炎帝所說說成是邪惡之源，劃在了非要剿殺不可之列。

苗山四首領弄清了蚩尤親自前來之意，真個是頓然陷入了得罪不敢，應又不成的更為尷尬境地。無奈之中，他兄弟只好仍以保持中立進行搪塞，但無奈蚩尤此來目的明確，堅決不允！

「諸位首領實在不該如此只顧骨肉親情，而不顧凡界平安凡人幸福。但是世間割絕親情也實在不易，這是人之常情！」蚩尤不允苗山四首領不應，雙方僵持之中蚩尤便開始施起了第二步方略，但見他開口打破僵局，對苗山四首領笑言道，「那麼好吧，不論你們如何，我兄弟與你們苗氏族人都是友情永存的！為此，我兄弟特備下一份薄禮，以獻給諸位首領作為紀念！」

蚩尤說完，即令抬來刑具，並傳令蚩術之軍趕聚苗氏族人。其兄弟聞令立刻抬來了蚩尤兄弟的薄禮赤金鍘、木枷和囚車。而且就在蚩尤向苗山四首領獻上此禮之時，四周眾苗氏族人都在蚩術鬼神隊伍圍趕下，驚怕地亂紛紛圍向了首領大堂周圍。

苗山四首領突睹此景，不知發生了何等事情心中正在驚詫，已見欣喜的蚩尤登上堂前的一座高臺，感情豐富地對圍來的驚怕苗氏族人大聲恐嚇起來道：「我蚩尤兄弟對待你們苗氏族人，是百分之百夠意思的！你們的先祖攻敗我們先祖，我蚩尤兄弟要想報仇，一動就可以盡數滅掉你們！」

蚩尤說到這裏故作停頓，以看苗氏族人作何反應。這時他看到從首領苗山到其眾族人，都陷入了驚怕之態，自己目的達到，便又接言

恐嚇道：「但我兄弟知道，你們苗氏族人並非黃帝嫡系後代。他視你們如同路人，盡把你們放養在這瘴疫之地荒僻之鄉不管不問，因而你們對他也心中充滿了憤懣。」

說到這裏，蚩尤又故意停頓一下，四目向苗氏族人一掃，向下故作寬容勸言道：「正因為如此，我兄弟方纔不忍心為報先祖之仇攻滅你等，而願與你們結為同心，共同前去攻殺成為凡界惡源的你們的先祖黃帝，既保凡界安寧凡人幸福，又雪你們和我們對他的怨恨。可是儘管我兄弟對你們心誠意篤，苦口婆心，而你們硬是不識好歹，這就怪不得我兄弟給你們獻上這份薄禮了！」

這時，獰猛的蚩尤傲慢得如同是這裏的主宰一般，輕蔑地向驚怕起來的眾苗氏族人掃視一眼。因為他們不知道蚩尤如此講說究竟要做什麼，這裏下步究竟要發生何種事情。蚩尤則隨著向站在其身後的兩個兄弟一個示意，他們便立即走上前臺，一個手持赤金劍，一個手揮重石刀，為展示其赤金利器，威懾聚來眾苗氏族人，雙方交起手來。

苗山四首領剛才也是不解蚩尤集來眾苗氏族人究竟要做什麼，正在擔心他們不會做出好事。這時見到蚩尤命其兄弟示威般打了起來，方纔最終明白是蚩尤軟說不成，開始來硬的。明白至此，本來就驚怕蚩尤兄弟十分的苗山四兄弟，這時更對蚩尤兄弟驚怕起來。

特別是他們又見到，那蚩尤兄弟手中的赤金利劍寒光閃閃，金輝灼灼，銳利輕便，不知是何種兵器那般厲害，為此心中更是驚怕十分。就在這時，兩個上場的蚩尤兄弟剛一交手，手持石刀的蚩尤兄弟手中的石刀，便「叭」的一聲被赤金利劍削成了兩段。手持石刀的蚩尤兄弟假裝不服，忙撿起地上的一根胳膊粗木棍打了上來。但又是剛一交手，木棍便被削成了兩段。

「怎樣，」蚩尤眼見此景，故意輕蔑地對苗山四首領戲謔道，「有

誰敢來一試嗎？」

「你蚩尤兄弟欺人太甚！別以為我苗氏族人一味忍讓便是無人，我這就讓你蚩尤兄弟知道知道，我們苗氏族人的厲害。看刀！」苗山四兄弟早就感受到了蚩尤兄弟欺人之甚，忍不住驚怕的心中陡地騰起了怒火。特別是生性剛烈暴躁的苗嶽，更是氣得早已鋼牙緊咬，這時聽了蚩尤如此輕蔑之言，更是感到身受巨大侮辱，忍不住立刻怒叫起來道。隨著其言，便已躍身揮起石刀，向手持赤金利劍的蚩尤兄弟殺了過去。

苗嶽的石刀儘管十分厚重，但終究敵不過蚩尤兄弟的赤金利劍。而且其石刀越是厚重其揮砍越是狠烈，蚩尤兄弟的赤金利劍就削得越加俐落。但見苗嶽的石刀猛地向蚩尤兄弟砍去，蚩尤兄弟見之揮劍一擋，便聽「颯」的一聲，苗嶽的石刀便如無物一般，被蚩尤兄弟的赤金利劍削成了兩段。苗嶽刀斷驟覺手中一輕，禁不住驚得「啊呀」一聲大叫。

「休得欺人太甚！」就在這時，苗嶺、苗峰也覺受辱不住，口中齊叫一聲，隨著一舞石錘一仗石槍，雙方出手向手持赤金利劍的蚩尤兄弟殺了過來。

「你兄弟齊上，又奈我何？我打發你們全上西天！」那蚩尤兄弟見如未見地口中說著，手中已是揮劍左右一擋，便把苗嶺、苗峰兄弟手中的石械斬斷。苗嶺二兄弟見之又是驚得一聲大叫，那蚩尤兄弟已借機把劍架在了苗嶽的脖頸之上，就要向前揮劍斬殺。

「兄弟且慢！讓他再嘗嘗我兄弟的薄禮，再死不遲！」蚩尤剛才言畢正想讓苗人上前試劍，以震懾苗人之心。又唯恐無人敢上，隨著看到苗家兄弟殺了上去心中正喜，倏地便見其兄弟的赤金利劍果然厲害，上者皆敗其兄弟就要斬殺苗嶽，便急開言止之道。說著，即讓其

身後眾兄弟一擁而上，趁著眾苗氏族人全被驚呆之機，捉住苗嶺、苗峰、苗嶽三兄弟，即將他們分別送進了赤金鍘、木枷和囚籠之中。

苗氏族人大首領苗山剛才眼見蚩尤來了硬的，心中立刻快速思謀起了對付之策。然而在他剛開始思謀之時，已見苗嶽被蚩尤兄弟打敗，心中一愣又見苗嶺、苗峰二兄弟被蚩尤兄弟打敗，那蚩尤兄弟揮劍就要將苗嶽斬殺。真個是使他這無可奈何的大首領，頓然更加無可奈何地驚愣在了那裏。

就在他驚愣之時，蚩尤眾兄弟又已把他三個兄弟送進了刑具之中。特別是苗嶺兄弟被按倒在金光閃閃的赤金鍘口之下，眼看著就要一鍘下去斃去性命。驚怔的苗山再也不敢怠慢，急忙開口無奈道：「別，別！蚩尤大王，我們苗氏族人歸順你了！」

「大哥，你這軟骨頭！我們苗氏族人頭可斷，卻不可身遭如此大辱！」躺倒在犀利鍘刀下的苗嶺聞聽大哥此言，立刻怒不可遏吼叫起來道，「大哥，你別說了，快讓蚩尤亂賊殺了我們吧！」

「大哥，你就快領咱苗氏族人，與這幫惡孽決個你死我活吧！」被擒囚的苗峰和苗嶽，這時也全都抑制不住心中的氣惱道，「死也死個氣派，咱苗氏族人豈可受此大辱呀！」

「不！」苗山聽了三兄弟此言，心中更加清醒過來否定道，隨著，他轉對蚩尤道，「大王，請將他們放開，我說服他們歸順大王。」

「殺，你們苗氏族人只有死路一條！你們的這三位首領，便是先例。」蚩尤聽了，這才「嘎嘎」怪笑道，「但是只要我們結成了誅除黃帝的同心，共保凡界太平凡人幸福，我們就仍然是朋友。好，既然苗山大首領有言，就把他們放開。」

蚩尤兄弟聞令，即把仍在斥罵的苗嶺三兄弟放了開來。苗山見之，即把他三兄弟領至一旁一陣言說，他三兄弟便與苗山一起，引領

五百個苗氏族人共同歸順了蚩尤。這是因為苗山作為大首領，剛才在無奈中急作思想，看到不歸順蚩尤眾苗氏族人眼前就要吃下大虧。因而心思一轉決計讓苗氏族人不吃此虧，而先詐順蚩尤，以伺時機或在戰場之上倒戈攻殺蚩尤，助黃帝先祖滅去此惡。

這樣，就也正好在祖上黃帝面前立下大功，使得黃帝收回對他們苗氏族人的歧視之見，而改為重看他們苗氏族人。為此他急忙應下了蚩尤，隨之又與苗嶺三兄弟一陣言說說服了他們，他四兄弟便統領眾苗氏族人歸順了蚩尤。

蚩尤眼見自己終於施法降伏了苗氏族人，不僅使其隊伍壯大起來，而且解除了將來攻伐黃帝的後顧之憂，真個是心中大喜。隨後一陣思謀，便決計立刻前去突襲扼守江邊的黃帝禽獸隊伍。

「黃帝的凶禽猛獸隊伍，正是我們的仇敵。我們雖然想說服它們歸為我用，但它們仍然死心塌地跟著黃帝，」於是蚩尤率先議與蚩術道，「與我們為仇敵，再說也難以歸順我們。為此，我決計立刻前去剿滅它們！」

「大哥所想極是，」蚩術這時贊同道，「但不知大哥心有何謀？」

「我想，先前我們的前輩炎帝，主要敗在這支凶禽猛獸隊伍手中。因而現在它們必然自視很高，不把我等放在眼裡。」蚩尤隨之講說自己之想道，「常言驕兵必敗，我們就趁它們心驕無防之時，來他個突然襲擊。我想，我等必會大獲全勝！」

「大哥所想甚好！那麼我等就即領隊伍返歸居地，待分發好赤金利器，」蚩術聽了大喜道，「即趁那凶禽猛獸隊伍不察我軍隊建成，毫無防備之時連夜襲之，奪取全勝！」

蚩尤聞之大喜，即麾剛剛組成的如此隊伍，返歸其居地葛盧山而去。 蚩尤的隊伍在途數日返回到葛盧山居地，蚩尤不待其軍兵休歇，

便搬出其鑄成的盡數赤金利器，把其軍兵武裝起來。隨後他即令其軍兵向北進發，並分派鬼神人和他蚩尤兄弟混編成四支隊伍，從四面包剿黃帝凶禽猛獸隊伍。

其中，蚩尤自領由苗山、魖魔和山鳩組成的隊伍從正面進攻。蚩術引領由苗嶺、魅魔和林猿組成的隊伍，迂回到北面進襲。其兄弟引領的由苗峰、魈魔和水獸組成的隊伍，包剿西面。其兄弟引領的由苗嶽、魖魔和澤蟒組成的隊伍，包圍東面。並約於第三日凌晨雞叫之前，發動襲擊。

巨雕與猛虎引領的兩千禽獸隊伍，遵照黃帝之命扼守在長江邊上，這時果如蚩尤所料自視很高，根本不把炎帝敗逃眾人放在眼裡。因為炎帝眾人皆為它們手下敗將，逃躲至此以後數月來再也不敢出來，所以它們就再也不把他們放在眼中。

前些日蚩尤兄弟前來遊說它們，巨雕與猛虎聞聽覺得大為好笑，便僅僅惡作劇般地砍去蚩尤兄弟的一隻胳膊，警告他們回去莫再妄動，過後便忘掉了此事。所以值此蚩尤引領軍伍悄然襲來之時，它們心無他想，高枕無憂，毫無防備。眾凶禽猛獸仍然「馬放南山」般各尋休歇之地，放心地休歇著。

就在這時，蚩尤所率四支圍襲隊伍，約定的突襲時刻到來了。但見被分作四支的蚩尤軍兵，從四面趁著夜幕的掩護，倏然向無防的黃帝凶禽猛獸隊伍包剿上來。他們悄然來到心無防備正在酣睡的凶禽猛獸近處，突然揮動手中的赤金利器，真個是一械一個，殺得眾凶禽猛獸立刻身死。

待到剩餘凶禽猛獸知覺之時，眾凶禽猛獸已被蚩尤軍兵殺死大半。混亂中剩餘禽獸急忙與之拼殺，但它們凡體肉胎，豈能抵擋得住蚩尤軍兵的赤金刀劍，雙方一陣大殺，兩千凶禽猛獸已經所剩不過

數百。

　　巨雕眼見情況危急急忙展翅飛離戰地，急向西泰山稟報黃帝而去。可憐虎王剩餘禽獸，飛禽飛逃不及，凶獸飛逃無翅。不一時便連同虎王，全被蚩尤戰團襲殺淨盡。

　　蚩尤剿滅黃帝禽獸隊伍之後聲威大振，即又招來眾多歸順凡人和歸順禽獸擴大隊伍。然後稍做整訓，便打起炎帝旗號，麾軍渡過浩浩長江，徑向中原腹地有熊帝都尋殺黃帝而來。

　　那飛逃的巨雕則一口氣飛到西泰山上尋到黃帝，急將蚩尤夜剿其隊伍的可怕場景，向黃帝講說了一遍。黃帝料想不到會生此變，聞聽巨雕此稟頓然驚得心跳色變，「啊」一聲怔在了那裏。

十六、蚩尤大戰

　　黃帝當然震驚，因為近段時間以來，他一直肯定地認為，仁德的炎帝涿鹿慘敗之後，躲在江南不再露面，是因為他不願再與自己交戰，禍亂於凡界凡人。因而他以後便也不會再出面來，交戰於自己了。

　　與此同時，他又看到炎帝敗後，凡界之上人獸鬼神全都歸心於道德之道，就連炎帝獰猛好戰的後輩重臣蚩尤，也歸心了自己。而且自己通過西泰山會盟，又張揚了武威震懾了邪惡，使得自己成了凡界公認的一統之主，自己的道德之道已經頒行並大治了凡界。從今往後，凡界就可以只有太平，凡人只有幸福，禍亂不會再起了。因而自己可以高枕無憂，盡享昇平之樂了。

　　為此會盟之後他心情悠閒，一直沒有離開西泰山一步。這期間他或在西泰山遊樂，或去昆侖山尋找曇花姑娘對他說的西王母居處，以期尋見王母娘娘，向其張揚自己大治凡界之功。同時更期望能夠見到他心底中摯愛著的曇花姑娘，與她暢敘難割難捨的互愛深情。

　　只是這期間，黃帝雖然去過昆侖山數次，卻都沒有能夠尋見臨凡的王母娘娘，便也沒有能夠見到自己日思夜念的曇花姑娘。黃帝尋找不見王母娘娘與曇花姑娘心思不死，便在西泰山上常住下來。一邊常去昆侖山上尋找王母娘娘與曇花姑娘，一邊在西泰山上靜享勝山之

樂。以期有朝一日找見她們，以不虛自己前來西泰山一行。

「大帝，大事不好了！一支龐大的兇猛隊伍，黎明前悄然偷襲我們禽獸隊伍。」就在黃帝在西泰山如此享受悠閒，慨歎美中不足的這日清晨，突然看見扼守長江防範炎帝的凶禽猛獸隊伍首領巨雕，孤零零一個落荒般飛落到了自己面前，氣急敗壞稟報道，「我們兩千禽獸兄弟，已經幾乎全部喪命在了他們手中。只逃出我一個，前來向大帝稟報啊！」

「啊！」黃帝驟聞此稟，真個是驚得頓如霹靂擊頂，口中一聲驚叫呆怔在了那裏。因為巨雕突然送來的如此惡報，與黃帝的心境和身邊的悠閒反差實在太大了，不能不把他震驚啊！特別是隨著他又聯想到這支禽獸隊伍，是在涿鹿戰勝炎帝的根本所在。這次驟然襲去的龐大軍伍，卻在驟然之間剿滅了這支無敵之軍，這軍伍的強大便是顯而易見的了。

看到這驟來軍伍的強大，黃帝心中不僅更加驚怕，而且又擔心起了自己強大的禽獸隊伍尚且轉瞬被其剿滅，如果這軍伍向自己突然殺來，自己又該怎樣去抵禦他們呢？為此，急劇的思緒翻滾沒有使黃帝長時間驚愣，他轉瞬便從愣怔中清醒過來，開口急問巨雕道：「何來如此軍伍？是炎帝率領的嗎？」

驚怕的黃帝這時實在心想不出，在此凡界之上除了炎帝，別的還有誰個能夠生出如此巨大能耐，組織起如此龐大的軍伍！因為他不相信仁德的炎帝會如此作為，與自己爭戰禍亂於凡界凡人。可他又心想不出如果不是炎帝，又該有誰個對自己仇恨若此，組織起如此龐大軍伍殺向了自己。

「事生驟然，夜又太黑，那軍伍又沒有旗幟。」如此心想不清之時，黃帝急問起了巨雕，巨雕聞問回答道，「混亂中，小禽眼見眾禽

獸轉瞬已被殺死淨盡。於是不敢怠慢，只顧急著趕來稟報事發，沒有看清是何來軍伍。」

「快，再去探看清楚，趕來向我稟報！」四面的黃帝聞聽巨雕此答，急火得八隻眼睛齊突烈焰，即命巨雕道。巨雕聞命不敢怠慢，即答一聲「是」字，重又展翅飛向東南探看而去。

巨雕去後，急火的黃帝立即召來后土眾臣，一陣計議起了此情。然而他們計議一陣，也都猜度不透究竟是誰突然組織起了如此龐大軍伍。風后與力牧說，是炎帝遭敗心怨，同時也為了自認為的確保凡界平安凡人幸福之理，組織軍伍前來剿除黃帝。然而黃帝則不相信事情會是如此，因為他知道其兄長是堅決反對自己組建軍伍的，所以他也絕對不會去如此建起軍伍。后土則隨著提出，定是那不辭而去的蚩尤作亂所為。

「蚩尤本為獰猛好戰之徒，且其又有八十一個尚武善戰的兄弟。過去在炎帝面前就經常言戰，屢屢受到嚴斥方纔甘休。」后土有理有據道，「祝融、刑天、共工雖然也皆勇猛善戰，但皆無此徒魯猛，因而我斷定是那蚩尤作亂最有可能。」

「后土言之有理，」力牧這時轉為贊同后土之言道，「不是炎帝，蚩尤作亂大有可能！」

「因為據我猜測，前番會盟之日蚩尤前來歸心，或者即為詐順大帝窺伺真情，為其這次起兵預做準備。不然為何會盟之後，頓然不辭而別失去了蹤跡？」后土這時繼續其言道，「因此，一定是他返回之後不受炎帝約束，自己組建軍伍攻殺我們而來，以報上次失敗之仇，爭奪凡王之位。」

黃帝與風后眾臣子聽了后土此言，雖然也都覺得言說有理也有可能，但又覺得若不是炎帝組建如此軍伍，他斷然不會允許蚩尤或者祝

231

融、刑天、共工組織軍伍，挑起如此戰端。因而，黃帝與眾臣議論過來議論過去，依舊不得而知。

「大帝，小雕已經探察清楚。那軍伍為炎帝組建，」就在這時，巨雕返來落腳黃帝面前稟報道，「現已張起炎帝大旗，向北殺往有熊帝都方向而去。」

「你看清楚了嗎？」黃帝聞聽巨雕此稟，依然心中不通道，「真是炎帝的旗幟嗎？」

「看清楚了，」巨雕肯定回答道，「小雕不敢含糊！」

「那麼，」黃帝仍不相信，追問道，「你看見炎帝了嗎？」

「那隊伍由人獸鬼神混合組成，小雕只能遠看，」巨雕這時回答道，「因而沒有看見，炎帝是否就在隊伍之中。」

「大帝，依據伏羲爺的八卦變易之理，凡界一切都在變易之中。炎帝的思想，難道就不會生變嗎？」風后眼見黃帝仍不相信是炎帝領軍殺來，以為是黃帝囿於成見所至，因而急忙開口提醒道，「為此一定是他組織的軍伍，不然又有誰個能有如此巨大的能耐！」

「不，我相信我的頭腦。」正在愁思不解的黃帝聽了，依舊不相信會是這樣道，「我堅信我的直覺！」

「我想，一定是狡惡的蚩尤僭越炎帝之號，」后土這時則接上話來道，「假借炎帝旗幟，率軍攻殺而來。」

「好了，大家不要再如此推猜爭論了。事情至此，我想現在首要的是兩件事。一是我們要設法儘快弄清這軍伍之首究竟是誰，以便我等決定對策。」黃帝經過一番思想，這時已經思慮成熟，隨即開口道，「二是不論是誰引領軍伍，那軍伍既已向我等殺來，我們雖然首先還是要以仁德攻服其心，但也必須立刻做好武備。」

后土眾臣聽了，齊言黃帝言說極是，紛紛求問自己去做什麼。黃

帝隨即道：「殺來軍伍龐大狠猛，我等不僅掉以輕心不得，而且必須設法迅疾組建起一支更大的軍隊，以備擊敗如此龐大軍伍使用。」

講說至此，他即命巨雕重新組建禽獸隊伍，神荼與鬱壘組建魔鬼隊伍，力牧擴大凡人隊伍，風后組建神靈隊伍。安排完畢，他約於眾臣道：「我與后土立刻引領現有軍伍前去有熊，以弄清殺來戰團首領究為何人，並以道德攻服那人之心。你等各自組建起隊伍之後，要迅疾趕往有熊會齊，以備急用。」

「遵命！」力牧眾臣答應一聲，即分頭行動而去。黃帝則即領后土眾臣與現有隊伍，迅疾趕回有熊而去。黃帝在途疾奔數日回到有熊帝都，探知那軍伍已經殺到宛丘。聽聞此報，黃帝便即議與后土眾臣道：「為了弄清那軍伍首領是誰，並以道德之道說歸其心，我決計立刻前往宛丘一行。」

說著，黃帝便要把一應事務托囑給后土，起身前去。后土眾臣聞聽其言目睹此景，齊忙開口攔阻道：「大帝不可如此！」

「大帝不可前去！」黃帝聞聽一怔，后土則急趁機又言道。隨著，他便講說了黃帝前去凶多吉少的道理。他說，那軍伍如果真為炎帝所率，黃帝此去必被其擒，正可謂自投羅網。如果那軍伍不是炎帝所率，黃帝此去則就更加危險，將就不僅是被擒而可能是被殺的境遇了。

因為事情十分明顯，他們組織起如此龐大軍伍向北殺來，目的就是要殺死黃帝！所以黃帝此去不僅不能以道德說歸其心，而且只能是前去遭害，就連弄清那軍伍究竟是誰引領的目的，也實現不了。

「不，必須我親自前去！為了避免這場大戰，」黃帝聽到后土說到這裏，雖覺后土所言甚為有理，不由得稍作猶疑，但隨後，為了凡界安寧即又顧不得那許多，堅定起來道，「免去凡界之亂凡人之苦，就是虎穴我也要下，刀山我也要闖！」

「大帝萬萬不可如此！您想，您若一去遭到不測，您的旗幟就要倒下。道德之道的頒行就要終止，」后土見之，頓然急得雙眼火突急言道，「凡界大亂凡人遭難的場景就要出現在眼前啊！因而這不是你個人的生死問題，你個人生死事小，凡界安寧凡人幸福事大呀！為此，大帝絕對不可前去！」

「那麼我不前去，怎麼探明那軍伍首領是誰，」黃帝重又被后土說得猶疑起來，無奈道，「進而頒行道德之道呢？」

「大帝，」后土聽了黃帝此言，頓現堅毅之態斬釘截鐵道「我去！」

「不，你也不能前去，」黃帝聞聽，則即不同意道，「你去同樣凶多吉少！」

「是的，大帝。但我去雖然同樣凶多吉少，可即便我被殺死，您的旗幟卻不會倒，」后土這時則堅定講說理由道，「道德之道的頒行也不會停止！同時我想他們也絕對不會殺害我的，不論是炎帝還是別個。」

「這個，」黃帝仍是猶豫道，「容我再想想。」

「不用再想了，大帝。因為他們殺我無濟大事，都會遣我回來向您報信的！」后土繼續講說道，「再說，我也可以代替大帝講說道德之道，探查率軍之人究竟是誰，因而我是前去最為妥當之人！」

「那麼你此去同樣凶多吉少，要多加小心隨機應變才是。」黃帝這時心思轉動一陣，方纔無奈最終同意道，「要速去速回，前輩在盰盼著你的消息啊！」

「一切敬請大帝放心，臣下定然不負大帝之望！下臣告辭了。」后土聽到黃帝同意下來，立刻答辭道。隨著，便要起身離去。

「請大帝放心！」黃帝心知后土此去非比尋常，因而心情沉重地止住后土，端詳再三。后土見之心中更是激動不已，口中連連道。隨

後，才在黃帝與眾臣依依不捨相送中，生離死別般辭別往宛丘奔去。

后土在途數日來到宛丘地面，遠遠便看到宛丘地面之上，旌旗獵獵，鬼神人獸兵覆遍野，真個有鋪天蓋地之狀。眼見此景，后土也心中禁不住暗歎起了這軍伍的浩大威猛，更加奇詫究為誰個在如此驟然之間，組建起了如此龐大的軍伍！暗歎奇詫至此，后土便也禁不住加快腳步向軍伍在處走去，以期早些探清真情，以用道德之道說服軍伍首領，免去凡界之亂凡人之災。

后土如此轉瞬來到軍伍近處，早被哨卒抓住押往營內。營內首領一番訓問，查知后土身為炎帝之後原為炎帝重臣，今從黃帝處前來軍伍面見軍伍首領，便即命哨卒把他押往軍伍大營首領居處而去。

「請傳報大帝，有黃帝重臣后土前來相見。」后土轉瞬被押至軍伍大營首領居處，但見首領居處炎帝大旗迎風招展，一哨卒即向在首領居處守衛哨卒稟告道。守衛哨卒進內一番稟報，返回身來喊喝道：「押進帳來！」

隨其喊聲，后土便被押入了首領居處大帳之內。后土自從開始進入這軍伍，就一直在伺機探清其首領究竟是誰，只是至此未能探查清楚。剛才聞聽哨卒話中有「請傳報大帝」之語，心中方纔頓覺解頤開來，明白軍伍組建者原來還是其前輩炎帝。因為他知道只有炎帝，才能敢樹這炎帝大旗並堪用「大帝」稱謂。再說除了炎帝，誰個也沒有迅疾組成如此龐大軍伍的能耐！

為此他隨後聞聽哨卒傳呼把他押入帳內，心中便禁不住一陣高興起來。因為首領既是其前輩炎帝，話就要好說多了。為此他求之不得立刻進帳見到炎帝，腳下不由自主地加快了腳步。

但是后土進入大帳一看，展現在他面前的場景卻大出其預料之外，使他頓然大為詫異起來。他看到，坐在大帳正中帝位之上者，不

是其前輩炎帝，而是獰猛好戰的蚩尤！后土眼見至此，頓然大為不解這究竟是怎麼回事。是蚩尤故意坐在了帝位之上氣惱於他，炎帝故而不見自己設下的如此場景，還是正如自己過去所料，果真是蚩尤僭越炎帝之號，自己做起了所謂的「炎帝」？

詫異至此他對這兩種結局都氣惱不已，為此他勃然大怒，恨不得立刻就要開口大罵邪惡的蚩尤。然而就在他正要開口之時，卻突然想到這不是自己罵的時候。為此他立刻強壓下滿腔的怒火道：「炎帝前輩呢？」

「問他幹嗎？」蚩尤坐在帝座上不以為然道。

「我有話要對炎帝講說！」

「炎帝罵你是他的逆種，不是他的後輩子孫！」狡惡的蚩尤這時也不願暴露自己僭越炎帝帝號之事，因而四目一轉隨機應變道，「他不願見你，故而避了開去。叫你有話對我講說！」

「你這惡孽，竟敢僭越至此坐在炎帝帝座之上，還想取代炎帝聽我講說，」后土這時頓又難抑怒氣喝叫道，「你邪惡至極！快快讓我面見炎帝！」

「是炎帝不見你這逆種，」蚩尤這時心中雖惱，表面上卻冷冷一笑道，「你奈我何？」

后土則繼續怒叫道：「快領我面見炎帝！」

「炎帝有言，」蚩尤則繼續冷笑道，「我不敢引你這逆種見他！」

「你——」后土這時雖然氣惱至極，但卻無奈道。

「前輩此來究有何意，就快說吧。」蚩尤見之重又淡淡一笑道，「如若不然，那就請便！」

「你這惡孽！我道炎帝絕對不會如此逞惡，如今果然是你這惡孽僭越炎帝之號，行惡於凡界敗壞炎帝之名！」正惱的后土聽到蚩尤竟

然就此下了逐客令，心中便頓然進一步認定是蚩尤僭越了炎帝之號，自己先前推想無誤。因而忍不住怒火陡騰萬丈，怒對蚩尤道，「你不讓我見到炎帝之面，是因為炎帝不在這裏。你自稱大帝，罪豈容赦！」

「前輩，無論如何，今日你也見不到炎帝前輩！」蚩尤對於后土此言，仍是表面不慍不怒道，「你如此罵我，別說事情不是如此，即便真個是這樣，你又能夠如何呢！」

「你……」后土耳聽至此，更知自己來前所料果為真實，更加氣惱得說不出話來道。

「若論血親，你是我蚩尤的前輩，是炎帝的後代血親，比我與炎帝更親。俗言血濃於水，骨親於肉。」蚩尤見到此景，狡惡的心機一轉立刻改用拉近乎之招，反過來欲勸后土歸心道，「炎帝身遭慘敗之辱難道你就無動於衷，心安理得不成？若是如此，你不就正是炎帝所斥的逆種了嗎？炎帝為此拒見於你，又有何不該呢！」

后土這時既已察知是蚩尤僭越了炎帝之號，便料定炎帝不在軍伍之中，所以認定再說求見之事也無可能。為此老成的他心中一轉，便想到既然不是炎帝率這軍伍前來，而且炎帝又不在這軍伍之中，他代黃帝用道德說服軍伍首領的任務，便落在了說服這狡惡的蚩尤身上。

想到這裏，后土對蚩尤雖然更惱十分，但他只有強抑心中的氣惱，不再講說要見炎帝。而採用將計就計之法，依照蚩尤之言向下順水推舟道：「後輩所言雖然有理，但我認為卻也並不全部有理！」

狡惡的蚩尤這時當然更有他的思想，他剛才氣惱之中突然想到，后土曾經先為炎帝重臣今為黃帝重臣，炎帝身死去了，自己如能說動后土歸心自己，就可大壯自己軍伍聲威，同時也大為瓦解黃帝的力量。這無疑是對自己實現「新一代炎帝夢」的最大幫助！為此為了實現他的這一目標，他隨著氣惱不惱獰猛盡藏，狡詐的四目一轉，故作

動情地開口反勸起了后土。

「你說什麼？不全有理？那麼你就是說血不濃於水，骨不親於肉？」然而他剛才講說完了這時耳聽后土此言，心中雖惱卻為了繼續向下說服后土歸心，便忍住氣惱反言道，「你對炎帝慘敗之辱無動於衷，也不是炎帝的逆種，你這是什麼道理？難道凡界真有這樣的道理嗎？」

「後輩這就把話說遠了，我並非這個意思！我是說，後輩前番話語雖然說的有理，但卻只是講了家庭的骨肉親情，」蚩尤想如此用話語把后土堵得張口結舌，然而后土為了說動蚩尤，聽到這裏卻淡淡一笑道，「只看到了小家而沒有看到大家，只看到了自家而沒有看到天下，所以就不全部有理！」

蚩尤突聞此言，心中一時沒有轉不過彎來，不解其意但又為了不露示弱之態，立刻開口反問道：「你這是何意？」

「是的，若從小家親情上說，我確為炎帝的不孝之後。但若從凡界凡人這個大家上去說，我則就是炎帝最為孝順的後代了！」后土這時滿臉盈溢仁和之氣，對蚩尤之問避而不答，繼續自己之言道，「你想，炎帝頒行仁德之道的最終目標，不就是為了凡界安寧凡人幸福嘛！而我則看到炎帝的仁德之道實現不了他的目標，相反則只能孕生出凡界凡人的禍亂。」

「你……」狡惡的蚩尤聽到這裏，方纔頭腦轉彎明白了后土的意思，陡生氣惱道。

「後輩聽我說完。我為了實現炎帝欲要實現的目標，苦苦地追索能夠實現這一目標的方法。末了終於尋到了黃帝所頒行的道德之道，」面溢仁和之氣的后土則依舊不慍不怒，不容蚩尤講說，侃侃向下道，「因而便追隨起了黃帝！我雖然追隨了黃帝，但還是為了實現炎帝的

目標，只不過這叫作異曲同工、殊途同歸罷了！」

「你這是詭辯！」蚩尤這時氣惱道，「胡說！」

「因而，黃帝與炎帝之間並沒有質的區別，沒有敵我之分，只不過是實現共同目標的方法不同罷了！我找到並追隨了為實現炎帝的目標，」后土不容蚩尤打斷其言，繼續勸說蚩尤道，「炎帝沒有找到的方法，並為之努力奮鬥。因而從凡界凡人這個大家上去說，我又怎能不是炎帝最為孝順的後代呢！」

「你，」蚩尤聽到這裏，更是被后土說得四目大睜，張口結舌起來道，「你這是詭辯，胡說！」

「這是實言，這不是詭辯！我對你要說的還有，後輩組建起如此龐大的軍伍，作亂於凡界，」后土則依舊平緩勸言道，「是既違背炎帝之意也違背黃帝之意的，因而黃帝對你仍以仁德為先，讓我前來勸說於你。期望能以道德之心感化於你，達到熄滅戰火，免去凡界之亂凡人之災目的！」

「你要勸說於我！」蚩尤這時已是氣得忍不住了道，「告訴你，你是妄想！」

后土為了勸言成功，不顧蚩尤氣惱道：「你若能聽信我之言，你就是為實現炎帝的目標盡了心力，才是炎帝的孝順之後。否則，你就實堪謂炎帝的不肖後裔了啊！」

「后土，你不要再說了！你為自己辯解，就是為黃帝辯解，就是與炎帝割絕了骨肉親情！但是你割斷與炎帝的骨肉親情，」狡惡的蚩尤聽到這裏，實在是再也忍不住了心中的氣惱，因為他本想勸說后土歸心自己，方纔壓下氣惱藏起獰猛，但他實在料想不到，后土反說得自己無言以對起來，為此他禁不住勃然大怒，四目怒睜道，「甘做炎帝的逆種，我可不割斷這骨肉親情，我要做炎帝的賢後，行炎帝之道

實現其目標！那麼我行炎帝之道，你行黃帝之道，我們就道不同不相與謀……」

「不，剛才我已說過。我們這叫作異曲同工，殊途同歸。」后土這時雖知善心難動惡腸，但他為了完成身肩黃帝交給的重任，仍想盡力說服蚩尤道，「因為炎帝與黃帝沒有根本的利害衝突，只有實現共同目標的方法不同。為了實現共同的目標，你應該聽我講說下去！」

「不，你說的這一套完全是黃帝的一套。上次你勸說炎帝，」狡惡的蚩尤這時已經怒火騰起萬丈，當然不會再讓后土繼續講說，隨之道，「後來會盟之時我又聽了你們之說。我都聽說過了，不必要再聽了！」

后土聽到蚩尤堵死了自己繼續勸言之機，知道自己不能繼續講說，就無以勸說蚩尤棄惡從善。沉穩老成的他為此也頓然不由得沉穩不住，心中焦急起來道：「你！你這僭越的惡孽，你不聽勸，難道就真的要這樣禍亂於凡界凡人嗎？」

「不，禍亂於凡界凡人的不是我蚩尤，而正是你與黃帝老兒！你們尚武好戰，奪去炎帝的一統凡界之位，」蚩尤這時更不相讓，聞聽此言一陣獰笑道，「推行邪惡的道德之道，你們才是大逆不道的壞蛋，在必須剿除之列！我如此行事，正是替炎帝施善於凡界凡人，為凡界凡人除去邪惡之源！」

「胡說！」后土聽後勃然大怒道，「你這顛倒黑白的惡孽！」

「正因此，若是出於大公之心，我這就殺了你這惡孽，削去邪惡的黃帝老兒一臂。」蚩尤聽了則占著主動，又生一聲蔑笑道，「但出於私情，後輩保得前輩一命不死。讓前輩速去告知黃帝老兒，我蚩尤保駕炎帝剿惡除他去了。叫他好生歸順，免得動起干戈禍亂凡界凡人！」

「你這惡孽，你禍亂於凡界凡人，」后土聽到這裏，更是氣惱至極道，「你絕對不會有好下場！」

「先不說那些，那要讓時間去驗證！我們先說眼前。眼前我公私兼顧，」獰猛的蚩尤對后土此言聞若未聞，狡惡狠毒道，「雖不殺你，但卻也不能就這樣讓你好生回去。我要削去你一臂，以示我公心私情兼顧之心！」

氣惱的后土聽了蚩尤此言，心中雖惱卻也不禁一驚。他正要再行斥罵這狡惡至極的蚩尤，卻見蚩尤言畢即令屬下向他擒來。后土抵擋不住，眨眼已被蚩尤屬下擒住，出劍「颯」地削去一臂，並把他立即趕出了宛丘。蚩尤如此趕走后土之後，便即令軍兵造飯吃畢起程，追隨后土之後一路浩浩蕩蕩，徑向黃帝所居有熊帝都殺赴而去。

后土被削去一臂趕出宛丘之後，無奈只有負傷忍疼返回有熊稟報黃帝。后土強忍失臂巨疼，在途數日回到有熊見到黃帝，即向黃帝講說了自己沒有見到炎帝，看來是蚩尤僭越炎帝之號率眾行惡而來，以及自己勸說不成反被削去一臂的經過。

「蚩尤小兒，不除去你這惡孽，」黃帝看著后土斷去之臂耳聽后土此言，勃然大怒道，「怎消我心中之恨，怎保得凡界太平凡人安寧！」

然而黃帝怒叫完了，立刻想到他所居有熊地方距離宛丘不遠，其身邊又只有自己從西泰山帶來的那支數少員雜的人獸鬼神隊伍，以及巨雕、神荼和鬱壘剛剛組建起來的禽獸和鬼怪隊伍。這些隊伍皆為剛剛組合起來的烏合之眾，戰鬥力當然十分低下。風后則沒有帶領神靈隊伍來到，力牧也沒有帶領訓練有素的凡人隊伍到來。如果這時好戰的蚩尤跟隨后土之後，率其龐大軍伍殺來，自己如何抵擋得了！

想到這裏黃帝心中不由得掠過一絲驚怕和焦急，但是風后與力牧依舊未到他也無奈。無奈之時他只有邊命后土好生養傷，邊命身邊

臣子倉頡、伶倫、尹壽、禺虢、鬱壘、神荼和巨雕立刻行動，編整所有彙聚在有熊的人獸鬼神隊伍，以在最大限度內做好對付蚩尤軍兵的準備。

做好如此安排，黃帝隨著又心想起了下步對付蚩尤軍兵之策。黃帝一陣思想，首先認定炎帝不在軍伍之中，因為據他所知，他兄長是絕對不會同意組建如此龐大軍伍的。但他隨著又進一步問起了自己，那麼蚩尤組建起如此龐大的軍伍，炎帝為什麼不阻止呢？而且又讓蚩尤打著他的帝號，殺向了自己呢？他想像不到炎帝會死，因而他想到這裏，又弄不清楚了其中的根底！

黃帝弄不清其中根底便不再深究，隨著思謀起了對付蚩尤軍兵之策。作為大仁大德之帝，這時黃帝想到的對付蚩尤軍團之策，首先仍是採用道德之法。雖然前次后土代他前去宛丘以道德勸說蚩尤丟去一臂，但他為了凡界安寧凡人幸福，把蚩尤軍伍造成的禍亂減小到最小限度，還是決計由自己前去再用道德之道勸說蚩尤，使其棄惡歸心，免除大戰造成禍亂。

同時他也想到，自己的隊伍眼下看來遠不是蚩尤軍兵的對手，若能以道德之道說服蚩尤，避去此戰也可使自己免去戰敗之厄。因而想到這裏，黃帝更加堅定了再以道德之道說服蚩尤之心之想，並決計自己立刻動身前去說服蚩尤。然而，就在黃帝正要把自己前去之想，議與剛剛召來眾臣之時，哨探已是來報導：「大帝，炎帝戰團殺過來了！」

「真的嗎？」黃帝突聞此報，驟然一驚道，「竟然來得這麼快疾！」

「真的，」哨探道，「小人親眼所見！」

「好吧！看來我只有講說道德之道於戰陣之上了。你們快去帶隊隨我迎那蚩尤！」黃帝無奈即命眾臣道。隨後黃帝與眾臣引領隊伍迎出有熊帝都，便見蚩尤軍兵打著炎帝旗號，浩蕩起沖天的煙塵，殺了

過來。

　　轉眼兩陣對圓，黃帝看到果是獰猛狡惡的蚩尤出到陣前，心中雖然氣惱至極，但為了以道德之道勸其歸心，依舊強壓怒火對之開口講說道：「蚩尤晚輩，前番西泰山會盟，我待你不薄，並講說了我之道德之道與炎帝仁德之道的不同和共同目標。你當時口服心服，今日為何不思凡界之治，竟率如此軍伍禍亂凡界？你的仁德之心哪裏去了？」

　　胸懷爭做「新一代炎帝」禍心的蚩尤，這時眼見黃帝親迎過來心中正喜，因為他正想在此一舉擒獲黃帝，一統凡界奪得凡界之主之位，使自己的美夢變為現實！因而便心中只想對黃帝開始進攻，沒有心思再與黃帝辯說，為此他立刻開口大叫道：「黃帝老兒休得再言詭辯，反正炎帝說你的道德之道為邪惡之源，命我為先鋒前來擒拿於你以除邪惡，並為其報雪前番慘敗之仇！你不是口口聲聲對晚輩講說要免除凡界之亂凡人之災嘛，那麼你就束手就擒避免大戰，為凡界凡人免去禍災吧！」

　　「你這惡孽！」黃帝聞聽蚩尤此言，實在難耐氣惱道，「實在……」

　　但那心懷禍心的蚩尤不待黃帝說完，已是麾動所率軍兵奮力向黃帝戰陣殺了過來。黃帝眼見自己不戰再講道德已無時機，完全喪失了以道德勸化蚩尤棄惡從善的可能，再也難以為凡界避開這場大戰，實在是氣惱無奈到了極點。然而無奈之中，又見蚩尤軍兵殺到了面前。黃帝無奈，只有一邊麾動所率軍兵迎殺蚩尤殺來軍兵，一邊揮動手中降龍杵迎向了殺到自己面前的蚩尤。

　　頓然之間，只見兩支軍伍殺在一處，塵頭大起，遮蔽了天日。殺聲震天動地，令人聞之顫慄。黃帝與蚩尤鬥在一處，一個手使法寶降龍杵，一個手揮利器赤金錘，殺得難分難解難見高下。如此轉眼打鬥多時，黃帝眾兵殺得奮勇，拼死與戰。蚩尤眾兵個個忘死，殺得狠

猛。雙方暫且不見高下，不分勝負。

正在雙方如此惡戰之時，黃帝眾兵左右兩翼和身後卻突然響起了震天的殺聲。隨著這殺聲的驟起，黃帝眾兵看到如潮的蚩尤軍兵，突然鋪天蓋地從三面圍殺上來，與正鬥的蚩尤軍兵一起，恰好把他軍兵從四面圍在了正中。

「不好！」黃帝與眾兵見之大驚，黃帝口中大叫一聲，急躲開蚩尤棄戰向後便走。蚩尤看見豈肯放過，急隨黃帝之後窮追猛殺，非擒黃帝而不可。黃帝眾臣見之，則拼死抵住蚩尤護定黃帝，引領被圍眾兵向有熊方向突圍而去。

十七、女魃建功

獰猛的蚩尤實在狡惡至極，在他引軍從宛丘出發之時，心中便思謀到了自己如此引軍，迅疾趕到黃帝軍伍面前，大仁大德的黃帝對他必定仍以講說仁德為先，決不會施計伏殺自己之軍。為此他決計尋到黃帝軍伍之時，再用剿殺扼守江邊巨雕與猛虎禽獸眾軍之法，一舉剿滅黃帝之軍擒獲黃帝。

為此他率軍來到有熊近處探知黃帝率軍駐在有熊，便立刻兵分四路。一路自己率領從正面攻殺黃帝，另三路則分頭悄然繞到黃帝之軍左右兩翼和背後。在自己與黃帝開戰之後，迅即從三面突然包圍了上來，一舉殺敗了黃帝之軍。

蚩尤眼見自己奇計實現心中大喜，正在一邊麾軍奮力剿殺黃帝敗軍，一邊大戰以期擒住黃帝，把自己爭做一統凡界「新一代炎帝」的美夢立刻變為現實。但不料與蚩尤正殺的黃帝眼見敗景不敢怠慢，急忙躲過蚩尤之錘在眾臣護衛下，返身向有熊方向突圍而去。

黃帝頭腦反應機敏，突圍奔走疾急，加之其所率軍兵剛剛與蚩尤軍兵開戰，尚且死傷不多。因而他們在黃帝的引領下，集中力量一陣舍死拼殺。便殺開了一條血路，突出重圍奔向了有熊帝都。

「都給我追，讓他們一個也逃跑不掉！」戰況如此驟變使得蚩尤

心藏的美夢頓成泡影，為此隨著他心中幻想的破滅，高興之情頓然飛到九霄雲外。氣得他怒不可遏，急對軍兵吼叫起來道。隨著吼聲，他便率先向奔往有熊的黃帝眾軍，拼命追殺了過去。

因而黃帝突圍眾軍剛剛逃進有熊帝都，便見蚩尤軍兵又隨之追殺過來。黃帝知道自己之軍守不住有熊帝都，力量薄弱不是蚩尤軍兵的對手。因而他不敢稍怠，急棄有熊帝都引兵向西北逃去。

蚩尤見之大惱，即麾眾軍在後疾追不放。黃帝眾軍無奈，只有向前拼命奔逃，以躲過蚩尤軍兵追殺。黃帝眾軍就這樣逃啊奔呀，轉眼已經奔逃過去半日一宵，到了第二日早晨。

這時，黃帝眾軍一路奔逃，真個是又累又餓奔逃困難起來，但那蚩尤追軍卻追趕迅疾仍如先前。黃帝眼見自己之軍處境愈來愈加險惡，同時又想到再往北逃不遠，就會遇到黃河攔路，心中頓然大驚起來！因為如果蚩尤軍兵真把他們追到黃河邊上，他們渡不過去黃河，再戰又抵擋不住蚩尤軍兵，就只有全軍覆沒死路一條了！

黃帝為此越逃心中越加驚怕，越不得不在奔逃中思謀脫此厄境之策。然而儘管他思來謀去，卻思謀不出對付之策。處此無奈之境，只有疾急奔逃的黃帝，不禁口中發出無奈慨歎道：「天啊！難道我軒轅的道德之道真是邪惡之道，必在破滅之列嗎？」

「力牧將軍來了！我們的隊伍來了！」然而黃帝慨歎之音未落，卻聽前邊眾軍驟然高叫起來道。正在無奈的黃帝突聞此喊，先以為是自己無奈之時心生過甌期盼，產生幻覺耳朵聽錯了聲音，隨後又以為是喊叫的眾軍眼睛看錯了事物。末了才急忙朝喊叫眾軍眼望的方向看了過去，剛看一眼他便大喜起來。

因為那果真是力牧率領訓練有素的千餘軍兵，旋風般從北方疾馳奔來，真可謂浩蕩威猛勢不可擋。黃帝心喜之餘也不怠慢，但見他即

令隨他眾軍停止奔逃，立定陣腳讓出路來，以與力牧眾軍合兵一起，共同攔殺追來蚩尤軍兵。

「不除此孽，凡界怎平！」力牧率領眾軍轉瞬來到黃帝面前，聞知黃帝眾軍被蚩尤軍兵戰敗逃奔至此，勃然大怒道。隨著便麾動率來精銳之軍，排山倒海般向追來蚩尤軍兵殺了上去。

蚩尤軍兵剛才眼見黃帝敗逃之軍只顧奔逃已無還擊之力，因而再追下去就可擒住黃帝，便只顧拼命向前窮追。這時不僅突見力牧率軍救援黃帝而來，而且看見力牧眾兵皆乘戰車之上，在平地上排成一線，颶風般衝殺過來，其勢之猛銳不可當，其威之壯如山似河！蚩尤軍兵雖壯，但皆為剛剛集合起來的烏合之眾，哪裏見到過如此氣勢豪壯訓練有素、銳不可當之軍！因而禁不住一驚全都駐足在了那裏，木呆呆地望著力牧之軍向前殺來。

「你們怕什麼，他們有車，我們有赤金兵器。他們的馬拉戰車，也是敵不住我們的赤金利器的！隨我上，殺呀！」蚩尤眼見此景，立刻對其軍大叫道。隨著這聲喊叫，蚩尤率先揮錘向前，帶領聽了其言方纔清醒過來的軍兵，一陣向力牧和黃帝之軍奮力迎殺上來。

頃刻間，只見他們二軍數千人獸鬼神之軍迎在一起，鬥在一處，展開了一場你死我活的惡戰。直殺得颶風狂捲，殺聲震野，天昏地暗！力牧所率之軍立乘戰車列隊向前猛衝，蚩尤軍兵皆為步戰之兵抵擋不住。一陣便被力牧之軍沖得東倒西歪，撞死軋死不計其數，不死軍兵則急忙返身向後潰逃起來。

「快砍，我們的赤金利器是無所不破的！」蚩尤見之大急，高叫道。蚩尤軍兵聞聽蚩尤此喊，無奈中方纔疾急地不論何處，胡亂向力牧之軍的戰車、駕馬和軍兵，奮力砍殺過去。

蚩尤軍兵的赤金利器果然無所不破，他們一陣砍殺，便將銳不可

當橫衝直撞的力牧眾軍之車，砍得停下不少。阻住了其銳不可當的衝撞之勢，逼迫力牧之軍與之拼殺起來。

力牧之軍失去了戰車衝撞優勢。蚩尤軍兵手有赤金利器，拼殺起來力牧之軍抵擋不住，轉眼便已陷入失利之境，被蚩尤軍兵殺傷無數。黃帝見之急命力牧眾兵後撤，但是混亂之中戰車後撤困難。蚩尤軍兵趁機又將黃帝軍兵殺傷無數，使得黃帝眾軍再次陷入了大敗之境。

好在黃帝天數不該敗喪，因而就在黃帝如此再陷無奈境地之時，突聞蚩尤軍兵左後方殺聲驟起，驚得正殺的蚩尤軍兵一陣大潰起來。無奈的黃帝突睹此景，正在心奇何來軍兵擊潰了蚩尤軍兵，便聽力牧對他高叫道：「大帝，是風后引領眾神隊伍，攻殺蚩尤來了！」

黃帝聞知大喜，急忙重麾遭敗眾兵，向潰敗的蚩尤軍兵隨後殺了過去。黃帝眾軍如此一陣大殺，蚩尤軍兵更加抵擋不住。蚩尤見之不敢怠慢，急令敗兵向南奔逃而去，以便重作休整下次再戰。

風后與力牧見之，急令眾兵隨後窮追。黃帝見之阻止道：「不可窮追，蚩尤軍兵厲害！我等快快集結隊伍，計議剿除此惡之策要緊！」

風后與力牧不知蚩尤軍兵根底，經此一戰覺得乘勝追擊定然可破，便仍要乘勝窮追，以期一舉剿滅蚩尤平定凡界！黃帝見之忙又阻止再三，方纔止住欲追人獸鬼神隊伍，向北後撤數里立定陣腳，隨之計議起了剿滅蚩尤軍兵之策。

蚩尤率其軍在有熊戰敗黃帝之後，追趕半日一宵追到這裏，本想再追下去，一舉剿滅黃帝軍兵擒獲黃帝，實現自己爭做一統凡界的「新一代炎帝」美夢。但不料在這裏遇到黃帝援軍，雙方一場惡戰互有勝負，末了竟然交個平手，使自己的美夢實現又化成了泡影。為此後退數里穩住陣腳之後，蚩尤心中實在好惱。決計整軍即與黃帝再戰，以達剿滅黃帝軍兵擒獲黃帝之目的。

　　蚩尤心想與黃帝再戰之時，心思一轉便想到自己組建軍伍以來，兩番奪勝於黃帝禽獸之軍，一次奪勝於黃帝，皆是因為自己使用奇計取得。因而若要再戰奪勝黃帝，還是再施奇計為上。

　　特別是他隨即又想到，自己眾兵雖有赤金利器之長，但黃帝軍兵則也有車戰之優。加之這時黃帝又趕來眾多的人神援軍，雙方已是勢均力敵起來。若是硬鬥再戰，也只能打個平手。

　　為此更使他認定，奪勝黃帝必須再施奇計，而且必須快施奇計。否則如果黃帝稍作整頓立即再攻過來，其乘車鬥士手中再握上自己敗死軍兵棄下的赤金利器，自己軍兵在其威猛的戰車衝撞之下，必將敗得更慘。

　　想到這裏，蚩尤不敢怠慢，心機急轉便很快思謀出了計勝黃帝眾軍之法。他想到，既然黃帝之軍的優勢為戰車衝撞，那麼戰車必須行走在平硬的土地之上，方纔能夠快速馳騁。而如果遇到天降大雨滿地泥濘，黃帝的戰車就行駛不動，優勢變成了劣勢。想到這裏蚩尤心中大喜，因為施此奇計是他的拿手好戲，他蚩尤弟兄個個身懷興雲播雨之功。

　　蚩尤為此立刻一邊命令眾軍快作休整，做好戰鬥準備。只待大雨下得滿地泥濘，黃帝之軍的戰車行駛不動之時，他眾軍便向黃帝軍兵開始攻殺。另一邊他則立刻施動法術，在黃帝眾軍上空興起了雲播起了雨。一時間，但見黃帝眾軍頭頂烏雲來得驟急，暴雨下得邪惡。不一會兒便地面積水，隨著滿是泥濘起來。

　　蚩尤眼見自己奇計即將得逞心中高興，只等暴雨再多下一陣，使得地上泥濘更深之時，自己就麾動眾兵開始向黃帝之軍進攻。以揚自己之長，去擊黃帝眾軍之短，奪取全勝。擒殺黃帝，實現自己心藏的做新一代炎帝的美夢。

黃帝立定陣腳之後，即與眾臣一陣計議。但末了計議再三，結果也只能是以其戰車之長，擊蚩尤軍兵之短。趁蚩尤眾軍新敗無備之時突擊撞之，並以撿得蚩尤戰死軍兵丟棄的赤金利器，護定戰車，重創蚩尤之軍，奪獲全勝。議定至此，黃帝知道若行此計越快越好，便急令力牧快做準備，以期儘早出發前去重創蚩尤之軍。

狡詐的蚩尤恰好與黃帝想到了一處，他也正是害怕黃帝以其戰車之長，即來撞殺自己軍兵，故而不敢怠慢。一邊命軍備戰，一邊他則施起了興雲播雨之能。如此恰在黃帝這邊力牧眾軍剛剛準備停當，受命出發之時，天上烏雲驟起暴雨狂作，使得地上頓然積水生出了陷腳的泥濘，力牧無法率領戰車出擊。黃帝見此場境，大為奇異此雨來得這般湊巧，但也無奈，只有令力牧等待此雨過後再作行動。

黃帝開始心想這雨不一定會下得太久太大，一會兒暴雨過去地面泥濘不深，其戰車仍可出動。然而他等待雨止一陣又一陣，卻不僅仍舊不見此雨有停下的端倪，相反卻見它下得一陣緊過一陣。地上的積水越來越多，泥濘也越來越深。

眼見至此，黃帝聯想到此雨下得這麼湊巧，不由得對這不止的蹊蹺之雨心中生起疑來。恰在這時，風后也心中懷疑大起，走上前對黃帝道：「大帝，這雨下得蹊蹺，又如此久下不止，說不定內有緣由啊！」

「蚩尤之軍定然要來攻殺我軍，」黃帝聞聽風后此言恰合自己之想，心中豁然一亮，想到狡惡的蚩尤兄弟皆懷興雲播雨異能，不禁驟然一驚道：「這雨定是蚩尤施法破我戰車所為！」

「大帝所言極是，」后土即言肯定道，「我也心有此想。因而我等要快尋對付之策！」

「有什麼對付之策呢？雨下得越大越久，我軍的戰車就越成廢物，我軍之長就要喪去了！」黃帝聞聽無奈道，「這狡惡的蚩尤，實

在太險惡了！我軒轅也有播雨之術，為什麼就派不上如此勝敵的用場呢？」

「大帝，無法也得想法呀！如若不然，」風后聞聽忙言道，「蚩尤軍兵趁此攻來，我軍之敗就成定局了呀！」

然而時間沒有容許黃帝回答風后之言，就見一個探卒渾身泥水，跑得氣喘吁吁前來稟報道：「大帝，蚩尤軍兵向我軍殺過來了！」

「啊！」黃帝驟聞此稟，驚得不禁叫出聲來道，「這可如何是好呀？」

「大帝，常言水來土堵，兵來將擋！」力牧這時忍不住對黃帝的如此無奈情態，氣惱起來道，「車不能行，我們就棄車與他蚩尤拼個雌雄！我就不相信我之訓練有素之軍，鬥不過他蚩尤的烏合之眾！」

「不，事情不是這樣！蚩尤軍兵手有赤金利器，」黃帝聞聽即言道，「為勝過我軍之長！為此我軍若以木石之器與之相搏，是必敗無疑的！」

「那怎麼辦？車不能動，戰又不能，」力牧聞聽焦急起來道，「走又不成，鬥又不能，難道我們就在這裏，束手待斃嗎？」

「大帝，蚩尤軍兵攻來迅疾，」探卒這時在旁也忍不住了道，「您要快做主張呀！」

黃帝這時心中也真個是焦急萬分，因為他既知道蚩尤軍兵的屬害，又知道自己沒有對付之法！然而這焦急卻使他生出智來，他突然想起自己有一個名叫應龍的兒子，生得龍身人首，身生雙翅。渾身銀白，懷有蓄水之能。將其傳來，定可破得蚩尤軍兵。但他想到這裏剛一高興，便又陷入了無奈。因為應龍居住在遙遠的南方凶犁土丘山上，一時傳他不來遠水難解近渴。

然而無奈之中，他也只有使用這一無奈之法。即著人前去尋傳應

251

龍前來，以備此戰派不上用場，下次再戰之時用其奪勝蚩尤眾兵。但就在黃帝命人之聲未落之時，卻突見一道白光颯然而至。黃帝見之正在奇異，應龍已隨白光倏然出現在他面前道：「帝父不必焦愁，孩兒不傳已經到了！」

黃帝驟見應龍聞聽其言，開始不敢相信他真個會如此恰好來到，細看一眼才見應龍站在面前果為真實。禁不住心中大喜，急叫一聲：「孩兒來得正好！」隨著便顧不得詢問其為何恰在這時來到，即言要其施用蓄水之功，把天上雨水和地上積水收蓄起來，使大地乾涸戰車能動，自己之軍前去打敗攻來蚩尤眾軍。

「這個容易。若是帝父早傳孩兒來到一時，別說地上之水，就連雨水也管叫他一滴不落。」應龍聽了黃帝之言輕鬆地說著，便施動法術，張嘴向腹中吸蓄起水來。

應龍的神通真個不小，只見他剛剛張嘴吸蓄片刻，便看到不僅空中如織的雨水再也落不到了地上，而且地上的積水和滲入土中和成泥濘的雨水，也都頓然被他吸入了腹中，使得泥濘積水的地面立刻變得水消土乾起來。黃帝見之大喜，即令力牧讓車戰眾兵抖擻精神做好準備，只待蚩尤軍兵臨近便出而殺之。

蚩尤剛才施動法術一陣播降大雨，很快使得乾涸的地面積起了雨水變成了泥濘，心中大喜。如此他料定黃帝的戰車定陷泥濘之中動彈不得，便立刻麾動其軍揚其所長，踏著泥濘冒雨向黃帝之軍殺來。

但不料這時他率兵剛剛殺到黃帝軍兵近處，卻突見空中雨滴不僅不再垂直落向地面，而且仿佛黃帝軍中有一處吸水裝置似的，竟然吸得正落的雨滴突然改向橫飛，齊向黃帝軍中集去。地上積水和滲入土中之水也隨著飛離地面，與改向橫飛的雨滴一起，徑向黃帝軍中集去。

隨著雨滴和地上之水向黃帝軍中飛集，泥濘的大地頓然變得乾涸

起來。由於來到了黃帝軍兵近處，蚩尤又看到黃帝的兩百乘戰車排列有序，軍兵們正精神抖擻地站在車上，只待一聲令下便排山倒海般衝殺過來。

眼見此景，蚩尤頓然大驚失色。他知道黃帝的戰車一出，自己之軍又只能先敗，後與黃帝之軍打個平手。但先敗之後，自己軍兵又將給黃帝之軍遺下一批赤金利器，黃帝的軍力就將更加強大！為此他不敢怠慢，驚怕之中急令正行軍兵前隊改作後隊，返身後撤而去。

黃帝眼見蚩尤軍兵臨陣懼退心中大喜，急令力牧率軍擊殺蚩尤軍兵。力牧聞令，遂立刻麾動車戰之軍，排山倒海般向後退蚩尤軍兵殺了過去。後退的蚩尤正在不解黃帝施何法術，竟然破了自己播雨惡計，突然又見黃帝之軍追殺上來，心中驚怕黃帝還有其他未施招術。因而與之不敢硬戰唯恐失利，急令其軍兵向後疾退。

然而不論蚩尤軍兵後退多麼迅疾，都逃不脫黃帝車戰之軍的更疾追殺。眼見著黃帝之軍眨眼就要追上蚩尤眾軍，蚩尤見之心中更為驚急。然而就在這時，卻聽蚩術在旁道：「大哥，小弟心想剛才黃帝軍中破我播雨之法者，不為別個，定為黃帝之子應龍所為。我想，大哥也是知道應龍身懷蓄水之能的！」

「對，施此法術者定是應龍！我還正在驚怕黃帝還有他法呢？」蚩尤聞聽此言，心中豁然開朗道，「這就不用怕了，應龍蓄水能力有限，如此我們快作更大的風雨，使他吸蓄不得，我計便可奪勝黃帝之軍了！」

「大帝，我二神來到大帝身邊，受到大帝恩遇還未做出點滴報答，」蚩尤言猶未了，跟隨在蚩尤身邊的風伯飛廉和雨師萍號二神，則立刻接言道，「施風興雨之事是我二神的看家本事，這區區小事就交給我二神效力吧！」

「情勢一急，好多事情都給忘了！我把應龍的本事忘了，把你二位的本事也忘了！」蚩尤聞聽大喜道，「好，這大顯身手的事兒就交給二位大神了，你二神就立刻開始行動吧！」

「謝大帝重用小神！下面就看小神的吧！」風伯與雨師二神聞聽言謝道。言畢，便立刻一齊施起了興雲播雨之功。

風伯二神在黃帝會盟之時本在黃帝身邊，但也正是在那時蚩尤與他們一道行進，時日一久他三個臭味相投拍在了一起。他倆都為在黃帝道德之道頒行之後，更加行惡不得而怨憤，為此他們便與蚩尤結為了生死之交，約定到蚩尤起事後他二神前來相助。

風伯與雨師皆為惡神，蚩尤起事後他們果然雙方履約前來，就這樣待在了蚩尤身邊。這時但見他二神使出施風播雨的看家本事，真個是情景非同尋常，颳的那風播的那雨皆比蚩尤狂烈十分。

「好神通，真乃是名不虛傳也！這一次，應龍就蓄水不盡，黃帝殺來之車就皆成廢物了！」蚩尤剛才已把其本事使到極限方纔那樣，這時見到風伯雨師略使小技便已至此，高興得禁不住連聲贊叫起來道。叫著，他即命後撤眾軍停下後撤的步伐，等待時機返殺黃帝之軍。

蚩尤此言說的完全正確，風伯雨師如此施起法來，乾涸的地面之上頓然便又集起了盈尺的雨水，生出了遍地的泥濘，而且地面上風雨大作，使得力牧所率車戰之軍，頓然全都陷入爛泥之中變成了廢物，行駛不起來。

剛才，施法蓄水功成的應龍心中正在高興，這時突見風雨驟狂十倍地襲了過來，便不敢怠慢急忙加倍施起蓄水神功，以期蓄起這狂烈的雨水，使力牧眾軍奪勝蚩尤軍兵。

然而應龍的蓄水神功終究有限，任是如何也無法蓄盡風伯雨師播下的如此風雨。但見他蓄水的肚腹早已蓄滿了水，但那天上的雨還是

傾瀉不盡，地上的水越積越深。

「快，快！如若不然，戰車陷進爛泥之中，」黃帝見此場景大急起來，急忙催促應龍道，「蚩尤軍兵返殺回來，我軍又必敗無疑了！」

應龍當然知道他蓄水不盡的利害關係，但他實在已經用盡了自己的神功啊！因而他也無奈，這時聽了黃帝的如此催促之言心中更急，無奈中他只有躍身向前來到蚩尤軍兵近處，「嘩」地盡將腹中所蓄之水陡地噴向了蚩尤眾兵。

蚩尤軍兵正在待命，準備返身殺向被爛泥陷住的力牧車戰之軍，因而心中皆無防備。這時陡被應龍用如此強大的水流倏地一噴，那水流之烈本就如同潰堤的江河，猛地強勁沖了過來，頓把他們沖得東倒西歪亂作一團。

應龍則在吐出腹中蓄水之後複去蓄水，但豈耐其功力能量，遠低於風伯雨師施風播雨之功，所以任憑他怎樣再作努力，都仍是吸蓄不盡天上的雨水地上的積水。既助不得力牧眾軍前進，也助不得力牧眾軍後撤。

蚩尤軍兵剛才被應龍用腹中蓄水沖亂，真個是好生大亂一陣。混亂中眾軍兵器械相撞，加之水淹踏踩多有損傷。蚩尤見其軍兵受此突然無備襲擊傷害心中好惱，但見他在其軍兵混亂稍停開始平靜下來之時，看到力牧所率車戰之軍果然皆陷爛泥之中動彈不得，便向其軍兵一聲怒吼道：「殺！殺他個有來無回！」吼著，已率先領兵向遭陷的力牧眾軍殺了過去。

蚩尤軍兵距離力牧受陷眾軍不遠，眼看蚩尤軍兵若不是在泥濘中難行，轉眼就可殺到力牧眾軍受陷之處。黃帝在後看在眼中，又見應龍實在無力蓄盡雨水，真個是心中大急起來。但他急也無奈，天上雨越下越大，地上水越積越多，力牧眾軍之車陷在泥中進退不得。蚩尤

軍兵個個手操赤金利器，眼見著力牧眾軍受攻就要敗在須臾。

「天啊！難道我黃帝的道德之道真的違背您的意願，方使得我軒轅慘敗在此嗎？」無奈焦急之時，黃帝禁不住再次對天長歎起來道。然而就在黃帝如此長歎之聲未落之時，卻聽身後突然傳來一聲銀鈴般的女聲道：「帝父怎麼忘了女兒？女兒能夠解此厄難！」

「不，不是帝父忘了女兒身懷此能，能夠為帝父解此厄難。而是帝父知道女兒身在距此遙遠的昆山共工之臺居住，遠水解不去近渴！」隨著這聲話語，便見一個禿頭青衣、模樣平常的姑娘驟然來到黃帝面前。黃帝聞聲便已聽出是自己的女兒女魃來到，頓然高興地迎向女兒道。說著，他又是顧不得詢問女兒為何恰在這時趕到，而即命女兒道：「女兒來得正好，快快施法解此災厄！」

「帝父莫急，你只管命令力牧眾兵做好攻戰準備，」女魃即言回答道，「等到蚩尤軍兵殺到近前之時，突而殺之好奪全勝！」

「女兒果能保證萬無一失嗎？」黃帝聽聞女兒之言有理，不放心地反問道。

女魃肯定回答道：「當然保證！」

黃帝聽了方纔向力牧下達了平靜等待，做好攻戰準備的命令。然而力牧眾兵雖然聞令做起了攻戰準備，但心中卻都懷疑黃帝有何法術，敢於這樣沉著應戰，並敢保證他們可以進攻。女魃則不慌不忙，只等蚩尤軍兵再靠近力牧之兵一些，突施法術蒸乾雨水，使得力牧眾兵驅車衝殺蚩尤軍兵。

黃帝的這位女魃姑娘名僅為魃，本為天界的大魔因功轉神投胎下界而生。但她脫生凡體神性不改，仍像在天界時一樣身懷乾熱之功。因而她走到哪裏，乾旱就會降到哪裏，她稍施神功雲雨就會頓然被蒸乾得無影無蹤。

正因此她生下之後便給生地帶來了乾旱，黃帝僅給其取名曰魃，人們則把她叫成了女魃。後來黃帝見她住在人跡稠密之地，給凡人帶來著不盡的乾旱災害，便命她從小住在了昆侖山北的昆山荒漠之中，以任憑給那裏帶來無礙凡人的乾旱。

女魃如此正在荒漠中閑著寂寞，數日前突聞諸神傳說炎帝興兵攻向了黃帝，風后身奉黃帝之命正在組建神靈隊伍，以抗擊炎帝軍兵。女魃聞聽心中焦急，無奈中違反父命離開昆山荒漠，尋助帝父而來。不料一路尋訪剛剛趕到這裏，恰好趕上黃帝之軍遇雨危難之時，正好施法解除帝父眾軍厄難。

這時，女魃剛剛等待片刻，便見蚩尤軍兵已經殺到了力牧眾兵近處，相距不過一箭之地。女魃眼見時機來到，便立刻施動法術，倏然間消散開了天上的雲雨，蒸乾了地上的積水，藍天炎陽立刻取代了陰霾遍佈的天空。

正在風雨泥濘中跋涉，奮力殺向力牧眾兵的蚩尤軍兵突睹此景，眼睛盡被天空驟生的炎陽光芒照眩，心中一詫，全都呆怔得停止了前進的腳步，猜不透究竟出了何等事情。特別是率隊的蚩尤，驚詫得空虛的心中立刻想到，這可能是黃帝使出了新的奪勝自己軍兵法術，也可能是玉皇大帝懲戒自己的僭越和攻殺黃帝之罪，故而止雨乾地，讓黃帝之兵殺滅自己軍兵。因而心中更驚，與眾軍兵一起呆怔在了那裏。

力牧眾兵剛才已經領受黃帝之命，只是在此之前還不相信會有這等奇跡發生，因而都正在看著兇猛的蚩尤軍兵向自己殺來擔心不已！這時突見黃帝的命令變為了眼前的現實，加之蚩尤軍兵全被驚怔在那裏，所以個個即不怠慢，隨著力牧一聲令下，齊催動戰車，排山倒海般衝殺向了發呆的蚩尤軍兵。力牧眾兵勢若海嘯，摧枯拉朽。蚩尤軍兵突受此襲攔擋不住，驚詫中拔腿便向後逃。

蚩尤正擔心黃帝使用了新招或者是玉皇大帝懲戒於他，因而也不敢相抗，急命軍兵後撤。力牧則急趁此機麾動眾兵更疾地驅車隨後追殺，一陣便撞殺蚩尤軍兵無數。

這時，蚩尤眼見自己軍兵如果繼續奔逃下去，就會被力牧眾兵殺死更多，甚至直到全軍覆沒。加之他又想到黃帝之女女魃身懷如此蒸乾雨雲之功，這不是玉皇大帝懲戒於他，所以使他消去了驚怕，重新壯起膽來，大惱起了黃帝。

為此但見他立刻止住潰逃軍兵，並率先返身殺向了追來的力牧眾兵。如此雙方迎面激戰，又立刻展開了一場殊死的惡殺。轉眼惡殺多時，由於雙方互有所長，實力相當，所以仍是平手。

黃帝這時不忍看見再殺傷死自己之兵，急令力牧止戰收兵，並一路後撤，沿途收撿蚩尤軍兵棄下的赤金利器。蚩尤本想前來追殺黃帝之軍，但他看到再追再殺一時也只能交個平手，不若收兵進行休整，以改日再設惡計剿殺黃帝之軍。便也止住追殺收兵後退數里，駐紮下來議起了新的剿滅黃帝眾軍之策。

十八、蚩尤奪勝

　　黃帝眾軍脫去危厄反得如此小勝，駐紮下來心中高興，齊贊女魃救難助勝之功。並且皆言蚩尤的惡招至此已經使絕，他們有了女魃的破滅之法，蚩尤就奈何他們不得了。

　　「不，不可如此小覷蚩尤。」黃帝聽了眾臣此言，卻連連搖頭否定道，「他前招不成，必定還會再施奇招攻殺我等！」

　　后土、風后與力牧聽了黃帝此言，皆言稱是，並隨著又與黃帝一起，計議起了下步計剿蚩尤之策。計議之中，風后率先開口道：「大帝，蚩尤兩次戰我皆施奇計，而且其剿滅我禽獸隊伍之時也是使用的奇計。因而我們若要奪勝狡惡的蚩尤軍兵，也必須以其人之道還治其人之身。否則是斷無奪勝之理的。」

　　「蚩尤實在狡惡至極！我們實如風后所言，」力牧立即接言道，「不能不以其人之道還治其人之身了！」

　　「二位所言皆是。」黃帝聞聽贊同道，「但我們現在該設何計，方能一舉奪勝蚩尤軍兵呢？」

　　「蚩尤對我所施奇計，皆從他對我軍情勢分析結果出發。前兩次施計皆乘我軍不備，這次施計則為了奪我之長。」后土聽完黃帝之言，即言道，「仔細想來，我軍之長則也恰如蚩尤所料，即車戰為蚩尤軍

兵所無其難以阻擋。因此我想，我等要設計奪勝蚩尤之軍，還是要在我軍這一長處上去做文章。」

「是的，蚩尤之軍最怕的就是我軍戰車的衝撞，」力牧隨著接言道，「只要能把我軍這一長處充分發揮出來，定可一舉奪勝蚩尤軍兵。」

「可是，我們施用何法，」黃帝聽了沉思道，「方可充分發揮這一長處，戰敗蚩尤之軍呢？」

「下臣思謀，若要揚這長處也很容易。」風后這時心想初成，接言道，「今日夜晚，我們就來他個以其之道還治其身，全軍出動來他個趁夜襲他軍營。」

「對。蚩尤用計新勝，暫且也不會想出新的戰我之招。因而今夜定然引軍休歇無備，最多也不過是正在預謀新的奇計。」黃帝聽到這裏，頓然四張面孔上的眉頭一揚，立即贊同道，「所以我軍悄然襲之，用戰車從三面衝撞其軍，恰好充分發揮我軍車戰之長。定可一舉大獲全勝，或可剿滅蚩尤眾軍！」

后土眾臣聽了黃帝此計，皆言可行。隨後他們又一陣計議妥當行動細節，黃帝便命眾臣立刻前去做好準備。等待天黑下來，便分路出發趁夜突襲蚩尤之軍。

天轉瞬黑了下來，黃帝眾臣皆言做好了準備。黃帝於是親率中路之軍徑襲蚩尤軍兵，風后與力牧各領左右兩路軍兵，從東西兩面襲擊蚩尤之軍。與此同時，黃帝與風后、力牧二軍約於四更初時，三軍同時從三面發起突襲。傳罷此令，黃帝三軍便立刻出動，分路向蚩尤之軍悄然奔襲而來。

黃帝三軍分道悄然向南行進，各自在途兩個多時辰，便到達了預定襲擊蚩尤之軍位置。是時，恰是一個無月的漆黑之夜。三更多時的深夜萬籟俱寂，偌大的凡界之上如同空曠無物，只有無盡的黑暗和毫

無聲息的寧靜。

黃帝分做三路的數千人獸鬼神隊伍，在漆黑的夜幕掩護下悄然行進，為了奪得突襲蚩尤軍兵的成功，竟然絲毫沒有打破這暗夜的寧靜。可以說只有高懸在褐藍夜空之上不停眨眼的星斗，才有幸察知了他們的行動。黃帝身處此境，深喜軍令之嚴，軍伍之奇，料定施用此計定可成功。

約定的攻襲時刻，終於在黃帝的焦急等待中到來了。黃帝於是一聲令下，率領等待的軍兵悄然向蚩尤軍兵襲來。夜仍是剛才那般漆黑，夜幕仍是先前那般濃重，黃帝率領之軍仍是剛才那樣悄然攻進。本來距離蚩尤軍兵已近，黃帝眾軍如此一陣行進，透過濃重的夜幕，便已隱約看到了毫無防備的蚩尤軍兵。

眼見至此黃帝心中頓然高興起來，他想到他的兩百乘戰車，頃刻就將把無備的蚩尤軍兵衝撞得東倒西歪遍地死傷，甚或可以擒殺蚩尤。到那時凡界就可以重現平靜，凡人就可以重享安寧了！

就在黃帝心中正在如此高興之時，可怕的驚怕卻驟然降臨到了他的面前。原來他們突襲的蚩尤兵營竟然沒有一兵一卒，而只是蚩尤軍兵留在夜幕中的旌旗和各色假兵。

黃帝眼見此景，開始還以為這是蚩尤軍營的週邊，蚩尤決不會有如此先知之能引走其兵，因而他急令眾兵向前猛衝。然而無論他們衝進多遠，這蚩尤軍營之中都不見有蚩尤一卒一兵。

「大帝，我們快撤！我軍中了蚩尤奇計，」后土這時察知了險情，急對黃帝講說道，「若不早撤，後果就難以預料了！」

黃帝這時也才大為驚怕起來，但就在這時，他聽到從東、西兩方，一齊響起了衝殺之聲。黃帝聽聞此聲知道是風后與力牧一齊引兵衝殺過來，無奈只有焦急地等待他二軍沖過來後，再一起後撤躲避蚩

尤軍兵。

　　然而事情又是大出黃帝預料，就在這時黃帝又突然聽到，在東、西和南方遠處，即力牧和風后軍兵衝殺喊聲週邊，又隱約傳來了更為激烈的喊殺之聲。黃帝驚聞此聲大叫「不好」，心中更急風后與力牧二軍沒有殺到，自己不能立刻引軍後撤，避開蚩尤軍兵圍攻。

　　蚩尤實在不僅為獰猛好戰之徒，而且為心機狡黠無比之人。昨日他施用奇計為女魃所破，大戰僅僅打個平手。為此退兵之後他心中越想越惱，越惱越急欲再謀奇計奪勝黃帝之軍。然而氣惱的蚩尤儘管與其眾弟兄計議再三，都認為只有施雨陷住黃帝車戰之軍方能奪勝，而施雨黃帝女兒女魃又能破得，真個是一時皆無奇計謀出。

　　「有了，雨戰不行，」無計之中，狡惡的蚩尤突然一陣「喋喋」怪笑道，「我們就來他個霧戰！」

　　「大哥實在妙計！」刁鑽的蚩術聞聽此言，不待蚩尤說完便即刻接上話來贊同道，「我等怎麼就忘了，我兄弟皆懷播霧之能！」

　　「只要我兄弟布下大霧，黃帝眾軍就會莫知東西南北，胡沖亂撞。我軍乘勢擊之，必可擒殺黃帝老兒！……」蚩尤如此成竹在胸地說著，又是一陣得意地暢懷怪笑起來。

　　「大哥，只是女魃怪女能夠破得風雨，」蚩尤笑聲未落，又一蚩尤兄弟不禁生出擔心道，「會不會還能破得大霧？我們不得不防啊！」

　　「是啊！霧雨皆為水成，女魃既然能夠破得水成之雨，」蚩尤聽了也禁不住心中陡地一沉，笑聲頓止道，「會不會也就能夠破得水成之霧呢？若是仍能破得，我等此計就又施行不得了！」

　　「大哥不必犯愁只管放心，小神昔日曾與女魃鬥過法術，」就在這時，雨師萍號開口一笑道，「知道她只能破雨不能破霧，大哥播霧之計定可全勝！」

　　蚩尤聽到此言，方纔擔心頓消，又一陣暢笑起來。但是蚩尤剛剛怪笑起來，卻覺心頭陡地一沉不由得頓止笑聲，蹙起眉頭自語道：「對，此事不得不防！」

　　「大哥欲防何事？」蚩術聞聽蚩尤此言大為奇異，即忙開口詢問道。

　　「為兄剛才突然想到，黃帝之軍連戰皆敗今日險奪小勝，黃帝老兒絕對不會善罷干休。」狡惡的蚩尤聞問道，「因而他定然此刻也在設計欲要奪勝於我，所以我想今夜其率軍襲我軍營，也必是他所議計謀之一。」

　　「大哥太多慮了，簡直是到了草木皆兵的地步！」蚩術聽了則不以為然道，「小弟疑心已經夠重的了，還不擔心會出此事呢！」

　　「不！兩軍交戰，計詐為先。」蚩尤這時則堅定不移道，「黃帝之軍為了揚其車戰之長，趁我連勝輕敵之夜，衝撞我軍無疑對其是妙棋一著！」

　　「大哥不要太過多慮！大哥應該想到，你蚩尤之心是你蚩尤之心，黃帝之心乃為黃帝之心。」蚩術則堅決否定道，「大哥你出戰戰戰用計，可黃帝之戰則戰戰求實。因而哥哥心中想到的，黃帝絕對不會想到。因而大哥你就儘管放心，命軍安睡吧！」

　　「二哥說得有理，」這時，在旁眾兄弟和人獸鬼神將領，聽了更為狡惡的蚩術此言也都覺得有理，便齊開口勸阻道，「大帝儘管放心也就是了！」

　　「不，對此我們寧肯信其有，不可信其無！」聽到眾臣將與狡惡的蚩術全都不信自己之想，蚩尤對自己之想也不由得心中掠過一陣懷疑，生出放棄之想，但轉而他又神經質地覺得不妥，堅定起來道，「寧可辛苦做好防備，不可安逸不做防備。」

「啊！大哥……」蚩術與眾臣將都認為蚩尤這是固執，欲要再勸道。

「大家不要再說，大哥的感覺是要大家快去分頭準備，多多佈設假像。然後一路由我率領，左路由蚩術率領，右路由三弟蚩傑率領，」蚩尤這時已是思慮成熟，即言道，「各自向前行進一里埋伏下來。只待黃帝之軍襲來之時，同時出而圍殺之！然後對於黃帝剩餘之兵，我們再施霧除之！」

「天黑前準備妥當，天黑後悄然出發。誰敢違令，不要怪為兄不夠客氣！」蚩術與眾臣將一時心想不通，聽到蚩尤之令全都現出怏怏不快之態。蚩尤見之重又堅定道。眾臣將這時見到蚩尤令如山倒，心中雖有不快卻也全都不敢違拗，無奈只有依令準備去了。

蚩尤軍兵此後經過一個時辰的緊張準備，到天黑時果然佈置得駐地之上軍去之後，仍如蚩尤眾軍駐紮在時一模一樣。蚩尤見之心中高興，便在夜幕初降之時，親領眾軍分頭出動設伏而去。

這時，蚩尤軍兵不論人獸鬼神，當然都對蚩尤此令心懷埋怨。因為就連比蚩尤尚且狡惡三分的蚩術，都不相信黃帝之軍會來趁夜襲營，何況眾軍兵呢！為此他們全都心中怏怏不快地懷著極大抵觸情緒，無奈地遵令出營設伏而去。

獰猛狡惡的蚩尤，硬是就這樣布下了巧破黃帝襲營的漫天奇計，果然使夜襲其營的黃帝眾軍陷入了其軍包圍之中。然而，在蚩尤三路軍兵二更末時各自到達預定地點埋伏下來之後，眾軍兵久待不見黃帝之軍動靜，全都又埋怨起了蚩尤的多疑。

特別是當眾軍竊竊議論起了連日來攻戰辛苦，又如此不得休歇之時，一個個更是對蚩尤埋怨不已。但無奈軍令如山，蚩尤眾兵雖然如此對蚩尤埋怨不已，也只有皆遵軍令依舊等待起來。

　　暗夜在蚩尤眾兵的無奈等待中慢慢後延，四更終於姍姍來到，黃帝眾軍突襲蚩尤軍營的時刻到來了。隨著這時刻的到來，在無奈中等待的蚩尤眾兵突然聞聽從他們駐地周圍，傳來了颶風般驟起的喊殺之聲！

　　殺聲中人喊馬嘶，車飛禽騰，攪動了寂靜的暗夜。聞聽此聲，正在埋怨蚩尤多疑的蚩尤眾兵頓然平靜下來，止住埋怨之聲，靜聽起了他們駐地方向的動靜。

　　蚩尤眾兵這時真個是不聽還可，越聽越加驚怕起來。因為他們越聽殺聲越加酣烈，由此猜測到如果他們這時無備正在酣睡之中，就將後果難以預料了！驚怕至此，他們又頓然全都讚歎起了蚩尤的先見之明，後悔起了自己不該埋怨蚩尤多疑！如若不然，他們哪能安然在此，或者已經喪命在了駐地之中。

　　時間沒有容許蚩尤眾兵再待下去，就在他們一個個心中正在驚怕、讚歎、後悔交織之時，蚩尤一聲令下便麾動眾兵，向夜襲其營的黃帝之軍背後圍殺過去。蚩尤眾兵這時全為蚩尤奇計得逞興奮萬分，因而聞令精神振奮，一陣向前衝殺，便已殺到了黃帝之軍背後。

　　黃帝剛才發覺中計心中已是大驚，特別是又聽到蚩尤眾軍從三面殺來，心中更是驚怕不已。但只是等待力牧、風后二軍未到，唯恐自己一軍走後他二軍被蚩尤之軍圍住廝殺，必然損失更加慘重，為此黃帝焦待黃帝二軍來到，再一齊撤退。

　　可是當他等到力牧、風后二軍先頭部隊與其會合之時，蚩尤之軍已經殺到了他們背後。力牧與風后二軍後軍無奈，只有與蚩尤眾軍交起戰來。這又是一場惡殺，黑暗中但見蚩尤眾兵手中的赤金利器寒光閃耀，黃帝眾軍手中的木石器械與之相撞，火星四濺照亮暗夜。

　　力牧與風后二軍後軍皆為步兵，因而抵擋不住蚩尤眾兵。蚩尤軍

兵揮動手中赤金利器，對之真個是如同切瓜斬果一般。任憑黃帝之軍
如何抵抗，也都在碰到蚩尤軍兵的赤金利器之後須臾喪命。為此整個
戰場之上險惡萬端，黃帝軍兵個個拼死抵抗，蚩尤軍兵奮力砍殺。轉
眼之間蚩尤軍兵已經殺死黃帝之兵無數，殺得黃帝軍兵大敗潰逃起來。

力牧與風后前軍皆為百乘戰車組成，在此混亂之中只顧跟隨黃帝
向北撤退，戰車眾多混亂之中行動遲緩。所以它們便像數堵堅不可逾
的高牆一樣，擋住了敗退之軍的後退之路。由此使得他們戰又不勝退
又不成，只有任憑蚩尤軍兵斬殺起來。不一時，蚩尤軍兵已把力牧與
風后後路步戰之軍，剿殺幾乎淨盡。

力牧與風后見之大驚！因為再這樣惡戰下去，蚩尤軍兵從背後攻
殺其車戰之軍，車戰之軍無法回防，就會被大量剿殺遭敗。而且那潰
敗之車還會向前自相衝撞，使自己之軍混亂不堪，造成更慘的敗局。
為此他二人不敢怠慢，急稟黃帝停止後撤，以快速掉轉車頭衝撞打敗
蚩尤軍兵，然後力保後撤成功。

黃帝這時也已看到戰局的嚴重，如此撤退下去將有全軍覆沒之
險。因而聽聞力牧與風后之言，即令眾軍道：「掉轉車頭，衝殺蚩尤
之軍！」

眾軍兵聞聽黃帝此令，混亂中努力掉轉車頭，後車變作前車，奮
力向攻來蚩尤軍兵沖了過去。黃帝車戰之軍不僅有車撞之威，而且每
車之上兵士手中，都有一兩件撿得蚩尤軍兵戰敗棄下的赤金利器。因
而他們一陣返殺過來，蚩尤軍兵雖猛也頓然抵擋不住，轉眼便被撞殺
無數。

蚩尤見之知道如此再戰，自己之軍凶多吉少。加之他正想使用
播霧惡計，打敗黃帝之軍。為此他便命其軍兵停止惡戰，返身向後撤
離，以為自己施得播霧奇計創造條件。

　　黃帝眾兵眼見蚩尤軍兵如此驟退，不解真情以為敗退不肯相讓。但見他們全都奮力催動戰車，向他們以為敗撤的蚩尤軍兵猛追過去。這時蚩尤軍兵因為阻擋不住黃帝之兵，領受蚩尤之命而後撤。所以他們後撤之中眼見黃帝戰車隨後追殺過來，便全都拼命向後奔逃。由此使得蚩尤軍兵的遵命後撤頓然變成了拼命敗逃。

　　俗言兵敗如山倒。蚩尤軍兵如此一逃，任憑蚩尤眾將如何阻遏也都阻止不住。蚩尤見之心中好惱，竟然一聯手刃自己軍兵數個，但無奈仍是阻遏不住。無奈之中蚩尤只有不再阻遏，但他眼見黃帝車戰之軍追殺奮勇，追殺之中撞殺自己潰軍無數。使得自己軍兵難以與之拉開距離，創造不出自己施行播霧奇計的環境條件，心中甚為焦急。

　　焦急中他便不再等待，因為他要用大霧遮障黃帝追軍的眼目，使其軍兵迷失方向，胡沖亂撞陷入被動。既保護自己軍兵不再被其軍追殺，並使自己軍兵佔據主動，去對迷失方向的黃帝之軍從容進行分割，剿殺奪取全勝。為此他便在此沒有條件無奈之時，一陣施動法術播起了大霧。

　　蚩尤播出的大霧真個是險惡無比，加之是在黑夜之中，但見他開始播霧剛過須臾，那如簾如幕的大霧，便在人們不知不覺中障住了眼目。不僅使人難辨左右東西，而且也看視不見了天上的星斗。只見到處都是白茫茫濃霧一片，到處都模樣一般無異。大霧之中，只聽四處兵馬雜遝，但聞殺聲四起，只是不見各處實景。

　　處此大霧之中，黃帝看不見了正在追殺蚩尤軍兵的自己之兵，也看不見了剛才還護在自己周圍的眾臣將士。一時間，真個是眾兵失去了黃帝的指揮，黃帝也失去了自己的軍隊。因為眾兵看不見了他，便無法接受其指揮。他也看不見了戰場情景，便無法去做指揮。

　　黃帝軍兵就這樣在大霧中驟然亂作一團，失去了聯繫，沒有了指

揮，辨不出了東西南北，你東我西胡亂衝撞起來。每個軍兵都不知道
自己殺向了何方，有時竟然難辨敵我，自己殺向了自己。

正逃蚩尤軍兵眼見蚩尤突播如此大霧，使得黃帝之軍停止了追殺
為他們解去了災厄，已是欣喜萬分。隨之又見黃帝之軍在大霧中驟然
亂作一團，便不待蚩尤之令全都停下了敗逃的步伐，返身只待蚩尤一
聲令下，便向前去剿殺在霧中亂作一團的黃帝眾軍。

播霧的蚩尤眼見自己奇計得逞心中更喜，但見他先是一陣「喋喋」
怪笑，隨著便即令摩拳擦掌的眾軍兵道：「殺，殺黃帝軍兵一個不留！」

「眾位快思良謀，快快出此險境！」黃帝麾兵正在追殺蚩尤敗兵，
突然陷身如此驟生大霧之中，使得軍兵驟然亂作一團，心驚之餘知道
此霧又為蚩尤施用奇計所為，便不怠慢，急叫眾臣圍向身邊道。

「霧為水生，女魃姑娘既然能夠破得大雨，」生性急火的力牧聞
聽大叫道，「何愁破不得這區區水生之霧！」

「不，」女魃在旁無奈道，「我只能破雨，不能破霧。」

力牧這時更急道：「應龍快破如此妖術！」

「不，」然而應龍這時也是無奈道，「我也不能蓄霧。」

女魃與應龍破不得如此大霧，黃帝與眾臣也都沒有破霧之術，他
們便頓然全都無奈起來。但在這時，得手的蚩尤軍兵已經殺進了大霧
之中，殺向了迷亂一團的黃帝眾兵。大霧之中，只見蚩尤軍兵在蚩尤
兄弟的引領下，可以看到黃帝之兵隨意斬殺。黃帝眾兵則眼目盡被大
霧所遮，看不到蚩尤軍兵既無法抵抗，也無法還擊，只有在迷亂中等
待受死。

因而只見蚩尤軍兵高喊著殺聲兇猛圍殺上來，如同盲目的黃帝軍
兵防備不住，紛紛慘叫著失去性命。一時間，但聽大霧之中蚩尤軍兵
殺聲震天，黃帝之兵慘叫之聲動地，殺戮慘烈無比，令人膽戰心驚。

　　黃帝置身此境，知道自己之兵在此大霧之中再待只有等待殺戮，無奈中想到自己破除此霧不得，只有快領眾兵突出如此大霧，才能保得不被殺戮。否則再待下去眾兵看視不見互相支援不得，自己看視不見指揮不得，全軍覆沒之險就在須臾之間了。

　　為此他不敢稍怠，急令眾兵隨他一齊高聲喊叫「沖出去」，然後波及周圍軍兵再喊「沖出去」，以期用這種接力喊叫方法，引領軍兵沖出大霧。命令傳下，黃帝便率先開口高喊著「沖出去」，隨著便驅車向自己辨定的北方，揮杵沖了過去。

　　隨著黃帝的喊叫和前沖，大霧中真個是頓然響起了黃帝眾兵的一呼百應和驅車前沖之聲。但聽軍兵在喊：「沖出去呀！沖出去呀！」鬼神在應：「沖出去呀！沖出去呀！」禽獸在吼：「沖出去呀！沖出去呀！」

　　因而一時間，但見在這威脅著黃帝軍兵生命的大霧之中，黃帝軍兵誰都想早點沖出死亡之地。因而他們拼命喊著，緊緊聞聲跟隨著。混亂地你跟著我，我跟著你。大家都緊跟著黃帝，向前沖了過去。

　　黃帝就這樣引領眾兵沖啊沖呀，他僅憑著自己認定的北方前沖，迷霧中他也不知道自己認定的方向是否正確。但不管自己認定的方向正確與否，也不論沖向了何方，這時黃帝心中只有一個目標，即只要能夠引領眾軍沖出這迷霧遮罩的死地，不遭至全軍覆沒就行。因而他引領著隨他的眾軍，向前拼命猛衝。

　　然而黃帝引領眾軍如此剛剛向前沖出不遠，便見眼前大霧越來越濃，濃霧中響起了蚩尤軍酣烈無比的喊殺之聲。黃帝眼見此景，心想一定是自己沖錯了方向，沖進了蚩尤軍兵的伏擊圈中。為此他不敢再向前沖，唯恐把自己敗兵再次引入死地之中，便急忙掉轉方向，朝著喊殺聲稍弱的地方沖去。

但不料他沖到哪裏，哪裏蚩尤軍兵的喊聲便頓加酣烈起來，使得他不得不連連掉轉方向。如此轉眼連轉數次，弄得黃帝不僅自己也辨不出了東西方向，而且跟隨他的眾兵也更加混亂起來。

正在黃帝再度無奈之時，面前又驟然響起了蚩尤軍兵更加酣烈的喊殺之聲。陷此厄境出去不得，黃帝這時禁不住再次對高天發出慨歎道：「蒼天，玉皇大帝！難道我軒轅的道德之道真不可行，你才如此置我於死地嗎？」

黃帝如此話音未落，其仰望高天的眼睛卻突覺前方一亮，隨著則傳來了他心愛的曇花姑娘的親切之聲道：「星君，跟隨我走，我領你出此迷霧！」黃帝厄難之中突聞此聲大為驚異，他以為是自己無奈之時，空想好事耳朵聽錯了聲音。可又捨不得放棄如此豔遇，便急忙睜大眼睛朝前方亮處看了過去。

黃帝如此卻奇跡萬般地倏然看到，在傳來曇花姑娘話音的迷霧中閃亮之處，竟出現了一株翠綠的花株。在那花株中心，正怒放著一朵潔白如雪的嬌美花朵。那花朵真個是美得令牡丹低頭，使芍藥含羞，比茉莉芳香。但只是自己沒有見過地上有這樣的花兒。

黃帝眼見至此大為奇異，不解為何隨著這花兒的出現傳來了曇花姑娘的聲音，而曇花姑娘卻一直沒有露面。他心想既然傳來了曇花姑娘的聲音，曇花姑娘定然會來。為此奇異的他又驚喜地向花株旁邊定睛看去，尋找起了他心愛的曇花姑娘。然而黃帝沒有尋見曇花姑娘，卻看到那美豔的花朵在半空迷霧中放射著光亮，冉冉向前方移去。

目睹此景，身處厄境的黃帝心中頓然閃亮，顧不得再去心中奇異此花，也顧不得再去探尋剛才曇花姑娘的聲音來自何處，並去找尋一直沒有露面的曇花姑娘，而急忙跟隨在那閃亮的花兒之後，高叫道：「沖出去呀！沖出去呀！」隨著便驅車隨著那花，引領高喊著的眾兵

向前沖了過去。

有那奇異的花兒在前引路，黃帝引領眾軍果然越往前沖大霧越淡，蚩尤軍兵越來越少。黃帝眼見自己引領眾兵再向前沖，就要衝出威脅自己眾兵生命的大霧了，心中那一塊沉重的巨石方纔落下地來。

「黃帝老兒，你不要輕鬆得太早了，」然而就在這時，卻聽蚩尤一陣怪笑道，「你逃得出我兄弟布下的迷霧之陣，卻逃不過這地上的黃河！」

黃帝聞聽此言驟然一驚，急擡頭舉目透過眼前轉淡的迷霧向前看去，但見前方果如蚩尤所言真的到了黃河邊上。滔滔的黃河寬無邊際，橫亙在自己面前，擋住了自己前沖之路。前有黃河擋路，後是迷霧死地，黃帝眼見自己引兵衝殺至此，竟然仍是未出死地。而且前方那閃亮的花兒，也已不知在何時消失了蹤影。為此，他心中頓又驚怕至極起來。

他怕自己上了那花兒的誘引之當，猜測是自己的道德之道不可行世，故而是玉皇大帝讓那花兒伴著曇花姑娘的聲音，出現在自己眼前，誘引自己至此黃河邊上受死。所以那花兒把自己引到這裏，便消失了蹤影，而趕來了獰猛好戰的蚩尤。

「為了叫你黃帝老兒死個明白，現在我對你講說清楚。我前輩炎帝因為與你戰敗身傷而死，」黃帝眼見黃河攔路已是驚怕至此，又聽蚩尤繼續向下言道，「故而我繼炎帝帝號為炎帝報仇而來。今日就叫你黃帝老兒死在黃河邊上，我蚩尤來做凡界一統的新一代炎帝！」

「我道我兄長不會如此行惡凡界，原來果真是你這惡孽僭越了我兄長帝號！好，你這惡孽要殺我在黃河邊上，我這就為平息凡界之亂，誅除你這惡孽於此地！」黃帝突聞蚩尤此言，方纔徹底明白這次與自己惡戰的「炎帝」，實為蚩尤的一切。因而氣惱得頓時忘記了黃

河前攔的驚怕，勃然大怒道。說著，他便仿佛忘記了一切，即出降龍杵向蚩尤殺了過去。

「臨死之人，還敢口出如此惡言。我這就為你送終！」蚩尤見之一笑道。隨著，便出手中赤金錘，迎住黃帝的降龍杵惡鬥在了一起。這又是一場惡鬥，一時間但見蚩尤非殺黃帝不可，黃帝則非除蚩尤不成。因而他兩個你來我往，我往你來。一個錘擋降龍杵，一個杵撥赤金錘，打得難分難解難見高下。

然而打鬥一久，蚩尤雖猛終不是黃帝的對手。但見黃帝一陣降龍杵疾進，蚩尤招架不住已經敗下陣來。蚩尤敗下陣來不敢稍息，因為其眾兵這時都還沒有趕到這裏，他僅領數十名兄弟趕了過來。所以他戰敗急退，以引眾兵前來圍殺黃帝敗逃軍兵。

「大帝不可前追！」黃帝見之當然不放，但見他立刻驅車揮杵向前就追，然而后土這時急忙叫住了他。隨著他見黃帝止住了前追，便又開口急言道：「大帝，我們沖出軍兵已經不多，且其皆為疲敗之師，前邊又有黃河攔路。如果蚩尤再引軍兵追來，我等就將真的要如蚩尤所言，覆沒在這黃河邊上了！因而大帝快謀渡河之策，保我沖出軍兵不滅要緊！」

「對，除去蚩尤只是早晚的事情，眼前設法過河要緊！」黃帝聽了后土此言，方纔從氣惱中清醒過來，全軍覆沒的驚怕，頓又襲上心頭道，「大家快作思想，尋找渡河之法！」

聽到黃帝此言，大家頓又陷入了沉思。然而大家沉思許久，卻誰也沒有想出渡河之法。因為河上無筏，這時砍木紮筏已經來不及。眾兵實在無法在這如此短暫的時間內渡過河去。

然而這邊黃帝眾臣將雖然久思沒有渡河之法，那邊時間卻不允許他們繼續思想下去。因為南邊已經傳來了聲勢浩大的蚩尤軍兵喊殺之

聲，黃帝這時真個是急火到了極點！好在黃帝這一急火，卻真的想出了一個無奈之法。但見他突然開口大叫道：「應龍、女魃！」

「你兄妹快向黃河一齊施法，一個蓄水，一個除水。」不待應龍與女魃兩個答言，他便接著嚴令道，「共同把面前的黃河除乾一段，保我眾兵渡過河去！」

「帝父，這哪能行！」應龍與女魃聞聽帝父此令，雙雙立即犯難道，「我們兩個身無這個能耐！」

「不行也得行，快！你兄妹除不乾河水，」黃帝這時急得大叫起來道，「不能保得我軍兵渡過河去，我就先殺了你兄妹！」

應龍與女魃見到帝父下了死令，他們雖知自己身無此能，也無奈只好去到河邊施法一試。但見他兄妹轉瞬來到河邊，應龍立即開始蓄水，女魃隨之開始除水。然而任憑他兄妹施盡法術，都無奈黃河之水流淌不息，硬是除去不乾！

這時，蚩尤軍兵的喊殺之聲已近，黃帝之軍覆沒之險就在眼前。黃帝見到應龍兄妹無力除乾黃河之水，眾軍兵無法渡過河去，頓然間真個是急紅了四張面孔上的八隻眼睛。但見他一時間忘記了躬行仁慈，而頓改平常仁慈之態，倏地向應龍兄妹揮起了降龍杵逼迫道：「快，你倆拼盡全力，除乾河水！」

應龍兄妹無奈，只好拼出死力同時施起法來。說來也是黃帝之軍不該覆滅，他兄妹這次同時拼死施起法術，只見那滔滔奔流的黃河之水，竟然被他兄妹倏然弄乾了一段。在黃帝眾軍面前，陡地坦露出了乾涸的河床。

「快，快過河去！」黃帝見之大喜，急令眾兵快過河去。黃帝眾兵見之誰也不敢怠慢，一陣疾行便從乾涸的河床之上，全都奔到了黃河對岸。結果恰在黃帝眾兵剛剛全部奔到黃河對岸之時，蚩尤軍兵則

在蚩尤的引領下追到了黃河南岸。

追來的蚩尤眾兵追到河岸之上，眼見黃河乾涸一段，蚩尤便急麾眾兵欲要過河追殺。然而應龍兄妹這時眼見自己軍兵渡河完畢，卻立刻同時收起了法術。結果使得那段乾涸斷流的河床，陡地又流淌起了滔滔河水，把追來蚩尤軍兵攔在了黃河南岸。

蚩尤眼見自己軍兵如此頓被黃河所阻，黃帝敗軍則平安渡河而去，使得自己軍兵已是追殺不成，只能眼睜睜地看著本該覆沒的黃帝敗軍平安離去，真個是氣惱萬分。口中禁不住恨得咬牙切齒道：「黃帝老兒，今天算你命大，明天管叫你死得更慘！」

十九、神女來助

　　黃帝引領敗軍渡過河去，又見滔滔黃河為其攔住了追來的蚩尤軍兵，使得其軍脫去災厄平安起來，真個是心喜過望，連贊應龍兄妹道：「我軍得以轉危為安，全賴你兄妹之功也！」

　　「不，帝父！若非我兄妹剛才失策，讓蚩尤軍兵追我盡入乾涸河床，」然而黃帝話音剛落，女魃卻不禁開口後悔起來道，「我兄妹再乘勢以水擊之，就不僅可以既保我軍平安，又可大敗蚩尤軍兵哩！」

　　「是呀！當時我兄妹怎麼只顧攔住蚩尤追軍，」應龍這時也是後悔不迭道，「忘記了借機奪勝蚩尤之軍啊！」

　　「事情緊急，來不得慎密思考，就這你兄妹攔卻蚩尤之軍已是立下大功了！以後有的是你兄妹剿殺蚩尤之軍的時機，吃一塹長一智，凡事多思也就是了。」黃帝聽到這裏也覺他兄妹言說有理，但又知事已至此悔也無用，因為世上沒有後悔之藥。為此他忙安慰應龍兄妹，即領眾軍一路向北撤去。

　　黃帝所以領軍急忙向北撤去不敢停息，是他見到其軍已經損傷過半，遠不是蚩尤軍兵的對手，而且蚩尤軍兵還會很快渡過黃河追殺過來。為此他必須引軍疾快遠去避開蚩尤軍兵，並速作整擴方可再戰設法奪勝蚩尤之軍。為此他引軍一直退到涿鹿地方，方纔停息下來一邊

擴軍備戰，一邊立即計議起了下步誅除蚩尤軍兵之策。

黃帝擴軍倒還容易，他很快就招募來了不少的人獸鬼神。不僅填補了其軍隊與蚩尤戰敗的損失，而且擴大了其軍隊數量。但計議起下步誅除蚩尤軍兵之策，卻是久思久議不得良謀。

因為從前時數番與蚩尤軍兵的交戰之中，黃帝眾臣將已經清楚地看到了自己軍兵之敗，並非敗在雙方軍兵數量相比上，而是敗在蚩尤軍兵手有赤金利器，自己軍兵抵擋不住。蚩尤之軍善施奇計和法術，自己之軍數中其奇計並被其法術所敗。

因而要戰勝蚩尤之軍，必須設法破得其赤金利器，並破得其奇計和法術。可這一切，卻都是黃帝眾臣將久思久議無法解決的難題，它們像一座座無法逾越的高山，橫亙在了黃帝眾人面前。使得黃帝只擴充了其軍隊數量，卻無法進行全面備戰。

在黃帝眾臣將如此久思久議不得良謀之中，時間轉眼已是過去了將近十日。這時黃帝再也靜待不住，心中大急起來。他知道蚩尤之軍正在其後乘勝追殺於他，若不是黃河阻攔他們早該追殺了上來。現在時間將近十日即便是黃河阻攔，他們也該排筏渡過黃河追殺過來了！

可他卻率軍在此近十日中，僅僅擴充了一批烏合之眾，而沒有能夠思謀出點滴良方可以用來制勝蚩尤軍兵。為此蚩尤軍兵如果迅疾殺到，自己之軍就只有再敗無疑了！焦急至此，黃帝真個是飯難下嚥寢不能眠起來。

然而這些難題並非黃帝飯難下嚥寢不能眠就能解決的事兒。如此轉眼又是三日過去，焦急得如同熱鍋上螞蟻般的黃帝，雖然飯食未進寢未能眠，卻仍是一無所獲！

思無所獲，時間又已過去三日，黃帝擔心蚩尤軍兵襲來因而心中更急。但他畢竟因為連日焦思飯食未進寢未能眠，勞累到了身體所能

承受的極限。這日半晌正在焦思之中，不知不覺地昏睡了過去。

黃帝如此昏睡過去便睡得格外香甜，一覺也不知道睡到了幾時。突然，他看見先前引他脫出蚩尤所布迷霧厄境的那株奇異花株再度出現在了他的眼前。並且隨著花株的出現，他的耳邊又傳來了曇花姑娘的親切話語道：「星君莫愁，王母娘娘派遣神女助你來了！」

昏睡中的黃帝眼見此花心中已喜過望，正欲向前求問花株又聞曇花此言，真個是喜難自抑，禁不住高聲叫了起來：「曇花姑娘，您在哪裏？曇花姑娘，您在哪裏？」

然而，就在黃帝昏睡中喊叫尋找曇花姑娘話音剛落之時，卻聽耳邊驟然傳來了兩個真實的女聲道：「喲，睡夢中還這樣思念曇花姑娘，我們前來豈不是完全多餘！」

昏睡中的黃帝突聞此聲頓然蘇醒過來，心中正在奇異自己夢中所見是真是假，睜眼卻看見自己面前果真站著王母娘娘的兩位侍女，即玄秘的玄女和素樸的素女。正為無法打敗蚩尤而心愁無奈的黃帝眼見此景，心中頓知玄女兩個此來，定是身負王母娘娘之命，幫助自己打敗蚩尤之軍，真個是大喜過望！於是他急忙起身，向二女深施一禮道：「小星只顧昏睡，不知二位神女駕到，有失迎迓。還乞二位神女恕罪！」

「喲，還有心迎接我們呀，睡夢中都在尋找曇花姑娘哩！我們此來既然多餘，打擾了星君的好夢，我們就雙雙告辭了！」玄女和素女聽了黃帝此言，雙雙不以為然地嗔怪道。言畢，真的頓然腳下踏起了雲頭，就要飄然離去。

「二位神女快莫如此！」剛剛清醒過來的黃帝心中，正在寄望於玄女幫他打敗蚩尤，這時看到她二女一言生氣地就要離去，頓然心急起來開口大叫道，「請聽小星對您二位講說，其中另有緣由啊！」

玄女兩個此來果如黃帝所料，皆為身奉王母娘娘之命，幫助黃帝打敗蚩尤之軍。只是恰在此時，碰上黃帝睡夢中呼喊曇花姑娘，故而與黃帝開起了如此玩笑，並非真個就要離去。這時耳聽黃帝此言，便頓然雙方收住腳下踏起的雲頭，嗔問起了根底，便再開玩笑道：「快講有何緣由，如若不然，我倆就真的走了！」

　　黃帝這時並不知道二位神女與自己在開玩笑，而只顧自己身在如此敗後無法鬥勝蚩尤之境，求之不得求得她們相助。因而見到玄女兩個突然來到，真個是如遇救星。因而他捨不得她二女離去，便立刻講說起來道：「其實，也沒有什麼。」

　　「噢！沒有什麼你對我們說什麼呀？」玄女聞聽，立刻裝出大為不滿情態道，「別耽擱我們走路！」

　　世上大凡情人，一般都不願意向別個吐露雙方的真情。因而黃帝因其心中對曇花摯愛至深，又不願意對玄女兩個吐露，所以口中吞吞吐吐。但不料玄女聽到黃帝出言吞吐，不言真情立刻又要離去。黃帝見之，又禁不住心急起來道：「不，我是說沒有什麼大不了的事情。」

　　「小事情也行，快說呀！」素女為開玩笑，這時也是步步緊逼道，「拐這麼多彎抹這麼多角，做什麼？」

　　「好，我這就直說。」黃帝被逼無奈道。隨著，他便把迷霧中和剛才睡夢中見到的那株奇花和隨著那花出現聽到的曇花姑娘的聲音，全都向玄女兩個講說了一遍。

　　「好喲，這還沒有什麼呢！」玄秘的玄女聽完，禁不住率先「咯咯咯」一陣笑了起來道，「這是曇花不忘舊情，身落在了凡間，還念念不忘救助於情人啊！」

　　「也真是夠難為她的了，我的好曇花姐姐！」素樸的素女這時也接上來笑說道，「真是一個癡情的神女呀！」

「二位神女這是什麼意思？」黃帝聽到這裏雖覺玄女兩個話中有話，可是又見她倆與自己嘻哈玩笑的樣子，便不敢相信她倆之言，唯恐中了她倆的圈套道，「我說的都是真情，你們怎麼與我開起了玩笑！」

「不，這不是玩笑，軒轅星君！」玄秘的玄女這時突轉認真道，「先前，我等還以為曇花太水性楊花了。現在看來，她對你軒轅星君是忠貞不渝的。」

「神女這是什麼意思？」黃帝聽了玄女此言，頓然更為不解急問道，「什麼水性楊花、忠貞不渝的？」

「我對你實說了吧，」玄女眼見黃帝這時依舊對曇花的近況一無所知，正在對曇花追思不已，無奈替黃帝慨歎道，「也免得你今後再思念曇花了！」

「她出了什麼事兒？」黃帝突聞玄女此言，聽出曇花姑娘彷彿出了什麼事兒，頓然驚得急叫一聲道。隨著，便急得怔在了那裏。

「作為同是王母娘娘貼身侍女的姐妹，曇花過去曾向我們二姐妹盡吐過其心底對你軒轅星君之愛。但是後來待到王母娘娘在王屋山會見你時，曇花見到你的妻子嫘祖之後，心便徹底碎了。」玄女隨之講說起來道，「但她忠貞於你之心，卻沒有因碎而改變絲毫。只是她覺得，她對你的純真之愛付之東流了，再也無以得到你的愛情之報了！」

「都怪我，都怪我呀！」驚急的黃帝聽到這裏，心情大痛道，「是我對不起曇花姑娘！」

「得不到你的愛情之報了，她覺得自己活著比死了還要難受。」玄女不去責怪黃帝，而繼續侃侃向下講說道，「為此她不想活了，她決計去死。」

「啊！」心痛至極的黃帝聽到這裏，禁不住被玄女之言驚得叫出聲來道，「不，她不能去死！你們要好好地勸勸她，開導她！」

「正因為我們和王母娘娘能做的一切都做了，所以方纔使得曇花沒有死成，」玄女繼續向下講說道，「繼續活了下來。」

「這就好，」這時，黃帝方纔驚怕頓消，轉驚為喜道，「她不能去死啊！」

「可是，她死的決心已堅，」然而黃帝話音剛落，玄女卻接下來話鋒一轉道，「死的念頭並沒有打消。」

「啊！」黃帝聽了又喜色頓斂驚詫起來道，「那你們就再多開導開導她呀！」

「所有能夠做的事兒，我們都做盡了。可是誰也料想不到，後來一日娘娘心中高興，欲要採摘鮮花裝點宮室。」玄女繼續講說道，「娘娘心想，我們開導了曇花這麼多日，見她也不再說死的事兒了。連日來為了防止其死，娘娘一直不讓她離開自己一步。這日為了讓她出去散散心兒，便指派她前去採摘鮮花。」

「怎麼！」黃帝聽到這裏，察覺曇花似要出事，驚異得瞪大了眼睛道，「這一去採花出了事兒嗎？」

「曇花久受王母娘娘約束不得離開一步，這時聽到讓她採摘鮮花心中高興，」玄女這時對黃帝之言不作回答，向下繼續道，「便立刻領命跑出宮房，來到了瓊林花園之中。」

「這就好了！」黃帝聞聽這才放下心來，高興道。

「但由於曇花的臉蛋比牡丹、芍藥還要嬌豔，走過去比茉莉花兒還要芳香，所以瓊林花園中眾花見到曇花的容顏，牡丹羞得低了頭，芍藥羞得合了瓣，」玄女道，「真個是她走到哪裏，哪裏花兒萎縮。因而她走遍了花園，也沒能采到一支鮮花。曇花知道空手回去娘娘定要怪罪，為此她焦急起來。」

「是呀，這可如何是好？」黃帝聽到這裏，也替曇花立即焦急起

來道，「娘娘怪罪下來，了不得呀！」

「曇花為此心中焦急，」玄女繼續道，「便跑出瓊林花園，到別處尋摘鮮花。」

「對，」黃帝聞聽轉喜，肯定道，「這是個法兒。」

「可是曇花離開瓊林花園，依舊一直尋摘不到鮮花。為此焦急無奈之中，她一口氣跑到了南天門外。來到南天門外曇花舉目一望，頓然望到了凡界之上盛開著豔美百花。」玄女道，「尋到了自己要采的鮮花，曇花心中頓然歡喜起來。但是一想到凡界，她剛剛歡喜起來的心兒卻頓又喜氣驟消，倏地陷入了苦痛之中。」

「唉！」黃帝聽到這裏，知道曇花如此全是因為自己，禁不住無奈地慨歎一聲，隨著沉重地低下了無奈的頭。

「曇花心中苦痛，當然是見到凡界便又想起了你這軒轅星君。」玄女繼續講說道，「想到了她想得到得不到的愛情，接著便再次想到了死。」

「啊！」黃帝聞聽至此，頓又驚得叫了一聲隨著擡起了低下的頭，用可以望得見的三張面孔上的六隻驚恐眼睛，望著玄女道，「她又要死？」

「由於曇花早下定了死的決心，只是一直沒有機會方未死成。這時她想到了死且又有了死的機會，便決計死也要死在凡界，」就在這時，在旁的素女眼見玄女對黃帝細細講說，自己無事恰見手邊放有一張琴瑟，便順勢拿在手中撫弄挑撥起來，就這樣在黃帝的驚恐之中，在素女所彈樂曲的伴奏之下，玄女繼續向下講說道，「死在你軒轅星君的身旁。為此她立刻尋見凡界你的所在，雙眼一閉瞄準你所在的地方，徑直向你所在之處倒頭墜捧下來，以期捧死在你的眼前。」

「那樣曇花就沒有死成了，」黃帝聽到這裏頓然驚怕盡消，因

為他沒有見到曇花摔死在自己眼前，隨著忙問玄女道，「我沒有見到她死！」

「是的，她沒有死成。為此我們都說她對你變了心，」玄女隨著接言道，「嘴上說的堅貞，實則是一個水性楊花的女神！」

「啊！」黃帝這時頓陷五里霧中，大為不解道，「此言怎講？」

「本來她這樣一摔下來，應該摔死在你的眼前。可是不知為何，」玄女這時也是大為惋惜道，「是因為她命不該終，還是心懷他想，或是另有別的緣故？她摔落到了凡界，卻摔昏在了一片鮮花之中。」

「噢！」黃帝聽了大為奇異道，「有這等事？」

「這片鮮花面積很大，百花盛開，美麗極了。曇花醒來之時，卻見到自己躺睡在一張簡陋的小床之上。」玄女繼續講說道，「這小床擺放在一間簡陋的小房之中，小房坐落在這片鮮花正中。同時一位神采英俊的年輕小夥子正站在床邊給她喂水。」

「啊！」黃帝這時轉喜又生嫉妒道，「是那小夥子救活了她？」

「是的。這片鮮花，即為這個愛花的小夥子精心栽種。小夥子看到曇花蘇醒過來，便高興地詢問曇花這是從哪兒摔到了這裏，摔得這般沉重，家在哪兒，並要送曇花回家。」玄女接著道，「曇花聞聽端祥小夥子一番，看見這養花的小夥子不僅生相英俊，而且樸誠可愛……」

「啊！」黃帝這時驟然一驚道，「她要移情給那養花的小夥子？」

「是的。曇花接著想到她愛你軒轅星君也是無望，反正也已經為你死過了一次，是這養花的小夥子給了她第二次生命。」玄女這時也是心情沉重道，「為此，她決計在已經對得起你之後，把她第二次生命的愛情，獻給這位英俊的養花小夥子！」

「曇花她現在哪片鮮花之中，我這就前去把她找尋回來！」心中

酷愛著曇花的黃帝聽到這裏，真個是心中頓生萬分急火忍抑不住道。說著，不待玄女回答，便要起身前去找尋。

「不，」然而，玄秘的玄女卻把頭無奈地對黃帝一搖道，「你找不回來了。」

「她既然身在凡界，」黃帝聞聽驚問道，「我為什麼找不回來？」

「你聽我說完。」玄女隨之安慰道。焦急的黃帝聽了玄女此言，方纔稍稍平靜下來，聞聽玄女繼續道：「曇花隨後先回答了養花小夥子的詢問，接著便與養花小夥子攀談起來。他倆越談越覺投合，雙方於是生出了愛慕之心。」

「唉！」黃帝這時已經猜到了事情的結局，但他卻也無可奈何，心中不禁陡地泛上一陣痛楚，卻也無可奈何地慨歎一聲痛恨自己道，「我呀！」

玄女對黃帝此言聞若未聞，對其情態之變也見若未見，繼續道：「就在當天晚上，他倆在鮮花中面對鮮花叩首而拜，結成了夫妻。就這樣，我們說曇花由對你忠貞不渝，變成了一個水性楊花的女神！」

黃帝聽到這裏，由於他已知這是必然的結局，所以只有沉痛沒有再言。玄女則隨著繼續講說道：「娘娘命曇花採花去後，半天不見曇花回轉，就命我們四處尋找。可我們找遍了天庭，也沒有找見曇花。後來還是從把守南天門的天將那裏得知，曇花下凡採花來了。」

「都怪我啊！全都是怪我！」黃帝這時大概是從極度的沉痛中轉醒過來，連連痛責自己道，「是我害苦了曇花，我有罪！」

「娘娘聞聽即帶我們下凡找尋，結果趕到凡間一看，正找見曇花與那養花小夥子，」玄女仍是對黃帝此言此情不管不顧道，「相偎在那座陋室中促膝交歡。娘娘勃然大怒，即令天將捉拿曇花。」

「這可如何是好？」黃帝聽到這裏，心中真個是對曇花又氣又痛，

大為焦急忍不住為其擔心道，「你們要幫幫她呀！」

「曇花聞聽天鼓擂動，知道事情不好，急忙走出陋室跪求娘娘，願意永墜凡塵，與養花小夥子結伴終身。」玄女繼續道，「嚴厲的娘娘聞聽眉頭一皺，心生一計道：『好吧，我成全你。只是得受點苦。』說著用手一指，曇花便立即變成了一株奇異的花株。」

黃帝聽到這裏，方纔頓然明白過來道：「噢，怪道那株奇異的花株會引領我脫出蚩尤迷霧，隨她出現伴有曇花的聲音！」

「那養花小夥子早在陋室中被天鼓震昏，他從昏迷中醒來後不見了曇花姑娘，卻見到房前新生出了一株奇異的花株，聰明的他便猜知那花株為曇花所變。」玄女則繼續講說道，「隨著他便用淚水澆灌它，用心血培育它。心中只盼著這花株開花，曇花重回到他的身邊。小夥子就這樣盼了一天又一天，等了一月又一月，一年的時間過去了，他與曇花既是見面也是分別的日子到來了。」

黃帝這時心中既苦曇花的遭遇，又疼曇花的如此作為。聞聽至此忍抑不住插話道：「怎麼，還會再現什麼奇跡嗎？」

「這天夜裏，養花小夥子依偎在那花株旁，心中想著曇花的形象，回想著那倏然的離別，淚水禁不住『吧嗒嗒』流了下來。夜深了，小夥子的淚水仍然流淌不止。」玄女這時也是心痛至極道，「忽然，那花株的枝頭綻蕾了，舒瓣了，開放了。小夥子透過淚簾看到，那花株開出的花兒顏色潔白，味道清香撲鼻，模樣姣美極了，好像曇花的化身。小夥子於是定定地看著這花，流著淚傾訴離別之情。」

黃帝聽到這裏，心中苦痛更重道：「曇花真是太苦了！」

「不，更苦的還在後頭呢！小夥子對那花兒傾訴時間不長，那花兒就慢慢地謝了。」玄女道，「原來，曇花的靈魂，每年只能化成花朵，在花株上出現一次。每次也只能在深夜開放，天不明就要凋謝。平日

裡則被娘娘押入魔窟受罪，不准出現！」

「曇花實在太苦了！是我害苦了她呀！」黃帝聽到這裏，禁不住大叫起來道。說著，便深深地垂下了頭。

「因為那花株是曇花變的，所以人們就把那花叫成了曇花。又因為曇花是娘娘身邊的侍女，因而又叫仙女花！」玄女則繼續說道，「然而曇花雖然為你軒轅蒙受了如此巨大的苦難，但她前番在你急難之時，又千方百計救助於你，說明她仍對你忠貞不渝。我們說她水性楊花，是說錯了呀！」

「別說了，快別說了！」黃帝聽到這裏，則再也忍不住了心中的苦疼，痛心地哭了起來道，「是我對不起曇花姑娘啊！」

玄女至此講說完了平靜下來，只有黃帝的嗚嗚痛哭之聲，伴著素女彈撥的那如咽如泣的琴瑟之聲發出著共鳴。瑟聲淒涼，黃帝心苦，且其又在敗亡無奈之際，因而痛哭之中越聽那淒涼的琴瑟之聲，心中越加淒苦。隨之只見他禁不住涕泗橫流，悲難自禁起來。痛哭到末了，黃帝突然止住哭聲仰對高天道：「蒼天，我軒轅星君怎麼這樣苦啊！」

「星君，曇花既然已去，你如此悲哭亦已無用。」素女聞聽至此，頓止彈撥道，「只是今後多養曇花，也就是了！」

「姑娘說得很對！我這時不僅再哭無用，而且多養曇花，也只能表達我對曇花的思念之情，也仍為無用之舉。因而我決計暫且不哭也不養曇花，而要立刻隨同你們前去拜見娘娘，」黃帝這時則已心有成熟之想，接著素女之言道，「一為曇花求得複歸天界複還原身之恕，二為我軒轅求取剿滅蚩尤之軍平定凡界之法。這兩者皆為有用之舉，乞二位姑娘不吝，即領小星快快去見娘娘！」

「好你個聰明的軒轅星君，想的實在是好！」玄秘的玄女這時聽

了嫣然一笑道，「但那怎有可能啊！」

「怎麼不可能？我是玉皇大帝的救命恩神，娘娘在王屋山上又對我說過，遇有急難可去昆侖山上尋她。」黃帝聞聽急言道，「今日我有兩難，前去找她怎會不行！你倆來得正好，恰好領我前去找她解此兩難！」

「若是如此，我對星君你說清楚吧。」素女見之一笑道，「曇花的事兒，你見娘娘去說也沒有用了。」

「怎麼沒用！」黃帝聽到這裏，頓又急火起來。因為曇花是為愛他，陷身此境的呀！所以他聽聞素女此言，急不可奈道：「我非給曇花求個複還原身，複歸天界不可！」

「星君，若能如此，我二女難道能不做嗎？娘娘恪守天規之嚴，是任憑誰個也勸說不動的呀！」玄女見之忙勸道，「特別是曇花鬧出了這樣有影響事兒，在娘娘那裏，就更是挽回不得的了！」

「那麼好吧。不過即便曇花的事兒不行，那麼你們就快領我去見娘娘，求她助我剿滅蚩尤之軍吧。」黃帝聽了玄女此言，聯想到王母娘娘的過去，方纔心中無奈暫且服氣道，「我眾軍現在正在敗亡之時，蚩尤軍兵若是殺來，我眾軍正臨覆滅之險啊！」

「這個還成。」玄女這時贊同道。

「那樣前去求助於娘娘，也正好再求求曇花之事，或許娘娘會對曇花開恩的！」黃帝當然心中還是想著曇花姑娘，因而還沒有說夠三句，便又說到了曇花身上道，「哪怕是僅有千分之一的希望，我也應該做出千分之一千二百的努力！」

「星君說得對，但只是曇花的事兒連千分之一的希望也不存在了。」玄女兩個聽了黃帝此言，心兒都被黃帝對曇花的誠摯真情打動了，雙方為此齊羨曇花被黃帝愛得這般真摯，隨之開口摯言道，「你

就死了這份心吧！」

「不！」黃帝這時仍不死心道，「你們不要把娘娘說得那般絕情！」

「至於前去請求娘娘，助你剿滅蚩尤之軍的事兒，」玄女兩個這時則將話鋒一轉，對黃帝道，「星君怎麼只顧焦急，而忘了星君方纔夢中曇花言說之語。」

「啊！」黃帝這時突聞此言，心中一懵道，「曇花對我說了什麼？」

「星君真是健忘！」素女即又玩笑道，「這個難道還用我們重複嗎？」

「噢，對了！曇花讓我莫愁，說是娘娘派你二位助我來了！我怎麼急迷成了這個樣子！」倏地，黃帝清醒過來說著，無奈中只有暫且在心中壓下曇花之事，急問玄女兩個道，「那麼我暫且不說曇花之事，放其事兒以後再說。現在二位快講，我軒轅怎樣才能破得蚩尤之軍吧？」

「娘娘既然派我兩個前來幫助星君，我們就自然有法幫助星君破得蚩尤軍兵。」玄女聞問說著，即取出狐裘一襲、靈符一道，遞給黃帝道，「星君穿了這身狐裘，刀槍劍戟便不能傷。佩了這個靈符，風雨雲霧便不能迷。大破蚩尤軍兵，便可大功告成了。」

「小星攻滅蚩尤軍兵，全仗人獸鬼神眾軍。假如眾軍皆受傷害，」黃帝眼望玄女手捧的狐裘和靈符，耳聽玄女之言不禁懷疑道，「而僅獨有小星一個不受傷害，眾軍皆被迷霧所迷，僅獨小星一個不為其迷，穿這狐裘佩這靈符，又濟何事？」

「這請星君放心，我們還有辦法。我們當然知道，蚩尤軍兵最屬害的，就是諸種赤金利器，這個我們有辦法制得。」素女在旁聞聽道，「蚩尤兄弟善於播雨弄霧，這我們亦有辦法破得。娘娘此遣我兩個前來，尚有許多事情要與星君細談。只是這狐裘和靈符，乃係王母娘娘

親賜星君之物，因而還是請星君穿了佩了再說。」

黃帝聽到這裏，方纔心疑頓解，朝西連拜王母娘娘再三，然後穿上了狐裘佩上了靈符。隨著向玄女兩個詢問起了諸種破滅蚩尤軍兵之法。玄女聞問，率先回答道：「蚩尤軍兵的兵器為赤金做成，赤金就是銅。而距此地不遠，就有一座昆吾之山。山上盛產真銅。星君著人鑿下燒煅，就能做出堪與蚩尤軍兵所用赤金利器相匹敵的諸種利器了！」

「這個，你先製造一輛車子，車子上站立一位木人，木人要手臂靈活至極。然後你再把這塊小石頭，」黃帝聞聽大喜，忙又詢問起了破滅蚩尤所布迷霧之法，素女這時聞問，立刻取出一塊呈黑褐色的小石頭道，「安在這木人的手指上，這木人就會永遠指向南方。任憑黑暗無盡迷霧如簾，它都會引你到達所要到達的地方。」

「這，可能嗎？」黃帝聽了素女此言，接過素女遞來的小石頭看視一陣，禁不住又半信半疑不敢相信道。

「星君儘管如法炮製，」玄女見之忙言道，「它定可幫助星君打敗蚩尤之軍。」

「噢，對，對！」黃帝這才猛然從懷疑中清醒過來，急忙開口肯定道。隨著，他又詢問二女還有何法。素女於是又取出一張圖樣，遞給了黃帝。黃帝接過一看，只見圖樣仍是一乘車子。車子上依舊站一木人，但只是這個木人手中拿著一根棍子，棍子下面放著一面小鼓。黃帝大為不解道：「這有何用？」

「這乘車名叫記里車，與方纔那乘車叫作指南車不同。在這記里車上木人腹內設有機關。車子行進一里，機關展動一次。那木人就會用手中木棍，擊打小鼓一次。」玄女隨之回答道，「如此遇到黑暗和迷霧之時，有指南車雖然不至於再迷失方向，但路途遠近不能知道，

進退行止便難能自如。而有了這種記里車，事情就解決了！」

「太好了，這太好了！」黃帝聽聞玄女此言不僅心中不解頓解，而且大為高興起來道，「如此一來，蚩尤軍兵就必破無疑了！」

「星君所言極是。」然而就在黃帝此話落音之時，玄女兩個卻雙雙即言道，「我二女任務已了，因而就此告辭了。」

「不，不！你們不能走！小星料想蚩尤軍兵就要打過來了，而這些東西還一件也未製成。」黃帝突聞此言，頓然大驚急叫道，「如果蚩尤軍兵這時打來，不就將是這些方法雖好，但由於沒有實現，依舊打敗蚩尤之軍不得嗎？」

「這個星君莫愁，娘娘既然遣我二女前來授法於你，她就一定會讓你使用這些方法，破得蚩尤之軍的！」玄女聞聽淡淡一笑說著，立刻又要離去。

黃帝當然仍是不肯放她二女離去，對之苦苦挽留。玄女兩個無奈道：「我二女使命已了，奉娘娘之命應該歸去，豈可在此再留！但請星君放心，若到星君再有急難處之時，娘娘定然還會派遣我倆前來相助的！」

黃帝聞聽至此，方纔無奈道：「請二位神女代小星言說，對娘娘此次救助深謝之意！並乞二位神女在娘娘面前代言，為曇花姑娘求情。另外乞求你二位神女，待到日後小星再遇急難之時，替小星祈求娘娘，再來相助！」言畢，方纔送別玄女兩個騰雲離去。

送走了玄女兩個，黃帝雖然心疼並思念心愛的曇花姑娘，但由於擔心蚩尤之軍會迅疾攻殺過來，因而不敢稍息。只有壓下心中的私念，急派力牧引領眾軍，前往昆吾山采銅製造兵器。並令風后尋集能工巧匠，按照神女所賜圖樣，製造起了指南車和記里車。

待到一切安排停當，黃帝又忙於一邊各處督促製作，一邊精心訓

練人獸鬼神之軍。並忙中偷暇暫且苦心尋養起了曇花，以寄託心中對曇花之愛及無盡痛思！

如此轉眼數十日過去，不僅黃帝擔心的蚩尤軍兵果如玄女兩個所言沒有殺來，而且黃帝派出的力牧眾軍，也果然造出了眾多的精銅利器。不僅其數量滿足了眾軍需要，同時其鋒利程度，也超過了蚩尤軍兵使用的赤金利器。

與此同時，風后引領的一幫能工巧匠集思廣益，苦心製作，也果然按照圖樣製造出了指南車和記里車。黃帝見後親自試驗，果見那車如玄女兩個所言，指南車始終指向南方，記里車一里一擊鼓。

黃帝於是心中大喜，即令人獸鬼神眾軍使用精銅利器進行操練，並對指南車和記里車嚴加試驗，準備擊敗蚩尤之軍。黃帝眾軍見到這裏士氣大振，操練倍加勤苦，苦心做好準備。只待黃帝一聲令下，前去剿殺蚩尤之軍，除去凡界之亂保得凡人幸福。

黃帝如此訓練眾軍轉眼又是十日過去，雖然見到眾軍兵士氣和軍力已經練得今非昔比，但他為了制勝蚩尤之軍，仍然狠抓訓練毫不鬆懈。以待眾軍訓練更加有素，戰時穩操勝券。早日剿滅蚩尤之軍平息戰端，不再禍害凡界。

黃帝就這樣引領眾軍繼續苦練，轉眼又是練過了三日。第四日半晌黃帝正在親自督練眾軍，眾軍也正練得起勁，卻突見哨探前來稟報道：「大帝，蚩尤軍兵殺過來了！」

二十、黃帝凱旋

　　蚩尤軍兵被黃河攔住之後，渡過黃河距離涿鹿地方並不十分遙遠。為何在如此數月之後的今日方纔殺到涿鹿，給黃帝留下了如此充裕的擴軍備戰之機呢？這當然又是王母娘娘為了幫助黃帝，故意施法攔阻的結果。

　　在天界，由於軒轅星君是玉皇大帝的救命恩神，被玉皇大帝用為貼身侍衛，王母娘娘因而對其格外給予厚待。加之軒轅星君又為仁義之君，所以王母娘娘對其更是待之甚厚，可以說幾乎答應其要求的一切。

　　後來軒轅星君到了凡界，王母娘娘因而更不忘對其進行諸多照應。以助其早日實現其為凡界凡人解難夙願，歸回天界靜享天界之福。並作為玉皇大帝的忠誠衛士，好為玉皇大帝所用。為此軒轅星君雖然身在下界，但卻依舊時時掛在王母娘娘心頭，使她身在天界時刻不忘助力於身在凡界的軒轅星君。

　　故而，先前她聽聞軒轅星君在凡界求神祈雨，便即遊玩於凡界以看視軒轅星君。並特意在橋山會面於軒轅星君，以詳察軒轅星君來到凡界之後的一切作為，看其有何難處好助其排解。

　　橋山會面之時，王母娘娘聞聽軒轅星君在凡界作為黃帝，與其

兄長炎帝的仁德治世之道之爭之後，對凡界情形和其二神之道察考再三，認定軒轅星君的自然治世之道，為適應凡界變易情形之治道。炎帝的仁德治世之道，乃為凡界過時之治道。因而她決計幫助軒轅星君，將其自然之道頒行凡界。以早日實現凡界大治凡人安寧，使軒轅星君早了夙願回歸天界。

但作為天神王母娘娘知道，凡界的事情需要按照凡界的過程去辦。自己雖然貴為天界之尊也不可越俎代庖，因而自己只能幫助而不能代替軒轅星君頒行自然之道。雖然她知道軒轅星君在頒行自然之道的過程中，要遇到許多難處，但她也不能預先授予玄機。而僅在回歸天界之時對軒轅星君留下話說：「今後星君若有難處，可到昆侖山前去找我。」

王母娘娘告辭軒轅回歸天界之後，當然更對身在凡界的軒轅星君掛心不已，因而時刻關注著其在凡界的情形。後來，她看到軒轅星君為救其兄平息阪泉氏之亂，結果誠心引起了與其治世之道相悖的炎帝與之大戰，軒轅星君與之兩戰皆敗。她心中焦急欲要臨凡來助，但深一探察得知軒轅星君再戰大勝，便沒有到下界前來助戰。

待到蚩尤僭越炎帝之號攻戰軒轅星君之時，王母娘娘看到軒轅星君身處數敗無奈之境，便在一邊派遣玄女與素女當面救助之時，一邊則親自施法於蚩尤之軍，阻攔蚩尤之軍耽擱於追殺行進路途之中。黃帝贏得按玄女兩個所授法術擴軍備戰的時間，幫助黃帝戰勝蚩尤之軍。

王母娘娘初施法術阻攔蚩尤之軍追殺黃帝，是在黃帝之軍渡過黃河，蚩尤之軍受到黃河攔阻之時。那時，蚩尤眼見黃帝敗軍渡河而去，自己之軍受阻追殺不得，心中大惱。氣得「哇哇」大叫道：「快，快造竹木之筏，渡過河去剿殺黃帝敗軍！」

蚩尤軍兵聞令即動，他們全都手握赤金利器，因而一陣砍伐便采

下了眾多的巨竹大木。隨之一陣紮排，便在黃河岸邊一拉溜紮造出了眾多的巨大竹木之筏。蚩尤見之便不怠慢，一聲令下其眾兵便開筏渡起河來。

就在蚩尤命令剛下眾兵開筏未開之時，王母娘娘便在天界暗使法術，突然從河心中生出一股颶風。倏地朝南岸摧枯拉朽般颳來，「颯」地一陣便將蚩尤軍兵紮好的巨筏全都捲入水中不見了蹤影。

「媽的，何來如此妖風，專與我蚩尤作對！」蚩尤見之氣得又是「哇哇」大叫。叫畢，即又令其軍兵再伐竹木，重紮巨筏。蚩尤軍兵聞令又是一番砍伐一番紮排，便又在黃河水邊一拉溜紮排成了眾多的巨筏。

王母娘娘剛才受罵心中正惱，這時眼見蚩尤軍兵再度紮好了巨筏，便不待蚩尤傳令眾兵上筏，便又施法術送來一陣颶風，把紮好的巨筏全都捲入了水底。而且那颶風捲沉巨筏以後還不像上次一樣即告消散，又隨著徑向岸上蚩尤軍兵狂捲過去。只見它一陣從蚩尤軍兵之中捲過，已把毫無防備的蚩尤軍兵捲得東倒西歪，死傷無數。並捲走不少軍兵，不知死在了何處。

「妖風，妖風！我非鬥勝你這妖風，渡過河去不可！」蚩尤為獰猛好戰善鬥之徒，因而生就有一副天不怕地不怕，不信天不信地不信神不信鬼的性格。為此他對此兩度颳來颶風仍舊不信其邪，第二次受此颶風襲擊之後，心中更為氣惱口中「哇哇」大叫不止。叫畢，又即命眾兵再砍竹木，重紮巨筏，以渡黃河。

蚩尤眾軍兩度紮筏兩度受到颶風襲擊，而且第二次不少軍兵又受到颶風傷害。處此蒙昧時代他們自身又多為鬼神，所以其中的大多數皆信有邪有怪。認為兩度襲來的颶風定有來由，因而皆對執行蚩尤之令猶疑起來。

他們害怕再紮巨筏也是徒勞，那颶風定然還會襲來捲沉巨筏。而且害怕他們或許是因為砍伐山之竹木，得罪了山神竹神木神或者山怪竹怪木怪，方纔引來了如此颶風之變！因而他們便擔心自己再伐竹木，引起了山神竹神木神或山怪竹怪木怪之仇，災禍殃及自身，所以大都猶疑不動起來。

「快伐竹木，站立不動者格殺勿論！」不信邪的獰猛蚩尤見之更惱，怒火陡騰萬丈「哇哇」吼叫起來道。叫著，竟真的揮錘威脅起了面前軍兵。猶疑軍兵被逼無奈，心中雖怕但也只得心抑猶疑，無奈砍伐起了竹木，重新紮排起了巨筏。

然而這一次由於士氣低落，眾軍兵砍伐竹木和紮排巨筏的時間，都比前兩次慢過一半還多。然而蚩尤軍兵雖然動作遲慢，但最終還是在河岸邊再次紮排成了眾多的巨筏。蚩尤眼見巨筏紮好，便第三次下令眾兵上筏渡河。

經過兩次颶風襲擊，心懷猶疑的蚩尤軍兵這次聞聽蚩尤上筏之令，上筏渡河的勇氣大為消退。全都畏畏縮縮不敢前沖，唯恐颶風再次突襲過來，使率先登筏者隨筏葬身河中。蚩尤見之更惱，又是揮錘逼令起了眾兵。眾兵被逼無奈，只有心中懷著巨大的驚怕，你推我推你地慢慢登上了巨筏。

這次蚩尤軍兵雖然猶疑，但那颶風卻沒有再度襲來。但見他們在蚩尤的威逼下一陣登上巨筏之後，便在蚩尤的號令下開筏向北岸渡去。河水平靜，巨筏安穩，載著蚩尤部分軍兵一會兒便渡到了河心之中。

然而就在這時，又是一場颶風倏然颳了過來，隨著在河中掀起倒海翻江般的巨浪。蚩尤軍兵所乘巨筏抵擋不住，一陣便在河心中沉沒過半。剩餘未沉巨筏不敢怠慢，急忙奮力返向岸邊行來。

虧得王母娘娘不忍淹殺蚩尤之軍，稍微施展一下法術阻擋蚩尤軍兵一陣，便收起法術止住了風浪，方使得河中未沉巨筏返回了南岸。如若不然，巨筏是一個也返回不得的。

蚩尤一直站在黃河南岸督軍渡河，開始眼見眾筏平安渡到了河心，正在心喜其軍就要渡過河去。隨後突見河心生風起浪掀翻了過半巨筏，淹死了過半渡河軍兵，只有少數巨筏返了回來。

如此一連三次渡河皆告失敗，方纔使得蚩尤這個獷猛好戰不信神邪之人，也不由得心中首次生出了驚怕。懷疑起了自己如此渡河不成，真的有神邪攔阻。並懷疑可能正是因為自己不信神邪，得罪了神邪造成此禍！

與此同時，他還懷疑或者是自己僭越炎帝之號，爭做一統凡界「新一代炎帝」之心被玉皇大帝察知，玉皇大帝故此派神施法阻攔自己，以使自己告敗而來。想到這裏，生出懷疑的蚩尤心中大驚。因為若是這樣，自己就必敗無疑了。不僅報雪不得炎帝之仇，而且爭做新一代炎帝的美夢也要化為泡影了。

「大哥，看來必須改改你不信神邪的脾氣了！」如此猶疑驚怕之中，無奈的蚩尤心中頓然急火起來，正在這時，狡惡的蚩術在旁道，「如果仍不祭祀，我軍兵看來是渡不過這黃河去的。」

「二弟，你看該怎麼祭祀，」蚩尤這時正在懷疑驚怕，聽了蚩術此言更加懷疑驚怕不止，便聽信蚩術之言道，「我們就好生祭祀吧！」

「看來如果我軍要平安渡過河去，既要祭祀山神、竹神和木神，也要祭祀山怪、竹怪和木怪，」蚩術聞見從不信邪的蚩尤聽信了自己之言，改變了昔日的習性，便隨著向下講說道，「另外還要祭祀河神和天神，只有這樣才能保得萬無一失！」

「怎麼都行，為兄都交付給你了。你快去辦吧！」蚩尤這時已經

無奈，聽聞蚩術之言即言道。說著，他見返回巨筏之上的未死軍兵登上了河岸，便即命眾兵就地駐紮下來，等待蚩術依言祭祀神怪。王母娘娘眼見此景，知道蚩尤如此祭祀會在此耽擱月余時光，方纔不再顧及蚩尤軍兵之事。

蚩術於是開始行起了祭祀，只見他先祭山神山怪，後祭竹神竹怪，再祭木神木怪，末了又祭河神天神。如此一神一怪各作祭祀，轉眼時日已經過去月餘。此間蚩尤雖然心中又急又氣，但卻再也不敢去行莽舉。

因為他雖然不怕山神木神竹神山怪木怪竹怪，卻實在害怕是玉皇大帝懲戒於他！若是那樣，他就一切全都完了，就要死無葬身之地了。為此他只有壓抑下心中的氣急，耐住難耐的獰猛性子，等待蚩術祭祀下去。

末了待到蚩術按照其說祭祀完了，方纔敢於重下軍令，令眾兵砍伐竹木紮制巨筏。但是就在其眾兵紮制巨筏之時，蚩尤仍是放心不下。又一改先前不信八卦占卜之習，讓蚩術細心為此次渡河進行起了占卜。

蚩術精於占卜之術，聞聽蚩尤之命即行沐浴靜心，於祭拜之後細心玩弄起了蓍草龜甲，結果求得了吉卦卦象。蚩尤見之大喜，便在眾兵一陣紮好巨筏之後，命兵乘筏順利渡過了黃河。

蚩尤經過隆重祭祀占卜，第四次渡河終於成功。這不僅使得蚩尤取得了領軍渡河的勝利，同時也使其心中由此改信起了先前不信的祭祀占卜之術。使得其此後一舉一動都讓蚩術進行祭祀占卜，並以占卜結果決定行動方略。由此也使他對自己僭越炎帝之號，攻滅黃帝之軍充滿了必勝信心。因為他覺得通過祭祀，諸神既然祐助自己，就說明自己之行符合上神的意志。而符合上神的意志，剿滅黃帝之舉定會

成功！

　　由此他推斷，他的爭做一統凡界「新一代炎帝」的夢想，也是符合天意的，所以也是會成功的！為此渡過黃河之後，蚩尤便在蚩術祭祀占卜重得吉卦之後，迅疾引軍向黃帝之軍追殺過去。

　　蚩尤引軍一路向北追殺黃帝之軍，開始兩日由於占卜為吉，所以蚩尤軍兵行走快疾。兩日時間過去，便走過了由黃河岸邊到達涿鹿三分之一的路程。第三日蚩術占卜依舊為吉，蚩尤領兵依舊高興迅疾北行。

　　然而蚩尤軍兵的行蹤早被王母娘娘在天界察知，她看到自己雖然施法黃河之上，把蚩尤之軍攔阻於黃河南岸月餘，但這月餘時間對於擴軍備戰的黃帝來說仍是不夠。這時黃帝還沒有按照玄女兩個所授之法，做好戰勝蚩尤之軍的全部準備。若要黃帝依法做好戰勝蚩尤之軍的準備，還要再需月余時光。

　　看到這裏王母娘娘便也不再怠慢，決計立刻再施法術攔阻蚩尤之軍北進，以為黃帝爭取備戰時間。這時王母娘娘眼見蚩尤之軍行進正疾，便即施法術使其前軍突聞前方殺聲陡起，驚得正行前軍立刻停止了前進的步伐。

　　他們當然吃驚，他們以為是黃帝之軍殺了過來。然而就在他們聞聲驟驚之時，卻又聽到遠處驟起的殺聲非同尋常，聞之心膽俱慄。於是眾軍兵一個個頓然駭怕至極，不敢再待，驚怕得不由自主地皆轉身便向來路逃跑回去。

　　膽壯的蚩尤行在中軍之中，驟聞此聲也是難禁驚怕，但他身為統帥不敢怯逃亂了軍心。為此但見他眼見前軍驚怕地逃了回來，而且個個驚怕得只顧驚逃不顧混亂，不僅驚逃眾軍互有踏傷，同時眼見他們逃來就要把中軍沖亂，便壯起膽子大聲喝止道：「站住，誰再退逃我

297

就殺死誰！」

　　然而驚逃前軍潰如決堤之水，蚩尤的幾聲厲喝當然禁止不住。蚩尤見之勃然大怒，便真的揮錘連連擊斃數名後逃之兵，但仍是制止不住潰逃之軍。蚩尤如此止不住驚潰前軍心中更惱，而且眼見其中軍就要被驚潰前軍沖潰心中大急。正在急思穩住潰軍之法未得之時，突聞左右兩翼頓又響起了如同前方的驚心殺聲。

　　蚩尤聞聽頓然渾身顫慄不止，也抑止不住心中的驚怕，只顧心中驚怕而顧及不得了穩定其軍，扭身便像驚潰的軍兵一樣向後潰逃起來。蚩尤這一潰逃立刻帶動中軍皆逃，前軍與中軍的潰逃又沖潰了後軍，後軍潰後便全軍大亂驚逃更疾。加之那驚心動魄的奇異殺聲，這時尾隨其軍響得更加慘烈，因而直嚇得蚩尤軍兵一連兩日驚逃不止。

　　驚逃混亂之中眾軍兵或被踏死撞死，或被累死嚇死數減過半。如此他們一口氣逃到黃河北岸，眼見被黃河攔住，方纔無奈止住了驚逃的腳步。有那膽小驚怕至極者，則繼續向前奔逃，竟然「撲通通」跳入黃河斃去了性命。

　　蚩尤軍兵被黃河如此攔住之後，那奇異的殺聲也奇跡般地隨之消失了去。蚩尤軍兵不聞那聞之膽戰心栗的殺聲，方纔驚怕稍消心中稍安下來。但他們隨著想到追來黃帝眾軍，定然不會只喊殺聲而不殺來。這時止住殺聲定然是就要襲殺過來，因而心中又禁不住驚怕起來。

　　因為他們看到自己面前橫攔滔滔黃河，如果殺來的黃帝眾軍果如那殺聲一樣可怕，他們向前無路可逃，戰又難以取勝，就只有葬身此地了，所以全都更加驚怕不已起來。蚩尤眼見自己之軍經此一潰，不僅三天走出的路程盡數報廢，而且也引得心中更加驚異萬分起來。

　　因為他也在自己眾兵被黃河阻住，可怕殺聲隨之消逝之時，像其眾兵一樣想到追喊兩日的黃帝眾軍，定然很快就要殺來。雖然他頭腦

中仍以先前印象認為,黃帝之軍是不堪自己之軍一擊的敗軍,但他也像其眾兵一樣看見前有黃河擋道,如果黃帝眾軍再突然喊起剛才那令聞者顫慄的殺聲,從後面殺來,其軍就必將覆沒於此了!

為此他不敢怠慢,急忙動員全軍打消驚怕,樹立背水死戰奪勝黃帝不堪一擊之軍的思想。立刻行動起來整飭隊伍,做好迎擊黃帝之軍的充分準備。蚩尤令軍如此真個是好生準備了一陣,但末了卻是空忙了一場,虛驚了一場。左等右待也不聞黃河岸畔殺聲再起,也不見有黃帝一兵一卒殺來。

狡惡的蚩尤眼見如此情景,心中真個是更加奇異萬般起來。首先,他奇異那奇異的怕人殺聲,為何隨他眾軍連喊兩日,至今卻仍不見有黃帝一兵一卒殺來?黃帝之兵哪裏去了?他們為何只喊不殺?他們的喊殺之聲為何那般令聞者身膽俱栗?他們此刻止住殺聲而且不殺過來,下步究竟要做什麼?蚩尤如此越想越是不得其解,心中越加奇異。其次,他驚異起了先前驗之皆准的占卜結果,這次為何完全相悖?由此引起了他對占卜之術的懷疑。再次,他從其軍這次被那奇異的殺聲驚潰,聯想到先前其軍三渡黃河的失敗,再次動搖了他對自己僭越炎帝之號,攻伐黃帝符合眾神之意的信念。使他懷疑起了自己心藏的爭做一統凡界「新一代炎帝」之行,定然違背上神之意行之必敗。因而使得自己追殺黃帝之軍途中,連遭如此奇異之敗。

驚異至此,先前充滿信心行動果敢的獷猛蚩尤,這時真個是如同驟然變換了一個人兒,變得心懷猶疑行動難決起來。蚩尤的如此之變使得其軍進退無據,蚩尤則又讓蚩術在黃河岸邊大祭神怪。以反復懺悔自己的罪過,使自己之行得到上神的寬恕贊同。

如此祭祀懺悔又過月余,蚩尤眼見在這月余之中沒有再生異變,感到自己之行可能是通過如此祭祀,得到了上神的寬恕贊同。方纔小

心謹慎畏首畏尾地領兵向北進發，以期尋殺黃帝之軍而來。但由於這時蚩尤心中仍然充滿驚怕猶疑，特別是擔心先前那口喊殺聲的黃帝眾軍，或許是已經設伏等待著剿殺自己之軍，因而他令其軍在途行進步步為營，不敢長驅直入。

「大帝，前距涿鹿已經不遠。」為此短短的從黃河岸邊到涿鹿之地十數日路程，蚩尤竟然領軍行走了一月有餘，這日正行之際，忽聞哨探來報道，「黃帝正在涿鹿地方操練新兵！」

獰猛好戰的蚩尤聞聽此報，方纔驚怕大消本性回復。因為他終於尋到了黃帝軍兵的所在，不再害怕黃帝已引眾軍為他設下死地。但見他仍以先前觀念去想黃帝之軍為不堪自己一擊之軍，認定其現在仍在敗逃之際。自己這時終於引軍追上，便可一舉剿殺之。

為此，他也不再向哨探詢問黃帝軍情，即令其軍抖擻精神向前疾進。以在涿鹿地方集中全力，一舉剿滅黃帝敗軍，為自己爭得一統凡界的「新一代炎帝」之位。

蚩尤軍兵在途雖然數受挫折死傷不少，但由於他們皆與蚩尤一樣，為得意忘形的邪惡之輩，加之數月來在行進途中受到的驚怕壓抑正無處發洩，所以聞聽蚩尤之令，幻想剿殺黃帝潰軍之勝就在眼前。因而聞令頓然振奮起了精神，隨同蚩尤一陣向涿鹿地方攻殺而來。

正在督練眾軍的黃帝，這時也早得到了哨探稟報，知道蚩尤軍兵殺了過來，心中不禁大喜。因為他擴軍備戰已經完成，正想出兵前去剿殺蚩尤軍兵早平凡界之亂。蚩尤軍兵如此恰好自行殺來，自己正好率軍剿滅之。

黃帝這時對制勝蚩尤之軍當然已經胸有成竹，因為其軍與蚩尤之軍相比，不僅有昔日的車戰之優，而且又受玄女與素女指授，制得了比蚩尤之軍的赤金利器更為鋒利的精銅利器，同時還有了破其妖霧的

指南車和記里車，並且人獸鬼神軍兵數目，也超過了蚩尤之軍。

然而手操如此勝券的黃帝心喜之餘，突然想到獷猛的蚩尤乃為狡黠之徒，因而他前番數戰皆用奇計。此番他再度領兵殺來，難料其是否又施奇計。為此黃帝不敢怠慢，心機一轉決計不論其此來施用奇計與否，自己都要為防其施用奇計而施用奇計。以用其道還治其身，施計制勝於他。

思謀既定黃帝即傳帝令，命令力牧率領一軍向東，退出一里埋伏下來。命令風后率領一軍向西，退出一里埋伏下來。自己則與后土引領少數軍兵，詐作敗逃之狀迎擊蚩尤之軍。待到蚩尤之軍殺來，自己退後一里之時，力牧與風后兩路伏兵突從兩翼殺出，三軍合力大破蚩尤之軍。力牧與風后眾臣將聞令心喜，立刻依令分頭行動而去。

黃帝目送力牧與風后各領一軍分頭去後，自己則仍領留下軍兵繼續進行操練。黃帝留下之兵仿佛全是老弱殘兵，所以操練起來隊伍不整，一派混亂之象，恍若敗喪之兵。不僅如此，黃帝還讓這些「老弱殘兵」藏起了精銅利器，仍以木石之器作為武器。黃帝所留如此之兵令見者一睹，誰都信其為不堪一擊之兵，如此故意詐誘蚩尤引兵來攻。

蚩尤引兵一陣疾行來到涿鹿地方，遠遠便見到黃帝果然正在涿鹿地方操練殘兵。蚩尤本來就用昔日觀念認定黃帝敗兵為不堪一擊之軍，這時又見到面前黃帝之軍果如自己所料，為敗喪之軍實在不堪一擊。加之其心中難抑數月來受挫遇驚的無盡氣惱，因而報雪前仇泄去後恨，大殺黃帝軍兵求勝心切。見到這裏便更覺剿滅黃帝之軍勝在目前，便即麾所率軍兵一陣吶喊，奮力向黃帝軍兵殺了過來。

黃帝眾兵眼見蚩尤軍兵殺了過來，開始並不後撤而靜待其軍殺到。待到蚩尤軍兵殺到，他們便即棄木石之械而換精銅利器，與蚩尤軍兵一陣大殺起來。原來黃帝所領老弱殘兵皆為裝扮，實則皆為精銳

之兵。加之又個個手握精銅利器，因而與蚩尤軍兵一陣大戰，已殺得蚩尤軍兵連連失利，軍兵死傷無數。

蚩尤本想一舉就可殺敗黃帝如此敗喪軍兵，而沒有想到自己軍兵自從渡河不成數月以來，連連受挫軍兵死傷不少。加之軍兵心中驚怕不定，未作訓練士氣大衰，早已成為劣勢之軍。同時又未想到至此初戰，又即中了黃帝如此小計，頓遭失利。

處此敗境蚩尤心中好惱，看見黃帝之兵數量寡少便敗而不餒，即麾軍兵奮力攻殺了上去。

黃帝剛才奪勝蚩尤軍兵正是為了激惱蚩尤，因而一陣奪勝之後果見蚩尤中計，氣惱地麾兵再度攻殺上來。黃帝見到誘引蚩尤軍兵追殺自己的目的已經實現，便令眾兵攔擋一陣急告潰敗，棄戰疾急向北敗逃而去。

獰猛好戰的蚩尤，這時依舊不能正確認識自己之軍。只顧看著黃帝眾兵果然抵擋不住自己軍兵，一陣向北敗逃而去，而不知是計。同時只顧奪勝剿滅黃帝眾軍心切，便隨之麾動軍兵緊追黃帝潰軍之後向北窮追，欲圖一戰剿滅黃帝之軍。

黃帝引領軍兵就這樣在前邊疾逃，蚩尤引領軍兵在後邊窮追，一陣便追出了里許之遙。這時埋伏在兩邊的力牧與風后二軍，各個眼見蚩尤軍兵中計陷入伏擊圈中，便齊聲吶喊從東西兩邊奮勇殺來。

蚩尤正引其軍得意追殺黃帝敗兵，只想一舉剿滅黃帝之軍奪得一統凡界之位。至此突聞左右兩邊殺聲驟起，方知中了黃帝之計，心中一驚。心驚之中蚩尤也不怠慢，急忙看視左右來軍根底以拿定奪之策。

他先舉目看向右邊，但見力牧引領百乘戰車。在東邊南北一線排列開來，像一道不可摧撼的山體一般向自己之軍壓來。而且那戰車之上，旌旗蔽日，飄揚披拂。刀仗精利，寒光奪目。車上戰士，個個威

猛，人人奮勇。蚩尤見到這裏知道力牧眾軍堅不可摧，便又急向左邊風后之軍看去。

風后之軍比力牧之軍絲毫不弱。蚩尤看到其也是引領有百乘戰車，在西邊南北一線排開，似一道不可摧撼的山體一般向自己之軍合圍過來。車上情景，與力牧所率戰車之上情景一般無異，仍是自己之軍摧敗不得的一支勁旅。

蚩尤看到左右殺來之軍自己軍兵對付不得，心中更驚，就在這時黃帝敗逃之軍也已返身殺了回來。驚怕的蚩尤急又舉目看向了殺來黃帝之軍，但見黃帝之軍也驟然改換了剛才的敗逃之象。

黃帝之軍的容顏與剛才潰逃之時大相迥異，這時只見黃帝乘了一乘高大的戰車位居中央，兩邊百乘戰車一拉溜排開，又形成了一堵由北向南壓來的難撼山體。在黃帝所乘那輛高大戰車之後，左是指南車，右是記里車。軍陣之中，刀仗精利鮮明，映著日光，閃閃奪目。五種旌旗，飄揚披拂，分列五方。六面大纛，分配各地，陣法嚴整至極。

車上戰士，個個如熊似羆，人人若虎像貔。左右前後，又有無數小旗，旗上都畫著雕、鶡、鷹、鸇等猛禽之形。並有鐲、鐃、鼓、角、靈鞞、神鉦諸種響器，夾雜其間。真個是旌旗蔽天，殺聲動地。

蚩尤雖然獰猛異常，看到此際也禁不住驚得發起呆來。特別是當他看到黃帝因為身著王母娘娘所賜狐裘，佩了王母娘娘所賜靈符，頭頂被五色祥雲遮護，祥雲中又隱現出諸種花葩的金枝玉葉。聯想到自己一路追殺黃帝之軍數遭異敗之事，更是擔心自己之行違背神意驚怕不已！

蚩尤眾兵睹見黃帝若此，更是猜度不出黃帝究竟是凡人還是天神。因為值此中計三面被圍之際，聯想到從渡河到這時遭到的數番異

敗，更是心中驚怕不已，各個喪去了鬥志。

而黃帝這時殺來三軍，過去因為數次受到蚩尤軍兵的攻殺，個個對蚩尤軍兵恨得咬牙切齒，必欲雪報前仇除去邪惡平息凡界之亂，向前奮勇攻殺不止。他們如此一陣殺來，對因為驚怕而喪去鬥志的蚩尤軍兵一陣車撞械殺，便將蚩尤軍兵撞死殺死過半。

蚩尤敗軍這才從驚怕中驚醒過來，在蚩尤的引領下一路向南，朝唯一的出口處潰逃而去。黃帝三軍當然不放，隨後窮追猛殺起了蚩尤敗逃之軍。蚩尤敗軍越逃越疾，黃帝三軍越追越猛，轉眼蚩尤敗軍向南已經逃出 20 餘里，黃帝眾軍也向南追殺出了 20 里之遙。

蚩尤如此引領潰軍敗逃，眼見越逃死傷越重，為此不敢再怠，急又施展法術興布起了迷霧，以圖再以迷霧擋住黃帝眾軍的追殺。一時間，但見獰猛的蚩尤作起法來，那濃重的迷霧便隨之籠罩住了凡界這片惡鬥之場。那迷霧真個是頓如黑雲罩頂，遮蔽了天日。濃霧中到處茫茫一片，霧簾如布，遮得眼睛難見數尺。

這驟起的迷霧當然陡然間擋住了黃帝三軍的追殺，使得蚩尤潰軍暫且得到了喘息之機。蚩尤見之心中高興，急欲組織潰軍再像前次一樣，借助迷霧殺敗黃帝之軍，報雪剛才敗北之仇。然而就在他欲動未動之時，黃帝之軍卻又如同先前一樣，穿出迷霧向其潰軍追殺過來。

剛才，黃帝三軍正在追殺蚩尤軍兵，突被霧遮頓然一怔，但是黃帝卻迅即清醒過來，想起了使用指南車和記里車破敗此霧之法。於是他即以指南車為導向，以鉦、鉞、旌旗為耳目，以記里車為記憶，引領三軍冒霧排簾，向前窮追猛殺起了蚩尤潰軍。

不僅如此，在此濃霧中那遮護黃帝頭頂的五色祥雲，還頓然格外分明起來。但見它們在濃霧之中，亮得如同一把火傘，光輝徑從濃霧中四射透出，指引著眾軍跟隨其後，破霧排簾殺向了蚩尤軍兵。黃帝

三軍眼見此景，頓時萬眾歡呼，倍加爭奮地追殺向了蚩尤潰軍。

蚩尤潰軍正在為蚩尤所布迷霧擋住黃帝眾軍，自己得到休歇心中高興，突然見到黃帝眾軍如此排霧除簾追殺過來，頓時心中大驚。為此不敢休歇再怠，急忙拔腿向前就逃。黃帝眾兵隨後一陣追殺，便已殺死其潰軍無數。

正在這時，蚩尤所布迷霧又被黃帝頭頂的五彩祥雲收斂了去，使得未被殺死正逃的蚩尤軍兵更加大驚失色，比起了誰向南方逃奔快疾！一時間，真個是個個都恨爹娘給自己生的腿短，人人都悔自己奔逃不疾！然而不論他們奔逃多麼快疾，也逃不脫黃帝眾軍對他們的隨後追殺。真個是每逃一步，都有數十上百名潰逃軍兵喪命於黃帝軍兵的車撞和刀劍之下。

獰猛狡惡的蚩尤這時見其迷霧被破也已無法，又見如此潰逃下去只有全軍覆沒。為此他更是感受到了定是自己之行違背上神之意，定然必敗不可！但是獰猛好戰野心齊天的他，又不忍心就此善罷甘休！而且也從骨子裡不相信命運的安排，決計與命運抗爭。為此他決計設法不使全軍覆沒，以保住殘餘之軍作為火種，以便今後重新聚集力量，再與黃帝以決雌雄。

於是潰逃之中他心機急轉，看到自己如果一直如此引軍向南逃去，南方則皆為一望無際的廣闊平川，正適宜黃帝戰車追殺自己之軍，而戰車又是黃帝之軍之長。若要躲過黃帝之軍的追殺，又避開黃帝之軍的車戰之長，保得自己的殘存之軍，就必須向丘陵山地之中潰逃。方可使得黃帝之車無法追殺，使得自己潰軍逃脫。

心想至此他急向四周巡視一番，看到向西方潰逃不遠便為丘陵地帶，並且那丘陵地帶北面連接高山。於是他不敢怠慢，急麾潰軍掉轉南逃方向，折轉向西往丘陵之中躲逃黃帝之軍而去。

黃帝眼見蚩尤引領潰軍折轉向西潰逃而去，當然立刻明白了蚩尤避開自己車戰之長的用意。他當然不讓蚩尤此謀得逞，正欲麾動眾兵借此時機更加狠猛地追殺蚩尤潰軍，卻看到正逃的蚩尤潰軍之中突然自相殘殺起來。

　　那互殺的兩方，一方為蚩尤兄弟與鬼神獸和部分凡人，一方則全為凡人。是凡人一方率先起事向蚩尤一方出手攻殺，頓時殺死無防的蚩尤一方人獸鬼神無數。惱得蚩尤立刻麾動自己一方，反殺向了凡人一方，雙方立刻殺得酣烈無比。

　　黃帝眼見此景既喜又奇，忙派兵尋來凡人一方兵卒詢問。方知這凡人一方乃為自己的後裔子孫，不服蚩尤的苗氏族人。原來苗氏族人被蚩尤兄弟以威征服之後，待在蚩尤軍中時刻都在準備著殺滅蚩尤兄弟，歸回黃帝身邊講明真情。但由於蚩尤兄弟監視嚴密，只是一直苦於沒有時機。

　　前日蚩尤軍兵北上涿鹿半途聞聲驚逃之時，苗山首領稍有動作，便被蚩尤抓住連同其二弟苗嶺三弟苗峰一齊殺害。僅僅留下其四弟苗嶽一個，身受監護讓其帶領苗氏族人之兵。苗嶽心中更惱蚩尤兄弟，便在剛才伺得時機引領苗氏族人，出手殺向了蚩尤兄弟及其軍兵。

　　黃帝聞知至此甚痛苗氏族人身受之屈，大喜苗氏族人對自己的忠誠。因而他也不再怠慢，立刻麾動眾兵，更猛地殺向了正與苗氏族人殘殺的蚩尤潰軍。這當然又是一場好殺，只見蚩尤潰軍這時只剩逃命之想已無再戰之心，因而黃帝眾軍一陣狠追猛殺，又將蚩尤潰軍殺死過半。真可謂殺得蚩尤軍兵屍橫遍野、血流成河起來。

　　然而蚩尤向西方丘陵地帶奔逃之著實在正確，他則在再度丟下跟隨不上的軍兵和眾多軍兵屍體之後，引領近千潰軍借機逃進了西邊的山嶺之中，使得黃帝之軍的戰車無法追殺起來。蚩尤見之也不怠慢，

急向西方丘陵之中奔逃一陣，甩開黃帝追兵，隨後則折轉彎子逃進了北方的深山之中。

黃帝眼見蚩尤引領近千潰軍逃進丘陵之地而去，猛然使得自己的戰車追殺不得，心中著實好惱，急令眾軍棄車徒步追殺。但無奈蚩尤逃跑軍兵皆為善跑之兵，黃帝軍兵硬是一直沒有追趕得上。後來竟然不知蚩尤引領潰軍逃向了哪裏。

二一、夸父參戰

　　黃帝經此大戰，雖然後來沒有追上蚩尤逃去近千軍兵，取得剿滅蚩尤軍兵的徹底全勝，但也基本上取得了全部剿殺蚩尤軍兵的大勝。因而黃帝聞聽派出追殺蚩尤潰軍的隊伍回稟，不知蚩尤潰軍逃向了哪裏之後，便一面命令追趕眾軍撤回停止追殺，一面派出哨探打探蚩尤潰軍逃處，以再出兵剿滅之。

　　此後，黃帝領兵打掃戰場，查驗蚩尤 81 個兄弟，此戰共被殺死45 個。

　　黃帝知道蚩尤兄弟全都獰猛無比，害怕他們死後繼續逞惡凡界，便命眾兵把他們 45 個全都分屍兩段。一段搬往今日山東壽張縣，一段搬往今日山東巨野縣，每個都分埋在了兩處，使他們死後身子不全，逞惡不得。

　　壽張縣埋葬的大約是蚩尤兄弟的頭，墳高七丈。古代那地方的人們，總是在每年十月祭祀他們。據說在這個時候，往往有一道紅色的霧氣，從蚩尤墳頂沖出，直達雲霄。好像懸掛著的一面旌旗，人們叫它「蚩尤旗」。有人說這霧氣大概是蚩尤兄弟心靈不死，發出的冤氣。

　　鉅野縣埋葬的大約是蚩尤兄弟的身軀，因而被人們叫作肩髀塚，沒有什麼靈異。黃帝如此分葬罷被殺蚩尤 45 個兄弟，便領兵回到涿鹿

駐地，慶祝起了此戰的大勝。

慶祝之中，黃帝真個是輕鬆高興十分。因為他覺得獰猛的蚩尤兄弟此戰死去45個，下餘僅有36個和近千潰軍，已經成不了什麼氣候。為此自己一旦探知他們的去處，一陣攻殺即可將他們全部剿滅，實現凡界太平，頒行自然之道，永保凡人幸福了！為此他與眾臣將和眾軍兵盡情慶祝，數日歡聚不散。從此松怠起了練兵訓卒之事，只顧沉浸在凡界昇平境地之中。

蚩尤引領敗兵轉彎向北逃進深山，甩掉黃帝追兵之後心中雖然松了一口氣，但卻也是不敢怠慢。依舊引領敗兵不敢停歇，專揀深澗穿只擇險處行，以躲避黃帝軍兵探查追殺。東躲西藏在深山之中，一路向北繼續奔逃不止。

如此轉眼逃出十餘日，開始僅以逃脫黃帝軍兵追剿為目的的蚩尤兄弟，這時眼見他們已經擺脫了黃帝軍兵的追剿，保得殘軍不被剿滅目的已經實現，便隨著計議起了下步行動方略。下步他們究竟作何打算？去往何方？如此問題立即擺在了他們面前。

因為他們不能這樣盲無目的一直向北潰逃，這樣潰逃有何目的？逃到何處才是駐足之地？再說，這樣盲無目的一味逃跑下去，又怎保逃跑日久不被黃帝哨探發現。到了那時，黃帝就會再領軍兵前來剿殺他們了！

若是真的到了那時，他們興兵的目的就要徹底化為泡影了！所以他們不能再如此盲無目的地奔逃下去了，他們的最高目的是剿滅黃帝軍兵，奪回一統凡界的寶座。為了實現這一最高目的，他們必須立刻選定一個能夠重興軍伍的去處，以便重興軍伍剿滅黃帝之軍。為此他們邊走邊議，謀劃起了下步行動方略。

然而行走之中，蚩尤兄弟計過來議過去，硬是一連計議了三天也

沒有計議出任何頭緒。因為由此往北行去，行走越遠那裏便越加接近凡界的邊沿，越是接近凡界的邊沿地域便越加荒僻。所以就越加難以料定，屆時是否可以集起更多的人獸鬼神，擴充他們這支殘軍。

蚩尤兄弟因而預料不到北去的禍福，計議不出下步行動方略。但是他兄弟雖然如此計議不出下步行動方略，不知北去是禍是福，這時卻又必須繼續向北逃避。因為如果他們返向南方逃奔，怎敢保證不被黃帝軍兵截殺？

就這樣向北方逃奔，還難說不被黃帝探得他們的行蹤，對他們進行剿殺呢！為此南逃是福，他們可以找見祝融等一應親人，也不敢折向南逃。北去是禍，他們也必須向北逃奔。

蚩尤引領敗軍如此必須向北奔逃，就迫使他兄弟一時計議不出下步行動方略，必須繼續計議。蚩尤兄弟為此又在無奈之中，苦苦地計議起來。時間在他們的計議中又轉眼過去兩日，第三日上午正在他們依舊計議無謀之時，其一位兄弟突然心中豁然開朗，四目一亮道：「大哥，小弟有一方略，不知是否可行？」

「先前，小弟曾因玩耍到過北方大荒。」蚩尤聞聽急讓其講，那兄弟便開口講說起來，「並到過大荒之中，已經靠近凡界北部邊沿的成都載天之山……」

「兄弟定然是說在成都載天之山以北，」蚩尤聞聽至此，也頓然心中豁然一亮，四目一齊放出奇異的光彩，打斷其兄弟之言道，「有一個叫作幽都的黑色國度……」

「對，我們到那裏去，」那兄弟聞聽，即忙打斷蚩尤之言，肯定道，「召募起那黑色國度裡的冤鬼邪魔，定可擴我軍伍剿滅黃帝之軍！」

「好！」蚩尤聽了大喜，立刻開口贊同道，「就照你兄弟說的辦。」

「不僅如此，在成都載天大山之上，還居住著一個巨人大族夸父

氏族。」那兄弟則又話鋒一轉，向下講說道，「那夸父氏族人身材高大，因而有巨人之稱。他們不僅身材高大，而且氣力也極大。同時又性情善良，愛好打抱不平。」

「那樣，」蚩尤聽到這裏，心中更喜道，「我們就把夸父族巨人，也召歸軍伍！」

「大哥還有不知，據小弟當時詢問得知，夸父族巨人乃是我們的血親后土坐鎮幽都時遺下的子孫，因而他們與我等一樣是炎帝的後代。」那兄弟則繼續向下道，「所以只要我們對之講說，我們之戰是為炎帝報仇，我想性情善良，愛好打抱不平的夸父族巨人，是定然會全力歸順我等的。」

「那樣就太好了！」蚩尤聽了，更是心喜難抑道，「那樣我們再有了夸父族巨人為伍，就更好剿滅黃帝之軍了！」

「不，此事雖然可行，但卻需要細作計議。」然而蚩術在旁聽到這裏，卻提出了不同意見道，「大哥試想，幽都乃為后土的轄界，夸父族巨人乃為后土的子孫，而后土乃為炎帝的叛逆，為此成了被我等削去一臂的仇者。天知道他不會對其幽都轄地和夸父族子孫做出安排……」

「二弟是說，后土會讓其所轄冤鬼與夸父族巨人，皆與我等為敵！」蚩尤這時不待蚩術說完，中間接續其言道，「若是那樣，我兄弟如此前去，就不僅擴軍難成，反會自投羅網遭受其害！」

「正是。」蚩術這時繼續道，「因而望大哥三思慎行，以防不測！」

「二弟所言極是，我兄弟實在不得不防！」蚩尤聽了蚩術此言，剛才的滿腹高興頓然煙消雲散，「可是我等如果因此顧慮棄去此途，又往何處才是正途呢？」

「大哥，此去雖有危險，但我等小心慎行也就是了！」蚩術聽了

蚩尤此問，一時也無言以對起來。眼見蚩術無言以對，在旁的其他兄弟都紛紛言說起來道，「既然舍此別無他途，我們就前去幽都吧！因為只有這樣，才有成功的可能。」

「好吧！成功總是與冒險聯在一起的，成大功者需要冒大險，」蚩術這時也是無奈，隨之無奈道，「成小功者需要冒小險。大哥，為了成就大功，我們就只有冒此大險了！」

「好！為了成就奪得一統凡界寶座的大功，大哥我就只有帶領兄弟們冒此大險了！不過，我們的蚩術兄弟所言極是，」蚩尤本來就是一個慣於鋌而走險的惡徒，這時眼見自己舍此也是別無他途，便思謀一番同意眾弟兄之言，鏗鏘道，「我們在冒此大險之時，還要謹思慎行，以使大險化為小險成就大功，當然就更好了！」

蚩尤眾兄弟這時聽了，皆言稱是。蚩尤於是便引領剩餘殘兵，按照到過北方大荒那位兄弟指引，一路徑向北方大荒奔去。蚩尤那位兄弟所言皆為事實，北方大荒成都載天大山之上居住的夸父氏族人，真的是一個巨人之族，而且其他一切也皆如其言。

就在不久之前，這個氏族中一位名叫夸父的勇敢族人，還做出了一件看起來有些憨氣，但卻是驚天動地的大事哩！那時，在成都載天大山坐落的北方大荒原野之上，見不到太陽播送的光明，因而終年積雪不化，長期陰暗寒冷。

生活在大荒中的人們，僅從一條神龍口銜的一支長年燃燒蠟燭光焰中，得到一絲微弱的光明。年輕的巨人夸父不願過這種長期陰暗寒冷的日子，一日開口詢問族中長者道：「老爺爺，世上凡人，難道過的都是這種陰暗寒冷日子嗎？」

「不，南方有光明和溫暖，有鮮花和綠樹。」族中長者聞問回答道，「因為那裏有金色的太陽照耀著大地。」

「那麼太陽的金輝，」年輕夸父聽了長者此答，大為不解道，「為什麼不照耀我們北方大荒呢？」

「那是因為太陽神羲和每天趕著太陽車，清早從東海扶桑出發，晚上回到禺谷。」長者繼續回答道，「她的行車路線從不改變，因而太陽的金輝，便照耀不到我們北方大荒。」

「原來如此，凡界上還有光明的地方，還有給凡界播送光明的太陽！既然如此，我們就不能安於這黑暗和陰冷，」夸父聽到這裏，禁不住心中的激動道，「我們要追尋太陽追尋光明！我這就去尋找太陽，讓她給我們北方大荒也送來光明，讓常年積雪的北方大荒原野上，也長出鮮花和綠樹，充滿光明和溫暖！」

「後生淨說憨話，」然而長者不待激情滿懷的夸父說完，便「喝哧」一笑道，「那怎麼可能！」

「為什麼不可能？難道我們這黑暗陰冷的原野，」夸父聽了，立即認真反問長者道，「與那光明溫暖的南方大地，不是一個凡界嗎？」

「凡界倒是一個。我是說，你要去與太陽言說沒有可能。」長者聞聽解說道，「因為太陽不停息地奔走，你根本追趕不上！」

「為了讓太陽給我們北方大荒送來光熱，」夸父聽了，毫不氣餒道，「追趕不上我也要追趕得上！」

「不，後生，」長者聽到夸父之言越說越加堅定，驚詫得心急起來道，「那做不到！」

「如果大家都認為這做不到而不去做，那麼我們北方大荒，不就只能世世代代黑暗陰冷下去，永遠見不到光明和溫暖了嗎？我一定要去做到這大家都認為做不到的事情，追上太陽讓其為我們送來光明和溫暖！」夸父這時則真的更加堅定起來道。說著，他真的立即告辭眾族人，徑向南方追尋太陽而去。

313

眾族人聽到夸父要去追尋太陽，讓太陽為他們北方大荒送來光明和溫暖，雖然都不相信他此去是否成功，但卻都為夸父的這種不畏艱險精神所感動。因此，眾族人都對夸父送過一程又一程。

前行的夸父從族人依依相送的摯情中，深深感受到了族人對他此去寄予的殷殷期望，因而更增添了他實現自己定下宏願的決心，行走的步伐更快了。夸父就這樣邁開疾急的步伐，離開眾族人，離開北方大荒，一路徑向南方尋去。

夸父向南方尋啊尋呀，也不知道尋過幾多日子，這日他覺得越走面前越加明亮起來。隨著，他又突然看到東天邊沿出現了五彩霞光，一個火紅的大球，慢慢露出了圓圓的臉龐。接著便向整個黑暗的凡界射來了萬道金輝，使偌大的凡界，轉瞬間變得一片明亮起來。

夸父這是第一次見到太陽，也是第一次真正見到光明。因而他的心頓然高興得激跳起來，一雙大眼睛貪婪地觀賞起了面前迷人的光明大地和天上光照四方的火紅太陽。

他新奇地看到，太陽照耀下的大地是那樣光明，光明的大地之上是那樣暖融愜意。到處生長著溢翠的綠草茂林，盛開著爭豔的七彩鮮花。聳立著比肩的山巒，流淌著銀亮的江河。偌大的凡界，整個兒成了一幅晶瑩透亮的山水畫圖。看到這些新奇之景，夸父真的被這光明的凡界美景陶醉在了那裏。

但是轉瞬他便陡地從陶醉中清醒過來，因為他想起了這凡界的光明，都是來源於東天的那個火紅大球。因而若按族中長者之言，東天火紅的大球就該是給凡界播送光熱，自己前來追尋的太陽。

為此他立即抬頭向東天剛剛昇起的太陽看去，只見那剛剛噴薄而出的火紅朝日，充滿著蒸蒸朝氣冉冉上昇，向四處灑下萬道金輝，照亮了天宇，照亮了大地！看到這裏，夸父再也抑制不住對太陽的敬

意，對光明的嚮往和心中的激動之情。於是他立刻狂熱地舉起雙臂，向太陽邊跑邊喊道：「太陽，太陽！請到我們那裏去吧！」

夸父就這樣喊著跑著，徑向東方的太陽跑了過去。然而太陽聽不見夸父的喊聲，滾輪輪依如往常徑向高空行去。太陽不回答夸父之言，夸父也不氣餒，但見他依舊一邊狂熱地高喊著，一邊狂熱地向著東天的太陽疾跑而去。

夸父就這樣跑啊跑呀，太陽就那樣行啊行呀，轉眼半晌過去，滾輪輪的火紅太陽便風馳電掣般掠過夸父頭頂的高空，對夸父依舊見如未見般向西奔去。夸父見之，便轉向西方追趕太陽。他要實現自己的宏願追上太陽，把自己的心意告訴給她，讓她把光熱灑到北方大荒他的家鄉。

夸父就這樣追啊追呀，太陽奔跑不息他就追趕不息。一步也不敢停歇下來，唯恐自己落後追趕不上太陽。正午的太陽變得像個灼燒的火球，灑下萬般熾熱燒烤著凡界大地，天氣炎熱至極。

在這炎熱的天氣中，夸父不停息地追趕太陽，便跑得喉嚨乾渴至極，全身像著了火般難以忍受。於是他從黃河與渭水河邊路過，便俯下身子去喝這兩條河中之水，以解去口中的乾渴前去追趕太陽。但他俯身須臾先是喝乾了黃河，後又喝乾了渭河之水，還是依舊覺得渴得渾身冒火，難以再繼續跑動前去追趕太陽。

不能前去追趕太陽，這無疑是夸父心中最大的憾事！為此他不敢怠慢，他看到北方雁門之外有一個叫作瀚海的大澤，澤中有一泓寬廣千里的綠水。他想喝下澤中之水，定可解去自己的乾渴，使得自己再去追趕太陽。於是他立刻轉身，向北方瀚海大澤奔去。

奔走之中，他眼見太陽西去迅疾，害怕自己轉向喝水耽擱了時間，因而心中大急奔跑更疾。但由於他奔跑過疾乾渴過度，因而剛剛

奔到路途正中之時，便猝然倒身死在了路上。

夸父倒下了，由於他是一位巨人因而他倒下之時，就像一座高山頹然倒下一樣，引得凡界大地和山河都隨之發出了轟然震響。而且在他倒下之時，手中隨著拋下的一根木杖，落地則立刻神奇地化為了一片桃林，結滿了累累的鮮桃。

夸父的死地後人叫作夸父山，這山又叫秦山。據注《山海經》的郝懿行說，這秦山就在今日河南靈寶縣的東南，和陝西的太華山相連。山的北面圍繞著一帶幾百里寬廣的樹林，幾乎都是桃林。樹上遍生嘉桃，這桃林便為夸父的木杖所化。

追尋光明追趕太陽的夸父死去了，他沒有能夠追上太陽，沒有為他的家鄉北方大荒求得光明。僅僅演出了一幕追趕太陽尋求光明的有些傻氣的壯烈悲劇。但他卻以自己的豪壯行動，為後人樹起了勇敢追求光明的高標，曠日持久地受到人們的敬奉。

蚩尤引領敗兵一路向夸父族人居住的北方大荒奔來，真個是如同其兄弟所言越走越加陰暗。數十日後果然在其兄弟的引領下，來到了夸父族人的居地，坐落在北方大荒中的成都載天之山近處。這裏天地黑暗陰沉，冷氣凜人，是一個迥異於南方的黑暗陰冷世界。

蚩尤眾兄弟向聳立在面前近處的成都載天之山望去，但見那山在黑黝黝空曠無際平坦的北方大荒之上，兀地拔地而起高聳雲端。由於天黑難見其真形，只見山上到處黑黝黝一片，山體黝黑山石黝黑。只有山頭覆蓋的皚皚白雪，慘白一片。

看不見真形更令人覺得此山幽秘瘮人，黝黑的山體如同碩大的魔口，黝黑的奇形異狀山石如同魔牙，令人望之心膽俱寒。山頭的白雪黑暗中給人以死一般的慘白感覺，使人望之心驚膽顫。

蚩尤眾兄弟眼見此景一個個瞠目結舌，驚怕萬般！一時間，只見

他們真個是誰也不敢再向前行進一步，就連最為獰猛的蚩尤也頓然駐足不前。驚怕至此他們方纔知道，幽都之地實在非為常人可去之處。全都唯恐再向前去，被黝黑的魔牙撕咬，被碩大的魔口吞食。

虧得是他蚩尤兄弟，個個獰猛無比方纔敢於站立於此。若是別個常人眼見至此，不被嚇得心膽俱裂拔腿就跑，那才不同一般！獰猛的蚩尤兄弟這時說來，也當然不想在此站立，他們同樣眼見至此心中驚怕不已。但只是他們無奈方纔至此求取活路，所以心雖驚怕不已也不得不在此站立。

站立在此蚩尤也不敢再令殘兵向前，他不僅害怕那魔牙魔口，而且還怕事情果如蚩術所言，后土已對山上夸父族人和幽都魔鬼做有安排，為他們設下了圈套，自己引軍再向前行，投入了那圈套之中。

為此他見殘軍不敢前行，便令殘軍駐紮下來，即派弟兄前去山上細作打探。在探知山上並無戰備，夸父族人並無異常之後，方纔自留軍中而命蚩術引領十位兄弟，前往成都載天之山勸說夸父族人而去。

蚩術十兄弟離開蚩尤殘軍居地，懷著驚怕不已的心情，行進半晌來到成都載天山下，果見在這陰慘怕人的大山之中，住滿了高大的夸父族人。夸父族人不僅個個堪稱巨人，人人孔武有力，而且也皆如其兄弟所言性情善良，憨直得有些傻氣。狡惡的蚩術十兄弟眼見至此，方纔消去心中先前的驚怕，蚩術心中也方纔轉為歡喜。

因為他覺得對待如此憨直善良的夸父族人，只要自己一陣巧言令說，便可激起他們的仇恨之心，讓他們死心塌地幫助他兄弟剿滅黃帝之軍。特別是當他又想到夸父族人為炎帝後裔，自己向他們曉以炎帝之恨，說明自己兄弟為雪炎帝之恨，被黃帝打得慘敗至此，就更容易激起夸父族人為炎帝先祖報仇之心了！

為此他對說動夸父族人充滿了信心，引領其九位兄弟，徑直來到

了夸父氏族首領老夸父面前。和順善良而又性格誠直的老夸父，熱情地接待了蚩術等十位遠道而來的客人，並隨著詢問起了他兄弟遠道而來的緣由。

「我兄弟皆為炎帝之後，如今遠道而來，為的便是找尋你們夸父族親人。」狡惡的蚩術聞問也不隱瞞，四目一轉直接了當道，「以與我兄弟共結同心，共報炎帝之恨！」

「炎帝老前輩遇到了何難？」老夸父聽了蚩術此言，心中不轉彎兒當即信以為真，即忙開口反問道，「仇者為誰？」

蚩術眼見老夸父對其所言信而不疑，自己一語便已說動了其心，聽到此問便不怠慢，隨著便對老夸父講說起來。他從黃帝與炎帝之戰，炎帝戰敗身死講起，隨著講說了黃帝奪去炎帝一統凡界的寶座，以及他兄弟起兵為炎帝報仇，不幸又被黃帝戰敗，無奈逃到這裏的經過，添枝加葉地全都向老夸父講說了一遍。

講到末了，他更對黃帝大加醜化，把黃帝說成是一個逞惡於凡界，凡人對之人人憤慨，個個欲誅殺之的惡者。就連黃帝的後人苗氏族人，也隨同他兄弟一起攻殺起了黃帝。

「留存此惡，凡界怎平！此惡不除，先祖之仇怎報！」老夸父本來就誠直得有些傻氣，聽到蚩術騙言至此，真個是氣惱得「哇哇」叫喊起來道，「我夸父族人青壯男丁全部出動，立刻與你兄弟一起，前去剿滅黃帝惡孽，奪回炎帝前輩一統凡界寶座！」

夸父族首領老夸父，就這樣輕易地被蚩術一番假言騙語說動了起來。其實他哪裏知道，此間真正作亂於凡界應在剿除之列者，正乃是蚩尤這幫殘軍。老夸父對蚩術假言不作思想，因而對蚩術的反言全部信以為真，說出了前番話語。

「不，老首領！我兄弟的大哥蚩尤，正領近千軍兵駐在南邊。」

正在期待老夸父此言的蚩術，聽了老夸父之言心中大喜，但對老夸父之行卻連忙阻止道，「事情既如老首領此說，我兄弟先去接應我蚩尤大哥過來，做好計議再去剿殺黃帝之軍不遲！」

「也好。你們既去接應你們大哥，」誠直的老夸父聽聞蚩術所言也是，便開口同意道，「我就在這裏集合族人！」

「好！」蚩術聽了答應一聲，便即領其九兄弟辭別老夸父，向南接應蚩尤敗軍而去。老夸父也果如其言，立刻開始集合族人。待到蚩尤引領殘兵來到，老夸父已集合起了夸父族人。蚩尤眾人驗之，集合起來的夸父氏族人，包括男女老幼數目竟至三千之數。

蚩尤見之心中大喜。因為他如此得到夸父族人的幫助，真個是如同向火堆裡添加了薪柴，老虎生出了翅膀，聲勢重新振作起來。於是他即命蚩術從夸父族人中挑選青年丁壯，結果挑得近千之數，隨著便對他們開始了訓練。夸父族人皆為巨人，因而生得力量過人。如此自己之軍的力量雖然稍弱，卻也差不多又可以與黃帝之軍勢均力敵起來。

然而蚩尤心喜之餘，也知道黃帝之軍的厲害，並且知道自己雖然得到夸父族人的幫助，力量差不多可以與黃帝之軍勢均力敵，但這只能是「差不多」而不是佔據優勢，所以依舊難以僅僅憑藉現有力量，剿滅黃帝之軍。為此他對老夸父的催促對說道：「老首領莫急，對付黃帝軍兵確非易事，我等還需好生作以計議！」

「黃帝老兒的軍兵究有多大能耐，敢與我夸父族人相敵！」老夸父既然憨直便就性急，聽聞蚩尤此言即不耐煩道，「你大哥莫要如此多慮，長黃帝老兒軍兵的志氣，滅我眾軍的威風！」

「不，老首領不可如此莽撞。黃帝軍兵確實厲害！」蚩尤聽了老夸父此言，急忙開口攔阻道。隨著，他便向老夸父講說了黃帝眾軍的一切。

「好，那就先依你大哥之說，讓黃帝老兒多活一時。我等再議議對付之策！」老夸父聽到這裏，由於他還沒有親歷過與黃帝軍兵之戰，雖然知道了黃帝之軍厲害但仍不服氣道。隨著，他便與蚩尤兄弟一起計議起來。

計議之中，蚩尤向老夸父提出要他再思良法，或擴充軍伍，或搜羅身懷奇法異術者，以達到其軍力優於黃帝之軍的目的，以期一舉剿滅黃帝之軍。老夸父聽了蚩尤之言思謀再三，憨直的不善思謀的他突然思得一謀道：「若是如此，我有辦法了。」

蚩尤聞聽忙問他有何法，老夸父隨著道：「在北方幽都國度西邊，有一片山澤相依的奇異之地。在那片奇異的山澤之地上，居住有一群奇異的山精水怪。這些魔怪能夠發出一種奇異的叫聲，使人聽了昏昏迷迷失去知覺。盡向著他們循聲奔去，成為他們的犧牲。」

「好，這太好了！」蚩尤聽到老夸父此言，心機一轉明白過來大喜過望道，「那麼老首領就快去把他們請來，以助我等為炎帝報仇雪恨！」

「沒有那般輕易！」老夸父這時先是開口否定蚩尤之言，隨著又具體講說起來道，「那幫魔怪當然可以為我等剿滅黃帝軍兵所用，但他們都在神荼與鬱壘嚴格管轄之下。沒有神荼與鬱壘之命，他們是任憑誰個也說動不得的！」

「這卻如何是好？」蚩尤聽到這裏，頓然蹙起眉頭犯起難來道，「有沒有別的辦法？」

「如今只有一法，即我們全部出動，」老夸父也是無奈，末了想出無奈之法道，「把那片奇異的山澤團團包圍起來，然後將他們全部擒住為我所用！」

「那麼，我軍兵去了他們叫喊起來，」蚩尤聽了，不由得頓然一

驚道，「我軍兵全都昏迷。我們不就要全都成為他們的犧牲了嗎？」

「老夫既然出了此法，就有辦法對付這幫魔怪。」老夸父聽了其言，「哈哈」笑了起來道，「保我軍兵不成為他們的犧牲，你大哥儘管放心也就是了！」

蚩尤聽到這裏方纔擔憂頓解，但又心中隨著不禁猛然一慄！因為他想到，如果老夸父只是表面誠直，如此是施用后土之計，自己殘兵就將被滅無疑了。但他隨著又否定了自己的多疑之想，因為如果老夸父要消滅自己殘軍，不用那怪僅用手下的兩千族人，也就綽綽有餘了。

「好，即以老首領之言行事，全軍出動擒拿那幫魔怪！」心中否定至此，蚩尤便又放下心來，立刻下令道。蚩尤如此一聲令下，便即與老夸父一起引領眾軍，離開成都載天之山，奔赴幽都西方山澤之地而去。

老夸父說的那幫魔怪總共分為三種。一種叫作魑魅，長著人的臉龐，野獸的身子，四隻腳，善於用笑聲迷惑人。一種叫作神，也長著人的臉龐，野獸的身子，但卻只有一隻手，發出的聲音像打哈欠。第三種叫作魍魎，生得像個三歲的娃兒，渾身黑裡透紅，長著長耳朵紅眼睛，烏黑光亮的長頭髮，喜歡用學人說話的聲音迷惑人。

這幫魔怪由於有這般凡人招惹不了的本領，所以先前不知道有多少人被他們迷惑，成了他們的犧牲。神荼與鬱壘後來知道了他們的邪惡，因而嚴格地管制起了他們。

蚩尤與老夸父引領軍兵疾行半日，來到這幫魔怪居住的山澤之地，便立即把他們團團包圍起來。這幫魔怪看到蚩尤眾軍如此包圍了他們，真個是全都又驚又喜。他們驚的是怕這麼多軍兵包圍住了他們，定然要給他們帶來厄難；喜的則是如此一來，他們又可以各自施起怪叫之術，獲得幾個犧牲了！因而驚喜之餘他們全都惡性難耐，一

321

陣開口便胡亂嘯叫起來。

這幫魔怪的叫聲果然厲害，蚩尤與夸父族眾兵聞聽，真個是誰也抵擋不住，盡如老夸父之言昏迷起來，接著便失去知覺般地盡循那怪聲行去。然而就在他們叫聲發出之時，老夸父與數十位精壯族人立即吹起了備帶的號角，那號角隨著便發出了一種低沉的龍吟般聲音來。

那些正叫的魔怪聽聞此聲，頓然全都停止了嘯叫，被他們的叫聲迷惑之人也都清醒過來。原來他們雖有用怪聲迷人的本領，卻最害怕這龍叫的聲音。夸父族人知道這些，老夸父便用號角吹出龍吟之聲嚇煞了他們。

老夸父既用號角吹出的龍吟之聲懾服了魔怪，蚩尤便命清醒過來的軍兵一陣圍上前去，把居住在這片山澤中的奇異魔怪，全部捉拿了起來。末了蚩尤經過點數，發現共有300多個。

蚩尤捉得這幫魔怪心中大喜，因為他剛才已經親身體驗到了他們叫聲的厲害。雖然他擔心黃帝也會察知用號角吹出龍吟之聲，治服這些魔怪之法，但他又想到說不定用此怪物一戰，即可滅去無防的黃帝眾軍。因而他又認定使用他們剿攻黃帝之軍，定然可以奪勝！

然而蚩尤高興至此，其狡惡的心中卻又不禁陡地一沉，想到使用這些怪物還有這樣一個難題。即如果不用號角懾服這些怪物的怪叫，到了戰場之上自己軍兵同樣會與黃帝軍兵一樣，被這些怪物的叫聲所迷。而如果使用了號角，則又無以施用這些怪物的叫聲迷住黃帝軍兵。這個難題若是解決不了，捉住這些怪物便如同沒有捉住一般無二。

「到了鬥場之上，這怪物一叫，我軍兵也隨之著迷，」心沉至此，蚩尤急對老夸父道，「焉有借其奪勝黃帝軍兵之理！」

「這個還有辦法。」老夸父聽了又是「哈哈」一笑道，隨著，他

湊到蚩尤耳邊一陣耳語，然後道，「屆時你大哥默誦一遍這個，就可使自己軍兵避開著迷了！」

蚩尤聽了這才喜笑顏開，即與老夸父一道，押著那幫魔怪返歸成都載天之山而去。

二二、黃帝遭敗

　　蚩尤與老夸父領兵回到成都載天大山之上，蚩尤心想有了這幫魔怪的奇異法術，自己軍兵與黃帝之軍相比，就可以由原先的平弱之勢轉化成為優勢了。而以其如此優勢，就定然可以再勝黃帝之軍。為此他便不在成都載天山上多作逗留，準備一陣便與老夸父一齊引領軍兵離開成都載天之山，向南徑尋黃帝之軍殺來。

　　黃帝在奪勝蚩尤軍兵之後，一直沉浸在歡慶之中。由於其派出哨探數十日以來，也沒有送回蚩尤殘軍的消息，他心中便誤以為定是蚩尤被這次慘敗嚇破了膽，逃脫之後敗散了隊伍，為保活命各自隱跡躲藏了起來。他們這些分散的惡者再也不會興起大浪，凡界可以太平無虞了。

　　為此他不僅松怠了練兵訓卒再做戰備之事，而且決計歡慶過後精選一批部卒，作為常備軍伍應付急需，將其剩餘部卒解散開去。但好在黃帝奪勝蚩尤心中高興歡慶不息，數十日過去還沒有來得及將削減部卒之事付諸實施。

　　就在這時哨探來報，蚩尤得到夸父族巨人相助，重整軍伍複振軍威，從北向南尋殺過來，已經殺到涿鹿近處。沉浸在歡慶之中的黃帝突聞此報，不由得心中一怔。因為他知道夸父族人的勇武，知道蚩尤

得到勇武的夸父族人相助，定然軍威大壯。因而，一陣驚怔在了那裏。

「孽畜，老子一步未到，想不到他們竟然助起了蚩尤！」后土聞聽哨探此報，早氣得厲聲喝叫起來道，隨著他話鋒一轉，對黃帝講說道，「大帝，您待後輩立刻前去，訓斥孽後夸父族人。讓他們與我共結同心，反戈共誅蚩尤殘軍！」

「慢！後輩切切不可前去。」怔在那裏的黃帝突聞后土此言，急忙開口止之道，「前番後輩前去被蚩尤削去一臂，今日再去不是就要斷去性命了嗎？」

「為了除去蚩尤那孽平定凡界，」后土這時氣惱得鏗鏘起來道，「後輩斷去性命又有何惜！再說，他也不會殺我！」

「問題是即使後輩斷去性命，也難以除去蚩尤！後輩試想，蚩尤所以能夠說動你的後輩夸父族人助他逞惡，」黃帝這時又言道，「豈不就要把你說得邪惡至極！因此即便你前去，也斷然說動不得你那已經中毒入骨的夸父氏族子孫。」

后土這時無奈道：「那麼這將如何是好？難道就只有任憑我那夸父族子孫幫助邪惡的蚩尤攻殺我軍嗎？」

「我們當然應該對夸父族子孫首先講以仁德，感化其棄惡歸心，不讓其幫助蚩尤攻殺我軍。但只是現在我們感化不得了！」黃帝隨之接言道，「再者我們當然也不應該誅殺他們，但只是現在他們非要幫助蚩尤攻殺我軍不可，我們為了平息凡界之亂，也只有非殺他們不可了！」

「對，殺！」后土這時大惱道，「殺得他們一個不留！」

「近段我們只顧慶賀勝利，低估了蚩尤殘軍，使得近日我軍無備。」說到這裏，黃帝想到前番蚩尤軍兵的厲害，禁不住擔心起來不接后土之言，話鋒一轉道，「蚩尤狡惡萬端，今日又有體能過人的夸

父族人相助，我軍勝敗難卜啊！」

「大帝，蚩尤軍兵距離涿鹿只有五里路程了！」這時，又有哨探來報導。黃帝聞稟無法再怠，只有立即率領無備之軍，倉促向北迎殺蚩尤軍兵而去。黃帝此舉實謂善用軍兵，因為他想到蚩尤軍兵長途跋涉，雖然勇猛不凡但卻奔波疲累，自己之軍雖然連日來缺乏訓練，倉促迎戰，但正可謂以逸待勞。恰可以其所蓄之銳殺敗蚩尤軍兵之疲，奪獲全勝。

黃帝如此率領眾軍剛剛迎到涿鹿北面，便見蚩尤軍兵殺了過來。黃帝眼見蚩尤敗軍得到夸父族人的幫助，果然聲威重振，來勢不凡，便不敢怠慢，急麾眾兵迎殺上去。然而黃帝此舉雖然符合兵家用兵之道，使用自己之銳擊敵之疲，但這卻又恰好使其失去了發揮其軍車戰之長，而以自己之短去擊敵軍之短。這樣一來，就恰好給蚩尤軍兵施用其長提供了時機。特別是對那些身高力大的夸父族人，更是有了用力之處。

蚩尤雖知其軍連日奔波實在疲勞，但他一路之上又接連探知黃帝奪勝之後，一直在涿鹿只顧歡慶勝利而沒有練兵備戰。為此他引軍疾殺過來，以圖乘此黃帝高興無備之時，突襲奪勝黃帝之軍。特別是他知道自己新募夸父新兵，慣走善戰不怕疲累，更是黃帝軍兵的一支勁敵。因而他認為自己穩操勝券，戰之必勝。

然而蚩尤心懷此想，急急領兵剛剛殺到涿鹿北面，卻出其預料見到黃帝已是領兵殺了過來。為此他禁不住心中陡然一驚，因為他正害怕黃帝立刻列開戰陣，以其車戰之長擊其無車與疲憊之短。若是那樣，自己雖然有夸父族人這樣的善戰之兵也是難能取勝的。結果又是出其意料黃帝竟然投其所好，棄去車戰之長以逸待勞攻他疲軍而來。

目睹此景蚩尤的驚怕心緒頓然換上了高興之情，立刻麾其軍兵一

陣高喊，便向黃帝軍兵殺了過來。蚩尤此戰沒有使用他擒得的怪叫魔怪，因為他看到黃帝軍兵徑殺過來，自己軍兵未能包圍黃帝之軍。因而使用那怪也不能剿滅黃帝之軍。他要把那怪叫之怪作為秘密武器存藏下來，不到剿滅黃帝之軍的關鍵時刻不予使用。

如此蚩尤與黃帝二軍人獸鬼神軍兵數近半萬，須臾之間便迎在了一處，殺在了一起。一時間，真個是涿鹿地面殺聲陡起，喊聲驚天，鬥聲動地。人獸鬼神狂呼亂叫，刀槍劍戟乒乓撞擊。直殺得天日頓失光焰，塵霧陡罩大地。

黃帝之軍果然以逸待勞，個個銳不可當。蚩尤軍兵經過長途跋涉雖顯勞頓，但卻一個個越鬥越猛。那先前敗軍個個心懷前敗之仇，恨不得立刻殺盡黃帝眾軍，報雪前敗之恨。而那新募夸父軍兵，果然身高力大勇冠眾軍。特別是他們心中皆懷為炎帝先祖報仇之恨，更是個個越鬥越加勇猛。

如此黃帝軍兵與蚩尤軍兵剛剛鬥過一陣，便見黃帝軍兵越鬥銳氣越少起來。因為其軍兵雖是以逸待勞之軍，但由於連日來黃帝只顧高興不講戰事，眾軍兵思想渙散。這時突然倉促應戰又遇如此勁敵，特別是夸父軍兵個個狠猛，並且失去了其車戰之長，所以他們便越戰越加抵擋不住，隨後便敗下陣來。

黃帝軍兵敗下陣來更增添了蚩尤軍兵的勇猛，但見他們趁此時機一陣大殺，便已殺死黃帝軍兵無數。黃帝眾軍不敢再戰，一陣急向南方潰逃而去。黃帝眾軍如此敗潰蚩尤軍兵則乘勝追殺，蚩尤軍兵不僅又是殺死黃帝軍兵無數，而且黃帝軍兵在敗逃中也自相踐踏死傷無數。蚩尤軍兵如此一陣追殺，便把黃帝敗軍追到了涿鹿之南，隨之佔據了涿鹿黃帝駐地。

蚩尤眼見黃帝敗軍潰出涿鹿依舊向前潰逃不止，自己軍兵依舊向

前追殺不停，眨眼其先頭軍兵已經追出了涿鹿一里之遙。眼見至此蚩
尤心機急轉，一怕黃帝之軍設有埋伏再追中了其計，二則想到自己之
軍長途跋涉實在疲累，如此追殺也一時剿殺不盡黃帝之軍。不如令軍
在此涿鹿地方暫駐下來，以消疲勞增加銳氣，以便再戰一舉盡剿黃帝
之軍。為此他即令眾兵停止追殺，在涿鹿地方駐下歇息起來。

　　蚩尤令兵停止追殺之後，黃帝敗軍繼續向前逃奔十里之遙，直到
不見蚩尤軍兵追殺過來，方纔停止潰逃，在黃帝的號令下駐紮下來。
黃帝這時點數軍兵，如此一戰竟然損失軍兵十去其三還多。看到慘敗
至此，黃帝心中真個是又悔又惱。

　　他悔恨自己數月來派出的哨探竟然全都沒有探出蚩尤的如此消
息，致使其近千敗軍竟然漏網而去，重又養成了如此大患。悔恨自己
因為未得如此消息，錯誤地認為蚩尤殘軍消散了去，只顧慶祝勝利忽
視了練兵備戰，結果造成了如此慘敗！

　　同時他還悔恨自己戰前只顧以銳擊疲，而忘記了揚己車戰之長避
其拼殺之短，結果釀成了如此慘敗。他惱恨蚩尤惡孽作惡不已，竟然
又聯合夸父族人，發起了如此戰亂。

　　悔恨至此，黃帝立刻重整軍伍，決計稍作準備，即以其車戰之
長，再攻蚩尤軍兵之疲，以奪全勝。為此前番敗戰發生在上午，下午
黃帝軍兵便已準備妥當，在黃帝的引領下以車戰為先，向涿鹿蚩尤軍
兵攻殺過來。

　　黃帝如此攻戰迅疾著實正確，他一則要依舊以己之銳痛擊蚩尤軍
兵之疲，而不給蚩尤疲軍喘息之機；二則他擔心過夜蚩尤軍兵乘勝襲
殺自己，給自己敗軍造成更大的心理威懾，使自己之軍罹致更大的慘
敗。為此他雖敗不餒，時未過日便引軍返殺向了蚩尤。

　　蚩尤引領得勝軍兵在涿鹿本想休歇數日，以除軍兵之疲恢復軍兵

之銳，再與黃帝之軍大戰。不料剛剛駐下半日，哨探來報黃帝之軍又已殺來。聞聽此報蚩尤深贊黃帝用兵高明，為此不敢怠慢心機急轉，即拿出了奪勝黃帝眾軍之策。

於是他急命蚩術、蚩三分領二軍，急出涿鹿向北前行數里，分兩翼埋伏下來。只待黃帝之軍隨自己之後殺進伏擊圈中，他便一面令擒來奇異山精水怪喊叫施法，一面圍殺盡剿黃帝之軍，複奪炎帝一統凡界之位。

蚩尤如此佈置停當，便當即兵分三路，兩路向北，自己則領一路向南，出涿鹿向黃帝之軍迎去。蚩尤引軍出涿鹿向南剛行一里，便見黃帝引領眾軍殺了過來。黃帝眼見蚩尤軍兵迎來便不怠慢，即命眾軍列開戰陣，將戰車一字兒排列開來，隨著向前衝撞攻殺起了蚩尤軍兵。

蚩尤所領軍兵雖然只占其軍三分之一之數，但他為了誘引黃帝之軍進入其伏擊圈中而來，因而眼見黃帝如此麾軍殺來也不示弱，即命其軍一陣迎殺了過去。蚩尤與黃帝二軍如此一陣攻進，須臾雙方便又殺在了一起。

黃帝之軍這次以車戰為主，優勢大顯。但見那一字兒排開的戰車如狂風飆飆，徑向蚩尤軍兵衝殺過去。戰車衝撞迅猛，勢若排山倒海。蚩尤軍兵中雖有過半夸父軍兵，卻也抵擋不住，一陣便被衝撞得哭爹喊娘，亂作一團起來。黃帝軍兵趁勢猛殺，眨眼已把蚩尤軍兵撞殺無數。

蚩尤軍兵抵擋不住不敢再戰，加之蚩尤此來只是為了誘引黃帝之軍中計，因而慘敗至此不敢怠慢，蚩尤一陣喝令便急引敗兵向涿鹿逃奔而去。得勝黃帝之軍當然不放，眾軍不待黃帝之令便隨後追殺過去。

黃帝這時不知蚩尤是計，只顧麾軍隨後追殺，真個是追得蚩尤敗軍如同喪家之犬，拼命向北奔逃不止。他們逃進涿鹿黃帝眾軍追進涿

鹿，他們便又棄掉涿鹿急急向北逃去。黃帝見之更惱，便麾動眾軍在後急追。如此在不知不覺之中，黃帝軍兵便已追出涿鹿數里之遙，使得全軍陷入了蚩尤的伏擊圈中。

蚩尤眼見黃帝眾軍中計，便突然麾令軍兵停下奔逃的腳步，返身立定陣腳，擺出了迎鬥黃帝之軍，與之一決雌雄之勢。蚩尤則登上一座土丘，平靜而又傲慢地端站其上，開口對追殺過來的黃帝怪笑道：「黃帝老兒，你奪我前輩炎帝的一統凡界之位，挑起凡界如此禍亂，罪在當誅不赦！因而今日就在這裏，我蚩尤為你送終！」

依舊不知蚩尤是計的黃帝眼見此景，心中一詫不知蚩尤與其敗軍為何突變若此，是否又在施計？但對蚩尤軍兵氣惱萬分的他，心中剛剛冒出此想，卻又立刻被氣惱否定了去。而認為定是獷猛的蚩尤兵敗無奈，施用的如此冒險之招。即弄虛作假，以敗充勝，強打精神。妄圖以精神威懾自己，使自己撤軍不再追殺他們！

「蚩尤小兒，你死就在眼前，還敢空耍威風！前輩這就殺了你這小兒！」黃帝錯誤地想到這裏心中大惱，禁不住開口大叫道。隨著便又麾動眾軍，更疾地向前衝殺了過去。

「那好，我這就叫你全軍覆沒，黃帝老兒！」就在黃帝眾軍領命向前衝殺更疾之時，卻聽蚩尤依舊安然地「嘎嘎」一笑道。隨著其話語落音，便聽從其所站小丘之上，驟然傳出了奇異的怪叫之聲。那叫聲有的如同人笑，有的如同人打哈欠，有的如同人聲，但又皆與人聲不同。

正沖的黃帝眾兵只顧衝殺，還未聽清這奇異的叫聲是怎麼回事，便已盡被這叫聲迷昏了頭腦。不僅頓然全都停止了衝殺，喪去了剛才勇殺仇敵的模樣，而且全都昏昏迷迷失去了知覺地循著那怪聲，向小丘方向無備地走去。

黃帝雖然靈為神靈但由於體為凡體，聞聽此聲也禁不住先是一陣暈乎，但好在他靈為神靈暈乎一陣過去，便很快清醒過來。頭腦雖然依舊有些暈乎，卻可以思考一些問題了。

黃帝這一清醒頓然大驚失色，因為他隨著看清了自己軍兵的情景，不知蚩尤施用何種法術，竟使得其二千軍兵全都昏迷若此。知道自己中了蚩尤之計，蚩尤定然會立刻麾動眾兵返殺過來，殺得自己之軍難逃覆滅之險！

黃帝的如此驚怕果然立刻變成了現實，就在他剛剛驚怕地想到這裏之時，陡然便聽兩旁蚩尤伏兵殺聲驟起。又見站在丘上的蚩尤，也立刻麾動身旁軍兵，向其昏迷暈乎的無備軍兵殺來。蚩尤就這樣一邊命令眾怪發出怪叫迷住黃帝眾兵，一邊念動老夸父教給他的咒語，不使自己之軍著迷，在戰場上奪得了如此優勢。

黃帝眼見至此心中更驚，但見他驚怕中不敢稍怠，急欲引領眾兵突出敵圍，脫此厄境。卻無奈其眾兵暈迷得仿佛沒有了知覺，只去聽從那奇異的怪音，而不聽從他的引領。黃帝眼見至此更加驚怕焦急不已，就在這時蚩尤軍兵已從三面殺到了其軍兵周圍。

黃帝這時看得清楚，由於其軍兵皆被那怪聲所迷，一個個全都變得如癡如迷，使得蚩尤軍兵殺到跟前，宰殺自己之兵就如同切瓜割草一般輕易。自己軍兵任憑宰割，蚩尤軍兵則奮力殺戮，轉瞬已將自己軍兵殺死無數。

「快醒醒，都跟我走！」黃帝見到這裏更是火急難捺，無奈之中只有放開喉嚨對眾兵大聲吼叫起來道，「快醒醒，都跟我走！」

黃帝的如此大吼真個是驚天動地，驟然驚懾住了蚩尤所擒山精水怪的心靈，驚止住了他們的奇異叫聲，因而也喚醒了暈迷中的自己眾兵。黃帝眾兵陡然被從暈迷中喚醒過來，眼見自己軍兵被蚩尤軍兵殺

死無數，蚩尤軍兵三面包圍住了自己之軍。耳中聞聽黃帝破開喉嚨狂吼不止，真個是誰也不敢怠慢，急隨黃帝迅疾向南逃去。

黃帝靈為上神，因而其剛才的吼聲，也當然驚怔了正在砍殺黃帝眾兵的蚩尤軍兵，並且驚懾住了蚩尤之心。因而蚩尤與其軍兵被驚一怔，方使得黃帝引領眾兵一陣向南奔逃而去。

「黃帝老兒，你逃不脫！」然而黃帝引領眾兵剛剛逃出不遠，即還沒有逃出蚩尤軍兵的包圍圈子，蚩尤便已率先從驚怔中清醒過來。他看到黃帝引兵正逃，心中好惱大叫道。叫畢，便又即命山精水怪拼力狂叫，並隨著麾動軍兵追殺上來。

好在這時黃帝眾兵南逃之聲嘈雜喧囂，黃帝依舊狂吼不止。加之這時黃帝前軍南逃已遠，因而那山精水怪的奇異叫聲，一則聲音已經減弱，二則被眾聲遮蓋傳播不遠。所以任憑蚩尤命令眾山精水怪拼命怪叫，也硬是傳播不到黃帝前軍之中。迷暈不得黃帝前軍，眼看著黃帝前軍向前奔逃而去。而僅將黃帝后軍近處軍兵迷暈了過去，被蚩尤追上軍兵揮刀殺死。

蚩尤剛才眼見自己須臾就可剿滅黃帝之軍，使自己登上一統凡界「新一代炎帝」的寶座。卻不料在此須臾之間，竟然又被黃帝一聲怒吼壞去了好事。真個是怒不可遏，麾其軍兵拼死前追。

但隨後不論蚩尤怎樣麾動軍兵疾急前追，也不論夸父軍兵身高馬大奔跑多麼快疾，卻都因為黃帝眾兵驚怕至極，唯恐自己逃奔得慢，再被那怪聲所迷喪去性命，所以全都拼死前奔，任憑蚩尤軍兵怎樣前追也都追趕不上。

蚩尤麾動軍兵如此追出半日，眼見自己軍兵不僅追趕不上，而且竟然越追落下距離越遠，早已看不見了南逃黃帝之兵的蹤影，再追也已不能再獲戰功。無奈之中蚩尤心機轉動，便命眾兵停止了追趕，歇

息下來。

蚩尤所以如此是他想到，自己軍兵經過數十日長途跋涉本已疲憊至極，今日一日未過又經如此兩戰，再如此追趕下去，就將使其軍兵更加疲憊不堪。為此他唯恐敗逃的黃帝眼見自己軍兵疲憊，逃奔路上設計攻殺自己軍兵，造成自己軍兵因疲而敗。

同時他也看到，自己軍兵這樣追殺下去，也不能剿滅黃帝之軍，所以再追也便沒有了意義。而不如停止追殺，讓黃帝之軍逃脫之後駐紮下來。等待自己探知其駐地之後，再施奇計一舉予以剿滅。

另外他也想到，自己前番兩戰所以不能盡剿黃帝之軍，都是因為沒有能夠包圍黃帝之軍，方纔使得黃帝軍兵奔逃而去。如果再戰之時，設計把黃帝軍兵團團圍住，然後讓山精水怪分別在被圍黃帝軍兵周圍發出怪叫，豈有黃帝軍兵不被盡剿，自己不登上一統凡界「新一代炎帝」寶座之理！為此他命令眾兵停下休歇之後，便即派出眾多哨探，尾隨黃帝軍兵探察其動靜而去。

黃帝敗軍逃脫蚩尤追兵之後，真個是誰也不敢稍怠須臾。唯恐蚩尤軍兵再追上來，喊出怪聲身被其迷慘遭殺害，因而全都繼續拼盡全力向南疾逃。如此拼命逃奔半日，黃帝與眾兵雖然不見蚩尤軍兵追來，卻仍是放心不下奔逃不止。

他們就這樣一口氣拼命逃出三日，三日中仍不見有蚩尤軍兵追來，方纔最終全都感到疲憊至極，停下了奔逃的腳步，不禁頓然全都身力泄盡癱倒在地上。黃帝見之大驚，害怕蚩尤軍兵如果這時追來，自己之軍就只有陷入全軍覆沒之境了！但是他也無奈，只有滿懷驚怕之情，盼望眾兵快些歇息過來。

時間在黃帝的驚怕中過去一夜，累得癱倒在地的眾軍兵方纔開始慢慢站起身來。又過去一日一夜，眾軍兵方纔全都恢復了先前的銳

氣。黃帝眼見此景，既喜眾兵全又恢復了銳氣，又慶倖蚩尤軍兵沒有在這一日兩宵中追殺過來，方使得自己軍兵免去了全軍覆沒之厄。

但是心喜慶倖之余，黃帝也不敢怠慢。因為他知道蚩尤軍兵隨時都有可能追殺過來，再施奇招陷自己之軍於厄境！為此他立刻一邊命令風后、力牧重整軍伍，一邊急急思謀起了擺脫並奪勝蚩尤軍兵之策。

然而黃帝隨後思來謀去，卻都思謀不出奪勝蚩尤軍兵之策。因為蚩尤軍中那奇異的怪聲實在厲害，不除去那奇異的怪聲，任憑自己之軍使用何法，即無論是硬攻還是計殺，都無法取勝蚩尤之軍。心想至此，黃帝無奈只有改思擺脫蚩尤軍兵之法。但他又是思來謀去，也無擺脫之謀。唯一的辦法仍是只有向前奔逃，以躲避蚩尤軍兵追殺上來。

但是想到這裏黃帝更覺無奈，因為他知道自己如此只顧一味引軍消極逃避下去，是斷無避開蚩尤軍兵之理的。因為蚩尤之軍不滅，他們就絕對不會放棄對自己之軍的追殺，丟掉剿滅自己之軍的險惡目的！

為此自己引軍逃奔下去，雖可一時避開蚩尤軍兵，但卻不能永久避開蚩尤軍兵。同時也難保蚩尤軍兵不會半途伏殺上來，重陷自己之軍於厄境。心想至此，黃帝一時間真個是進退無據，無以定奪起來。

黃帝正在如此犯愁，眾軍兵已是重整完畢等待黃帝號令。不料就在這時，卻又聞聽那迷人的怪叫之聲，驟然在其眾軍四周響起。隨著那怪聲，黃帝剛剛重整完畢肅立待命的眾軍兵，又頓然被迷昏過去全都陷入暈乎之中，向四周怪聲響處行去。

黃帝乍聞怪聲也當然又是陡地一迷，但很快又清醒過來。眼見此景正在大驚，心知定然又是蚩尤軍兵追殺上來，欲要再叫驚醒眾兵逃離此境。但就在他正叫未叫之時，便聽四面殺聲陡起，蚩尤軍兵齊聲喊叫著圍殺上來。

　　蚩尤派出的哨探尾隨黃帝敗軍之後，把黃帝之軍沿途行止探聽得一清二楚，源源不斷地報告給了蚩尤。蚩尤聞報當然領軍歇息不住，僅僅歇息一日便隨黃帝眾軍之後追殺上來。待到追至距離黃帝眾軍還有兩日路程之時，又聞黃帝之軍全都疲累得癱倒在地。蚩尤深悔自己沒有引軍連續追趕，不迭聲嘆惜錯過了如此剿殺黃帝之軍的良機。並隨之疾催眾兵，連夜兼程追殺過來。

　　蚩尤領兵追殺連日，這日追到黃帝軍兵近處，探知黃帝正在整頓軍伍，蚩尤便不怠慢，為行其盡剿黃帝眾軍惡計，急分兵繞道四面包圍起了黃帝眾軍。在黃帝眾軍重整完畢待命之時，從四面向其發起了進攻。

　　蚩尤軍兵向黃帝眾軍發起進攻仍用先前奪勝之法，先讓山精水怪在四周大叫迷住黃帝眾軍，隨後便一陣攻殺過來。黃帝眾軍被怪聲所迷盡失防衛戰鬥之力，蚩尤軍兵殺來又如切瓜菜一般，轉眼殺死黃帝軍兵無數。

　　黃帝眼見這次發出怪聲的山精水怪，全在自己軍兵四周近處。他們的叫聲迷得自己軍兵，全部癡呆般地任憑蚩尤軍兵砍殺。知道這次所陷厄境，更比先前險惡十分。因而心中大驚口中連吼不止，欲圖叫醒眾兵殺開一條血路，突出如此厄境。

　　然而，這次由於那怪物圍在黃帝眾兵四周怪叫，所以任憑黃帝如何喊叫，直到喊啞了嗓門，卻也未能叫醒一卒一兵。驚怕的黃帝眼見自己剛才嗓門洪亮時，尚且喊叫不醒眾兵，這時嗓門沙啞更無喊醒眾兵的希望，心中頓然頹喪到了極點。無奈他停下喊叫道：「玉皇大帝，難道我軒轅星君的自然之道，果然違背天意，非讓我軍覆滅於此不成嗎？」

　　說來實在奇異，但聽就在黃帝如此話音剛落之時，萬里晴空之上

忽然「轟隆」炸響一聲驚雷，驚止了山精水怪的叫聲，驚醒了被迷的黃帝眾兵。黃帝突睹此景心中大喜過望，急忙開口大叫道：「快向南去，殺開血路，突出敵圍！」

剛被驚雷震醒的黃帝眾兵，從昏迷中驟醒過來尚未弄清發生了什麼事情，聞聽黃帝此言頓皆恍然醒悟，立刻齊依黃帝之令奮力向南殺去。由於黃帝眾兵殺得奮勇，眨眼便在被驚雷震呆的蚩尤軍中殺出了一條血路，向南突圍而去。

大概是因玉皇大帝如此救助，方使得蚩尤軍兵久呆不醒，山精水怪久止叫聲，方使得黃帝得以引領必死之兵逃出了全軍覆沒之境，向南順利而去。待到黃帝引領眾兵全部逃出如此厄境之時，蚩尤與其眾兵方纔從呆怔中清醒過來。

獰猛的蚩尤眼見此景心中好惱，因為他剛才已經手操勝券。卻不知為何在此驟然之間，竟然又讓這必滅的黃帝眾兵突出了重圍，使得自己本已可以看到的一統凡界寶座，複又化為了泡影！

惱怒至此蚩尤也不怠慢，即命山精水怪複又怪叫起來，以迷惑南逃不遠黃帝之兵。並命軍兵立刻奮力南追，以追殺黃帝之兵。正逃的黃帝后尾之兵，突聞山精水怪叫聲，頓然又被迷暈無數，喪身在了追來蚩尤軍兵手中。

就這樣，黃帝眾兵重又在前奔逃不止，蚩尤軍兵在後窮追不停。只見沿途之上，連續不斷地拋下著黃帝軍兵被殺的屍體。

二三、神女指途

黃帝與蚩尤二軍如此一逃一追，轉眼又過去兩日，仍是黃帝眾兵驚怕至極拼死南逃，蚩尤軍兵追趕不上越落越遠。蚩尤眼見再追也是沒有剿滅黃帝軍兵的希望，特別是他想到自己軍兵剛才四面包剿黃帝軍兵之時，晴空竟然驟然炸響驚雷，使得黃帝軍脫出了厄境，這完全是天助黃帝軍兵的顯現。

為此他不敢再與上天作對，便命眾兵停止追趕駐紮下來，等待再像上次北渡黃河時那樣，先祭高天神靈祈免罪過，然後再滅黃帝眾兵。於是駐下之後蚩尤便命蚩術張羅祭祀，他則在祭祀之餘，與眾兄弟臣將計議起了再滅黃帝軍兵之策。

蚩尤軍兵停止追趕黃帝軍兵得以逃脫，但由於黃帝眾兵兩陷覆滅厄境，深知蚩尤軍兵中的怪聲無法抗拒，因而雖然身後不見了追殺的蚩尤軍兵，卻仍是不敢慢跑一步，唯恐落在後邊為怪聲所迷被蚩尤軍兵所殺。就這樣他們依舊是聞風聲鶴泣，視草木皆兵。拼命向前奔逃不止，轉眼又已一口氣逃過了三宵兩日。

第三日早晨到來了，奔逃不止驚怕至極的黃帝軍兵，眼見兩日來不見了追殺的蚩尤軍兵，並且四處朝輝萬里環境安寧，只有自己軍兵的奔走之聲，沒有其他任何響動。驚怕的心情方纔慢慢平復下來，停

止了奔逃。

他們一停下奔逃的腳步，便頓感饑渴疲勞難耐，又想吃喝又想躺倒在地進行休歇。一時間，真個是饑渴使他們難以忍受，身體的極度疲勞又使他們無以前去尋吃找喝。躺倒在地便身子散架般睡著了過去，眨眼兩千軍兵便全都變成了爛泥。

黃帝眼見此景當然又是大驚失色，因為他想到上次蚩尤軍兵驟然圍來，使其全軍陷入覆沒之境的可怕場景，實在擔心狡惡的蚩尤恰在這時率軍圍來，自己之軍就難以逃脫覆滅的厄境了！驚怕至極之中黃帝又是喊叫不止，但眾軍兵全都一連拼命奔逃了數個日夜，身力喪盡酣睡如蜜，任憑他怎樣拼力喊叫，也硬是喊叫不醒一卒一兵。

「蒼天，玉皇大帝，難道我軒轅之道真的違背天意，您非要我軒轅軍兵覆滅不成嗎？」喊叫不醒酣睡軍兵，黃帝便更加害怕蚩尤軍兵這時圍襲上來。無奈之中他只好停止喊叫，再次問起了高天道。但是蒼天仍是不語，玉皇大帝也仍是不語，黃帝沒有得到任何回應。

黃帝如此更加無奈至極，無奈中只有心思急轉，思謀起了萬一蚩尤軍兵圍襲過來，自己的應對之策和反擊之法。然而任憑他在驚急中思來想去，都好像過去靈敏的腦袋這時變愚鈍了似的，硬是轉不過彎來。

因而轉眼已是思謀過去半個時辰，雖然這半個時辰既可怕又令人焦灼難安，黃帝卻仍是沒有思得一絲兒對付蚩尤軍兵之策。但好在蚩尤軍兵沒有襲來，方使得黃帝可以在驚怕焦灼中依舊思謀不息。

在此繼續思謀之中，黃帝末了終於腦袋一亮，想出了前去昆侖神山，尋找王母娘娘救助於她的無奈之法。恰在這時，后土睡過一陣放心不下眾軍所處厄境，率先從酣睡中蘇醒了過來。他看見黃帝正在苦心焦思，害怕自己睡去時間過長，蚩尤軍兵圍襲過來，便急忙開口詢

問道：「大帝，我睡過多長時間了？」

「剛剛睡過半個時辰。」正在焦思的黃帝突聞后土此問，忙轉過頭來道，隨著他話鋒一轉對后土說，「你醒來得正好！如今，我們已對蚩尤軍兵沒有了鬥勝之法。因而我思來想去，只有前去求助於王母娘娘。」

「求助於王母娘娘要西上昆侖神山，而且也難保王母娘娘正在神山之上，」后土聽了黃帝此言，頓然大驚道，「那樣遠水解不了近渴！我擔心王母娘娘沒有求到，我全軍就盡滅於蚩尤軍兵之手了！」

「但是不去求助於王母娘娘，」黃帝這時無奈道，「我軍不是也要覆滅於蚩尤軍兵之手嗎？」

「是呀！既然如此去與不去，都要遭到全軍覆沒之厄，那就還是去比不去好。」后土聞聽黃帝此言，也頓感無奈道，「何況我們舍去此途，也別無他途了呢！」

「正是如此。所以我命你代我引領眾軍，」黃帝聞聽道，「我即去昆侖神山尋找王母娘娘！」

「不，不可如此，」后土聽了黃帝此言，真個是又頓然大驚失色，即不同意道，「大帝實在離開軍伍不得！」

「那麼我離開軍伍不得，」黃帝眼見后土聞聽自己一言驚怕至此，即忙開口講說道，「你能夠替我前去尋見王母娘娘嗎？」

「不，大帝！您切切不可離開軍伍。如果大帝離開軍伍，將軍伍交付於後輩，」后土被問至此，頓然無言以對起來，是啊，西去昆侖神山尋求王母娘娘，舍去黃帝親自前去，是任憑誰個也代替不得的，可他雖然知道至此，卻依然攔阻黃帝前去道，「後輩如果帶領軍伍脫不掉覆滅之厄，豈不就辜負了大帝的重托！」

「這個後輩儘管放心。如果我軍盡該覆沒，即使我親自引領，

339

也定然難逃覆滅之厄。如果我軍不該覆沒，後輩引領也覆滅不了！」黃帝聽聞后土為此阻止自己前去，忙又開口勸慰道。說著，便要起身離去。

后土聽到黃帝言說至此，無奈只有接受黃帝之托，為就要離去的黃帝送行。黃帝臨別，又安排后土儘快喊醒酣睡眾兵，以防蚩尤軍兵再度襲來。隨後便欲動身向西，尋求王母娘娘而去。

「星君慢行，我二女對你有話講說！」就在黃帝剛欲動身未動之時，卻聞頭頂驀然傳來一陣「咯咯」笑聲朗朗笑語道。隨著話音，聞聲奇詫停住腳步的黃帝已經看到，自己正求之不得的王母娘娘的貼身侍女玄女與素女兩個，已經身隨聲到雙方飄落到了自己面前。

黃帝在此急難之時，眼見玄女兩個倏然來到，真個是心中頓然悲喜交集萬端。他悲，悲自己為給凡界凡人解難來到凡界，想不到竟然如此屢屢身受不盡的厄難，在凡界無處傾訴。這時玄女兩個來到，自己真個是如同見到了王母娘娘一般，覺得有了傾訴之處。他喜，喜在此急難之時玄女兩個倏然來到，自己的急難有了助解之神。悲喜交集至此，黃帝眼中禁不住湧出了晶瑩的淚花，忘記了歡迎寒暄之語，而開口對玄女兩個喃喃道：「二位神女果然不食前言，又在小星急難之時前來助我！」

「小女豈敢食去前言，罹罪於星君！」玄女兩個眼見黃帝激動至此，知道其在凡界受到的厄難實在沉重，便不忍再讓黃帝悲苦道，「星君不必犯難，娘娘今日既然著我二女前來星君軍中，就不愁破不得蚩尤軍兵！」

「二位神女突然來到，小星不知未能遠迎，」黃帝聽到這裏，方從剛才的悲喜交集心境中解脫出來，轉為高興寒暄道，「請二位神女恕罪！」

「星君不必如此俗言！」玄女怕再打動黃帝心中之苦，忙言道「我們身負娘娘聖命，前來當為必然！」

「謝娘娘如此關照！」黃帝這時繼續寒暄道，「娘娘定然福體無恙吧？」

「娘娘福體安康！」玄女聞問忙答道，「她讓我倆好生幫助星君，除去邪惡平定凡界。」

黃帝聽到這裏心中更喜難禁，方纔最終笑落了眼中的淚花。玄女兩個這時見到黃帝徹底從悲苦中解脫出來，加之雙方心知剿滅蚩尤軍兵之事緊急，便急對黃帝言說正題道：「星君，時間緊迫，咱們還是快說剿殺蚩尤軍兵之事吧！」

剛才正為不得對付蚩尤軍兵之法，急如熱鍋上螞蟻的黃帝，這時突見玄女兩個來到，真個是頓遇救星，把心中的一切驚怕焦急，全都一股腦兒忘了開去，而代之以充實無憂和無慮。雖然眼見其兩千軍兵仍然睡得如同爛泥，心中也竟然不再有絲毫驚怕蚩尤軍兵襲來之意。這時又聞玄女兩個此言，方纔重又想起自己軍兵所處的厄境，時間絲毫耽擱不得，於是開口急言道：「對，二位神女必須快設奇計，對付蚩尤軍兵！」

「蚩尤軍兵有何惡法，」玄女這時詢問道，「竟使星君眾軍對付不得？」

「蚩尤軍兵之中近日戰時，每每傳出一種奇異的怪叫之聲，」黃帝聞問急答道，「使得我眾軍兵神迷腦昏，自己循聲進前任其殺戮，因而連戰皆敗對付不得。」

「這個不難破得。」素女聽了一笑道。隨著，便從衣袖中取出一張絹圖，遞給黃帝道，「依照這個圖樣，制出 20 支這樣的號角，就可破得蚩尤軍中的奇異怪聲了。」

「如此小小筒筒，就可破得那迷人怪叫之聲？」黃帝接過絹圖聽聞素女此言，向圖上一看大為懷疑道，「不，這不可能！」

「星君，此圖為娘娘所賜，」玄女見之肯定道，「斷然沒有無功之理！」

「謝過娘娘救助，祝娘娘永遠萬福！」黃帝聽到玄女此言，方知自己忘記了玄女兩個皆為王母娘娘派遣而來，忙虔誠恭祝道。隨著，便命后土叫醒風后，讓其引領匠人依圖炮製而去。

黃帝待到風后去後，即又詢問玄女兩個還有何器，需要依圖炮製。玄女回答已無。黃帝又問二女還有何種破滅蚩尤軍兵之法，二女回答其他暫且不急，隨著則又如同沒有了蚩尤軍兵的事兒一樣，話鋒一轉雙方與黃帝講說起了曇花姑娘的事兒。

黃帝這時心中全部靠在了玄女兩個身上，因而已不把自己的敗亡和蚩尤軍兵放在心上，也不再為對付不得和如何剿滅蚩尤軍兵而焦愁。所以驟然聞聽玄女兩個對他轉變話題，雙方開口講說起了曇花姑娘，黃帝心中真個是頓又百感交集，心苦萬端。連連講說自己雖然苦苦養育曇花，但可能是曇花姑娘對自己生恨，花兒卻久久不見一次開放。

就這樣黃帝越說曇花心中越苦，玄女兩個越聽越覺黃帝對曇花情深意篤，越加羨慕曇花尋到了一個癡情的種子。雙方禁不住則也心苦起了自己空有一番美貌，而沒有曇花的福氣，能遇上軒轅星君這樣癡情的種子！

玄女兩個就這樣雖然與黃帝心苦不一，但卻苦在了一起，轉眼已是一個時辰過去。就在他們三個心中依舊正苦之時，突聞風后來報導：「大帝，二十支號角已按圖樣制好，請大帝驗看。」

風后如此一語，方纔把玄女三個從心苦中喚醒過來。玄女不待黃

帝言說，便對黃帝急叫道：「快，星君！快快叫醒眾兵，前去伏殺蚩尤軍兵！」

「蚩尤軍兵現在何處？」正在心苦的黃帝突聞玄女此言，由於他既不知蚩尤軍兵現在何處，更不知如何前去伏殺蚩尤軍兵，為此急忙開口詢問道，「怎樣前去伏殺？」

「蚩尤軍兵已經追殺過來，現正分兵兩路向你軍包剿過來。你若立刻出兵，埋伏在其西路軍兵路過之處，」玄女聞聽急答道，「便可以多擊少打敗蚩尤西路軍兵，並打破蚩尤軍兵對你軍之圍。否則，你軍便又要立刻陷入被圍之境了！」

「謝過姑娘指引！」黃帝聽到這裏當然不敢稍怠，立刻開口一語道。隨著便立刻與醒來臣將軍兵一起，大聲喊喝起了仍在酣睡的眾兵。

黃帝眾臣將軍兵一陣喊喝，睡過一陣疲勞稍消的眾兵便很快被喊醒過來。黃帝見之心想情況緊急，顧不得與眾兵言說，便領眾兵按照玄女指引向西一陣疾行，搶在蚩尤軍兵之前，埋伏在了其必經之途兩旁。只待蚩尤軍兵來到，出而擊之。

黃帝眾兵剛剛埋伏下來片刻，果見蚩尤軍兵如同玄女所言，馬叼枚刀入鞘，悄無聲息地魚貫向南突來，以期再度悄然包剿黃帝之軍。黃帝眼見此景，心中禁不住頓然泛上一陣後怕。想到如若不是玄女兩個來到，自己之軍再被蚩尤軍兵如此包圍起來，後果就不堪設想了。

後怕之余，黃帝禁不住又頓然一陣心喜。因為他看到這只顧前去包剿自己之軍的蚩尤軍兵，已經慢慢進入了自己的伏擊圈中尚且一無所知。自己再待一時令兵突從兩面擊之，就可盡剿這些軍兵奪取大勝了！高興至此，黃帝努力克制心中的歡喜，耐心等待蚩尤軍兵盡入其伏擊圈中。

黃帝自己如此高興等待，其引領設伏軍兵這時卻不知道玄女兩個

神女來到，授給了黃帝制伏怪聲之法。因而個個盡如先前，對蚩尤軍中怪叫之聲驚怕不已！特別是這時又見蚩尤軍兵魚貫湧過自己面前，一個個更怕那怪聲突然響起，自己被迷頓然死於面前蚩尤軍兵之手。焦待的黃帝這時眼見蚩尤軍兵進入了自己伏擊圈中，並且毫無知覺，便不怠慢立刻「殺呀」一聲令下，命令正在驚怕的眾兵從兩邊突然殺向了蚩尤軍兵。

正在向前行進的蚩尤軍兵突遇此變驟然一驚，但迅即他們便又平靜下來。因為他們知道黃帝軍兵殺來雖猛，卻仍是抵擋不住自己軍中山精水怪的叫聲。待到他們軍中的山精水怪開口一叫，殺來的黃帝軍兵立刻就會變成任憑自己砍的瓜切的菜。為此他們對殺來黃帝軍兵，只是報以蔑視的一笑，只待怪聲響起便去砍殺這些軍兵。

這時聞令殺出的黃帝軍兵雖然殺了出來，但由於不知黃帝已有破滅怪聲之法，害怕怪聲突然響起迷住自己，因而各自心中仍是驚怕不已，害怕面前的蚩尤軍兵如同害怕猛虎，不敢真正衝殺上前。

當然，他們中也有人在此驚怕之中，想到搶在怪聲響起之前殺盡蚩尤軍兵，以奪全勝保得自己一命不死，強抑驚怕奔殺格外狠猛。然而就在部分黃帝軍兵狠猛地殺向蚩尤軍兵，但還沒有殺到其跟前之時，引領此路軍兵的蚩術眼見情況緊急，便令跟隨在軍中的山精水怪，發出了一陣怪叫之聲。

怪聲的驟然響起又頓然迷暈了正殺的黃帝軍兵，蚩尤軍兵見之士氣大振，即向被迷黃帝眾兵返殺過去。黃帝眼見此景也禁不住心中頓然大驚，因為他也只是知道風后製成了玄女兩個讓制的號角，卻並沒有親自驗試號角的功能也無法驗試，因而不知道那號角行與不行，能否真的制伏怪物的怪叫之聲。

如果那號角不能制伏怪聲，自己之軍與蚩尤軍兵如此展開在數里

長的一條線上，自己之軍就有被蚩尤軍兵殺戮淨盡之險了！為此他驚怕中不敢怠慢，急忙開口大叫道；「風后，快吹號角！制伏怪聲！」

然而風后與他選定的二十名號手，這時也皆被怪聲所迷，沒有了吹響號角的能力。黃帝見之大急，急忙上前搶過一把號角，親自鼓吹起來。隨著號角在黃帝的鼓吹中發出「嗚嗚」聲響，蚩尤軍中的奇異怪聲果然戛然止息，被怪聲所迷黃帝軍兵也頓然蘇醒過來。於是風后選定的號手立刻一齊吹響了號角，黃帝眾兵隨之立刻奮力殺向了蚩尤軍兵。

蚩尤軍兵正不把黃帝眾兵放在眼裡，輕鬆地訕笑著殺向著迷的黃帝軍兵，心想著只要自己手到就可即刻取勝。但不料事生如此陡變，黃帝軍中突然響起了震懾山精水怪之音，止住了山精水怪的叫聲，震醒了著迷的黃帝軍兵。黃帝軍兵醒來眼見情勢緊急，齊出手奮勇殺向了被此陡變驚呆的蚩尤軍兵。

蚩尤軍兵與黃帝軍兵近在咫尺，眨眼已被黃帝軍兵殺死無數。其軍中雖有部分身高力大夸父軍兵，但由於身遭伏擊戰也不勝，因而蚩術剩餘軍兵眼見此景，方知自己身中伏擊陷入絕境，驚怕中欲要拼死抵抗沖出死地。但豈奈黃帝軍兵數倍於他們，不待他們抵抗，已被黃帝軍兵數個對一殺死在了地上。就連引領此軍的蚩術與其數名弟兄，以及其他人獸鬼神頭子，也皆斃命在了如此伏擊圈中。

黃帝依照玄女兩個指引，既如此擺脫了其軍遭圍之險，又輕易地奪得了如此大勝，真個是心中大喜過望，連謝玄女兩個救助之恩！玄女兩個不待黃帝說完，便即開口急叫道：「星君不必言謝，麾動眾軍乘勝東向，擊殺蚩尤所率東路軍兵，再奪大勝要緊！」

玄女兩個此言正合黃帝之意，黃帝即又麾動眾軍一路向東，擊殺蚩尤軍兵而來。蚩尤本來是在探清黃帝軍兵所在之後，方纔兵分兩

路，親率東路軍兵包剿黃帝軍兵而來。但他實在心想不到，自己引領軍兵向前行進，按照預計本該包圍住黃帝軍兵了，這時卻不知為何仍然既不見黃帝軍兵，也不見蚩術所率西路軍兵先頭隊伍到來。

身陷此境獰猛的蚩尤心覺事情有異，頓然陷入了奇詫之中。蚩尤正在如此奇詫不解，突然看見黃帝軍兵從西面鋪天蓋地般殺了過來。眼見此景蚩尤不知蚩術軍兵已被黃帝之軍剿滅，而以為黃帝軍兵從西面殺來，是陷在了自己與蚩術軍兵的包圍圈中。

錯誤以為至此，獰猛的蚩尤不僅覺得心中詫異頓解，而且頓然高興起來！於是他不問黃帝軍兵為何突然殺來，只待黃帝軍兵殺到，自己再用山精水怪怪聲迷住黃帝軍兵，殺之以奪全勝。

然而蚩尤這次完全不知戰場真情，徹底失算了。但見就在他待到黃帝軍兵殺近，命令山精水怪發出怪叫聲音之時，黃帝軍中則立刻響起了「嗚嗚」號角之聲。他的山精水怪發出的怪聲尚未迷住黃帝眾軍，那「嗚嗚」的號角之聲已經震懾得山精水怪叫不出聲來，黃帝之軍則乘勢已經殺到了其軍兵面前。

蚩尤意想不到事生如此驟變，頓然大驚失色。然而他一愣怔眾兵一息，已被殺到的黃帝軍兵將其軍兵殺死無數。蚩尤眼見此景，方纔最終察知此戰不是自己軍兵奪勝黃帝之軍，而是黃帝施法用計大破了自己軍兵。察知至此蚩尤不敢戀戰，加之又見自己軍兵少於黃帝軍兵，再戰就有覆沒之險。因而他暫且顧及不得蚩術之軍若何，而急麾自己所率軍兵疾向東北方向敗逃而去。

黃帝眾軍當然不放，一路窮追大殺不已。如此轉眼追出數里沿途又殺死蚩尤軍兵無數，黃帝眾軍追殺勁頭更濃。玄女兩個末了眼見如此一直追殺下去，也剿滅不了蚩尤敗兵，便命黃帝止住眾軍再作計議。

黃帝大獲全勝，止住眾軍之後便又連謝玄女兩個救助之恩。眾軍

兵奪此大勝心中更喜，因為他們終於通過如此勝戰，殺滅了許多蚩尤軍兵。吐出了數日來連敗於蚩尤軍兵，憋悶在心中的惡氣！停止追殺之後真個是歡騰不已，眾軍中響起了歡聲雷動之聲。

黃帝眼見眾兵如此歡騰不已，高興勁頭一時難以洩盡，又見蚩尤軍兵如此敗去一時不會返殺過來，便命眾兵就地休歇下來，以盡情歡騰。黃帝軍兵就這樣在歡騰中駐紮下來，之後眾軍兵更加高興歡騰不息。一直歡鬧到當夜三更時分，方纔全都休歇下來，使偌大的軍營沉入了平靜。

黃帝軍兵連日來敗逃奔波，仍然是疲累未消。昨日又經此大戰，當然更加疲憊。加之昨日大戰獲勝，眾軍兵心情頓覺輕鬆。因而頭一挨枕，便全都進了甜睡的夢境。就連黃帝自身也因為心轉輕鬆，一陣睡得格外香甜。

就這樣上神也有失誤的時候，玄女兩個神女身在黃帝軍中，只顧讓眾軍兵連同黃帝奪勝後盡情休歇，卻未察覺就在黃帝眾軍兵剛剛輕鬆睡到四更天時，驀然間軍營外怪聲驟起，迷暈了黃帝酣睡的軍兵。隨那怪聲之後，蚩尤軍兵則從東、西兩面，高喊著震驚寂靜夜空的殺聲，疾風暴雨般向被迷的黃帝軍兵攻殺過來。

蚩尤軍兵這次真個是盡改先前之態，個個仇恨滿腔，人人攻殺兇猛，眨眼便已殺到了黃帝軍營之內。原本預謀奪勝的蚩尤經過昨日大敗，特別是聞知蚩術之軍中了埋伏慘遭覆沒之後，真個是心中惱恨至極。眾軍兵特別是夸父軍兵經此大敗心中更惱，決計拼死一殺也要為敗戰中死去的軍兵報仇雪恨。

為此他們在黃帝眾軍停止追殺，自己軍兵逃出數里駐紮下來之後，紛紛要求蚩尤夜襲黃帝之軍，以殺黃帝之軍個措手不及，奪取勝利報雪冤仇。惱恨至極的蚩尤正在惱恨無處發洩，聽了眾軍之求思謀

一陣，心想黃帝軍兵連日敗逃今日新勝定然無防，因而他們定然料想不到自己敗兵會襲其營。

為此蚩尤答應了眾兵之求，然後稍做休整便在夜晚三更出發，至四更初時悄然來到黃帝營前。蚩尤來到黃帝營前，眼見黃帝軍兵盡入夢鄉果無防備，心喜之餘便即令山精水怪率先怪叫出聲，迷暈酣睡的黃帝軍兵，隨著便率軍兵搶殺進了黃帝營中。

黃帝軍兵正在酣睡，當然盡被山精水怪叫聲迷暈。蚩尤如此著令山精水怪迷暈黃帝眾兵尚且不怕，怕的是黃帝的 20 名號角手，也在酣睡中被那怪聲迷暈，使得他們無以吹響號角，震懾山精水怪喚醒迷暈眾兵。

不僅如此，他們還像黃帝其他軍兵一樣，都在被迷暈後如同夢遊者，從昏睡中爬起身來，循著山精水怪的叫聲，向蚩尤軍兵走了過去，走散在了蚩尤軍兵之中。玄女兩個與黃帝這時則大為焦急，因為他們既沒有老夸父教給蚩尤的那段咒語可念，又一時尋找不到那 20 名走散的號手，因而只有無奈。

玄女兩個無奈中只有催促黃帝快些喊醒著迷軍兵，黃帝心中更急雖然連喊不止，但無奈眾軍兵皆為在夢中被怪聲所迷，因而被迷更為深重，硬是一個也喊叫不醒。

如此一來蚩尤軍兵果然大為得手，殺進營中一陣大殺大砍，便如砍瓜切菜一般殺死無數黃帝軍兵。頓然間，真可謂殺得喪失防備之力的迷暈黃帝軍兵，屍橫遍野，血流成河。

蚩尤軍兵如此得手之後，當然必欲剿滅黃帝之軍而不可，因而越殺殺興越漲，砍殺越加狠猛。玄女兩個與黃帝眼見此景心中更急，但一時間卻也皆無他法，只有眼睜睜地看著黃帝軍兵，就要覆滅於蚩尤軍兵手中。

　　然而就在這時，不知從何處突然傳來一聲聲如那號角鳴叫之音，聲音卻比那號角響亮十分。隨著這叫聲的驟然響起，正在奮力號叫的蚩尤軍伍中的山精水怪頓然全都止住了怪叫之聲。使得著迷的正在任憑蚩尤軍兵砍殺的黃帝軍兵，頓然清醒過來，立即與蚩尤軍兵展開了惡戰。

　　這驟起的響亮叫聲，不僅使蚩尤及其軍兵驚愕在了那裏，而且也令正在焦急無奈的玄女兩個與黃帝，大為詫異驚喜起來！他們不解這叫聲從何而來，哪裏來的如此救兵。

　　玄女兩個與黃帝正在如此奇異，卻突見眼前黑暗中一道白光颯地閃來，隨著便見一條白龍來到黃帝面前急叫道：「帝父，孩兒昨日大戰之中，聞聽那號角之聲如同孩兒之聲。剛才孩兒眼見我軍兵皆被怪聲所迷被殺眾多，卻不聞我軍號角之聲懾服怪聲，無奈中大叫驗試，孩兒之聲果然懾服了怪聲！」

　　「噢，」黃帝這才心異頓消道，「這就對了！」

　　「帝父，快。孩兒繼續大叫懾服惡怪，您快領兵剿殺蚩尤軍兵！」應龍如此言畢，便又大叫而去。

　　「原來星君生有如此龍兒！如此龍兒之聲恰好可以懾服怪叫惡怪，」玄女與素女這時大喜道，「星君怎不早用？早用焉有連日之敗！」

　　「先前不知龍兒之聲能夠懾服惡怪，今日得知全賴二位指教！」黃帝聞聽急言道。說著，便即麾醒來眾兵，奮力迎殺向了蚩尤軍兵。

　　黃帝如此率軍殺向蚩尤軍兵，頓然間真個是殺聲驟起，惡戰陡酣起來。但見殺聲酣烈震夜空，應龍嘯叫聲不停。山精水怪叫聲咽，蚩尤軍兵心膽驚。然而蚩尤軍兵特別是其中夸父軍兵，也不是孱弱之輩。他們的驚怕在惡戰中很快消失了去，而被滿腔的深仇大恨所代替。

　　因而他們眼見不能再任意砍殺迷暈無備的黃帝軍兵了，便與殺上

前來的黃帝軍兵展開了殊死惡鬥。一時間，只見黑暗之中鬥場之上，雙方軍兵殺得寒光閃耀，星火四濺。刀來劍去寒人膽，槍穿戟刺驚人魂。滿天繁星身發顫，地動山搖起狂風。

　　黃帝與蚩尤二軍就這樣轉眼惡鬥過去一個更時，由於雙方一時皆無法術可施，二軍實力不相上下，雙方不分勝負僅僅交個平手。黃帝與蚩尤眼見打鬥時間已久雙方難分高下，再鬥也難以短時見出高低，同時即便見出高低也難以奪得大勝，因而再鬥下去已無意義。

　　於是他雙方便齊命眾兵後撤數里，駐紮下來以便再作決鬥。一場殊死的惡鬥就這樣在久鬥不見高下之後，平息下來。

二四、黃帝平亂

　　獰猛的蚩尤引軍後撤數里駐紮下來之後，不敢稍怠，即與眾兄弟和夸父老首領一起，計議起了下步奪勝黃帝眾軍之策。由於黃帝之軍有了破其山精水怪怪叫之法，他們再用山精水怪制勝黃帝之軍已無可能。議論之中，他們因而對先前數次使用山精水怪怪叫之術，僅僅數次奪勝而未能剿滅黃帝之軍全都深悔不已。並且慨歎黃帝之軍不滅，看來深得神靈祐助！

　　山精水怪怪叫之術已不可用，蚩尤眾人計來議去其他便無良策。無奈之中，他們只有決計依舊使用常規戰法以打對打，與黃帝軍兵拼殺軍力以奪再勝。但是計議至此又見兩軍實力相當，硬戰仍是只能交個平手，難以盡剿黃帝軍兵，奪回炎帝一統凡界之位。為此到了這時，蚩尤連同其隨同眾惡也都主意難定起來。

　　黃帝引軍撤後數里駐紮下來之後，也沒有就去歇息，而是向玄女兩個立即詢問起了下步奪勝蚩尤軍兵之法。他對玄女兩個道：「小星前番數敗無奈，今日得以轉敗為勝，與蚩尤軍兵轉入相持之局，全賴二位神女救助之功！」

　　「前時事生驟急，我們一著不慎已失一子，」素女聞聽慨歎道，「此乃我倆之誤也！」

「勝敗乃戰之常事，誰個能夠沒有失誤之時！吃飯還有噎住的時候哩！」黃帝聽聞急忙勸慰道，「因而舊事少提，神女還是快說下步妙棋吧！因為據小星預料，如此二軍相持必然不會持久，蚩尤小兒定然正在預謀新計，以破我軍。事情至此，不知二位神女下步有何妙招？」

「我所言說前時事生驟變，正是說蚩尤行惡迅疾也！」素女這時解釋道。隨著她話鋒一轉對玄女道，「姐姐，看來我們只有使用娘娘教給的最後一招了！」

「是的，再按常規攻殺也只能奪得小勝。」玄女隨之認真道，「若要剿滅蚩尤軍兵，平息凡界之亂，也只有使用那最末一招了。」

「娘娘賜何妙招？」黃帝聽了不知其裡，但心知玄女兩個所說最末一招，定可剿滅蚩尤軍兵，因而心中嚮往十分急問道，「二位神女快快講來！」

「若使此招，」玄女於是講說道，「我們需要立刻東去流波之山。」

「東去流波之山？流波之山不僅在東海之中距此遙遠，而且坐落在距離東海岸邊，尚有七千里水路的大海之中。」黃帝猛然聽到這裏，真個是頓然間一驚非同小可道，「我等前去需要眾多時日，在這眾多時日中怎保我軍兵不被蚩尤所滅？遠水怎解近渴呀！」

黃帝雖然在凡界沒有去過流波之山，但卻聽人們講說過流波之山的位置。因而他聽了玄女之言認為不可如此，便即開口進行了否定。若按常規講說，黃帝的否定當然有理。因為蚩尤軍兵近在眼前，隨時都有可能與黃帝之軍交鬥。而去東方流波之山遠距萬里，從其腳下到東海岸，再從東海岸渡海七千里去到山上，一個來回需要幾多時日啊！

為此黃帝與二位神女若都前去，誰能擔保在此漫長的奔走期間，

黃帝之軍不被蚩尤軍兵剿滅！然而玄秘的玄女聽了黃帝此言，卻淡淡一言點撥道：「星君怎麼忘了，既然娘娘賜你此法，就有辦法讓你得到成功呢！」

正在驚詫的黃帝聽了玄女此言，方纔頓然從驚詫中驟然醒來。想到自己只顧焦急，竟然忘掉了玄女兩個皆為上神。自己去以凡人之心度量起了上神，當然就會碰到無法解決的難題。而用上神的眼光看待問題，娘娘既然需要自己為求法術前去東方流波之山，她就會保護自己軍兵在此期間不受傷害。

「既然如此，我就跟隨二位神女立刻前去。但不知流波山上有何法術，」心明至此，黃帝心中頓然沉重與驚詫煙消雲散，開口詢問道，「值得我等奔波萬里，歷經水陸跋涉之苦前去求取？」

「俗諺云，不吃苦中苦，難得甜上甜嘛！星君既要奪取剿滅蚩尤軍兵之大勝，」素女這時聽了「咯咯」一笑道，「求得凡界平安，不歷苦中苦，這大勝和平安怎會輕易到來呢！」

「素女說得對。大概正是為此，我倆方纔需要陪你歷經萬里跋涉之苦，前去流波之山求取奪勝法術！」玄女也即接言道，隨著她又話鋒一轉道，「至於娘娘所賜法術，則是說在東海之中流波大山之上，生長有一種兇猛至極的野獸。這獸形狀如牛，蒼身而無角，只有一隻腳。」

「這種野獸的名字，」黃帝過去曾經聽人說過這種野獸，這時聽到玄女講說至此，心中頓然一明插言道，「叫夔牛，是嗎？」

「是的。它們有時群居山上，有時住在海中。它出水入水的時候，必定風雨大至。」玄女這時繼續道，「它的兩隻眼睛光芒極足，在黑夜中亮如明月，可使暗中諸物現形。它叫起來，響若雷霆，聞達百里。」

「那麼娘娘是說，我們把它們擒了回來，」黃帝這時又言道，「助我殺滅蚩尤軍兵嗎？」

「不，不是把它們擒了回來，」玄女即對黃帝之言否定道，「直接助你殺滅蚩尤軍兵！」

黃帝聽到自己所想被玄女否定，忙又陷入不解開口詢問道：「那你講說夔牛有何用處？」

「娘娘對我倆講說，讓我倆伴你前去流波山上擒殺夔牛，用其皮繃制軍鼓。」素女這時回答道，「如此夔牛皮制軍鼓極響，一面鼓可以聲聞六里，八十面鼓可以聲聞五百里。」

「連續敲擊起來，可以聲聞三千八百里。令惡鬼邪魔聞之膽喪，」玄女隨之接言道，「令惡人邪獸聞之如泥。因而制得此鼓，正可用來震懾剿滅蚩尤軍兵也！」

「快，這樣我們就快去流波之山！」黃帝聽了素女兩個此言，心中迷團頓被解去，高興得立刻忘掉了面前的一切，開口急叫起來道。然而他此言剛剛出口，卻又心機一轉犯起愁來道，「可那夔牛皮鼓雖可用來制勝蚩尤軍兵，但豈耐小星聽聞夔牛身為異獸，生性兇猛，身軀碩大如丘。我們三個，焉有能夠擒殺並剝得其皮之能？」

「夔牛雖然兇猛，但也只不過是一種異獸而已。」玄女這時則對黃帝之言，淡若未聞道，「我們總是會有辦法可想的！」

「那好，」黃帝聽到這裏，頓又高興得忘記了身邊的眾軍高叫道，「我們這就前去！」

「這就前去可以，」素女聞聽反問道，「但你願意把身邊眾軍交給蚩尤軍兵嗎？」

「是的，軍兵怎麼辦？」黃帝聞聽，這才又從極度的高興中清醒過來道，「不能就駐在這兒呀？」

「是的，我們要先把軍隊撤離這兒，」玄女立即接言道，「然後方可東去流波之山。」

「那麼，」黃帝聞聽呱問道，「撤往哪裏好呢？」

「我們南邊數十里之處便是黃河，你快暗派一支軍兵前去砍伐竹木，紮排渡筏。」玄女隨之接言道，「挨到渡筏紮排完成，我們立刻引軍渡到黃河南岸，將軍伍領往宛丘駐紮。」

「那樣雖好，」黃帝聞聽仍不放心道，「但若是蚩尤軍兵追了過去呢？」

「這個星君放心，」素女這時肯定道，「我們會有安排的。」

黃帝聽到這裏方纔放下心來，即令風后引軍，去到黃河邊上紮製好了需要的渡筏。當夜，黃帝便與玄女兩個領軍悄然渡到黃河南岸，然後一路徑向宛丘奔去。

獰猛的蚩尤次日天亮不見了黃帝眾軍，方纔知道其軍不戰乘夜渡過黃河而去。蚩尤眾兄弟與老夸父見之好惱，都要即渡黃河去戰黃帝之軍。蚩尤這時數經戰陣居敗者多，敗戰的經歷已使他改變了昔日獰猛好戰不善思索的習性，遇事不得不多作思慮起來。

思慮之中，他想到自己先前率軍數渡黃河而不成的經歷，想到此前黃帝之軍數陷厄境全都逢凶化吉的場景，總是覺得黃帝之軍在冥冥中似有上神相助，自己軍兵雖然優勢於其軍，卻次次轉勝為敗。想到這裏昔日獰猛尚武的蚩尤真個是銳氣盡失，急忙攔阻眾臣渡河之想，而讓眾臣又像先前一樣，來到黃河邊上依次虔誠隆重祭祀起了眾神怪。

蚩尤此舉，當然不是不想立即渡過黃河攻殺黃帝之軍，而是害怕自己軍兵再像昔日一樣，不經祭祀渡河再遇險厄。而又讓其軍先祭神怪，然後再渡黃河。這樣時間雖然慢些，但他知道若要渡過河去，則非如此而不可。

蚩尤軍兵在黃河北岸如此祭祀剛過數日，黃帝已領眾軍來到宛丘駐紮下來。玄女兩個於是即讓黃帝把眾軍交給后土與風后引領，而讓力牧挑選百名精壯兵卒，隨他三個前去流波之山。臨行，黃帝仍覺放心不下，擔心蚩尤軍兵追殺過來，重又安排后土與風后道：「你倆要好生照看軍伍，不要為蚩尤軍兵所害！」

「星君不必再作安排，儘管放心前去！」玄女兩個聽了道。說著，她三個即領力牧百名軍兵，徑向東方流波之山奔去。

流波之山距離宛丘遙隔萬里，黃帝眾兵向東行啊行呀，轉眼行走十數日過去，也不知跨過了多少條河，走出了多少里路，方纔在疲憊至極中來到了東海邊上。黃帝眾人站在大陸邊沿海岸之上向東遙望，見到大海闊大如天，碧水湛藍，遠接高天。不見邊沿所在，可謂無邊無沿。

力牧眾兵皆為陸上悍將，從未見過如此浩瀚大海。這時眼見大海此景，齊聲贊叫不已！但在贊叫之餘，這些陸上悍將卻又全都驚怕起了如此大海，因為他們遠望如此大海平穩如鏡，細瞧卻見眼前海邊的海水已是無風浪三尺，便即猜知大海深處定然巨浪滔天！

然而心急制得軍鼓剿殺蚩尤軍兵的黃帝，不待力牧眾兵驚怕之情消去，已經傳下命令道：「快伐竹木，紮製渡筏！」

力牧眾兵聞令強抑驚怕，立刻依令砍竹伐木，迅疾紮製成了一隻巨大的渡筏。黃帝與玄女三個見之心喜，即令依舊心懼大海不已的力牧眾兵，與他們一起登上渡筏，開筏向東方大海深處渡去。

渡筏離岸似箭，一陣行進便來到了大海深處。這時眾兵四望，只見與天一色的海水，不見了拋在身後的翠綠海岸。大海深處果然風大浪巨，變得如同一片樹葉般渺小的巨大渡筏，在這海風巨浪中仿佛失去了重量，隨著風浪的起伏劇烈顛顫著。真個是一忽兒被拋上高高的

山包似的浪尖，一忽兒又被重重地摔進了深深的幽澗般的浪谷。

筏上力牧眾兵站立不穩，唯恐渡筏被風浪掀翻水中自己落身海底，心中驚怕到了極點。驚怕中他們不知道那是什麼，那是巨大的鯨魚在亮著黑褐色的脊翅，跟在渡筏周圍在為渡筏護航。他們也不知道那是什麼，那是陸上眼見不到的溫順海鷗，成群地飛翔在渡筏上空引領渡筏向前。

看到這些新奇的鯨魚和海鷗與他們為伴，加之隨著航程的延長，力牧眾兵慢慢習慣了大海的顛簸，心中的驚怕漸漸消散了開去，而代之以對大海的新奇和敬羨！他們敬羨大海的博大，博大得如同無垠的高天。他們敬羨大海的包容，包容了陸上的江河萬川。他們敬羨大海的熱烈，熱烈得奔湧不息瞬息萬變！呀，大海是那樣的博大、寬容、雄渾、邃遠、熱烈……

大概是因為玄女兩個使用了法術，方使得原先驚怕大海的力牧眾兵，忽然間如此沉浸在了對大海的新奇和敬羨之中。同時也使得巨筏在力牧眾兵的不知不覺之中，快疾似箭，行走如飛，劈波斬浪，行走剛剛一個晝夜過去，已於第二日拂曉時分走完了七千里水路，來到了坐落在大海深處的流波山前。

晨曦之中，黃帝與眾兵舉目看到，恍若巨舟般的黑褐色高大流波之山，表面上鑲嵌著一層金色的光亮，剪影般凸現在他們眼前，漂泊在黑褐色流動的海浪之上。實堪稱流波之山，真個是名不虛傳！

須臾東方放亮，隨著一輪紅日從東方大海之中冉冉昇起，剪影般黑褐色的山體便由褐變亮。隨著在大海之中萬頃碧波之上，呈現出了其層巒疊嶂奇峰突兀，峻偉挺拔的山形。在巨石嶙峋的層巒疊嶂之上，松柏競翠劍竹鬥偉，萬花競繁千草比綠。真可謂勢險山峻，奇異萬端，不似凡地。

黃帝與眾兵看到這裏，不禁連連口中贊奇叫絕。但是時間沒有容許他們再細作看視，其所乘巨筏已是來到了流波山腳之下。玄女兩個和黃帝先下筏上岸看視一番，然後召下筏上眾兵，讓他們在他們選好的一處有利地形上挖一陷坑，並在陷坑中鋪設了一張巨網。只待夔牛陷入坑中，埋伏之兵便拉網捕之。

　　設好了陷坑，玄女三個又命眾兵從陷坑朝山上方向，成扇面形分兩邊設伏。等待夔牛下山之時，便從兩邊出而趕之，以把它們趕入陷坑之中。與此同時，玄女兩個還圖畫數道神符，貼在伏擊圈中的樹上，以使兇猛的夔牛喪失馳奔抵禦之力。待到如此一切安排停當，天已到了早晌。玄女三個便命力牧引領眾兵好生等待，他們則下山登筏，閒談靜候起了佳音。

　　時間在他們的耐心等待中一刻刻過去，轉眼已是等到了天黑薄暮時分。力牧眾兵等待一天不見夔牛蹤影，看看天色已暮心中全都泄去了氣兒，以為夔牛不會到來了。不料就在這時，突從山上傳來一陣雷鳴般的巨大聲響，震得泄了氣兒的力牧眾兵全都心中倏然一驚。

　　驚怕的力牧眾兵於是齊舉目向山上響聲傳來處看去，只見一雌一雄兩隻巨大的夔牛，疾急地奔下山來，轉眼已經奔到了他們的伏擊圈中。力牧眾兵眼見此景，真個是又驚又喜！

　　他們驚的是，夔牛果如玄女所說，不僅巨大而且兇猛，個個心驚害怕被其所傷。喜的是他們不遠萬里來到這裏，又等待過去了一日，終於等來了此獸。驚喜之中力牧眼見那獸進入了伏擊圈中，便一聲令下，責令埋伏在距離陷坑最遠處的軍兵，收合扇面趕撞夔牛。

　　聞令軍兵立即行動，由於夔牛有玄女兩個所畫神符管束，因而他們一陣趕撞，便把它們順利趕向了陷坑之處。設伏眾兵見之相繼收攏扇面，不一會兒便把兩頭巨大的夔牛「撲通通」趕入了陷坑之中。

兇猛的夔牛驟然落入陷坑之中，心中大驚，口中頓又發出了一陣雷鳴般的嘯叫，並且拼盡渾身之力欲圖躍出坑來。但是力牧眾兵眼見陷坑擒牛之計實現豈肯怠慢，就在夔牛落入坑中之時，他們便奮力收攏起了巨網。在它們發出嘯叫之時，已經把它們緊緊地網入了網中。接著遠處眾兵趕到大家合力拽拉，費盡九牛二虎之力經過一陣拼拉，終於把兩頭巨大的夔牛拉出了陷坑。

然而夔牛被網住之後並不甘心，被拉出陷坑來在網中依舊拼力蹬撞，以圖撞破巨網突出身來。力牧眾兵見之唯恐巨網被夔牛撞破，弄個不僅捕殺夔牛不得，還要反受其害，因而全都不敢怠慢，撿起身邊的棍棒盡皆拼盡全力，雨點般打向了網中的夔牛。

夔牛雖大雖猛，但也終究經受不住如此十數人拼力擊打。力牧眾兵剛剛擊打一陣，便已把網中夔牛打得先是哀叫，隨著便絕盡了氣息。力牧見之心喜，即令眾兵停止擊打，一起拖起夔牛向海邊筏前而來。須臾拖到海邊，正在閒談靜待的玄女三個見之大喜。玄女即命力牧眾兵剝下夔牛之皮擡上筏來，而把夔牛之肉分割開來，大家燒熟食之。

眾兵聞聽心喜，一陣便剝下了夔牛之皮，生火烤熟了夔牛之肉，盡情吃食起來。夔牛身為異獸，因而其肉鮮美異常，力牧眾兵食之頓覺身力陡增。須臾食畢，大家腹飽力增，齊謝玄女二位神女。玄女兩個也不怠慢，即命眾兵上筏返回。待到眾兵上筏完畢，玄女兩個再施法術，使得巨筏剛到次日天亮，便已走完七千里水路，回到了東海岸邊。

黃帝見之驚喜無限，特別是他一直擔心自己離開軍伍時日過長，蚩尤軍兵攻滅了自己之軍。這時眼見七千里水路一個來回方纔用去兩日，禁不住開口連謝玄女兩個不已！

「不必相謝，快快領兵上岸，回歸宛丘要緊！」玄女兩個見之不耐煩道。黃帝這時也不怠慢，即命眾兵將獸皮按照尺寸分割開來，以便扛抬行進。待眾兵分割完畢，黃帝便令眾兵抬起獸皮棄筏上岸，一路向宛丘返去。

黃帝眾兵如此又是在途十餘日，這日回到了宛丘駐地。后土與風后身負黃帝領軍之命，因而連日來一直擔心蚩尤軍兵來攻，全對黃帝眾兵歸來盼得焦急萬分。這時眼見黃帝眾兵歸來，便齊出營迎了過來。

黃帝見之先問軍伍情形，當聽到后土言說一直未見蚩尤軍兵來攻之時，其懸在嗓子眼中的一顆心兒方纔放了下來。並再謝玄女兩個道：「全賴二位神女之功，小星再謝二位相助大恩！」

「你是造福於凡界凡人，我們也是造福於凡界凡人，」素女聞聽又不耐煩道，「如此目標相一，豈有言謝講恩之理！快，快去著人趕制軍鼓要緊！」

「素女說得對，星君快快令兵製作軍鼓。我們去去就來！」玄女這時接言道。說著，即與素女不待黃帝詢問，已是一道躍身踏起雲頭，徑向西南方向而去。

黃帝未來得及詢問已見二神女飛身離去，只有不解地望著她二女消失在了西南遠處。隨後他雖然不知玄女兩個是否還會歸來，他卻立刻按照二女之囑回到營中，著令風后再集匠人製作起了軍鼓。

夔牛皮由於已被剝下十餘日，在黃帝眾兵返回途中全被曬乾。因而風后集起匠人半個時辰過去，便用其制好了一面軍鼓。黃帝見之大喜，即令力牧敲驗試之。結果力牧連連敲試再三，夔牛皮鼓都並非如同玄女兩個所說那樣響亮，只不過僅比尋常牛皮軍鼓響亮一點而已。

黃帝見之頓然大疑，卻又不敢懷疑玄女兩個會欺騙自己。然而黃

帝雖然不敢如此懷疑，可這夔牛皮鼓響度不夠，玄女兩個又不知去了何處，也不知道是否還會返來，他心中又不能不疑。

「星君不要性急，軍鼓響度不夠，是因為器具尚未配齊！」就在黃帝如此心疑不解之時，驟聞半空中又傳來了「咯咯」笑聲朗朗笑語道。黃帝驟聞此聲知道是玄女兩個返了回來，忙舉目循聲看視，見玄女兩個落身在了自己面前，各背回來一包東西。

「這是什麼？」黃帝見之又喜又異，詢問道，「二位神女去了何處？」

「這是你們的人祖伏羲爺打殺的雷神骨骸，」玄女立刻抖開放在地上的包袱道，「我與素女特地去到長江之中灩澦灘上，將這骨骸取來至此！」

「取這枯骨朽骸有何用處？」黃帝見之大為不解道，「如此骨骸隨處都是。」

「大有用處！雷神骨骸不同於其他骨骸。雷神在時，鼓腹怒吼，」素女這時接言道，「其聲如雷。因而以其骨骸敲擊夔牛皮鼓，方能顯出它們的靈異。」

就在這時，早有力牧揀起包袱中一根雷神之骨，「噢」地擊向了夔牛皮鼓。這一擊真個是非同尋常，但聞骨擊鼓響，聲大如雷，震耳欲聾！黃帝聞聽方縴心疑頓解，即令風后引領眾匠人趕快繼續製作夔牛皮鼓。

「星君，娘娘所賜最後一法，我倆已經授畢！因而我二女使命已了，告辭了！」玄女兩個待到黃帝傳罷此令，立刻雙雙開言道。說著，就要起身離去。

黃帝當然不願玄女兩個離去，急忙對之挽留再三，但她二女硬是不允。黃帝無奈只有盛言相邀二女再來，待到二女答應之後，黃帝方

纔送她二女起身離去。

　　黃帝心中對玄女兩個依戀不捨，因而一直遙送到她二女身影消失之後，方纔收回眼目。但卻心中陡如失去了主心骨一般，充滿了愁悵。然而玄女兩個已去他也無奈，無奈之中他只有打消對玄女兩個的依靠念頭，而立刻思謀起了下步戰勝蚩尤軍兵之策。

　　黃帝這時所以急思對付蚩尤軍兵之策，是因為他想到玄女兩個既已離去，那時近兩月受阻未至的蚩尤軍兵，定會阻礙頓解很快殺來。如果自己不即早做好準備，就只能陷入被動挨打之境。因而他要早做準備，爭取主動，以期一舉剿滅蚩尤軍兵。

　　然而黃帝思謀一陣別無他謀，剿滅蚩尤軍兵唯一之法，還是只有使用玄女兩個所授之法，即快快做好夔牛皮鼓，以震懾蚩尤軍兵圍而殺之。思謀至此，黃帝隨之又令風后加緊督造夔牛皮鼓，以待眾鼓製成即去剿殺蚩尤軍兵。風后聞令督造更緊，加之加倍集聚起了匠人，因而造至天黑，已將兩頭夔牛皮蒙完，恰好製造出了八十面夔牛皮軍鼓。

　　黃帝見之心中大喜，因為他知道八十面軍鼓齊敲就可聲聞五百里，如此一來定可震懾剿殺蚩尤軍兵而無疑！於是他令眾兵當夜好生休息，以俟天明立刻出發北上剿殺蚩尤之軍。

　　黃帝傳令之後當夜無事轉瞬即過，天亮飯畢黃帝即領眾軍，一路向北尋殺蚩尤軍兵而來。此後黃帝引軍在途行進數日，卻一直不見蚩尤軍兵待處，這日不覺已是來到了黃河南岸。結果黃帝引軍登上河岸真個是來得恰巧，舉目一看正見蚩尤軍兵一半由蚩尤引領，站在河北岸上正等待渡河，另一半則乘筏渡到了黃河河心。

　　蚩尤引領軍兵兩月來當然是又被玄女兩個施法所迷，所以一直都在祭祀諸種神怪，不敢前進一步。這時玄女兩個去了收起了其法，方

纔使得蚩尤軍兵祭祀完畢，紮筏渡河南擊黃帝之軍而來。但這時正站在河北岸上的蚩尤，兩個月來不見黃帝軍兵蹤影，卻做夢也想像不到黃帝之軍會恰在其軍半渡之時來到對岸！

他知道黃帝之軍如此堵住岸邊，自己渡河之軍就遇到了半渡而擊之險。屆時黃帝軍兵若是佔據河邊奮力擊殺，自己渡河之軍就只有潰敗一途了。因而蚩尤這時不敢怠慢，即與岸上眾兵一道高聲吶喊，以鼓動渡河眾兵拼力渡過河去。搶佔河岸陣地，與黃帝之軍背水交戰，以勝黃帝之軍。

然而黃帝眼見此景也不怠慢，因為他知道這正是自己之軍擊殺蚩尤軍兵的絕佳時機。於是他即命風后在河岸上一拉溜排開八十面夔牛皮鼓，一陣「咚咚咚」敲響起來。黃帝這八十面夔牛皮鼓一響實在緊要，但見隨著這雷鳴般的八十面軍鼓驟然響起，黃河之水頓然被震得波翻濤湧，一陣便把渡到河心的蚩尤軍兵所乘之筏全都掀得你翻我沉。並將筏上被震得喪膽若爛泥般的軍兵，全都送入河底喪去了性命。

站在黃河北岸的蚩尤其餘軍兵，也被震得心膽俱喪。但由於他們身在岸上黃帝之軍攻殺不得，方纔一時雖被震懾卻也沒有受到傷害。然而軍兵受到如此驚嚇蚩尤當然不敢怠慢，但見他也顧及不得落水軍兵，而急引岸上軍兵拼死向北奔逃而去。

「快紮渡筏，渡河追殺蚩尤軍兵！」黃帝眼見自己使用夔牛皮鼓，一戰而勝蚩尤軍兵，滅掉了蚩尤軍兵一半，真個是心中大喜過望，隨之急命眾兵道。眾兵聞令，一陣砍竹伐木，一個時辰過去便已紮制好了渡筏。黃帝見之立即率領眾兵渡過黃河，循跡向北追殺蚩尤軍兵而去。

黃帝眾兵渡河這一耽擱，蚩尤軍兵趁機也就拼死逃開了一段距

離。因而黃帝雖然命令八十面夔牛皮鼓沒有停敲，但由於蚩尤引兵越逃距離黃河越遠，鼓聲越遠越加減弱，其威懾力也就越遠越小。方使得蚩尤軍兵越逃身力越加復壯，越逃越加迅疾起來。

黃帝眾兵渡河之後，雖然殺死一些被鼓聲震得逃跑不動的蚩尤喪膽軍兵，但卻一連數日久久沒能追上蚩尤敗軍。黃帝眾軍追趕不上蚩尤敗軍也不停歇，但見黃帝命令八十面軍鼓一刻也不停息地敲響著，眾兵便日夜不停地向前追擊著。

就這樣追呀追呀，數日過去這日追到涿鹿附近，方見蚩尤敗兵終因鼓聲連日震懾，加之連日奔逃不息，因而越逃越加疲累逃奔不動，致使與隨後緊追的黃帝之軍距離越拉越小。如此距離的縮小更加增大了鼓聲的震懾之力，加大的鼓聲震懾之力，則進一步減弱了蚩尤敗兵的奔逃之能。從而使得追趕上來的黃帝軍兵使用八十面夔牛皮鼓聲，將他們全都震得鬼神喪膽人獸如泥，呆在那裏逃跑不得了。

黃帝見之大喜，即令后土與力牧各領一軍，與自己分頭從兩面向蚩尤敗軍包剿過去，以待合圍之後盡殺蚩尤敗軍。蚩尤敗軍這時皆被鼓聲震得逃亦無力戰又不能，就連善戰的蚩尤自己也已被震得喪失了戰鬥之能。因而黃帝三軍須臾便對他們完成了合圍，並隨著對他們開始了迅疾縮小包圍圈的剿殺。

然而就在這時，黃帝眾兵卻突然看到，蚩尤軍兵之中先前被鼓聲震懾，失盡戰鬥力的夸父軍兵，這時卻奇異地突然全都恢復了先前的戰鬥能力。但只是他們沒有殺向黃帝圍來軍兵，也沒有去營救被鼓聲震懾的蚩尤軍兵。而是在老夸父的引領下，出手齊向失去戰鬥力的蚩尤軍兵和蚩尤兄弟殺了過去。他們一陣便把蚩尤軍兵殺滅淨盡，隨之便圍住蚩尤兄弟惡鬥起來。

蟄尤兄弟抵擋不住心中大驚，無奈只有拼盡全力使出身懷的飛空

異能，欲圖躍身飛出如此絕地以保活命。然而就在他們拼盡全力剛剛
騰身飛起之時，卻見渾身銀白的應龍倏然騰飛上了半空，張開龍爪一
陣抓拿，已把因被軍鼓震懾喪去大半身力飛起的蚩尤兄弟，全部摔拋
在了地上。剛剛覺醒離惡，方纔不為黃帝軍鼓震懾的夸父軍兵眼見此
景，即忙上前把他們一個個捆綁結實，押到了黃帝面前。

「我夸父族人生性憨愚，不料被蚩尤惡孽所迷，故而犯下如此不
赦大罪。乞大帝恕罪！」黃帝見之心中正奇夸父族人為何生出此變，
正欲開口詢問，老夸父已經跪倒在地道，「現在我族人已將惡首蚩尤
兄弟擒住，交於大帝將功抵罪，乞大帝寬容！」

「孽種，不殺你等，怎解我心頭之恨！」黃帝聞聽心喜，正欲開
口勸慰夸父族人，后土卻早已急得抑制不住心中的氣惱，搶先開口怒
罵起來道。罵著，仗劍就要殺向老夸父。

「罪不在你等。你等受騙從惡本就無罪，更何況又勇擒邪惡，巍
立戰功！」黃帝急忙攔住后土，對夸父族人道，「因而大帝對你等無
罪可恕，諸位快快請起！」

「大帝盛恩，夸父族人永志不忘！」黃帝如此一番話語，頓然說
得老夸父與其族人感動萬分，心悔萬分，齊謝黃帝道。隨後，齊起身
站在了黃帝身後軍伍之中，成了黃帝軍兵之一員。

黃帝如此安慰罷夸父族人，則對被擒蚩尤兄弟這些作亂禍首嚴懲
不貸，即令眾兵把他們就地處死。為了防止這些獰猛好戰之徒在被殺
時逃跑，黃帝還特命眾兵給他們戴上了枷栲。戴好枷栲後黃帝方命開
斬，頓然間被擒數十名蚩尤兄弟，便隨著黃帝的令聲，「嚓嚓嚓」全
都身首異處在了地上。道德的黃帝就這樣經過艱苦鏖戰，終於為凡界
徹底平息了蚩尤之亂。

黃帝斬殺蚩尤兄弟，是把他們分解為二身首異處。所以人們把黃

帝斬殺蚩尤兄弟的地方，叫作「解地」，今日山西省解縣之名就來源於此。解地附近有一個鹽池，也被叫作「解池」。解池寬廣一百二十里，池裡鹽水呈紅色。人們都說，是蚩尤兄弟被殺時流淌的血。

與此同時，黃帝眾兵斬殺蚩尤兄弟之後，方纔為之摘下血染的枷銬，將它們拋擲在了大荒之中。據說那帶血的枷銬落地頓然化成了一片楓林，那火紅的楓葉便是蚩尤兄弟的鮮血。

二五、嫘祖養蠶

　　黃帝殺盡蚩尤兄弟，剷除了僭越炎帝之號禍亂凡人的禍根，實現了其平息凡界之亂安定凡界的目的。心喜其道德之道從此便可頒行天下，使得凡界永遠安寧凡人世代幸福下去，因而高興得與眾軍兵一齊高呼歡慶起了勝利。一時間，但聞這剛才還是酣烈的鬥場之上，頓然響起了歡聲雷動的慶勝之聲。黃帝與眾軍兵叫哇跳呀，竟然晝夜歡騰不息。

　　如此轉眼歡騰一日一宵過去，此間黃帝心想自己奪勝蚩尤軍兵歷經艱辛坎坷，數敗數勝實在不易。因而對於如此大戰大勝，應該舉行隆重的慶典進行歡慶。想到這裏，次日一早黃帝便引領歡騰的眾軍離開戰地，西向橋山舊地舉行慶典行來。

　　來到橋山，黃帝即讓后土眾臣領兵準備，以俟明日舉行慶典。后土眾臣領命不敢休歇，立刻各自依命領兵連夜準備而去。黃帝這時心喜至極，因而雖然連續奔波竟然毫無休歇之意。為此他決計為明日慶勝大典助興，連夜製作一部樂曲。但製作一部什麼樣的樂曲，才能真正為慶典增添隆重和喜慶氣氛呢？

　　一路之上，黃帝曾經對此進行過思謀。他想到，這次慶典是為剿滅蚩尤軍兵、平定凡界之亂舉行的，因而應該製作一部慶祝戰爭勝

利，表現自己軍兵英勇善戰，直至剿滅蚩尤軍兵全過程的樂曲。心想至此，黃帝心中亢奮不已。只待去到橋山，便立刻著手進行具體製作。

但是這時，黃帝坐下來真要具體製作這部樂曲了，雖然他心中已經有了主題大意，卻也十分艱難不易起來。因為每個音符怎麼擺，每個樂句如何寫，這都不是可以信手拈來的事情！這是創作，創作就是創新，而不是抄寫！為此，黃帝苦思焦想起來。

他思啊想呀，以努力集聚起心中創作的靈感閃光。他搜啊求呀，以努力捕捉住心中爆出的激情之火。他要如此創制出一部新曲，雖然他已經經過了「十月懷胎」之苦，但這時卻在經歷著創作過程中分娩前的巨大陣痛。

因此但見他思啊想呀，搜啊求呀，四條眉頭全都擰成了疙瘩，四張臉上全都溢滿了焦思。就在如此境地之中，隨著暗夜的延伸，黃帝仿佛在陣痛中漸漸忘卻了自我，拋棄了一切超越了萬有，在創制前的巨大陣痛中，苦苦地進入了創作的絕佳境界。

進入如此絕佳境界之後，創制新曲的黃帝便隨著看到，眼前到處都是音符的閃光，隨處都是樂句的火種。於是他隨其心意所至，任意拈擷那音符的閃光樂曲的火種，盡情地用之編織起了其樂曲的閃光亮環。那境界，真可謂心隨意動，音隨意至。曲隨意來，妙曲天成。不事雕琢，沒有苦痛。只有隨意，只有盡興！

就在如此佳境如此盡興之中，黃帝須臾便創制完成了他理想的樂章，並將其命名為《棡鼓曲》，以示戰爭的勇武和雄壯。隨後，他又為其樂章中表現具體戰鬥場景的十個樂段，分別命名為《雷震驚》《猛虎駭》《靈夔吼》《雕鶚爭》等。命名完畢創作過程完結，黃帝唯恐曲難盡意，即又從頭覆核起了製成的樂章。

剛才由於黃帝進入了創作佳境，所以他覺得時間至此僅過須臾。

但實則這時已經進入了深冥之中。夜深了，凡界更顯出了它特有的寧謐，黑夜更顯出了它特有的寂靜。在這寧謐和寂靜之中，黃帝心中更加淨如夜空，舒如行雲，萬念盡逝。有的只是他《椆鼓曲》中一個個激跳的音符，一聲聲亢奮的樂句。

黃帝就在這樣的境界中覆核樂曲，覆核一遍興奮不已，覆核兩遍激奮萬分。真個是每見一個音符便如看見勇武一兵，每聞一聲樂音便如聞聽一聲喊殺。激動得陷入創作佳境貌靜心奮的黃帝，在這寂靜的暗夜中漸漸失去了貌靜之態。末了竟然禁不住隨著口念跳躍的音符，身隨音符跳躍不止起來。

一時間，但見他真個是忽兒間奔騰跳躍，忽兒間奮力拼殺，忽兒間左擊右擋，隨著音符的躍動演示出了一幕幕鬥場壯景。令見者魂動心驚，如臨戰陣。既見鬥場之壯，又見殺場之惡！

黃帝就這樣反復核定，也不知道覆核過去多少時間，末了終因累得大汗淋漓方纔停下了核定。然後他細品樂曲達意，認定可為慶典大增光彩，方纔從創作佳境中最終脫出心來，欲傳兵卒演練其樂。然而就在黃帝如此傳卒演樂欲傳未傳之時，卻驀然聽到面前他精心養育的那盆曇花，傳出了奇異的絲絲響動之聲。

這盆曇花，是黃帝在聞知曇花為曇花姑娘所化之後，因為思念曇花而精心養育的。但是玄女兩個對他言說曇花一年一放，不知為何他養育的這盆曇花已過數載，卻一直不見開放。為此他曾經怪罪自己貪睡，誤去了夜半睹見曇花開放之機。因為玄女兩個言說，曇花只在夜半開放一個時辰即會謝去。

怪罪之餘他常常夜半不敢睡熟，以期能夠睹見曇花開放之姿，得見曇花姑娘之面，慰藉雙方心跡！然而儘管幾年來他如此作為，卻仍是未睹曇花開放之容，而且也未見曇花開敗之跡。因而他又責怪是因

為自己罹罪於了曇花姑娘，方使得曇花如此氣惱自己，不使其養的曇花開放。以免其向自己綻開笑靨，不讓自己見到曇花的笑容，因為她心中對自己只有無盡的愁苦和氣恨啊！

但他責怪之餘，只有更加虔心地向曇花姑娘苦苦祈罪，並加倍精心養育曇花。以贖自己對曇花的罪愆，以祈得曇花開放，使自己得以一睹曇花之面。但是不論如何，他精心養育的這盆曇花，卻仍是一直不見開放。

黃帝正在如此焦急等待曇花開放又不見開放，欲睹曇花之面而睹見不得，心中祈盼曇花開放盼得心急欲碎，祈盼一睹曇花之容盼得望眼欲穿。特別是在此新勝蚩尤、廓平凡界之亂慶勝心喜之際，黃帝心中更是祈盼曇花開放，助自己之興與自己共用勝利之樂之時，如此驟然聽到曇花盆中傳出了絲絲聲響，這絲絲聲響便立刻牽去了其所有心力。使他立刻屏息斂氣，側耳靜聽起了那聲響。

因為他唯恐自己稍有響動，使自己聽不到那令他心喜異常，珍貴的絲絲響動之聲。隨著他聽到，那聲細響如同春蠶吐絲，輕若彩蝶戲花。只是恰在這寧謐寂靜的暗夜之中，方纔能夠如此輕輕地敲響自己的耳鼓。

黃帝聽到這裏想到這絲絲的聲響，定是曇花開放傳出之聲。隨著他便立刻急不可待地舉目，向曇花盆中看了過去。黃帝眼一看到盆中的曇花，便立刻喜怔在了那裏。因為那盆中的曇花，果然在此喜慶之時，如同黃帝所想出現了欲放之奇！

黃帝看到，隨著那遊絲般的細弱之音，青翠的曇花花株心中，先是冉冉地生長出了一支翠綠欲滴的嬌嬌花蕾。接著花蕾漸大漸實，然後便悄悄綻開了笑靨，豔美絕倫地展現在自己眼前。喜怔的黃帝瞪目細看，那花真個是碩大團簇，嬌豔無比，令牡丹失色，令芍藥自愧！

　　喜忪的黃帝眼見至此，心中真個是頓覺如見曇花姑娘之面，因為這嬌豔的曇花果如曇花姑娘一樣嬌美！感覺至此，黃帝真個是心中更喜難耐。喜狂之中，黃帝一時間實在猜想不透，曇花這時開放，究竟是因為遵守時令所致，還是因為自己的信念所使，或者是專為給自己慶勝助興，與自己共用慶勝之樂所為。

　　「曇花姑娘，你好嬌美喲！我想你，我好念你啊！」猜想不透，狂喜中的黃帝眼見曇花嬌豔若此，便也無心猜想，而急不可耐地要與這曇花姑娘的化身嬌美的曇花，在此深夜寂謐之時一訴心中的思情念意！但見他唯恐聲大驚嚇住了嬌美的曇花，而抑住狂喜之情對曇花輕聲道。然而那嬌豔的曇花只是如同在笑，卻沒有一言一語。

　　「我知道你的一切，你為我受苦罹罪至此，我向你祈罪！」曇花不言黃帝心中更急，耐不住性子講說道。黃帝知道曇花能夠言說，因為在鬥場之上，曇花數次出現之時，總是伴著曇花姑娘的聲音。

　　因而黃帝這時心想，或者是因為曇花姑娘仍在生自己的氣，而故意不對自己言說。所以他如此向曇花承認罪過，以乞曇花寬恕於他，與他言語。但是不知為何，這時不論黃帝面對盛開的曇花，怎樣千般講說萬般祈罪，嬌豔的曇花依舊如同先前，笑靨盡開，不見絲毫變異。

　　黃帝心中奇了，因為他想到曇花姑娘化變的曇花，不論是何種原因恰在此時開放，都說明她對自己仍是心有靈犀。心有靈犀她就完全可以開口說話，而開始她不對自己說話，她或者心中有苦有恨。但是後來自己罪也認了情也求了，她仍不開口對自己言說，就可能別有緣由了！

　　為此他想到或者就是曇花姑娘化變成曇花之後，王母娘娘不讓她再聽懂人言，而僅讓她講說人言了。為此使得她感受不到自己之情，便不開口說話了。於是他心中禁不住因此記恨起了王母娘娘，靈機一

371

動決計採用彈瑟之法，向曇花姑娘用音樂傾訴自己的心情。他想這樣一來，不言的曇花姑娘定然會感受到自己之情，開口說出話來的。

心想至此，心急的黃帝便立刻拿起一張琴瑟，彈奏起了樂曲。然而黃帝如此一彈，那琴瑟卻發出了悲哀的樂音，奏出了如泣如訴的哀怨樂曲，恰與黃帝這時的狂喜心緒完全相反。狂喜與哀怨的巨大情緒反差，造成了黃帝的勃然大怒。他惱怒這琴瑟不該在如此歡快之時，一起始就破壞掉他與曇花姑娘的歡快情緒！

因為這時是慶勝狂喜之時，雖然過去的事兒使他和曇花姑娘心中充滿了無盡的哀苦，但這時他面前曇花姑娘化變的曇花在笑，自己的心中在喜。他怎能讓這不解人意的琴瑟，如此去用哀苦的樂音，破壞掉他們歡快狂喜的情緒！

惱怒至此，黃帝陡地把手中的琴瑟「颯」地摔在了地上。隨著那琴瑟被摔在地，恰好「哧嚓」一聲從正中間被一摔兩半。原先由五十根琴弦製成的琴瑟，則一邊分佈二十五根。博通音樂的黃帝見到此景心中頓然一明，想到琴瑟先前音調哀怨淒苦，或為瑟弦太多之故！如今一分為二僅餘二十五弦，定會音調變得歡快明暢，可使自己用來向曇花姑娘傾訴心緒。

心明至此，黃帝立刻撿起地上的半個琴瑟撥彈試驗，結果真如其想音調變得頓然歡快明暢，一掃過去的哀怨淒苦之音。黃帝聞之心中大喜，隨著便面對曇花，依著自己心中之情的俯仰，盡情地彈撥起了手中的琴瑟。

黃帝隨後彈啊撥呀，那瑟聲隨著黃帝的心緒狂喜不已，歡快不已！瑟聲中，黃帝看到盛開的嬌豔曇花笑得更加舒展，綻得更加豔麗！黃帝為此越彈越加高興，瑟聲便越彈越加歡暢起來。

黃帝的如此歡快瑟聲，在靜夜中迅疾傳遍了軍營。眾軍兵因為除

盡蚩尤軍兵也正高興不已，焦待著天明隆重慶典的開始，所以他們正心喜得睡不著覺，這時便隨著黃帝的瑟聲歡心不已！風后的心情更被黃帝的歡快瑟聲撩撥得激情澎湃，他知道黃帝未睡，便人黃帝室中求取樂譜，以遣軍兵早作演練使慶典更加隆重。

黃帝看見風后來到，方纔想起剛才忘記把《櫚鼓曲》送給風后派兵演練。於是他即把做好的樂曲送給風后，待風后去後他又繼續彈撥起了手中的琴瑟。黃帝就這樣不停息地彈啊撥呀，因為他聽到玄女兩個說過，曇花姑娘所化的曇花只能開放一個時辰即告凋謝。為此他知道自己如此向曇花姑娘傾訴心中之情的時間有限，唯恐失掉了這珍貴難得的一片時光！

就這樣黃帝不停息地彈啊撥呀，轉眼已是彈撥到了天明。但那盛開的曇花卻奇跡般地不像玄女兩個所說那樣，不僅沒有在一個時辰裡凋謝，而且到此天亮之時仍然笑靨如前。

黃帝見之心中雖感奇詫，但他仍是擔心愈是這樣，曇花距離凋謝的時刻愈是鄰近。因而自己對曇花姑娘傾訴心中之情的時間也就越少，便更加狂烈不止地彈撥起了手中的琴瑟。

黃帝彈啊撥呀，轉眼已經彈撥到了早上慶典開幕之時。然而唯恐曇花倏然謝去的黃帝奇異地看到，曇花依舊笑綻如初，豔麗如前，不見絲毫凋謝的端倪。這時后土眾臣前來催請黃帝前去主持慶典，黃帝聞聽知道自己已經無法再向曇花私訴心曲，便立刻起身捧起面前的曇花，徑向慶典場上走去。

他正盼不得讓曇花與自己一起共用這隆盛的慶典，因為這慶典所以能夠得以舉行，其中也有著曇花姑娘的巨大功績！在他與蚩尤的這場惡戰之中，曇花曾經數次在急難之時救助自己，方使得他眾軍脫去了厄境得以最終奪得勝利。

如若不然，哪裏會有他黃帝的如此大勝，又怎會有今日的如此隆盛慶典！為此黃帝來到慶典會場中央高臺之上，先把手端的曇花端放在自己面前的幾案之上，然後自己才坐在了寶座之上。開始與曇花和眾臣一起，觀賞起了隆盛的慶典儀式。

慶典開始之後，除了閱兵揚武以示勝利之外，接著就是風后令眾兵演奏起了黃帝連夜創制的《椆鼓曲》。一時間，但聞百名軍兵一齊奏響手中的不同樂器，諸種樂器和諧共鳴，融匯成了那支激昂豪壯的《椆鼓曲》。只聽那樂曲勇武豪壯，激越亢奮。首章《雷震驚》剛剛奏響，會場上眾人獸鬼神之軍，便被激得全都一起隨著樂曲動作起來。

真個是隨著樂曲的轟鳴，眾軍兵忽兒間奔騰跳躍，忽兒間奮力拼殺，忽兒間左擊右擋，忽兒間格鬥擒拿，演出了一幕幕鬥場之上，英勇豪壯的擊搏壯舞！就這樣，黃帝創作《椆鼓曲》為眾軍兵助興添樂，眾軍兵隨樂狂舞。黃帝坐在寶座之上與曇花聽樂觀舞，躊躇滿志，使慶典隆盛到了極點！

黃帝與曇花和眾軍兵就這樣在《椆鼓曲》樂聲中狂歡不已，轉眼時間已是到了正午。這時，興味正濃的黃帝突然看見，后土引領一幫凡人來到了他的面前。后土不待黃帝開口，率先道：「大帝，這些凡人代表更多的凡人，要前來面見於你。」

「不知你們前來見我，究有何事？」黃帝見之即對前來凡人詢問道，「若有什麼難處，本帝定當為你等即去解除。」

「啟稟大帝，小民之事實在不好言說，」凡人聽了黃帝此言，即推其首領言說道，「但又不對大帝講說不行。實在讓小民為難！」

「不管有何事情，」黃帝聽到來人言辭吞吐，忙開口寬慰道，「你等只管直言也就是了，何必如此吞吐！」

「小民所以不好言說，是因為我們要講說的事情，」來人首領這

才又開口道，「恰與為我們凡人平定凡界的大功之臣——應龍和女魃有關。」

「噢，對了！」黃帝立即聽出了來人方纔話語吞吐的原委，隨之道，「是他兄妹一澇一旱，給凡界帶來著災禍。」

「先前為了剿滅蚩尤軍兵平定凡界，我們對他二位功臣給凡界帶來的旱澇之災忍受著。可是現在凡界已平，我們無奈只有請求大帝為我們解去此災！」機靈的來人首領聽到黃帝此言，故意避開道。說到這裏，眾來人立即隨那首領一齊全都「撲通通」跪倒在了黃帝面前。

黃帝眼見至此，心中也不由得一個愣怔。因為他即讓應龍和女魃離去，他們則剛剛創下大功，還沒有參加完這隆盛的慶典。那樣不是顯得自己的心地太狠，難保不讓眾軍兵寒心嘛！但如果不讓他們立刻離去，自己又怎能再讓眾凡人去忍受他們帶來的旱澇之災呢！

自己所以南征北戰蚩尤軍兵，要求得的唯一目標，不就是造福凡人嘛！黃帝就這樣雖然心有難辦之隱愣怔一下，但隨即還是把凡人的幸福看得高於一切，更何況這次給凡人解難只是去苦一下自己的兒女呢！

「大家請起！這個好辦，我即讓他兄妹歸去也就是了。」為此黃帝立刻開口對跪倒在地的眾人道。說著，他便讓風后傳來了應龍和女魃兄妹兩個，他們正在隨著《桐鼓曲》狂舞歡慶勝利。黃帝向他們說明緣由，讓他兄妹倆立刻歸回居地，以避開凡人為凡人免去旱澇之災。

剛才還在慶勝場上狂舞盡歡的應龍和女魃，這時聽了黃帝此言，真個是驟然雙雙心中涼去半截。深怪帝父不該對立了大功的他們如此狠心，連面前這樣他們從未遇見過的隆盛慶典，也不讓他們參加完畢就讓離去。但當他們又看到那群凡人，跪倒在帝父腳下祈求的表情時，他們便都立刻收回了心中的責怪。為了免去凡人的災厄，欣然告

辭帝父離別而去。

然而為凡人立下大功的應龍和女魃，雖然為了再為凡人除災忍痛離開了不願離開的慶勝之場，但由於他們參加了剿滅蚩尤軍兵的大戰，身子受到了蚩尤軍兵邪氣的觸染。應龍卻再也不能回到他原先居住的凶犁之山，女魃也不能回到她原先居住的共工之臺去了。

無奈之中，應龍只好為了凡人的幸福，苦著自己悄悄地躲到了南方沒有凡人居住的山澤之中，以了度殘日。從此，使得南方多起雨來。而女魃則悄悄到了赤水以北的荒漠之中，有時她待得寂寞出來轉轉。轉到哪裏，大旱就降到哪裏，那裏的人們又只好把她驅趕回去。

凡間啊就是這樣，立下大功者並不能得到相應的報賞，奉獻者就只有如此奉獻到底！而享受著立功者福蔭的人們，卻又在苦害著福蔭自己的立功者！凡界呀，你為什麼這樣不平呢！

跪求黃帝的凡人眼見應龍與女魃告辭去了，全都齊聲言謝黃帝大恩。而黃帝眼見應龍與女魃一雙兒女怏怏離去，則心中頓然充滿了一種說不清的滋味。雖然他們此去是為了凡人，但他們畢竟是自己的兒女，又剛剛助自己在鏖戰蚩尤軍兵中立下了大功呀！

后土眾軍兵眼見此景，也果然如同黃帝先前所料一樣，頓然全都心寒意涼，停息了喜樂狂舞盡興之舉。因為他們覺得黃帝愧對了建樹大功者，而且是自己的親生兒女。對待自己的兒女尚且如此，又怎麼不會如此對待他們這些下臣，這些普普通通的人獸鬼神呢！

雖然他們知道，這是黃帝為了造福凡人的忍痛割愛之舉，是一種崇高至極的高尚行為，但一時間卻怎麼也都不能從跌入的感情低谷中回昇上來，與黃帝一起沉靜在了那裏。從而使得偌大的慶勝之場，剛剛還狂歡之聲震動九霄，這時卻頓然失盡了聲跡，凝固在了那裏。

就在這冷清的氣氛之中，曇花也突然間凋謝了去。雖然她是空前

絕後，唯一開放時間最長的一次。可她的謝去，還是使心中正在不是滋味的黃帝心中更加不是滋味萬分，後悔沒能再多看一眼！

但是時間沒有容許黃帝與眾軍兵如此繼續冷清下去，就在曇花剛剛謝去之時，一位身披馬皮面容姣美的姑娘，一手挽著一絞金黃的蠶絲，一手挽著一絞銀白的蠶絲，從半空中徑向黃帝在處冉冉飄落過來。

黃帝只顧心中不是滋味後悔不已，沒有看見這正從半空中徐徐飄來的身披馬皮的姑娘。倒是站在黃帝妻子嫘祖身旁的醜侍嫫母眼尖，率先看見叫了起來道：「大帝，姐姐，你們快看那來者是誰？她手中挽的銀亮的和金亮的東西，又是什麼？」

黃帝驟聞嫫母此言，方纔從不是滋味的後悔心境中清醒過來，舉目看見嫫母說的來者，已經飄落在自己面前。黃帝看到這來者，真個是奇異萬分！只見她面容姣好，豔若桃花，從面容看去年紀不過十七八歲。但奇異的是這位如此妙齡的姣美姑娘，身上卻多出了一張粘長其上的馬皮。恰恰把她渾身裹了個嚴實，僅僅露出那張姣美的臉蛋。

「大帝，你為平定凡界造福凡人，歷經征戰之苦方纔奪得剿滅蚩尤軍兵之勝！值此慶勝大典之時，我蠶姑娘沒有別的聖物為慶典添花助興，」這身披馬皮的姑娘一手捧著一絞金絲，一手捧著一絞銀絲，不待黃帝開口便已言說起來道，「特來把我親吐的兩絞新絲，獻給大帝與娘娘，以為大帝與娘娘織做新衣之用！乞大帝與娘娘不吝，收下蠶女的一片心意！」

「啊，蠶神！你就是我從未謀面的蠶神？」黃帝聽到這裏，方纔心中頓然一亮叫了起來道。隨著，關於這蠶神悲喜劇般的苦澀故事，便驟然展現在了他的眼前。那是在人祖伏羲兄妹從天界歸來之前的時候，蠶氏族人中有一個生相姣美人見人愛的蠶姑娘。蠶姑娘與其生母

蠶娘親相依為命，生活在族人之中。

蠶娘親只有蠶姑娘一個女兒，在那個由母系氏族社會向父系氏族社會過渡，社會主要還是由母系氏族構成，人們只知其母不知其父的亂婚群婚年代裡，姣美的蠶姑娘與眾人一樣不知道其生父是誰。蠶娘親因而沒有別的財產，有的只是這姣美的蠶姑娘和一匹幫她母女馱物勞作的小公馬。但是就在這蠶娘親領著蠶姑娘和小公馬幸福生活之時，一群亂婚者驟然來到搶走了蠶娘親，使得蠶姑娘只有自己與小公馬一起生活在族人之中。

「馬呀，你如果能夠幫我找回我的蠶娘親，我就嫁給你做女人。」蠶娘親被搶走一晃數年過去，蠶姑娘日思夜念蠶娘親歸來不見歸來，這日開口對小公馬無奈道。小公馬聽了蠶姑娘此言，真的一扚蹄子立刻跑了開去。

一跑數日，小公馬真的跑到了蠶娘親面前。蠶娘親正在日思夜念著自己的女兒蠶姑娘，但只是苦於脫身不得。這時眼見小公馬驟然來到，真個是頓然驚喜過望！於是她瞅見搶她族人不注意的空子，抓住馬鬃一翻身騎上小公馬，一口氣便跑回到了蠶氏族人居地。

蠶娘親回到居地見到日夜思念的女兒，母女倆真個是悲喜交集萬端，抱頭痛哭之後互相傾訴別情不已。蠶娘親為此感謝小公馬，為她母女今生得見立下大功，便對小公馬倍加精心餵養細心照料。但是事情蹊蹺的是，小公馬卻從此不再吃食，只是深情地望著蠶娘親發呆。

「你說，那馬為什麼竟會如此？」蠶娘親見之奇異，暗中詢問女兒道。女兒深知馬兒的用意，只得老老實實向娘親講說了一切。蠶娘親聞聽一驚道：「你若隨了馬兒，氏族之人就會打死你！」

女兒聽聞大驚，急問娘親有何法兒解去此難。蠶娘親一時無奈，末了只有與蠶姑娘找來弓箭，一起射殺了小公馬。然後將馬肉吃食，

馬皮曬在了地上。

蠶娘親本想殺死多情的小公馬完結此事，但是想不到這日蠶姑娘與一幫小姐妹玩耍，去到了那曬在地上的馬皮跟前。那馬皮竟然陡地跳躍起來，颯地包裹住了蠶姑娘，隨著一陣風般旋轉著消失在了遠處。與蠶姑娘一起玩耍的眾小姐妹，誰也沒有見到過如此場景，因而初見大駭驚呆，隨後驚叫不已！

蠶娘親聞訊趕來，急忙向遠處追尋女兒。但她找尋數天，也不見女兒的蹤影。末了才在一棵大樹的枝葉之間，找見了她那全身包裹著馬皮的女兒，已經變成了一條蠕動的蟲子。只見她在樹枝之間，緩緩地搖擺著她那馬樣的頭，從那姣美的小嘴中吐出著一條白而光亮的長長細絲，纏繞在樹枝的四周。

眾族人聞知都圍來觀看，看後全都驚歎不已！由於這能吐細絲的蠕蟲為蠶姑娘所變，人們隨之便把它叫成了蠶。並把它所在的樹叫作桑，意即蠶姑娘在這樹上喪失了年輕的生命。黃帝知道蠶姑娘就這樣變成了凡界的第一隻春蠶，並由此成了凡界的蠶神。但只是那馬皮從此長在了嬌美的蠶姑娘身上，讓人痛心得再也沒能分離。

然而黃帝雖然對蠶神身世細知若此，可他卻還從來沒有見到過蠶神一面。這時得睹蠶神之面，見其果與傳說無異。又聞其前來之意仁美高尚，急忙起身接過其所獻絞絲，開口言謝道：「謝過蠶姑娘如此厚意，平定凡界造福凡人，乃軒轅應為之事。受到蠶姑娘如此厚愛，實感有愧！」

蠶姑娘於是又頌黃帝功德再三，言稱黃帝德高齊天，仁厚被地。蠶姑娘的如此到來和舉動，頓然又給剛才因為應龍兄妹離去，而冷清下來的慶勝之場，仿佛一下子注入了強力催歡劑。使其即又樂聲陡起狂舞驟興，眾軍兵又一齊進入了狂歡之境。

蠶神的到來和眾軍兵陡起的狂歡，也重又激起了黃帝的歡心。但見他立刻把手中的絞絲交給臣子伯余前去織造，隨後便與蠶神和嫘祖、嫫母一起投入狂歡的軍伍之中。與眾軍兵一起隨著重新奏響的《櫚鼓曲》樂音，跳起了勇猛豪壯的軍旅之舞。

黃帝加入眾兵的狂歡之中，頓時給狂舞的軍兵增加了更濃的興致。一時間使得慶勝場上的狂歡氣氛真可謂濃到了極點。黃帝與眾軍兵如此狂舞歡娛，時日變得奇短，在不知不覺中早已舞過了半個時日。

這時，早年曾經是牛郎的好友，因而得以從織女那兒學得織造技藝的伯余，已經用蠶神所獻絞絲織成了絹子，拿來獻給黃帝與嫘祖。黃帝與嫘祖看見其織成那絹，不僅又輕又軟，既像天上的行雲，又若溪中的流水，絕美無比。於是他夫婦把絹子抖拉開來，讓眾軍兵看視。

眾軍兵見之，更覺那絹子如同落地的行雲，江河的流水，全都為之興致更濃，加倍狂歡不已！就在眾軍兵的如此狂歡不已之中，嫘祖娘娘崇愛絹子的美好，心思一轉決計向蠶姑娘學習養蠶技藝，以獲得更多的蠶絲，織造出無數的絹子，改變人們穿獸皮衣樹葉的陋習。

嫘祖娘娘想到這裏立刻講說給了蠶姑娘，蠶姑娘即對嫘祖娘娘一心謀福凡人崇敬不已！隨之答應下來，離開如此歡慶之場，為給凡人造福，教給嫘祖娘娘飼養春蠶之法而去。

嫘祖很快從蠶神那兒學會了養蠶技藝，蠶神在教會嫘祖養蠶後歸去。嫘祖隨後為了造福凡人，開始了凡界最早的養蠶集絲，織絹做衣的辛勤勞作。嫘祖的作為帶動了凡界所有的女兒，她們又全從嫘祖這裏，學會了養蠶集絲，織絹做衣的技藝。

嫘祖娘娘就這樣在凡界推廣開了養蠶技藝，徹底改變了凡人穿獸皮衣樹葉的陋習，給凡人送來了精美的絲織新衣，使我中華民族的衣文化，跨越到了今人的嶄新階段。不僅如此，由嫘祖娘娘開始的這種

婦女採桑、養蠶、織絹、制衣詩歌般美麗專業勞動，不久還孕育出了眾多的美麗傳說。令人至今心馳神往，遐想不已！譬如，董永和七仙女的故事，便是其中的一例。

七仙女是玉皇大帝的御女，是她們七姐妹當中年紀最小的一個。她因為耐受不住天宮的寂寞，這日偷偷來到了凡間。恰好她在路上遇見了因賣身葬父，而去傅家做工償債的孝子董永。她對董永一見鍾情，並托土地主婚，請老槐樹為媒，在槐樹蔭下和董永配成了夫妻。

董永與七仙女婚配之後，一齊到傅家上工。但無奈賣身契上原先寫著「無牽無掛」，如今平添一個女人，傅家不肯收留。經過多番懇求，傅家才惡意限定其夫妻要在當天晚上織出十匹玉帛方可收留。並且如能織出，還可將三年工期改為百日。如果不能織出，工期三年之後再加三年。七仙女聽後當即應允，但卻愁住了董永。

當天夜晚，七仙女先勸愁悶的董永睡去，自己則燒起下凡時眾姐妹送給她的一炷「難香」。難香一著，天上的眾仙女們便聞香趕到，幫助七仙女「請動天絲」，天未到明便已織成了絢爛的十四玉帛。天明董永夫妻把玉帛送給主人，驚異的主人有言在先，只好把三年工期改為百日。

百日期滿，董永與七仙女辭別傅家歸回自己家中，路上七仙女告知董永自己已經有了身孕。董永聽後心中更喜，夫妻雙雙全都沉入了美妙的幻想之中。即幻想建立起美好的小家庭，像昔日的牛郎與織女一樣，去過男耕女織、勤勞幸福的小日子。

然而就在這時，王母娘娘察知了七仙女私下凡塵勃然大怒，即遣天使下凡催其返回。並且催動鐘鼓，傳令七仙女在午時三刻返回天庭。如若不然定派天兵捉拿，並將董永碎屍萬段。七仙女聞知害怕董永慘遭此害，只有在他們婚配時的那棵老槐樹下慘痛分離。

分離之前，原先董永叫一聲應一聲的老槐樹，則變成了千叫萬喚皆不應的啞木頭。七仙女無奈之中，則在與董永定下「來年碧桃花開日，槐樹下面把子交」的誓約之後，慘痛地趁著董永昏倒在地之時，跟隨天使返歸天庭而去。

　　就這樣，由嫘祖娘娘起始的婦女採桑、養蠶、織絹、制衣詩歌般美麗勞動，又像牛郎織女演出的慘痛悲劇一樣，孕生出了董永與七仙女這出欲求美好而不得，令人聞之慨歎惋惜不已的慘痛悲劇！

　　悲劇就是把人生有價值的東西撕裂開來給人看。董永與七仙女的故事，和牛郎與織女的故事一樣，全都是如此！

二六、續娶嫫母

　　黃帝在慶勝盛典結束之後，眼見凡界一統，自己的道德之道既然平定了凡界，今後也就可以保持凡界平安凡人幸福，因而歡心無限。歡喜之餘，他見凡界平安不再需要如此眾多的軍兵，便將軍兵大部遣散，僅留兩千精銳駐在橋山，以防突發不測事件。

　　如此安排停當，一心為凡界凡人解難的黃帝又隨著想到，自己經過先與炎帝后與蚩尤十餘載大戰，雖然凡界已平，道德之道已經頒行凡界，大的兵亂沒有了，但在其兄長炎帝仁德之道治世之時，滋生的諸種邪惡勢力，由於一直沒有得到剷除，定然還會禍害於四方凡人，使得凡人在小範圍內生活難安。

　　為此他在橋山坐待不住，決計立刻出發巡遊四方，以在平息大的兵亂之後，再懾服四方小的邪惡勢力。使凡界真正平安下來，做到沒有一個凡人再被邪惡欺凌。想到這裏，黃帝即留風后駐守橋山。自己則與嫘祖、后土、力牧一幫近臣，引領一千軍兵出巡四方而來。只見他們先向北，然後折轉向東，一路廣佈道德之道，平息四方邪惡。並讓嫘祖廣教沿途婦女，養蠶取絲。

　　黃帝這次出巡雖然帶兵不多，但卻依然排場十足。但見其前軍一拉溜十乘戰車開路，指南車與記里車隨後跟行，接著是五種大旗五種

旌麾，飄揚披拂，如雲遮日。其後是軍鼓細樂方隊。隊中前隊八十面
夔牛皮鼓「咚咚」震響，發出驚天動地的雷鳴般聲響。中隊鐲、鐃、
角、靈髀、神鉦諸種響器，隨著軍伍行進的步伐，奏出節奏感極強的
鏗鏘樂曲。後隊笙、簧、琴、瑟諸種絲竹樂器，則以和諧悠揚的樂
音，奏出舒緩的肅穆樂曲。

　　如此軍鼓細樂方隊之後，便是黃帝與嫘祖乘坐的特製龍車和眾臣
所乘戰車。乘坐在龍車之上的黃帝，依舊身穿王母娘娘所賜狐裘，佩
帶王母娘娘所賜靈符。使得車頂之上有五色祥雲遮蓋，祥雲中隱現著
各種奇花異葩金枝玉葉。隨後簇擁這車隊的是一方旗陣，但見無數小
旗之上，或畫著豺、狼、虎、豹諸種猛獸，或圖有雕、鶚、鷹、鸇諸
種凶禽。

　　再隨後便是隨行的一千軍兵，那軍兵前面的如熊似羆，後面的
如虎若貔。乘車的威武雄壯，騎馬的猛可撼山，步行的銳能動地。更
有那刀槍劍戟千般亮，寒光閃閃耀日輝。整個行進隊伍，真個是車轔
轔，馬嘯嘯，軍伍威壯沖九霄。排場非常鬼神羨，凡人見之競折腰！

　　上古的一般凡人當然誰也沒有見到過如此排場，誰也沒有睹見過
這般壯武。因而聞聽之後，全都高興得如同今日過年般奔相走告，不
遠十里甚至百里，扶老攜幼趕往黃帝巡遊經過之途，等待一睹黃帝軍
伍的威壯，一見黃帝的英武雄姿。

　　由於他們中不少人不知道黃帝引軍經過的確切時間，不遠百里十
里趕到之時，或者黃帝引軍已經過去眼見不到後悔不已，或者趕到過
早一連等待數日十日，方纔見到黃帝軍伍到來。因而使得黃帝巡遊途
中所過之地，到處都是人山人海夾道相迎歡聲雷動和眾凡人對他頂禮
膜拜的感人場景。

　　黃帝一路之上眼見此景，心中大喜自己的道德之道行於凡界，竟

然這般「如風蕝草」！因而躊躇滿志，認定其沿途所到之地必定盡如先前，到處都是人的海洋、歡騰之聲和頂禮膜拜的場景。

然而，就在黃帝如此由北向東巡行兩個月時間過去，這日來到坐落在東方大海邊沿的碣石山近處之時，卻不見了夾道的人海，消失了歡騰之聲，沒有了頂禮膜拜的場景。不僅如此，黃帝還看到前行的道路上，幽僻冷寂得不見有一人行走，廣闊的田野上田地荒蕪不見有一人耕種。

突置此境，黃帝心中大為詫異，不解此處為何與別處大相迥異。為此他一邊引領隊伍繼續向前行進，一邊讓后土派人即作探詢。待到黃帝詫異中又向東行出十里之時，探卒方來稟報說，在前方碣石山上，強悍的王山虎與王山林兄弟引領其王氏族人，一年來橫行碣石山地面。搶人組建軍伍，欲圖稱霸凡界。現已聚起近千人的隊伍，鬧得方圓百里鬼神不寧，人獸不安。眾凡人逃離此地造成了人煙滅絕，田地荒蕪。加之欲來爭睹大帝風采的凡人因而不敢踏此地面，造成了此處無人夾道歡迎大帝，沒有了歡呼膜拜場景。

「大帝，如此說來，」探卒剛剛稟報至此，后土便一驚急言道，「我等已經陷入了險惡之境，前進不得了呀！」

「險惡又怎麼著，我行道德之道，」黃帝聞聽探卒之報已是勃然大怒，又聞后土此言心中更惱道，「難道就怕他王氏兄弟的近千亂兵不成？」

「大帝，後輩說的不是這個意思！後輩是說我們只帶一千軍兵，」驚怕黃帝眾軍陷入險境的后土聞聽，急勸道，「那王氏兄弟也有近千軍兵。如果他們一齊攻來，難保我們必勝！」

「別說他亂軍人數少於我軍兵人數，就是多於我軍兵人數又能奈何！」黃帝聞聽更惱道，「我倒要瞧瞧，他邪惡的王氏兄弟有膽敢來

攻殺於我！」

后土聽了黃帝此言，頓然感到面前這位先前自己熟悉的黃帝，驀地變得陌生十分起來！他不解黃帝是因為兩戰皆勝，打敗了炎帝和蚩尤，頭腦被勝利沖昏了起來，還是因為出巡以來一路之上，到處看到的都是歡呼的人海眾人的膜拜，感到自己高過常人，無人可以戰勝於他，從而使得他如此置身在了險惡之境，卻看不到了險惡，還是為了別的什麼。

但是不管因為什麼，面臨的巨大險惡都使得心懷巨大責任的后土，再也沉穩不住，而一反平時的老成沉穩之態，不待黃帝命令而竟自立刻開口，大聲喝止行進眾兵道：「大帝，我們實在前進不得了！不是我后土害怕，而是凡界凡人離不開大帝呀！」

黃帝這時所想則恰好不是后土心想的一切，他所以要繼續行進，並非他不知道自己面臨的險惡。而是他出巡四方正是為了顯道耀德，懾服四方邪惡改惡從善。並懾服眾凡人為道行德，不再棄道行惡。為此他決計見惡益進以懾服之，而決不遇惡懼退而躲避之！

后土這時所想恰與黃帝相悖，所以黃帝眼見后土竟然自行阻止眾軍行進並攔阻自己，勃然大怒道：「走開！膽敢攔我前行之途，我就重責於你！」

「大帝，你不聽後輩之言，」為黃帝懷有巨大責任的后土，這時見到黃帝身陷厄境而仍不自知，禁不住頓然急得哭叫起來道，「就將悔之莫及了呀！」

黃帝對后土之言則聞若未聞，依舊威若先前，驅兵繼續向東行進。然而就在被后土喝止的眾兵，剛剛依照黃帝之令開始行進之時，突然見到從其兩邊近處的沒膝草叢之中，倏地冒出了黑壓壓的數百軍兵。

黃帝與眾兵見之心中也是驟然一驚，全都停下了正行的腳步，本能地做起了防衛準備。但是就在這時，他們卻又聞聽那突現眾兵一陣高叫道：「大帝，我們歸心於你！祈大帝念及我等為邪惡所迫，方纔助惡從惡，寬恕我等之罪吧！」

隨著，便見那眾兵全都「乒乒乓乓」拋下手中兵器，「撲通通」跪倒在了地上。弄得正在驚詫的黃帝與其眾兵，心中更加詫異起來。

這些歸心黃帝的軍兵，正是王氏兄弟近千軍兵中的一半。邪惡的王氏兄弟待在碣石山上，聽到黃帝出巡即將到來開始心中大驚。因為他們知道，道德治世的黃帝如果聞知他兄弟在碣石山上行惡，定然不會容忍放過。

特別是他們知道，道德的黃帝比不得仁德的炎帝。仁德的炎帝給你只講仁德感化於你，而從來不開殺除之戒。道德的黃帝是講說仁德感化不成，就要大開殺戒剷除邪惡，他們因而心中更加驚怕不已。

驚怕之中，他兄弟也曾想到過棄惡從善，或者暫時棄惡從善避過風頭。但已在碣石山行惡一載的他王氏兄弟，一載中不僅滿足了需要什麼就搶什麼的惡欲，而且也滋生成了他兄弟作亂凡界搶奪凡界之王，以滿足自己最大惡欲的更大胃口。

因而前時他們聞知蚩尤大戰於黃帝，便一邊加緊擴軍備戰，一邊靜待蚩尤與黃帝兩敗俱傷之時到來。好使他兄弟再擊敗蚩尤與黃帝兩個傷者，以奪取一統凡界的寶座。但不料黃帝屢敗之軍最終戰勝了蚩尤，一統起了凡界，方使得他兄弟不敢輕舉妄動起來。

這時黃帝出巡至此，他們驚怕之餘想棄惡從善，但又不願意哪怕是暫時改惡從善，使得其惡欲不得滿足，無奈之時只有更加驚怕不已。後來，哨探稟報黃帝這次東巡，雖然聲勢浩大排場十足，但卻只帶了一千軍兵之時，他兄弟則不僅解去了驚怕，而且高興地暢笑起來

道：「如此正好，恰好給我兄弟送來奪取凡界一統寶座的良辰佳機矣！」

隨著他兄弟便不怠慢，一陣計議好了伏殺黃帝軍兵，奪取黃帝一統凡界寶座的惡計。即由其弟王山林引領五百軍兵，設伏於黃帝東巡碣石山必經之途，突出殺手，一舉剿滅黃帝東巡隊伍。王山虎則在山上引領剩餘四百軍兵，坐待其弟伏剿黃帝隊伍奪勝歸來。

王山虎就這樣在其弟王山林領兵去後，一直坐在碣石山上高興等待。他認為，其弟此去必操勝券而無疑。高興中他彷彿看到，自己已經登上了一統凡界的寶座，盡情地滿足起了凡界所能滿足他的惡欲。心中禁不住飄飄然然，躊躇滿志起來。

然而高興之餘，他又覺得自己這次奪勝黃帝之機，來得過分輕易過分匆促，不該這樣輕易這樣匆促！常言輕易匆促得來的東西不會珍貴，一統凡界寶座之位這樣珍貴無比的東西，怎會這般輕易匆促地來到自己手上呢！

想到這裏，王山虎禁不住懷疑，探卒是否探聽錯了黃帝帶來軍兵的數目。因為道德的黃帝出巡四方是不會只帶一千軍兵，不會這樣輕易而匆促地把其寶座送到自己手上的。為此他又擔心起其弟帶去軍兵是否太少，抵不過黃帝之軍。如若其弟之軍潰敗，自己也就更是必敗無疑了！

想到這裏，王山虎心中禁不住又頓然充滿了沮喪。但在沮喪之中，他又想到道德的黃帝也可能是因為戰勝了炎帝與蚩尤，自高自大起來，以為凡界再無敵手，僅僅率領一千軍兵出巡四方已經足矣！

正因為他如此大意，方纔給自己這般輕易地送來了一統凡界寶座的珍貴之物！想到這裏，王山虎心中頓又高興起來，做起了他的替代黃帝一統凡界夢，放心地坐在山上，靜待起了其弟弟奪勝歸來。

就在王山虎如此高興等待之時，其弟王山林率去的五百名設伏軍

兵，卻在黃帝一千軍兵進入伏擊圈之後，突然全部棄械跪地歸心了黃帝。這是因為他們皆為王氏兄弟施惡搶掠而來，壓根兒就不與其兄弟一心。只是迫於無奈，先前方纔成了王氏兄弟的脅從。

正因為如此，他們表面上雖為王氏兄弟的脅從，心中卻一直都在等待著脫逃時機的早日到來，以逃離這邪惡的軍伍。剛才設伏之中眼見黃帝引軍來到了他們面前，他們怎能不抓住如此時機，不待王山林聲言開戰，一陣喊叫棄戰歸心了黃帝呢！

黃帝剛才突然看見從荒野草叢中陡然冒出數百軍兵，也當然驀地一驚。因為他擔心此乃殺出軍兵，是否還有軍兵沒有殺出？若是那樣，真要開戰自己少數軍兵就難取勝了。但是正驚之時，突又聞見這些軍兵皆為不戰歸心自己而來，他便立即轉驚為喜忙言道：「你們被迫從惡，仁心未移。無罪可言，不須寬宥。快快請起也就是了！」

「謝過大帝萬歲恕罪之恩！」跪地眾兵聽了黃帝此言，全都大喜山呼萬歲謝恩道。呼畢，方纔站起身來。

然而這時，王山林眼見此景心知大勢已去，不敢怠慢急趁此機，拔腿便往碣石山逃去。歸心眾軍兵見之，急對黃帝大叫道：「他就是碣石山上的二惡之一，大帝快擒住他！」

「這個倒也不必。放他回去，」黃帝聞聽一笑道，「正好讓他給山上的首惡捎個信兒，讓他改惡從善！」

隨著，他即命力牧向逃奔的王山林高聲喊叫。力牧聞令，立刻向王山林放開喉嚨連喊數番道：「如若你兄弟棄惡從仁，大帝當既往不咎。如若不然，擒住之時定當嚴懲不貸！」

「如今凡界已平，我已解散了前番參戰眾兵。」在力牧的喊叫聲中，黃帝眼見王山林已經逃得消失了蹤影，便對剛剛歸順的五百軍兵道，「因而你等既已脫去王氏二惡的束縛，就散去尋找各自族人回家

去吧！」

「不，碣石山上王氏二惡還有四百軍兵，大帝只有一千軍兵，我等此去放心不下。」但不料那眾兵聽了黃帝此言，卻都放心不下道，「我等要等到大帝剿平王氏二惡山上軍兵之後，看到大帝平安再行離去不遲！」

黃帝眼見再對歸心軍兵勸說也是無用，便令自己眾兵繼續向東行進，而任憑歸順軍兵隨後跟進。隨後黃帝引領眾兵向東轉眼又是行出十數里路程，方見將到碣石山下。

碣石山坐落在海邊平灘之上，東北南三面面臨碧波蕩漾的大海，只有西面連接一望無際的平川。因而其山峰雖然不高，但置此境地卻也顯得高峻挺拔，突兀聳立。黃帝眼見此山之勢心中立刻敬羨十分，決計登臨一遊，東觀滄海西眺平川。

然而他知道山上還駐有王氏兄弟引領的四百軍兵，他們這時沒有走下山來，就說明他們還沒有被自己的武威懾服。因而自己就還不到靜心登臨碣石，東觀滄海西眺平川的時候。但他雖然心知若此，卻也對自己必可懾服山上王氏兄弟的四百軍兵充滿信心，因為剛才他已懾服了其設伏的五百軍兵，剩餘四百軍兵更是會被懾服，歸心於自己的。

為此他這時將到山前，雖然仍是不見王氏兄弟引兵歸心到來，后土眾臣又攔他不要前行，他依舊執意前行不止。后土眾臣眼見攔阻不住黃帝，心中又是大急起來。

他們當然擔心跟在黃帝隊伍之後的王氏兄弟軍兵歸心是假，是領受王氏兄弟惡計詐歸黃帝。待到黃帝引兵如此來到山前，他兄弟再領山上之兵衝殺下來。前擊後圍把黃帝軍兵圍在其中，剿滅於此。

擔心至此他們又攔阻不住黃帝，只有更加焦急萬分。果然就在這時，正行的黃帝之軍突然聞聽前方一陣吶喊，便見王氏兄弟引領山上

四百軍兵殺了過來。剛才，王山林狼狽逃到碣石山上之後，急忙驚怕地向其哥哥王山虎講說了一切。

「變去了五百軍兵，我們還有四百軍兵，我照樣要殺死黃帝老兒！」正在坐等王山林奪勝的王山虎聽聞此講先是驚怕，因為他只顧坐等勝利實在意想不到會生此變，如此巨大的反差使他震驚不已，但到末了他想了回來，頓生大怒咬牙切齒道。說著，就要引領軍兵下山迎殺黃帝。

「大哥，不可如此！變去五百軍兵加上黃帝一千軍兵，黃帝軍兵優勢已經遠遠超過了我們。」王山林見之，急忙開口攔阻道，「假如這四百軍兵再生嘩變，我兄弟就斷去活路了！」

「優勢怎麼著！我就不信變去五百軍兵，會來攻殺於我！」王山虎聞聽更惱，邊說邊又令人前去點齊軍兵道，「再說，你帶去的兵會嘩變，我帶的兵絕對嘩變不得。」

「大哥，實在前去不得呀！黃帝剛才有言在先，」王山林這時更驚道，「說我兄弟若不棄惡從善，擒住之日定當嚴懲不貸呀！」

「怎麼，竟然連你山林也給黃帝嚇破了膽！大哥我今個倒要看看，是我王山虎擒他黃帝，還是他黃帝老兒擒我！」王山虎聽聞王山林此言，頓然「呵呵」一笑道。言畢，齊天的野心使他仿佛忘掉了一切，但見他立刻麾動四百軍兵下山，迎戰黃帝軍兵而來。

王山虎領兵下山剛行不遠，便與黃帝軍兵碰了個迎面。王山虎眼見攻殺黃帝軍兵時機來到，心中正在高興，舉目卻又見自己嘩變過去的五百軍兵，全都跟在黃帝軍兵後邊，方纔不由得心中陡地害怕起來。他害怕這五百軍兵為黃帝所用，一會兒幫助黃帝軍兵攻殺自己之兵，自己四百軍兵就必敗無疑了！

然而驚怕之中，他又看到攻殺黃帝軍兵的時機已經來到，齊天的

野心又使他不願錯過如此良機。於是他立刻親自擂響軍鼓,號令眾兵攻殺向了黃帝軍兵。

但不料隨著王山虎的如此號令,其向黃帝眾兵攻殺過去的四百軍兵,剛剛迎到黃帝軍兵面前,便又盡如先前王山林所率五百軍兵一樣,抓住如此棄惡從善時機不放,立即棄械跪地,言說歸心了黃帝。王山虎這才被從美夢中嚇醒,拉起其弟王山林拔腿便逃。力牧見之氣惱,立即追上前去擒回了他兄弟。

「我對你兄弟已經講仁在先,但你兄弟不想棄惡從仁,而只顧執意逞惡。既如此,我只有嚴懲不貸了!」這時,黃帝已經叫起跪在地上的四百軍兵,看到王山虎兄弟被擒了回來,遂屬聲怒斥起來道。斥畢,即對力牧揮手示意斬殺。力牧聞令,便命眾兵立刻斬殺了王氏兄弟。

黃帝如此除去了王氏二惡,便讓歸心的近千王氏兄弟軍兵歸去家鄉,團聚家人好生度日。那軍兵聞聽黃帝此令,全都歡呼「萬歲」再三,然後方纔告辭黃帝而去。黃帝遣散了歸心王山虎近千軍兵,這才登臨碣石,東觀滄海西眺平川而來。

黃帝登上碣石山看到,此山所以名石,則因它是由一塊光禿禿的巨石構成。石上無土無縫,因而不生寸草不開一花。山上無花無草正好視界開闊,因而登上山頂向東望去,只見滄海無際,煙波浩渺,波洶濤湧,雄渾萬千。如此滄海壯景正合威武的黃帝之意,因而黃帝睹見至此,真個是感慨萬千,壯心奔激。連聲贊叫滄海之景,壯美無限不已!

就在黃帝如此贊叫之聲未絕之時,碣石山下已因黃帝除去了王氏兄弟二惡平定下來,湧來了遍地的人潮,齊呼黃帝萬萬歲!那呼聲如同海嘯驚天動地,方纔把黃帝從對面前滄海的感慨中驚醒過來,走下

碣石山與圍來眾人見面，讓追趕至此的眾凡人一睹其英武風姿。如此歡愉半日過去，黃帝方纔在越聚越多的凡人夾道迎送下，離開碣石山向南巡遊而去。

碣石山由於黃帝如此東巡至此，所以後世英雄豪傑屢屢步黃帝後塵，東遊至此以觀滄海之壯。著名的秦皇漢武，曾經到此觀海刻石。三國英豪曹操，不僅揮鞭至此東觀滄海，而且還在這裏吟留下了堪稱千古絕唱的著名詩篇《步出夏門行‧觀滄海》——

> 東臨碣石，以觀滄海。
>
> 水何澹澹，山島竦峙。
>
> 樹木叢生，百草豐茂。
>
> 秋風蕭瑟，洪波湧起。
>
> 日月之行，若出其中。
>
> 星漢燦爛，若出其裡。
>
> 幸甚至哉，歌以詠志。

黃帝向南巡來，一路之上仍是人海夾道迎送，威懾所到，凡人如風靡草。如此在途數月，這日來到了八百里洞庭湖北岸。黃帝站在岸畔遙望八百里洞庭，但見湖水湛藍無際，如同大海不見邊沿。

湖面上煙波浩淼，波光粼粼。不見波洶濤湧，只見細浪翩躚。更有那銀魚亮翅，水鳥戲水。百草競翠，繁花鬥豔。黃帝對之贊叫不止，邊看邊在迎送的人海中，沿著湖岸向西行進。

黃帝如此向西剛剛行出數日，卻見歡迎人群越來越少起來。這日黃帝心中正奇，突見前方奔來一群凡人稟告道：「大帝，這洞庭湖中住有一幫水怪，經常在此前邊岸畔作踐凡人。大帝巡遊至此，可要為我們除去這幫惡怪啊！」

「我正猜想這裏發生了事情，果是出了水怪！好，我正為除此水

怪而來。走，快領我前去除那水怪！」黃帝聞聽好惱道。言畢，即隨來人向西疾行而去。

黃帝如此向西疾行轉眼過去十餘里，引路來人言說，就要到了水怪出沒作惡岸段。黃帝於是邊行邊作思謀擒拿水怪之法，突聞身旁凡人大聲驚叫道：「大帝，不好了！那幫作惡水怪迎過來了！」

黃帝聞聽急舉目向前看去，果見前方恰如身邊凡人所言，匆忙忙趕過來了一群兇神惡煞形態各異的水怪，形象實在個個嚇煞凡人！眼見至此黃帝勃然大怒道：「它們來得恰好，我們正好予以擒拿！」

然而就在黃帝正要傳令圍擒這幫水怪之時，卻見那幫水怪已經來到他的面前，「撲通通」一陣全都跪倒在地道：「大帝請恕小怪先前作惡之罪！小怪今日懾服於大帝之威，從今往後棄惡從善，再也不敢行惡凡界了！」

原來，這幫作惡湖畔的水怪聽聞道德的黃帝來到，知道自己昔日罪惡深重，黃帝定當不容，如果等待被黃帝擒住就不如自己先期歸心，為此他們懾於黃帝的武威歸心而來。黃帝見之嚴斥道：「若以你等之罪論處，自當盡在斬殺之列！本帝念及你等自我歸心而來，便當以仁德待之！但只是你等之言要說到做到，如若不然再被我擒住，就斷無活命之機了！」

水怪眾惡聞聽，齊謝黃帝連聲，連表決心不止。黃帝見它們言辭真誠，方纔放它們歸入湖中而去。黃帝懾服洞庭水怪，為洞庭湖畔凡人除去了邪惡之後，便繼續在人海的夾道迎送下向西巡去。黃帝引兵一路西行，轉眼又是在途數月，這日來到了巴山蜀水之地巍峨的峨眉山近處。

峨眉山因有山峰相對如蛾眉而得名，黃帝舉目看視，只見它峰巒挺拔，山勢雄偉，果然有峰相對形似蛾眉。峰巒之上竹松疊翠，煙雨

蔥蘢，一派霧遮仙子之氣，別有一番奇景逸致。黃帝看到這裏豔羨此山之美，催動眾兵加快腳步向山前行去。

然而又是黃帝眾兵越往山前行進迎送的凡人越少，來到山腳之下竟然圍觀者僅見數百人。黃帝見之心中奇異，急問圍觀凡人是何原因。圍觀凡人回答說：「峨眉山上有一種兇惡的野人，他們不時偷下山來，生吃人肉活喝人血，搶掠婦女不論老幼。鬧得凡人大都不敢在此居住，因而山下人煙稀少！」

黃帝聞聽大為氣惱，一群邪惡的野人竟然毀壞了這峨眉山下凡人的美好生活！於是他即讓嫘祖留在山下，教習婦女養蠶之法。自己則引領眾兵，上山尋擒這幫野人以除邪惡而去。

黃帝眾兵上山尋擒野人，轉眼過去數日仍然不見回轉。這日嫘祖引領眾婦女，正在山下一片桑樹林中採桑。突見從附近樹叢中，驟然竄出兩個野人，徑直向她們採桑的婦女沖來。眾婦女見是野人心中大驚，口中急叫著「野人」，拔腿便跑。

然而這些婦女全被突現的野人嚇破了膽，這時雖欲奔逃，卻被嚇得誰也挪不動了腳步。她們奔逃不動，恰好給竄來的野人提供了搶掠之機。但見那兩個野人來到距離最近的一名少女跟前，一個架住少女的一隻胳膊，搶起來就要離去。

「惡人休得搶掠凡女，嫘祖娘娘在此！」這突發的惡變，當然也驚怔了正在採桑的嫘祖。但是她很快明白也清醒了過來，隨著口中大叫道。叫著便急忙撿起地上一根棍棒，飛步上前打向了欲逃的野人。

待在嫘祖身旁的侍女嫫母見之，也立刻學著嫘祖的樣子，撿起一根木棍喊叫著打向了野人。嫘祖與嫫母的舉動頓然感染了正在驚怕的眾婦女，她們也早對野人充滿仇恨，因而這時見到有嫘祖兩個為她們壯膽，她們便都學著嫘祖兩個的樣子，撿起棍棒高叫著一齊打向了

野人。

　　野人雖然邪惡，但見眾婦女人多並都要打上前來，也頓然害怕起來。但見他們先是無奈地丟開了被搶少女，又見嫘祖已經打來，便忙撿起棍子進行還擊。倏然之間，但見一個野人剛剛撿起棍子擋開嫘祖之棍，另一個野人已揮棍「噗」一聲打中了嫘祖的腦顱。嫘祖受此惡棍來不及叫喊一聲，已猝然身死倒在了地上。眾婦女見之一驚，兩個野人急趁此機逃跑開去。

　　就在這時，嫫母與眾婦女正在圍住嫘祖之屍痛哭，黃帝引領眾兵尋遍了峨眉諸峰，到了今日名之為光明溪、華嚴頂、金頂諸處，都沒有尋見野人的蹤影，方纔返了回來。他們在山上找尋數日不見野人蹤影心中正惱，來到山下陡見嫘祖被野人剛剛打死之景，全都頓然惱怒萬分對黃帝道：「大帝，讓我等前去追尋野人居處，予以剿殺吧！」

　　「如此正可尋見野人。但尋見不是剿殺，而是要擒拿回來。快去！」黃帝眼見嫘祖身死心中正苦，聞聽眾兵所言有理，便即對眾兵道。說著，他留下百餘軍兵與自己一起處理嫘祖後事。其他軍兵則由力牧帶領，追尋野人而去。

　　那野人其實就群居在距此不遠，山半腰僻處的一方山洞之中。所以黃帝剛才只顧往山頂尋找，便找尋不見他們的蹤影。力牧這時引軍循著剛才逃去野人的蹤跡疾追，一陣便追上了逃去的兩個野人。隨後跟隨在他們之後，很快便追到了他們居住的山洞跟前。

　　居住在山洞中的野人幾近百數，他們吃慣了人肉喝慣了人血。力牧眾兵的到來，早使他們嗅到了人肉人血之氣，誘得他們立即惡欲難耐起來。為此他們禁不住一聲嘯叫，便一起沖出山洞，徑向力牧眾兵沖了過來，以期撲殺力牧眾人吃肉喝血。

　　力牧眼見眾野人沖來兇猛，一旦雙方相遇必然互有死傷，而黃

帝又不讓剿殺如此野人。無奈之時，力牧只有待到眾野人沖到近處，突令軍兵擂響夔鼓。一陣便把兇猛的眾野人，震得心膽頓喪衝殺不得起來。

力牧見之立刻麾動眾兵上前，轉眼便把眾野人全部擒住，押下山來。來到山下看到黃帝正在嫘祖墳前哀哭，眾軍兵皆念嫘祖被殺之仇，齊要殺滅野人。

「不，不可如此妄殺！我看他們與我們身同體，貌同形，不若野獸，而若凡人！」黃帝見之，急忙止住哭聲阻止道，「或許他們生成此狀，另有別種緣由，待我問清楚再作定奪不遲！」

力牧眾兵聞聽無奈，只有抑仇忍恨等待黃帝定奪。黃帝隨後對眾野人細加查詢，方知這幫野人原來果然也是人祖伏羲爺的後代，只因世代愚頑無知，方纔墮落到如此地步。黃帝於是決計對他們施以教化，使他們棄愚得智脫去野性。隨後他即令眾兵駐紮下來，待他日夕教化起了這幫野人。

時日不負苦心人，黃帝如此轉眼教化兩個月時間過去，這幫野人果然個個棄愚得智脫去了野性，變得與常人無異起來。黃帝見之大喜，因為通過他的如此苦心，不僅為山下凡人除去了禍害，而且也挽救了這幫野人。

教化好了野人黃帝便要北巡歸去，但在這時后土眾臣眼見自從嫘祖死後，黃帝心中愁苦難以消退，且其生活也缺乏嫘祖般的細心照料，便齊勸黃帝再納帝后。黃帝心中這時既苦嫘祖之死，又念曇花姑娘之情，因而摯意不肯。但無奈后土眾臣勸說再三，末了眼見不從有傷眾臣之心，方纔答應眾臣之勸，卻說要納嫫母為後。

「妻子的姣美容顏，只是年輕人乞求的東西。對於我這過來人來說，則要的是妻子的美好心靈。因為容顏的姣美轉瞬即逝，美好的心

靈才可以天長地久。」后土眾臣聽到黃帝如此決定，全都大出意料。齊言嫫母生相太醜，作為帝后容貌不稱。黃帝聽了則對眾臣苦口勸言道：「嫫母生相雖醜，但其心靈美好，因而正可納為帝后。再說，也只有這樣，才能對得起嫘祖⋯⋯」

後邊的話黃帝沒有說出口來，那當然是也才能對得起為他受苦的曇花姑娘！他覺得自己只有續娶這樣的貌醜嫫母，才不會再去傷害嫘祖與曇花姑娘之心。

「不，」后土眾臣聽聞至此全都無奈，可那嫫母在旁自知其醜，卻摯意不願嫁做帝后道，「我嫫母堅決不做大帝之後！」

「若你不做吾妻，」黃帝聽了，則立即話語鏗鏘道，「我就不再娶納！」

嫫母聽到這裏想到黃帝不納她女，還不若納下自己醜女，自己也好更加細心地照料於他，方纔在無奈中答應了黃帝之求。黃帝見到嫫母答應，便立刻率先跪告嫘祖之靈，然後便讓眾臣為媒對天跪拜，與嫫母結成了夫妻。

二七、陷身沙海

　　黃帝與嫫母結為夫妻之後，便引軍告別蛾眉，一路北巡歸回橋山而來。一路之上，所到之處仍是人海夾道迎送，歡聲震天動地一派歡慶場景。如此在途行進又過數月，這日來到了巍巍王屋山下。

　　當時，王屋山與西邊的太行山兩山比肩挺立，雙方高聳雲端。黃帝來到王屋山下，邊看山峰峻偉邊沿山腳北行。行至大山北麓看見一位高齡老漢，正領一幫年齡參差錯異之人，在山腳下挖土的挖土，畚泥的畚泥，幹得熱火朝天。

　　黃帝細瞧那熱鬧場景，覺得既不似翻土耕田，也不像挖泥築屋。心中不禁一陣奇詫，便開口問詢起了前來迎送他的眾人。黃帝聽了眾人回答，便立刻被那夥人豪邁而愚莽的壯舉，驚愕在了那裏。

　　原來，引領那幫挖土畚泥之人的高齡老漢，乃是蚩尤騙來攻打黃帝的夸父氏族人中的一員。由於他年紀老邁閱歷深廣，一到戰場便見到黃帝之師為正義之師，其族人受了蚩尤兄弟的欺騙，為此他不僅自己反對參戰，而且力圖勸說氏族中人全都從受騙中清醒過來，與自己一齊反對蚩尤兄弟挑起的那場戰端。

　　但眾族人對他所言聞若未聞全都不醒，無奈他只有從反戰到棄戰，引領自己帶來的子孫後代親眷人等，尋機離開蚩尤軍兵，來到這

王屋山與太行山北的一座小山北山之上，安家住了下來。

這高齡老漢引領家人落腳北山之時年已七十有餘，黃帝剿滅蚩尤軍兵用去近十年時間，其後又輾轉度過數載，至此黃帝巡遊到此山下之時，其年紀已逾九十之數。夸父氏族人皆善良得如同愚昧，憨直得近乎傻氣，因而附近眾人都稱這新來的夸父氏族人為愚傻族人，稱其高齡老漢為「愚公」。

這新名愚公的夸父族高齡老漢九十歲那年，由於長年有感於家門南面被王屋與太行兩座大山攔擋，進出很不方便。這日突發愚莽而又豪壯的奇想，決心搬開這兩座攔擋家門的大山。

「這兩座大山攔擋我們家進出的道路，我帶領你們把它們搬到別處，怎麼樣？」要搬開這兩座大山當然不是一人之事，愚公便召來眾老少家人商量道。愚公的那些稟賦與其一樣善良得如同愚昧，憨直得近乎傻氣的子孫們聞聽此言，全都應聲贊同。

「什麼？你要搬開這王屋山與太行山！你這麼大年紀了，怎麼做得到！」倒是愚公的妻子，聽了老頭子要帶領全家老少搬山，立刻驚詫得提出反對意見道，「即使做到了，這兩座大山挖下的泥土石塊，又往哪裏去堆？」

「搬到東方大海裡去，不就成了嘛！」愚公憨直的子孫們鏗鏘回答道。愚公聽了大喜，便不顧老伴的反對，立刻引領眾子孫開始了搬山之舉。愚公如此帶領眾子孫挖土搬山不止，感動得附近一個寡婦生的遺腹子，剛到換牙年齡就與其母一齊跑來幫助勞作。

「老朋友，像你這麼大歲數的人，」然而愚公的一個名叫智叟的朋友，看見愚公引領家人這樣搬山不止，則過來戲笑著阻止愚公道，「怎有可能搬開這兩座大山！」

「老友不必再言！因為我看到你的見識，竟連鄰家那寡婦與換齒

小兒也不如。」愚公對好友智叟的勸言甚為不滿，瞪著眼睛回答道，「你只見我這麼大歲數了，但你怎麼就不知道即便我死了，我還有兒子，兒子死了有孫子，孫子又會生兒子……」

「噢，你是說你們這一家人，這樣世世代代幹下去，」智叟聽到這裏明白了愚公的意思，不由得肅然起敬起來道，「王屋山與太行山雖大，是一定會被搬走的！」

「老友說得對！老夫就是這個意思。」愚公就這樣駁得智叟無言以對，使其轉變了態度之後，他則繼續引領家人搬山不止。到此黃帝看見之時，已經連續搬過數年。

黃帝聽到這裏大受感動，特別是當他聯想到自己昔日頒行道德之道的艱難歷程，並展望未來也難以平坦的道路之時，更加感到愚公的搬山莽舉，正是自己昔日經歷的寫照，也是對自己未來行動的啟迪。為此他對愚公此舉同情不已，決計幫助堅定不移行此莽舉的愚公，使他在有生之年完成搬山壯舉，了卻搬山夙願。

「王母娘娘，」於是黃帝即對高天連喊三聲道，接著便對王母娘娘講說了自己要她助力愚公搬走兩山之意。事情真是神奇，就在黃帝之言剛落之時，便見玄女與素女兩個，竟倏然分別出現在王屋與太行山巔之上，隨著各自背起腳下的大山，把一座搬到了朔東，一座搬到了雍南。

眾人見之歡呼雀躍，愚公見之則即引家人前來拜倒在黃帝腳下，稱謝黃帝相助之恩。黃帝見之則對愚公道：「老公不必言謝！若說言謝，你我雙方應該互相稱謝才對。」

「啊！」愚公聽聞不解黃帝之意，心中一愣脫口道，「大帝這是何意？」

「因為雖然是我幫你搬走了王屋山和太行山，但你那挖山不止搬

山必成的精神，卻啟迪我認識到人生在世，」黃帝這時深情道，「只有迎難而上，鍥而不捨，才能萬事竟成！所以你我互有幫助，就沒有老公對我言謝之理了。」

愚公聽了黃帝此言心中更喜，但只是不遵黃帝之言依舊叩謝不止。黃帝則隨後告辭愚公，繼續巡行回歸橋山而去。王屋山與太行山舊址距離橋山不遠，黃帝在途十餘日便回到了橋山居地。

黃帝此去巡遊一晃已過數載，風后聞知早率眾兵迎來。迎至居處休歇下來，雙方免不了寒暄過後一陣互詢長短，直至深夜方纔散去。然而眾臣散去之後，黃帝躺下身去卻怎麼也不能睡著。雖然他離去數載橋山居地平安無事，沿途之上道德之道頒行凡界如風蔫草眾人歸心，但正是因為凡界平安凡人幸福若此，黃帝心中卻再也不能平靜下來。

他不能平靜的心中這時想到，自己所以能夠使凡界平安凡人幸福若此，為凡界凡人建樹如此大功，則全賴王母娘娘相助之力。自己昔日下凡之時，是王母娘娘盡力保舉始成。來到凡界之後，自己每遇急難總是王母娘娘救助。因而自己之功全是王母娘娘之功，凡界平安凡人幸福全賴王母娘娘之力。為此他不能睡著，決計西上昆侖拜見並尋謝王母娘娘。

與此同時他也想到，凡界平安凡人幸福了，那因愛他而受苦的曇花姑娘，卻仍在苦難之中。他此去也正好向王母娘娘為其求情，以讓其複還原身複歸天界王母娘娘身邊。想到這裏黃帝一宵未睡，天亮便點齊原班軍兵，仍著風后留守橋山，出發西向昆侖尋謝王母娘娘而去。

黃帝這次西行的目的，雖是尋謝王母娘娘並為曇花求情，但他當然也忘不了沿途張揚道德，頒行道德之道，以威懾沿途惡者棄惡從善。因而他仍與先前出巡時鋪擺出一樣的排場，令沿途方圓百里凡人

趕來圍觀。

沿途之上，因而仍是人海夾道相迎，歡聲此起彼落，場面熱鬧非常。但只是這次黃帝前去昆侖尋謝王母娘娘心切，不再像先前那樣常在途中逗留。為此剛行數十日，便已走完了 2/3 的路程，來到了西方叫作「洹流」的大沙漠邊沿。

這叫作洹流的大沙漠是個非同尋常的去處。這裏的沙粒非常輕細，因而能夠像水一樣流動不息。所以不少地方人一踏進去，就會陷進深不可測的細沙之中喪去性命。據說後來屈原〈大招〉中所寫，「靈魂啊不要到西方去，西方有流沙，浩浩瀚瀚不見邊際」的流沙，和吳承恩《西遊記》中描寫的沙僧在那裏幹吃人勾當的八百里流沙河，便都是指的這片洹流大漠之地。

由於這裏氣候險惡不適宜於人的生存，所以這裏人煙漸至稀少，黃帝引軍越往前行，迎送之人越少，隨著不見了迎送之人。不僅不見了迎送之人，而且連那覆蓋大地的綠裝也漸漸減退了去，越來越加赤裸地裸露出了大地那土黃色的脊樑。只有偶爾一株頑強生長在這大漠邊沿的奇異植物石荷花，展示著青綠的葉子，隨風飄搖著給這荒蕪的大地點綴出一絲兒生機。

黃帝行進途中行經如此境地也有它的好處，那就是其心中也得以平靜下來。心中的平靜又使他尋謝王母娘娘，並為曇花求情之心更急。因而他催促眾兵加快腳步，沿著這荒漠邊沿的陸地，疾急地向西行進起來。

黃帝眾軍如此向西疾行三日，由於荒漠中炎陽似火洹沙酷熱，只見荒沙遍地不見水的所在，加之黃帝催趕眾兵走得疾急。因而眾兵不僅身子疲累至極，而且在酷熱中喝乾了所帶飲水。這時全都身子疲累，口腹乾渴酷熱難耐，陷入了寸步難行的境地。

累熱乾渴之中，他們期盼得到飲水。以濕潤乾裂的嘴唇解去如火的乾渴，給疲憊的四肢注進身力。抗禦荒漠中如此難耐的酷熱，跟隨黃帝走出如此荒漠，去到昆侖神山。為此唇乾舌裂、四肢疲軟的黃帝眾兵，這時個個都用貪婪的目光，向四處搜求著水的出現。

恰在黃帝眾兵如此四處求水之時，水竟然真的在洹流荒漠中出現了。但見在北方的大漠之中不遠之處，一泓碧水在一方偌大的池塘中輕輕蕩漾。碧水之上波光粼粼水光閃耀，既有戲水的銀魚亮翅，又有成群的水鳥遨遊。池塘邊上長滿翠竹垂柳各色花草，竹青草翠，柳綠花紅。碧水被紅花綠草簇圍，形成了一個活生生的與荒漠之死相異的世界。

黃帝與眾兵都看到了這個他們期盼嚮往的世界，因為那裏正有他們這時最需要的求生之水。黃帝於是心中大喜，沒作多想便在眾兵的要求之下，命令眾兵轉向處在北方大漠中的那方池塘奔去。

黃帝眾兵本已乾渴至極難以顧及黃帝之命，見到遠方的碧綠池水便本能地欲要奔去。這時又聞黃帝命令他們奔向那池碧水，一時間真個是如瘋似狂，誰也顧及不得了平日軍紀，亂如一窩蜂般地拼命向那池水奔去。

為黃帝駕車的軍馬照樣口渴，因而眼見眾兵如此瘋狂地奔向了池水，便也耐受不住一陣拼命地拉起黃帝乘坐之車，在眾兵中衝撞著奔向了北方的池水。

黃帝與眾兵就這樣欲求奔到池邊解除乾渴，然而他們向那本來距之不遠的池塘拼命奔啊奔呀，卻奇跡般地看到，無論他們奔跑多麼疾急，也不論奔跑出了多遠的距離，那池清涼的碧綠池水，都仿佛還是如同先前一樣，距之不遠地待在他們前方，沒有縮近絲毫的距離。

看到如此情狀黃帝眾兵本來應該心生疑竇，停止向池水奔進了。

但由於他們全都乾渴難耐，一心只想求水解渴，所以誰個對此也沒有生出絲毫的懷疑。就連善於思考的黃帝，一時間竟然也是如此。

黃帝眾兵就這樣在酷熱中越跑越累越渴，越累越渴便越想到池水之旁，因而便向前奔跑得更疾。然而他們又是跑過了按照算計可以到達的時間，跑出了按照算計應該達到的路程，但那池誘人的碧水，卻仍如先前一樣，依舊距之不遠地待在他們前方。

眼見如此情景，善於思考的黃帝這次心中生疑了。他先是懷疑這池誘人的碧水內有蹊蹺，或許是惡者施下的誘騙之計。但接著他又否定了自己的這一懷疑，認為這池碧水或許是沙漠中出現的幻景，可望而不可即。

然而心也盼水為眾兵解渴的黃帝，隨著卻又不願以幻景否定這池碧水為真實，而想到或許是沙漠中的路看近實遠，自己軍兵還未奔到這池碧水跟前。因為他認為自己之威已經懾服了凡界，在這荒漠之上一是不會有惡者敢於如此施惡於他，二是沙漠也不敢現此幻景捉弄他黃帝之軍。

就這樣他否定了自己心中生出的對惡者施惡和對沙漠生幻的懷疑，而在眾兵乾渴無奈之中，只往好處想像這池碧水非為幻景而為真實，只是自己軍兵沒有走完到達的路程。所以便沒有阻攔眾兵，依舊與眾兵一起向池水奔去。

如此黃帝眾兵轉眼又已奔過了應該到達的時辰，奔出了應該到達的路程，可那池碧水還是如同先前一樣，距之不遠地待在他們前方。這次黃帝實在不敢再想這池碧水非為惡者施惡和幻景，而為真實了。他不得不認定這池碧水如若非為惡者施計，引誘自己之軍深入沙漠絕地，便為沙漠幻景了！

為此他心中不由得驟然緊張起來，因為如果其為沙漠幻景倒還

不太可怕，只不過會使自己之軍白跑如此一遭，使其軍兵更加疲累乾渴，陷入險地罷了。但如果其真是惡者的誘引，將自己之軍引入了沙漠死地，自己就真個是沒有能耐引領眾軍生出沙漠，而只有覆沒於荒漠之中了！

　　緊張至此黃帝不敢怠慢，急令馭手止住駕馬，並令后土與力牧喝止狂奔的眾兵。然而駕馬這時雖然奔得更累，但由於也口中更加乾渴，所以向池水發瘋般狂奔得更加疾急。不僅馭手止不住駕馬，后土與力牧也喝止不住狂奔的眾兵。

　　馭手止不住駕車的戰馬，坐在車上的黃帝如此也只有違心地乘車繼續向前疾奔。眾兵本來不聽后土與力牧喝止，又見黃帝所乘之車向前疾奔，便更加不聽后土與力牧喝止之，依舊瘋狂地向前疾奔。

　　身處如此境地的黃帝心中頓然大驚起來，因為他看到了如此狂奔下去全軍覆沒之時，說不定須臾就要來到。為此他又令馭手拚死止馬，再令后土與力牧喝止眾兵。然而駕馬與眾兵仍是攔喝不住，依舊向著前方的池水發瘋般地狂奔。

　　黃帝眾軍就這樣轉眼又已奔過了該到的時間，奔出了該到的路程，可那誘人的碧水卻還是依舊如同先前，待在前方不遠之處奔跑不到。黃帝眼見此景再也不能容忍了，因為他知道自己軍兵已經奔出了不少的時間，奔走了不少的路程，進入了距離沙漠邊沿遙遠的沙漠深處了。

　　因而別說再向前奔，就是這時返了回去，在這洹流大漠之中還不知道是否有望呢！為此全軍覆沒於沙海之中的場景，頓然可怕地展現在了黃帝眼前，使他實在不能再怠了。為此但見他立刻焦灼地一邊揮劍刺向了前邊的駕車之馬，一邊高叫后土與力牧斬攔眾兵。

　　黃帝如此斷然舉動，果然止住了前奔眾兵，但見在他揮劍刺倒一

匹駕車之馬之後，其所乘之車終於止住了前行。后土與力牧也在各斬一兵之後，驚止了狂奔的眾兵，使他們全部驚呆在了那裏。

「你們只顧向池水狂奔，可你們想過沒有，我們奔跑了這麼多時間，奔走了這麼遠路程，」黃帝見之唯恐眾兵再奔向前，便急忙開口大叫喚醒狂迷的眾兵道，「若按眼見的距離推算，已經是奔走幾個來回也用不完的時間，奔到水池數趟也用不完的路程了，可為什麼就是奔跑不到？」

「如此大帝是說，這裏面有鬼？」后土這時心明道，「是有惡者施用的誘引我們的惡計？」

「是的，我們若是再不迷途知返不息地奔去，」黃帝這時繼續道，「不僅永遠奔不到池水跟前，而且就只有死路一條了！」

黃帝的話語剛剛說到這裏，卻見那原先距之較遠的那池水，這時竟奇跡般地移到了他們跟前近在咫尺之處。使得他們若再向前奔去三五十步，就可去到池邊似的！於是那碧綠的池水，便再次誘引乾渴至極的眾兵們，頓然忘掉了黃帝上述之言，禁不住又「呼啦」一聲齊向池水奔去。黃帝這時也是一時止不住眾兵，只有任憑眾兵奔去。

但是眾兵轉眼又已奔出了兩個五十步之遙，那池誘人的碧水距離他們，卻仍有三五十步之遙。黃帝眾兵還是只顧求水解渴顧及不得別的，依舊向池水狂奔。眾兵的如此繼續狂奔，使黃帝實在容忍不得了！因為他由此更加清楚地看到，那迷人的碧綠池水既非幻景，也絕非真實，而完全是惡者誘引其軍的惡計，清楚了眾兵如此奔去的險惡。

為此但見他再次喝令后土力牧與他一齊動手，揮刃攔殺起了狂奔的軍兵。黃帝三個如此又手刃軍兵數個，方纔再次止住了狂奔的軍兵。黃帝見之又急忙大叫喚醒眾兵道：「那水池所以如此近在眼前又不可企及，完全證明其為惡者所為！惡者定然是要由此把我們誘入大

漠深處，陷而滅之！」

「大帝所言極是！」力牧這時對眾兵高叫喝止道，「就是渴死，我們也要遵從大帝之命！」

「為此我們要求活路只有一條，就是不再向前去追池水，而是忍渴抑累，即從原路返出大漠，」黃帝這時講說自己之想，也是命令道，「再尋水源以求活路！否則，我們就要盡陷死地，覆滅於這茫茫荒漠之中了！」

眾兵聽到黃帝言說至此，方纔全都清醒過來，看到了眼前處境的險惡，急求黃帝快領他們退出大漠。黃帝這時急不怠慢，急令指南車掉轉車頭為眾兵指向，以迅疾退出如此大漠。但不料就在這時，不僅待在近處的碧綠池水頓然消失了蹤影，而且惡風驟起捲沙蔽日。一陣便在黃帝眾兵周圍旋起了流動的沙丘，改變了先前的地形地貌。

黃帝眾軍全被惡風旋得團團亂轉，迷失了方向。轉瞬惡風過去，迷失方向的黃帝與眾軍正要靠著指南車辨別方向，卻見指南車上的指南木人早被惡風旋去。因而一時間黃帝眾兵不論誰個，也定不出了東西南北，辨不出了哪是退路哪是前方。

黃帝眾兵身置此境更加看清了處境的險惡，齊聚向黃帝周圍要他對方向作出判定。因為他們都知道在此洹流大漠之內，走錯一步就有可能陷身沙海之中，所以這時誰也不敢亂動。黃帝這時當然也像眾兵一樣，對方向無法作出判定。然而眾兵無以判定方向可以，他黃帝無法判定卻不行，因為他必須儘快引領眾兵退出如此死地。

因而緊急無奈之中，他與后土眾臣猜測一陣，便令眾兵向其猜定的方向試探前行，以退出沙漠。但就在黃帝剛令前軍向前行出數步之時，數名前排軍兵便頓如身落水中一般，一齊「噗」地陷進了沙海之中，眼見著就要沒頂於荒沙之內，死於荒沙之中。黃帝見之大驚，急

令隨後軍兵抓住陷身軍兵用力拽拽，以把他們救出死地。

眾兵聞令即動，急忙抓住沉陷沙海軍兵之手，用全力向上拽拉起來。然而就在他們拼力拽拉依舊拽拉不出之時，卻聞面前沙海之上，驟然傳來一陣朗朗笑語嗡嗡怪聲道：「黃帝老兒，你等已經中了我等六精惡計，只有死路一條了！因而你們也別再費氣力，去拽拉這幾位身陷沙海軍兵了。告訴你們吧，他們只不過是比你們先走一步罷了！」

黃帝眾兵乍聞此聲全都一驚，齊舉目向前循聲看去。但見在他們面前近處，面目邪惡的樹精、草精、竹精、水精、魚精、鳥精六怪，正在高興地看著黃帝軍兵陷入了如此絕境。以勝者蔑視敗者的傲然歡喜之態，對黃帝眾兵笑說著。

「怪道我軍兵久奔不到池水之旁，原來果是你等精怪在此施惡！現在我正告你等精怪，立刻迷途知返歸心道德，」黃帝眼見此景，勃然大怒道，「並護我軍兵出此絕地，我黃帝對你等可以既往不咎！如若不然，你等惡怪就應該知道，我黃帝是不會輕饒你等的！」

樹精六怪皆為身經千百萬年修行，修成精怪之後成為邪惡之身者。但恰在他們剛剛修行成精欲圖行惡凡界之日，卻正趕上黃帝打敗炎帝頒行道德之道之時。為此使得他們受到黃帝道德之道的威懾，不敢恣意行惡，心中充滿了對黃帝的仇恨，發誓除去黃帝廓清阻擋他們施惡的羈絆。

隨後他們數尋除去黃帝之機，但無奈一直找尋不到。恰在這時黃帝西上昆侖，途經如此洹流大漠邊沿。他六精聞知心喜，一陣計議便定下在此洹流大漠之地，施用碧水騙術把黃帝軍兵誘入大漠之中，除去黃帝。他們的惡計此刻得逞，眼見黃帝眾兵盡陷死地脫身不得，他們眾惡恣意逞惡的時機已經來到，便以勝者的姿態高興地談笑起來。

「別再死到臨頭，還只顧耍你那道德的臭威風了。今日我們六

精，就在這裏看著你不饒我等哩！」他六精的高興談說激得黃帝前番一陣怒言，但他六精聽了卻不愠不怒繼續笑言道，「但只是不知道是你不饒我等，還是我等看著你死在這裏哩！嘎嘎嘎……」

他六精如此說著，又得意地一陣蔑笑起來。黃帝聽了心中雖惱，但這時卻也禁不住被他六精之言，說得頓然心中發起怵來。因為就在剛才六精言說之時，那拽拉身陷沙海軍兵之手的眾兵聞聽一驚，鬆開了拽拉之手。使得陷身沙海的數名軍兵，頓然沉沒在了沙海之中，斃去了性命。

黃帝於是驚怕地想到，如果他眾兵如此找尋不到退出這偌大沙海之路，就只有如同喪去性命的軍兵一樣，陷身在沙海死地之中了。心中怵怕至此，黃帝再也不敢怠慢，但見他即棄在旁言笑的六精於不顧，急忙催動眾兵返身向後，再探安全之路以退出沙海而去。

然而黃帝又領眾兵探過了兩個方向，前行之兵則全都有去無回，陷身在沙海之中消失了蹤影。事情至此黃帝看到了退出沙海的無望，因為樹精六惡已把他們誘入了絕境之中，只有腳下這塊不陷的沙地，可以載著他們。離開這片沙地，四周便全是可陷生人的沙海死地。他們已經無路可以退出如此沙海，只有陷入沙海覆沒一途了。

看到此境黃帝心中更為驚怕，驚怕之中他不敢再讓眾兵試探尋途，而急忙心機急轉，思謀起了將計就計脫此厄境之策。這時候黃帝真可謂急中生出奇智，一陣便想出了擒拿樹精六怪之策。於是他立刻悄悄傳下軍令，要眾軍兵盡在一陣狂亂求水乾渴難耐之後，全都假裝昏倒在所站地面之上。

黃帝眾兵如此假裝全部昏迷，恰如黃帝所料，果然喜壞了樹精六怪。引得他們全都一齊離開他們站身的沙海陷人之境，來到黃帝眾兵昏倒之處，欲要吃食人肉喝飲人血。

六怪如此之行恰好中了黃帝妙計，但見就在他們剛剛飛身來到假裝昏倒的黃帝眾兵群中之時，力牧已按黃帝之令，「咚」的一聲撞響了夔牛皮鼓。夔鼓之聲頓如驚雷驟響，震得樹精六怪頓然心抖體顫動身不得在了那裏。黃帝見之一聲喝令，假裝昏倒之兵驟然躍身而起，須臾便將樹精六怪擒了個結實。

「你等六怪行惡至此欲圖滅我軍兵，已經身負難赦之罪！論罪本該立刻斬殺，」黃帝眼見擒住了樹精六怪也不怠慢，立刻怒對他們道，「但此刻我賜你等一個立功贖罪，求得活命的時機，那就是即引我眾兵退出沙海！如若有誤絲毫，我當嚴懲不貸！」

「過去我等斗膽包天欲滅大帝軍兵，罪在不赦！」樹精六怪身置此境，不應只有死路一條，刁鑽邪惡的樹精靈機一轉，立刻答應道，「今時大帝賞賜我等贖罪之機，小怪感恩不盡，定將立功贖罪！」

然而樹精這時口中雖如此說，心中卻又已思謀好了惡計。即口中答應引領黃帝軍兵退出沙海，而實則再將黃帝軍兵引向沙海深處。屆時再伺時機自己六怪脫身逃掉，使得黃帝老兒陷身沙海喪去性命。

黃帝沒有想到樹精六怪刁惡至此，也想不到他們在自己面前竟敢如此刁惡。因而聽了樹怪之言，便即令眾兵押著六怪在前引路，自己便引兵隨後以圖退出沙海。然而黃帝如此引軍跟隨樹精六怪行出多時，眼見天色已到傍黑時分，卻仍是不見沙海盡頭待在何處。

眼見至此，黃帝心中頓然再生疑竇。因為他想到，前晌他們追尋誘人的池水，不過用去一個上午的時光。若按時間算計，這時他們又已行出了一個下午的時光，是應該可以回到沙海邊沿的！可是現在卻依舊只見沙海茫茫荒涼一片，不見邊沿待在何處。

黃帝心疑至此，隨即便想到定是自己又中了樹精六怪惡計，有可能是他們把自己之軍進一步引向了沙海深處。如若不然，沙海邊沿早

該到來了！心想至此黃帝大驚，因為如果真是這樣，天黑之後樹精六怪再逃了開去，自己與眾兵就只有死路一條了！

黃帝驚怕至此正要開口喝止眾兵，卻恰見樹精六怪前行之處殺聲陡起。原來竟然是他六怪趁黑陡出殺手，欲圖殺死管押之兵逃脫開去。黃帝見之豈敢怠慢，急叫力牧再擊夔鼓，以震懾樹精六怪使其逃脫不得。

力牧聞令立即重震夔鼓，夔鼓一響，果然又將已經脫開身來的樹精六怪震懾愣在了那裏。虧得黃帝頭腦反應迅疾，如若不然樹精六怪真的就要逃脫開去了。這時夔鼓驟響重又使得樹精六怪逃脫不得，黃帝眾兵立即又把他們擒了起來。

「本帝先前不殺你等，是念你等修行不易，本想賜給你等一條活路。但不想你等竟然不思立功贖罪，反而惡上加惡，」黃帝這時從樹精六怪欲圖逃遁的行動之中，已經完全證實了自己剛才之想，便對之怒叫起來道，「竟將我眾兵引向了大漠深處！你等邪惡至此身受刑戮，還有何言可說？」

「大帝，是我等該死！但是你若再饒了我等這次一命不死，我等一定棄惡從善，」樹精六怪心中有鬼，重又被擒大為驚怕，正唯恐黃帝再查知了他們重又把其軍兵引入了大漠深處，非殺他們不可，就在這時黃帝如此一番言辭，恰好說到他們的怕處，但見他們聽了黃帝此言，頓然嚇得全都癱倒在地，口中苦苦向黃帝求饒道，「不僅把大帝軍兵引出大漠，而且從今往後，死心塌地侍候在大帝面前，以贖前愆！」

黃帝聞聽樹精六怪此言，果然證實了自己之想，心中頓然氣惱得真是非要即殺樹精六怪不可。但無奈他又想到如果殺掉如此六怪，自己又無能力引領軍兵出此沙海，自己之軍就只有陷此沙海絕地而覆滅

了！所以他對樹精六怪是殺是留，一時間竟然猶疑起來。

「大帝，殺了他六惡吧！」這時，后土與眾兵皆已查知了樹精六怪的邪惡，忍不住齊聲催促黃帝大叫道，「他們已將我們害至死地了！」

「星君，除盡這六惡吧！」黃帝聞聽正在猶疑難決，恰在這時暮色中黃帝突見眼前一亮，竟又奇跡般地聽到了曇花的聲音道，「我來領你眾軍出此大漠！」

黃帝聽到曇花此言既喜且疑，喜的是在此急難之時，曇花姑娘再次救助自己而來。疑的是怕自己急難之中心想好事，耳朵聽錯了聲音。喜疑之時，黃帝為了證實曇花聲音的真假，急舉目向眼前亮處看去。但見一株嫩綠的曇花，果然又像先前驟現在蚩尤所布迷霧之中一樣，真的出現在了自己眼前。

眼見至此，黃帝猶疑難決的心中頓然堅定起來，沉重至極的心情也頓然輕鬆起來！因為他知道，先前自己之軍身陷蚩尤所布迷霧之中無奈之時，是曇花姑娘化變的曇花，如此引領自己之軍脫出了厄境。所以在自己又陷沙海絕境之時，曇花姑娘化變的曇花，重又出現在自己眼前，便是她再次為自己解厄而來。

「好曇花，你對我愛得太深了！你放心吧，只要我能出此沙海尋到王母娘娘，定為你苦求複還原身複歸天界！」為此，黃帝禁不住心中大喜暗叫道。言畢，他即令眾兵殺掉樹精六怪，然後引領眾軍跟隨眼前的曇花，連夜退出沙海而去。

二八、仙人授法

　　黃帝得到曇花救助絕處逢生，引領眾兵跟隨曇花在沙海中奔走一宵，終於到天亮時分奔出了死地沙海。隨後，又在曇花的引領下尋到了水源，方纔最終脫出了死地絕境。

　　然而，就在黃帝與眾兵飽飲綠水解去乾渴，黃帝心想再讓曇花引領他們徑往昆侖尋見王母娘娘，抬頭尋找剛才為他引路的曇花之時，卻怎麼也尋找不見了曇花的蹤影。曇花這時實現了其再救黃帝脫出死地絕境的心願，在黃帝剛才只顧低頭飲水之時驀然消失了蹤影。

　　黃帝找尋多時不見引路的曇花，心中甚是後悔先前在沙海絕地之上，心中只顧引領眾兵脫出沙海，而沒有顧上與引路的曇花言說。剛才又只顧飲水解渴，心想之後再與曇花言商下步行動，因而又不曾顧得與曇花言說一語。

　　就這樣曇花雖然把他與眾兵引出了死地絕境，他卻末了竟連對曇花言謝一聲也沒做到，實在使他心中遺憾到了極點。然而事到此時再後悔遺憾也已無用，無奈之中黃帝只有把曇花對自己之愛再次記上心頭，引軍加快步伐徑奔昆侖而去。以早日尋見王母娘娘，為曇花姑娘求得複還原身返歸天宮之日。

　　黃帝如此引軍在途疾行十餘日，這日終於來到了巍巍昆侖山下。

昆侖山勢峻峰險，巍峨無比。黃帝眾軍一路奔走疾急疲累至極，加之黃帝心想自己一時也不知道攀登何峰，才能尋到王母娘娘，而且又不知道王母娘娘這時是否會恰如昔日曇花所說，正在昆侖山中，同時又見天色已暮，黃帝心中雖想即見王母娘娘，卻也求見不成。

無奈之中，黃帝只有命令眾兵駐下休歇一宵，待到天明疲勞解去，再上山去尋找昔日曇花所言那方石室，以尋謝王母娘娘並為曇花姑娘求情。黃帝與眾兵就這樣在山下休歇下來，黃帝由於一路奔波操勞身子疲累，加之又想養精蓄銳，以待天亮精神抖擻地去尋見王母娘娘，因而頭一挨枕便呼呼酣睡過去。

「好你個軒轅星君，你下臨凡界不去好好頒行道德之道，卻來昆侖神山遊山玩水！沿途你勞民傷財，早為玉皇大帝所不容。故爾今日特遣我來把你擒歸天庭，典定重刑！望你束手就擒，免得我徒費手腳！」黃帝剛剛如此酣睡過去，就突然看見一隻青身紅頭黑眼睛的猛禽，倏然飛落到了自己面前，擺出兇神惡煞般的架勢，口中吼叫著，就要撲身上來捆綁黃帝。

黃帝聞聽此言目睹此景，由於事生驟然先是凜然一驚，但隨著他心中一明，驚怕頓失，禁不住一陣「哈哈」笑了起來道：「好你個大猛禽，竟敢前來假傳玉皇大帝御旨，騙說我軒轅星君！」

「好你個軒轅星君，竟然知曉我的秘密！」正欲捆綁黃帝的猛禽陡聞黃帝此言，立刻止住欲行之舉，轉為奇詫詢問道，「是誰把此機密洩露給了你的？」

這青身紅頭黑眼睛的猛禽，正如曇花先前對黃帝所言，是王母娘娘的侍女玄女在昆侖山上所化大鵞。這時身負身正在昆侖山上的王母娘娘之命，迎請黃帝上山見她而來。

由於她與黃帝相處甚熟，並且以為黃帝不知王母娘娘與她們在此

昆侖山上的根底，便演出了如此一幕戲弄黃帝的鬧劇，以圖與黃帝逗個快樂。但不料假戲還沒有真唱起來，自己便已被黃帝揭穿了老底，使她頓然驚詫在了那裏。

「噢，我想起來了！」然而這化作猛禽大鷲被黃帝揭穿了根底的玄女，迅疾明白過來，不待黃帝開口便又接上話語道，「一定是曇花姑娘，向你洩露了王母娘娘之密。」

正為自己一言揭穿了玄女的假戲而高興的黃帝，這時驟聞玄女此言，頓然心中一驚高興盡逝。因為昔日曇花對黃帝說過，洩露王母娘娘此密，就將犯下不赦死罪。而這時他只顧高興，不覺一語洩露了自己知道王母娘娘之密，如此又被玄女一語揭穿了自己知曉的謎底來源於曇花，他又怎知玄女不會即去向王母娘娘稟報！

如果她稟報於王母娘娘，自己此行不就將不僅為曇花求情不得，反會為曇花添加了罪行嗎？為此他急忙開口極力為曇花辯白否定道：「不，這絲毫不關曇花的事兒！」

黃帝的如此無力辯白，恰好正為剛才與黃帝逗樂假戲真演未成的玄女，提供了再次逗樂之機。隨著，但見她雙眼一瞪道：「娘娘最是不赦洩密之罪！你說清楚，不是曇花向你洩露如此之密又是誰個？你若不說請楚，我這就稟報娘娘是曇花洩密於你，讓曇花罪上加罪！」

「好玄女，我不過與你開句玩笑，想不到竟然闖到了點子上。這根本不關曇花的事兒，你就別把這事兒當成事兒，」黃帝眼見此景聞聽此言，見玄女果然來了真的，心中真個是陡地驚怕到了極點，因為他最驚怕的事情終於出現了，他知道這事情若要弄成真的分量的沉重！為此他不敢怠慢，忙對玄女央求道，「看在你與曇花姐妹一場的分上，別再為苦難的曇花雪上加霜了吧！因為這事兒不論放在誰個身上，都是吃不消的呀！」

「不行，對此娘娘最恨的事兒，必須真事真辦。我們不當真去辦，就是對娘娘的不忠。」玄女這時為了逗樂，當然不會退讓道，「再說如若娘娘追究下來，知情不報將同樣罹罪，因而豈敢不當事兒！你快說，如若不然我這就前去稟報娘娘，是曇花洩密於你！」

玄女對黃帝的如此故意捉弄，真個是頓然把當真的黃帝弄得驚怕苦痛到了極點。因為他若如實言說是曇花洩密，曇花就要因為自己失言再罹重罪。而若說是自己偷知此密，這玄秘的玄女定然又不會相信說不過去！為此他後悔到了極點，責備自己到了極點！

「如若姑娘真辦此事，我就對你實說了吧。」後悔責怪之餘，他當然不忍再去加害於苦難的曇花，因為曇花已被自己害得苦到了極點啊，為此他決心自作自受，對玄女認真道，「娘娘之密是我軒轅星君偷窺得知的，與曇花絲毫無關！」

「那好，既然如此，」假戲真演的玄女看到黃帝認真至此，禁不住頓然感情大動，豔羨曇花和痛惜自己之情又一齊溢上面容，慨歎起來道，「曇花愛你一場，也就絲毫不虧了！」

「好你個壞玄女，淨拿我逗樂！」黃帝聽了玄女此言，方纔知道自己當真受了玄女捉弄，立刻又氣又笑地對玄女大聲叫了起來，隨著頓轉嗔怪道，「可你也不該開這麼大的玩笑，把我都嚇壞了呀！」

「若不如此，用分量輕的事情，怎能驗試出你對曇花愛的真假呢？」玄女則隨之一笑道，「其實你當真受到驚嚇全怪你自己，你怎麼就不想到我玄女絕對不會再去給曇花雪上加霜呢！你自己錯看了我玄女，怎麼還來責怪我玄女呢！」

「好玄女，這一切都怪我不好，」黃帝這時想像不到，玄女又反過來如此倒打一耙，急忙開口解釋道，「請你原諒我吧！」

「我幫了你那麼多忙，你還不瞭解我，」玄女這時則依舊不依不

饒道，「小看我，你實在太可惡了！」

「我軒轅星君實在可惡，」黃帝眼見此景，唯恐玄女真個賭起氣來，急忙開口再次罪責自己道，「我沒能瞭解玄女姑娘！」

「你知道自己可惡就行了，我走了！」玄女聽了又故作認真道。說著，即要展翅離去。

「姑娘此來定有正事講說，怎能未說就走呢？」黃帝眼見玄女仍在與自己逗樂，開口道，隨著他便裝出焦急的樣子，故意央求起了玄女道，「好玄女，快對星君說吧！我謝你了。」

「好了，本來對你可惡的軒轅星君我已無話可說，」玄女這時眼見黃帝急求無奈的樣子，方纔「撲哧」一聲笑出聲來道，「但是看在曇花的面上，同時身負娘娘之命，也只有對你講說了。」

「姑娘，娘娘有何吩咐？她這時可在這昆侖山上？」黃帝聽到玄女這才開夠了玩笑，便忙詢問道，「星君我不遠千里正是前來尋謝於她，你就快快引我面見於她吧！」

「若不為此，我就真的走了！正是因為娘娘身在天界，看到你在下界不遠千里不避險厄，西行至此謝她而來，」玄女說著，便引黃帝向昆侖山行去道，「為不使你撲空方纔剛剛來到山上，並遣我引你前去。走吧，我們快去山上叩見娘娘！」

有玄女化變的大鴛引領，黃帝隨著一陣便來到了昆侖山南坡半腰中王母娘娘居住的石室門前。黃帝舉目看到，王母娘娘所居這方石室，果如昔日曇花所言，自然無華，是一方天然石洞。石洞洞口不見斧雕鑿削之痕，只有自然造化之功。山石風颳雨蝕不成規則，圓滾禿禿圈成圓形。山石上覆蓋著枝蔓雜草，草種平凡不露絲毫華貴姿容。

看到這裏，黃帝心中禁不住暗歎王母娘娘在天界華貴至極，至此凡界竟然如此豔羨平凡恬淡！隨著便聯想到了人之貧苦，期盼富裕

之境的急情！由此使他從中看到了神人全都一樣，永難滿足心中的欲求。因為貴者羨賤，貧者羨富。如此竟是一個無始無終的怪圈，因而永無止境！

「呆在這裏做甚？」黃帝正站在洞口如此呆思癡想，玄女在旁早忍不住了道，「還不快快進洞拜見娘娘！」

黃帝這才被玄女的話語喚醒，入洞拜見王母娘娘而來。進入洞中，黃帝看到這方天然石洞雖然不甚幽深，但也竟然曲折幾多。直到末了才看見在洞底深處的一方石墩之上端坐著盡失先前之容，化變成了昔日曇花所說怪人的王母娘娘。黃帝睹此不敢細看，急先跪倒在地叩拜之。

王母娘娘不曾聽到玄女告知黃帝自己就是王母娘娘，卻見到黃帝見到自己竟然倒身就拜，心中甚為奇異自己不讓言說的機密竟然被黃帝識破，唯恐再有別個泄去了如此機密，壞了自己聲響。忙開口斥問黃帝道：「你拜誰個？誰個是你娘娘！」

黃帝驟聞化變為怪人之身的王母娘娘此言，頓然心中一詫，以為果是自己認錯了面前的怪人。但是旋即他便明白了過來，想到定是王母娘娘看到自己入洞未問便拜見於她，氣惱自己知道了她不願洩露的機密，因而故意斥問於自己。

明白至此，黃帝頓然大為後悔自己不該入洞即拜，洩露自己不該洩露的，知道王母娘娘不願洩露機密的根底。若是王母娘娘真的追究起來，自己就無言以對了。可是這時事已做成，他悔也莫及！

「娘娘息怒，是侍女剛才入洞之時嘴口不慎，」然而就在黃帝如此無奈之時，玄女在旁立刻插言救他一難道，「洩露了娘娘之密。」

「我道別個誰也不會知道我的秘密，果然事情還是出在你這多嘴的玄女身上。若不是你說給了軒轅星君，我今日非對軒轅星君問個水

419

落石出不可！」王母娘娘聽了玄女此言，方纔消去擔心轉怒為喜道。隨著她即讓黃帝平身，坐在自己身旁石墩之上，與之講說起了一切。

黃帝坐在石墩之上，方纔敢於舉目看視起了王母娘娘化變的怪人之形。他看到王母娘娘果然變得盡如曇花先前所言，成了一個人身豹尾，虎牙亂髮，頭戴玉勝，不男不女的怪人，絲毫也看不到了其在天界雍容華貴、祥藹威嚴的容顏。

黃帝看到這裏，方纔心中對曇花昔日之言信以為真，暗叫若此如果不知，真個是誰也認不出來。王母娘娘如此瞞天過海之法，實在令小神思議不得！正在黃帝如此吃驚暗叫之時，王母娘娘已向他詢問起了前來之情。

「星君萬謝娘娘多次救助之恩，如若不然星君早就凡體歸陰了！只因有了娘娘救助，方使得星君平定了凡界，」黃帝聞問急答道，「取得了一統凡界造福於凡人之功！正因為星君知道自己之功全是娘娘之功，故而特來昆侖神山，一來數十載不見娘娘尊容前來叩見娘娘……」

「二來呢？」王母娘娘這時打斷黃帝之言道，「還有二來，星君真會說話。」

「二來便為答謝娘娘救助之功，」黃帝立即接言道，「以伺後日星君再遇急難之時，再求娘娘給予救助！」

「星君真會說話，娘娘助你也是為了造福凡界凡人，哪講什麼功不功的！」黃帝此番為王母娘娘擺功頌功的話語，真個是頓然把王母娘娘說得心花怒放起來道，「不過星君儘管放心，只要星君身在凡界一日，娘娘我定會關照一日的！」

王母娘娘口中話雖如此言說，心中則還是樂意黃帝把凡界大治之功，全都歸功於她。當然，若是沒有王母娘娘的救助，黃帝也是不能

建樹起如此平定凡界之功的！然而，誠摯的黃帝這時對此沒有再做多想，口中也沒有再多做頌言，而是對王母娘娘關照之言，連忙言謝道：「謝謝娘娘！若是如此，小星在凡界也就放心了！」

「除了前述二事，」然而這時王母娘娘則不把上述話題繼續向下講說，而將話鋒一轉道，「星君千里迢迢歷經艱險而來，還有別的事情嗎？」

「這個，主要是那兩件事，」王母娘娘話語轉彎突然話鋒犀利，問得黃帝一時頭腦轉不過彎來道，「其他……」

「吞吐什麼，」王母娘娘聽到黃帝話語吞吐，當即開口催促道，「直言也就是了！」

「星君還有一件事情，」黃帝聞聽王母娘娘催問，反倒更加囁嚅起來道，「想向娘娘講說。」

「講說什麼？」王母娘娘進一步催問道，「儘管講來！」

「娘娘此時怎麼依然不知，繼續下問，」就在王母娘娘話音剛落，黃帝尚未回答之時，卻聽從洞口驟然傳來一陣「咯咯」笑語道，「星君要說之事，除了曇花之事還有何事！」

王母娘娘即被如此笑語點醒，詢問黃帝道：「是嗎？」

黃帝則被此番笑語揭了個露骨，心中一詫急向那言者看去。看到言者當然不是別個，正是化作少猛禽的素女。看到素女他沒有顧及與之答言，便急忙開口回答王母娘娘道：「是的，我是想說，在我平定凡界數遇厄難之時，曇花姑娘曾經救助於我，因而她也立下了赫赫大功！」

「是的。曇花確實立功不小。」素女這時繼續為黃帝幫言道，「就說這次星君前來昆侖途中，若不是曇花相助，星君之軍就要覆滅在那荒漠之中了！」

　　「是呀！但只是值此我等慶勝之時，立下大功的曇花卻仍在苦難之中。為此我想乞求娘娘對其賜下天恩，」黃帝這時有了由頭，急忙借機接言道，「准其複還原身回歸天界。既與我等同享慶勝之樂，又為娘娘補上一個青鳥侍禽。」

　　「娘娘，」素女在旁聽了黃帝此言，忍不住又逗黃帝插上話來道，「看我素女猜得准不？」

　　黃帝說完正在焦待王母娘娘對曇花的最終判決，聞聽素女此言禁不住狠狠地瞪去一眼，仿佛在說：「就你能，事關曇花命運，你就少說一句不行嗎！」

　　素女當然也在為曇花的命運焦急，故而她想使用如此輕鬆話語，把過於嚴肅的氣氛變得輕鬆，好來促成事情的解決。這時她當然解悟黃帝之意，止住話語與黃帝、玄女一道，呕盼起了王母娘娘的下步言說。

　　王母娘娘聽罷黃帝之言，也不禁陷入了沉思之中。因為不僅她對曇花感情很深，而且也覺得黃帝說得有理。然而她思謀一陣，卻又立刻推翻了如此之想，堅定起了先前的信念。

　　因為她又隨之想到，讓曇花複還原身回歸天界雖然很好，但若是那樣就將使她與黃帝雙方感情遭受折磨更深。曇花心中雖在摯愛著黃帝，但她也有著現實的養花小夥子。黃帝雖然摯愛著曇花，可他又有著現實的嫫母醜妻。這一切到那時誰也處理不好，就只有雙方遭受更大的感情折磨。那折磨不僅不會比現在美好，而且更會比現在雙方的痛苦還痛苦萬分！

　　「我寧可少去一個青鳥侍禽，讓曇花失去與你黃帝同享慶勝之樂的時機，」為此，王母娘娘想到這裏堅心不移，立刻否定黃帝之言道，「也決不能再讓曇花複還原身回歸天界！因為如若那樣，她就會比現

在身受之苦心中更苦萬分！」

黃帝聽了王母娘娘如此之言，當然無心再去體會其話中真意，而頓被此言澆滅了一腔的熱情，渾身都為曇花的命運冰涼在了那裏。因為王母娘娘此言，是對曇花命運的最終判決，娘娘金口玉言，黃帝無法向下再求改變了呀！事實也正是因為王母娘娘此言，方使得曇花姑娘化變的曇花無以複還原身回歸天界，而一直留待凡界至今。

摯愛曇花的黃帝，當然為此心中冰涼痛苦到了極點。因為他知道先前是自己撥動了曇花姑娘愛的心弦，方使得曇花陷身在了如此愛的痛苦之境。可是這時他卻又營救為摯愛自己受苦的曇花而不得，他怎能不痛心自己的無能，痛悔自己先前不該撥動曇花愛的心弦呢！

痛心至此他深刻地體會到，一顆少女之心，是一個神異美妙的獨特神秘世界。一個男人如果不能將來娶著這個少女，就千萬觸動這個世界不得！如若不然，你就將會給那個神異美妙的世界，鑄成巨大的痛苦，改變其跳動的節律，犯下不可饒恕的罪過！

「娘娘，奪勝的刑天正在引軍追趕著遭敗的風后，」黃帝正如此在痛苦萬分中往下想著，突然聞聽玄女在旁對王母娘娘道，「風后已引敗軍，將要潰到星君軍兵跟前了。」

「什麼？玄女講說什麼？」正在痛思曇花的黃帝，驟聞玄女此言頓然一驚，方纔從痛思曇花中解脫出來，心中大急詢問道，「風后被刑天所敗？刑天是怎麼打敗風后的！」

「凡界正需要你，凡界上此起彼伏的戰亂，是任憑誰個也平息不絕的。」王母娘娘聞聽玄女此報，轉對驚問的黃帝開口道，「因為戰亂是凡人的生性所決定的，故而你所頒行的道德之道是正確的。你的道德之道所以能夠戰勝炎帝的仁德之道，原因就在於此！」

「娘娘……」黃帝問後不得風后消息心中更急，這時打斷王母娘娘之言道。

「因此你不要再去只顧痛思曇花，凡界的平安千百萬凡人的幸福，才是高於一切的！」然而王母娘娘不等黃帝言講，繼續其言道，「你快去吧，凡界凡人正需要你，風后正尋找你！」

「刑天集起了三千軍兵，偷襲了風后駐在橋山無備的一千軍兵。」玄女這時聞聽王母娘娘講說完了，方纔回答黃帝之問道，「風后抵擋不住，僅引近千軍兵逃出橋山。一路尋你來到了昆侖山下，可刑天軍兵也隨後追過來了。」

黃帝聞聽玄女此言，心中更加驚怕萬分。因為他不僅從中聽出了風后之敗，而且聽出了如此驟變引發的自己處境之危。這時他自己僅有近千軍兵，再加上風后的近千敗軍，也不足兩千之數。而刑天之軍則一倍於自己之軍，且又攻到了自己面前啊！為此驚怕之中他心中大急，忙求王母娘娘道：「娘娘，你快再救小星一次吧！」

「星君這次不需娘娘救助，」玄女這時又言道，「星君怎麼忘了，你有戰勝蚩尤之軍的夔牛皮鼓呀！」

「不，那鼓鬥不勝刑天。但是正如玄女所言，這次不需我去救助，會另有高人前去救助於你的。你快去吧！」王母娘娘聞聽黃帝此言，則無事般淡淡一笑說著，即令玄女將其一把推出了石室。

黃帝被玄女如此一推，身子仿佛頓然從崖頂徑向萬丈深淵落了下去，只覺飄飄忽忽昏昏然然不可自已。突然，他覺得身子「咚」的一聲摔在了淵底巨石之上，心中一驚驟然睜開了朦朧的眼睛。看看周圍天色已明全都依舊，方知自己剛才是做了一夢。

然而黃帝這時夢雖醒了，但其剛才夢中所歷之事，卻椿椿件件盡在眼前，對之既不敢相信也不敢否定。因為如果他相信，那全是夢

境。而如果他否認，那則又全如真實！出於懷疑之心，黃帝心想可能是自己思見王母娘娘之心過於急切，方纔釀成了剛才那如同真實無異之夢。

但出於不敢否定之心，他又覺得夢中情景皆同真實。或許是王母娘娘眼見自己率領近千軍兵而來，害怕自己引領眾軍尋見了她，洩露了她不願洩露唯恐損壞自己之名的機密。故而特施此術把自己引上山去，與自己見了一面。

不敢否定至此，黃帝心中不由得頓然大為緊張起來。因為如果前夢果為真實，那麼自己這時就正處在危境之中。風后就應該立刻敗逃而來，刑天的三千軍兵也應該隨後趕到了！可是他又不相信這全為真實，心思如此猶疑之中，他只有即派快騎東去看視。以驗證風后是否果如夢中玄女所言，逃了過來。

如若果有此事，那麼夢境就全為真實。自己就已經拜謝過了王母娘娘，為曇花求情失敗，陷身厄境之中了！如果沒有此事，那麼夢境就盡為虛假。自己就要引軍攀登昆侖，前去尋謝王母娘娘了。

「啟稟大帝，事情果如大帝所料，」黃帝派出哨探剛去須臾，便返了回來稟報道，「風后將軍引領近千敗兵逃過來了！」

「啊！如此盡為真實，我軍便已陷入險境了！」心中正在猶疑的黃帝驟聞此稟，頓然驚得叫出聲來道。隨後他便不敢怠慢，不再思謀尋拜王母娘娘之事，因為此事已經驗證夢境為真。

如此黃帝既知自己已經悄無人知地拜謝過了王母娘娘，王母娘娘也已最終判定了曇花不可複還原身歸回天界的慘苦命運。於是他只有即把夢境作為真實依據，與后土眾臣一起思謀起下步鬥勝刑天三千軍兵，脫此險境之策。

黃帝不僅認識而且深知刑天的威猛，他是蚩尤的後輩，因而也

是炎帝的後輩和重臣。刑天不僅生來遺傳上了蚩尤獰猛好戰的天性，而且身材碩大，剛猛有力，從小就跟隨蚩尤眾兄弟練就有一身好鬥之術。同時他還心堅如石，不怕困難不畏險惡。做什麼事情都百折不回，不做到底決不甘休！

但他也與蚩尤有不同之處，就是他剛猛之餘，還生就有一個善思好學的好腦袋。因而從小便酷愛音樂，並善於譜曲作詩，炎帝在世時，他隨炎帝為臣，曾為炎帝作過名為《扶犁》的樂曲。並作過一首叫作《豐年》的詩歌，以歌頌當時凡人的幸福生活。

炎帝死後他謹遵炎帝之教，與祝融、共工一起皆未參加蚩尤軍兵。但不知這時，他又為何突然起兵攻殺過來？黃帝剛剛想到這裏，便聞風后闖了進來急叫道：「大帝，敗臣有罪，沒能為大帝守住橋山！」

「不，不是臣下有罪，而是本帝想得簡單。以為打敗了蚩尤凡界就可永遠太平，產生了一勞永逸的麻痺思想。」黃帝突聞此言，舉目見是風后來到跪倒在自己面前，急忙俯身扶起道，「結果減兵撤防，釀成了此次臣下之敗。所以臣下此敗非為臣下之過，乃是本帝之過也！」

「大帝，」風后聞聽黃帝此言，真個是頓被感動得難以名狀，口難言說起來道，「你——」

「好了，快別再說那罪責歸誰了，」黃帝見之，又急忙開口安慰道，「你快說說刑天之事，我們好做定奪！」

「好的。刑天追兵距離我們只有一天路程了，大帝要快做定奪啊！」風后聽了黃帝此言，方纔從過分的激動中清醒過來，急忙開口向黃帝講說起了刑天道，「刑天在蚩尤作亂之時，雖然對炎帝之敗也像蚩尤一樣氣恨滿腹，恨不得立刻舉兵為炎帝報仇，但是後來他與祝

融、共工議論認為，有蚩尤舉兵就足可以打敗大帝，為炎帝報仇了。加之他們不敢立刻盡違炎帝遺教，因而一直與恪守炎帝遺囑的祝融、共工待在一起，靜待起了蚩尤奪勝大帝為炎帝報仇歸來。」

「此子可教！」黃帝聽到這裏道，「這我都知道。」

「但是等到末了，竟是不僅炎帝之仇未報，蚩尤又兵敗被殺。於是他與祝融、共工仇恨倍增，議論一陣，決計先由搶先的刑天再次舉兵，以向大帝報雪冤仇。」后土接著講說道，「隨後經過預謀準備，終於在一個月前集起了三千軍兵。並一舉偷襲奪勝了我駐守橋山麻痺無防之軍，殺死我軍兵十有其二，我僅引出近千軍兵來到這裏。」

「此子出手真是狠猛啊！」黃帝這時不禁慨歎道，「也太會打仗了！」

「刑天探知大帝僅帶一千軍兵前來這裏，便又率軍隨我之後追向這裏而來。」后土末了講說道，「據臣下所知，刑天不僅自己身大力猛，而且其軍兵也個個勇猛。加之兵力翻倍於我，大帝要快快做出定奪呀！」

「是呀，情勢險惡如此，」黃帝聽到這裏，禁不住頓然犯愁沉吟起來道，「如何才好呢？」

「反正還有一日時間，大帝立刻招募凡界人獸鬼神之兵，」力牧在旁聽到黃帝犯愁，即刻開口道，「難道還愁打不敗他刑天三千軍兵嗎！」

「但只是刑天之兵將至眼前，」黃帝這時無奈道，「一天時間，我等怎麼也集不起數千軍兵啊！」

「大帝，我們本是前來尋謝王母娘娘的。而數救我們的王母娘娘，」后土聞聽黃帝無奈，心思一轉開口道，「如大帝所說就住在咱

們面前的山上。如此我等明日尋見於她，求她再助我等，不就化險為夷了嘛！」

后土這時當然不知黃帝已在夢中見過了王母娘娘，因此他一語說到了空處。但他話雖說到了空處，卻也立即提醒黃帝想起，他在夢中聞聽刑天引兵追來之時，曾經乞求王母娘娘再助自己之力。王母娘娘未應於他，而說會有高人前來救助。這時情急萬分高人不來，他又到哪裏去尋找如此高人呢？

「高人，你在哪裏？情勢這般危急，你怎麼還不快來呀！若是無你，王母娘娘豈會如此不救我等啊！」焦急的黃帝為此按捺不住心中的焦急，禁不住口中叫了起來道。無奈的黃帝這時把希望全部寄託在了高人身上，期盼著王母娘娘說的高人驟然來到。

后土眾臣不知黃帝已在夢中見過了王母娘娘，因而聽聞黃帝這般沒頭沒腦之言，全都大為奇詫，感到一頭霧水，莫名其妙地呆怔在了那裏。恰在這時，一位高人果真驟然而至，倏地飄落到了黃帝面前道：「大帝莫急，刑天到來時間尚早矣！」

黃帝驟聞此言心中一奇，急舉目看去，但見這來人非為別個，乃是昔日炎帝身邊的司雨大臣，後來服丹成仙而去的赤松子。赤松子從昇仙飛去之日，至今已歷數十載。與之年紀相近之人，早已埋身黃土之下進了九泉。可他這時卻依舊貌若當年，如同沒有增歲。

「你來做甚？」黃帝見到這裏雖然心中大為奇異，但又不能把赤松子與自己想像中的高人相比，為此他即不耐煩道，「別給我等急上加急了！」

「我來援救大帝脫此厄難！」赤松子這時則一笑道，「怎麼，大帝難道不歡迎嗎？」

「你？你來援救我脫此厄難！」黃帝聞聽心中更覺詫異道，「這

怎麼可能？」

　　黃帝這時依舊用舊日眼光看待赤松子，一不相信他有能耐幫助自己，二想他昔日為炎帝舊臣，這時他只有助刑天攻殺自己為炎帝雪仇而來，斷無來助自己打敗為炎帝復仇的刑天之理！但是這次他全都心想錯了，因為那忠心耿耿輔佐於他的后土，不就不僅先前也是炎帝的重臣，而且還是炎帝的直系後代嗎？后土可以忠心輔佐自己，赤松子這時為何就不能幫助自己呢？

　　「怎麼不可能！后土輔佐大帝攻滅了其祖炎帝，」為此赤松子聽了黃帝之言，不禁粲然一笑道，「何況我僅為炎帝之臣，這裏僅是幫助大帝攻打炎帝的後輩呢！」

　　「那麼請問，」黃帝依然既不相信，也不敢相信赤松子道，「仙人為何前來助我？」

　　「因為神農炎帝的仁德之道已被世勢所淘汰，再為恢復其過時之道而戰，就是對世勢的倒行逆施！」赤松子於是講說道，「而大帝的道德之道乃為順應世勢之至道，行大帝之道可以使凡界平安造福凡人。時移則事易，為此小仙特地前來幫助大帝！」

　　「仙人有何能耐，」黃帝聽到這裏方知赤松子前來之誠，但他仍未看到赤松子就是王母娘娘說的助他高人道，「能夠助我以一倍兵力，打敗多過兩倍強敵？」

　　「無能豈敢前來，前來便有絕技！」赤松子聽到黃帝仍不相信自己之能，便又粲然一笑說著，便要黃帝喝退眾臣，以便自己單獨對其傳授奇技。

　　「眼前時急燃眉，你有奇技講說出來，也好讓大家聽聽議議做出定奪。」黃帝這時仍不相信赤松子身懷奇能，而亟盼心想的高人到來道，「為何偏要獨講於我，我等眼前豈有閒時與你玩這把戲！」

「那好，如果大帝認定我赤松子救不得大帝，我就只有告辭了！」赤松子聽到黃帝仍不相信自己，便也忍不住了道，「但只是大帝往後可別追悔！」

黃帝聞聽赤松子此言，方纔頓然一醒想到，赤松子昔日便頭腦聰慧過人，常想一般人所不想之事，常知一般人所不知之情。至此又經數十載礪煉，而且又在仙界，豈不應該刮目相看，怎可一成不變看其！

或許他真的就是王母娘娘說的來助高人，要不為何恰在此時到了這裏！現在他要離去，若是讓他離去他又真的是那高人，自己不就正如其言日後悔之莫及了嘛！於是黃帝不敢怠慢，立刻一邊挽留赤松子，一邊依赤松子之言遣退后土眾臣，聆聽赤松子向其傳授起了奪勝刑天之軍的奇技。

赤松子待到后土眾臣去後，便即向黃帝傳授起了自己研習所得的諸種奪勝奇技。他向黃帝所傳奇技共有七種，一種是三宮五音陰陽的方略，一種是太乙遁甲六壬步鬥的法術，一種是陰符的機要，一種是靈寶五帝策，一種是勝負握機之圖，一種是五兵河圖策精之訣，最後一種是伏羲八卦陣法。

黃帝本為聰明至極之人，加之其對伏羲八卦奇門遁甲深有體悟，因而對赤松子之言一聽即知深淺。剛聽數言，便已佩服得五體投地，靜心聽其講說起來。末了黃帝聽到赤松子一陣講說完了，禁不住高興得開口大叫起來道：「真乃高人也！七種法術中施用一種，即可制勝刑天矣！」

「是的，我們就施最後一法，」赤松子這時肯定道，「必能以少勝多，奪勝刑天！」

「可惜我黃帝有眼不識高人，」黃帝則沒有立即回答赤松子之言，

而悔之至深道，「險些被昔日成見遮避了眼目，放走了助我高人哩！」

「俗言不必寒暄。」赤松子聞聽催促道，「時不我待，此時我們要快些研究戰法，具體實施要緊。」

「好，我等就以大仙之言，施用伏羲八卦陣法奪勝刑天。大仙快講如何實施！」黃帝口中說著，便即與赤松子一起，具體研究起了實施方略。

二九、刑天敗北

　　黃帝與赤松子一陣研究，便迅疾制定出了使用八卦陣法，奪勝刑天軍兵的具體方略。這方略是，鑒於黃帝軍兵不足刑天軍兵三分之一，而且風后率來軍兵又是敗亡之兵，因而黃帝若要以少勝多以弱勝強，必須使用昔日伏羲誅除雷神的八卦石陣之法，先勝刑天軍兵。

　　然後待到刑天兵敗奔逃之時，再設下伏兵襲而擊之。如此先期奪勝之後，黃帝可在追擊刑天敗兵途中召擴軍伍，待到雙方兵力優劣之勢互轉之後，再伺機布以八卦軍陣，剿除刑天軍兵。

　　黃帝與赤松子如此謀定方略之後，黃帝便立即傳來眾臣將講清緣由，隨著便命眾臣將分頭具體實施。他先遞給風后一個赤松子所畫八卦石陣圖樣，接著便命風后引領一百軍兵，到軍營東邊依圖佈置八卦石陣。然後他將自己近千軍兵分為三隊，也把風后引來的近千軍兵分為三隊，末了再將二軍互相會合為三隊。

　　其中后土與力牧各領一隊，東出五里擇地埋伏在刑天可能敗逃之兵兩側，待到刑天軍兵敗逃之時，出而襲之。他則與赤松子將餘下那隊軍兵又分三隊，兩隊各二百名埋伏在石陣兩邊。餘下二百名軍兵由黃帝與赤松子親領，奔到八卦石陣東面，靜待刑天軍兵殺來。

　　待到一切依計佈置妥當，眾臣將領命引兵去後，黃帝心中卻又倒

海翻江般翻騰不已，不能平靜起來。值此險惡境地，他不得不多作思想！他擔心赤松子的八卦石陣是否會有穩操勝券的保證，因為人祖伏羲昔日所為之事是昔日之事，今日是否能夠再操勝券？

如若不能手操勝券，自己本來就少得可憐的不足兩千軍兵又分得如此零散，不就互相不能照應，只能眼睜睜地看著刑天軍兵分而剿之了嗎？刑天軍兵剿滅了自己軍兵自己死無所謂，只是這偌大凡界今後就將一統於刑天之手，為邪惡所制凡人就要遭難了啊！

正是想到這裏，黃帝為凡界凡人擔憂後怕不已，心中倒海翻江般翻騰起來。然而儘管黃帝擔憂後怕至此，值此險惡無奈之境，他也沒有別的妙法。思來想去末了還是只有破釜沉舟，施用此法以挽危局。但只是處此境地他不敢稍怠，在傳令眾臣將去後，便即與赤松子一道，看視風后眾兵所布八卦石陣而來。

黃帝與赤松子率領一隊軍兵來到風后佈陣之處，但見由於預料刑天軍兵數量眾多，赤松子所繪陣圖占地闊大，因而要依圖堆起八九十堆石塊實在不易。風后僅領百名軍兵在此佈陣，工程巨大，風后兵力不足，進展十分緩慢。

黃帝眼見此景，一邊心想刑天軍兵再過半日就會殺到，一邊擔心如此八卦石陣難保勝券在握，因而對風后之兵佈陣遲緩心中焦急起來。為了早些布好石陣查驗該陣之功，焦急的黃帝立即命令跟隨自己的那隊軍兵暫緩他去，而分散開來聽從風后之命，助其百名軍兵一道擺佈石陣。

風后正感自己軍兵佈陣吃力，見到黃帝所率那隊軍兵受命來助，便立刻對之各作派遣，加緊布起了石陣。由於黃帝軍兵來助，風后引領眾兵勞作過去一個時辰，便依照圖樣布好了八卦石陣，向黃帝交工請其與赤松子驗收。

　　黃帝聞稟心中雖然不敢大喜，卻也頓然喜在心頭。因為他雖然不知此陣功效不敢大喜，卻也為此陣已經布好可作驗看再做定奪喜在心頭。為此他聞稟不怠，即與赤松子一起查驗起了所布八卦石陣。

　　黃帝與赤松子為了驗看如此八卦石陣功效，便引領風后眾兵先向東方撤出石陣，然後由赤松子啟動了石陣。赤松子剛一啟動如此浩大八卦石陣，黃帝與風后眾兵便隨之看到，在那浩大的八卦石陣上空，一陣殺氣陡然沖天騰起，徑沖九霄雲天而去，驚得黃帝眾兵全都一怔！

　　赤松子早先已經看出了黃帝對其八卦石陣的懷疑，但他也深知作為凡界一統的大帝，值此厄難之時對一切事情都不得不作深思，所以他便沒有硬讓黃帝丟掉懷疑。值此石陣布成功在眼前之時，赤松子才笑對黃帝解疑道：「大帝，懷疑可消，奪勝無疑了吧！」

　　「如此勝券在握，還有何疑！刑天軍兵必敗在我們如此石陣之中矣！」驚怔的黃帝聞聽赤松子此言，方纔從驚怔中清醒過來急言道。隨著，他便令兵各自依命而行，在石陣周圍各就各位，靜待起了刑天軍兵。

　　在此一切準備停當，只待刑天軍兵到來受敗之時，黃帝靜待遲遲不見刑天軍兵殺到，心中方纔平靜下來。但卻又驟然想起，是否可以道德感化刑天之心，不戰而屈其兵的事兒。他想，自己為道德之帝理應以道德為先，以武威作備，武威乃為不得已時而用之物。此乃是道德之道的真締所在，大仙廣成子之真意。

　　同時他也想到，先前自己平定蚩尤之時，開始自己也是以道德為先，只是後來道德無效，方纔使用武力剿滅之。今日來戰的刑天則為初次來戰，自己豈可不先以道德感化，而即以武力剿滅之！若此，豈不就壞了自己的道德之名，丟了其道德之道的真諦嗎？

　　為此他決計對刑天先施以道德，或許可以道德感化其心，不戰而屈其兵，收到既平刑天之亂，又揚自己道德之名的一箭雙雕之功效！思慮至此，黃帝接著便又立即思謀起了對刑天施以道德之法。他想欲施此法，還是先期派人前去講說為好，那樣可以減弱敵對氣氛。若是待到兩軍見在鬥場之上，再去講說道德成功的把握就要大大減弱了。

　　但是根據以往的經驗，前去講說道德是凶多吉少的。說成得吉，說不成是要得凶的。為此能夠擔當這一重任者又非常人，而非為重臣不可。因而，黃帝隨著便又思謀起了派誰前去的問題。

　　黃帝率先想到了正待在其身邊的風后，但他又想到風后前去定當凶多吉少。因為他與刑天沒有絲毫血親關係，說得不好刑天是非斬殺他不可的。於是黃帝便又拋開風后想到了后土，后土為炎帝的直系血親，因而便與刑天有著血親關係。

　　后土先前去對蚩尤講說道德不成，也不過被其斷去一臂。今日再去對刑天講說道德，講說不好也大不了再被斷去一臂，而不至於喪去生命。而且后土前去講說道德，出於其與刑天的血親關係，成功的希望還是存在的。

　　「快，你立刻前去代替后土引領其設伏軍兵，我對后土另有安排！」心想至此，黃帝即讓風后前去換回引兵設伏的后土道。然而他如此話音還未落下，便見前方塵土大起，風聲驟來。

　　黃帝眼見至此知道是刑天軍兵已經殺到，替換后土前去講說道德已來不及。無奈只有止令風后前去，決計在戰陣之上，自己親向刑天講說道德。隨後他即令身邊軍兵列好戰陣，迎候刑天軍兵殺來。

　　刑天軍兵殺來迅疾，但見就在黃帝眾兵剛剛列好戰陣之時，其軍兵便已迅疾殺到了黃帝軍陣面前。刑天殺到黃帝對面，眼見黃帝率軍列陣紋絲不動心中一詫，即想到黃帝本該有近兩千軍兵，可此刻在此

435

列陣的僅有數百之數。而且又見黃帝軍兵雖少，卻又歸然不動，其他千餘軍兵可能設伏而去。

但他旋即又想到，即使讓黃帝其他千餘軍兵設下埋伏，也奈何自己將近一倍於他之軍不得！再說黃帝如此做作，又難說不是無奈之時，使用的故弄玄虛的無奈之舉呢！為此想到這裏，壓根兒就不把黃帝不足兩千軍兵放在眼裡的刑天，禁不住開口「嘎嘎」大笑起了黃帝的無奈道：「黃帝老兒，想不到您也會山窮水盡在今日吧！值此山窮水盡之時，不知你道德一世作何感慨？如作垂死掙扎，你當然知道無異於以卵擊石，會要粉身碎骨的！」

「後輩既然遠道來此，我作為前輩不想開口即講爭鬥之事。」黃帝已經決計先在戰陣之上自己親向刑天講說道德，因而眼見刑天軍兵殺來心中雖惱，表面卻依舊平靜如初。聽了刑天此言，不慍不怒「哈哈」一笑道，「而想先給後輩講講道德之道，不知後輩意下若何？」

刑天這時當然恨不得立刻出手殺死黃帝，以為炎帝和蚩尤報仇雪恨。但他聽了黃帝此言想到自己勝券在握，殺死黃帝不過是早一會兒晚一會兒的事兒，不如讓黃帝說說，自己也好借此時機奚落其一番，以為炎帝和蚩尤出出那口惡氣，然後再殺不遲。

「說吧，黃帝老兒。不讓你把腹中的穢氣吐完，就讓你死去你覺得憋氣。我讓你把穢氣倒完，諒你也脫不出山窮水盡之境！」刑天因而仍不把黃帝放在眼中，躊躇滿志地說著，竟然「嘎嘎嘎」一陣得意狂笑起來。

「後輩，你只知興兵為你前輩報雪失敗之仇，」黃帝聞聽刑天此言眼見刑天此狀，心中當然氣惱至極！但他為行其道強抑怒氣，向下和言講說起來道，「可不知你是否想過，你前輩為何失敗？」

仇恨滿腔的刑天聽了黃帝此言頓然大惱，開口打斷黃帝之言怒叫

道：「他們失敗的原因我不用去想，明擺著是你黃帝老兒為奪我前輩炎帝一統凡界寶座，作亂凡界所致！」

「不，事情並非如此。你前輩炎帝失敗的原因，乃是世勢使然。因為其仁德之道，在世勢發展到今日之時已經過時。它不僅不能再保證凡界平安凡人幸福，而且還會釀成更大的禍亂，」黃帝聞聽立刻開口否定道，「為此他被世勢的發展所淘汰。你前輩蚩尤又為恢復你老前輩炎帝的過時之道而大戰，結果也就只能是倒行逆施被世勢所淘汰。」

「奪我前輩一統凡界大帝之位，」刑天這時更惱道，「你老兒竟還振振有詞！」

「因而我勸後輩明辨世勢，隨著世易而事移，」黃帝則依舊不慍不怒道，「歸心前輩我的道德之道，方纔可脫身遭淘汰之厄，走向造福凡界凡人之境！」

「胡說，你老兒完全是一派胡言！我今日就叫你的道德之道隨你一塊終結，復興我前輩的仁德之道，讓你老兒瞧瞧是世勢使然還是武力使然！」勇猛的刑天聽到這裏更是大惱道，「你自己尚武好戰，為了一己的私利奪人寶座，今日反又如此為自己裝潢門面，找尋根據。你老兒實在是太可惡了！」

「比起你失敗的前輩炎帝來，我是尚武好戰。但我並非為了一己的私利，而是為了凡界平安凡人幸福。我尚武好戰是為了誅除惡者，」黃帝這時為布其道，仍是不惱向下講說道，「保證仁德之治的實施，是為仁德之治的實施提供後盾。但我卻不為戰而戰，所以就並非好戰。我堅信戰為惡事，極力反對之。但在仁道不得實行之時，我則堅決用戰保衛之。」

「你，說的倒是振振有辭，」刑天仍是寸步不讓道，「但全是為

自己詭辯！」

「正因此我的道德之道順應世勢發展之潮流，取代你前輩炎帝的仁德之道保證了凡界大治。因而我勸後輩棄戰從我道德，」黃帝繼續其言道，「莫再倒行逆施身遭世勢淘汰，將其身力用在順應世勢潮流之事上，以為凡界平安凡人幸福貢獻身力！」

「瞧你老兒說得如此頭頭是道多有道理，但這全是使用詭辯給自己頭上加戴花環，以企矇騙愚人使之上當，自己則借機脫出山窮水盡之境！」 刑天聽聞黃帝言說至此，更是氣惱得嗷嗷怒叫起來道，「但是我告訴你黃帝老兒，對我刑天，你做不到！你現在僅有千餘軍兵，已經死到臨頭。想用幾句花言巧語說得我不去殺你，你只能是癡心妄想！是天是地，是山是谷，我們今日需要刀把子上見識！」

「刑天後輩，你莫要僅見我身邊只有近千軍兵，就必敗於你，你就狂妄若此，聽不進前輩之言！」刑天如此說完，竟又狂妄地得勝般「嘎嘎嘎」蔑笑起來，黃帝則仍抑氣惱，對其進一步勸言道，「現在我也對你說，我黃帝躬行道德之道，歷來是仁德在先武備在後的。如果你聽不進前輩之言不行仁德，我想你會悔之莫及的！」

「好你個黃帝老兒，死到臨頭了，竟然還是如此不知深淺高低！好，我先殺了你，看你在後的武備究在哪裏！」勇猛的刑天這時仍然以為黃帝僅有千餘軍兵，不堪自己一擊。因而聽到這裏，心中真個是覺得又可氣又好笑。隨之便口中說著，已是魔動眾兵向黃帝殺了過來。

「刑天後輩，如此行事，」黃帝見之仍不氣餒，再次開口對刑天大叫勸言道，「你將死無葬身之地矣！」

但是勇猛的刑天壓根兒就不把黃帝放在眼裡，狂妄地覺得殺死黃帝如擊一卵，自己只要手到便可奪得即成之功。因而仍舊不把黃帝的規勸聽進耳中，魔兵衝殺不止。黃帝這時眼見自己講說道德失敗，又

見刑天軍兵已經殺到跟前，無奈之中只有領兵即退，遂將刑天軍兵引入了其所布八卦石陣之中，施起了武備。

刑天軍兵不知黃帝此計，只見黃帝身邊僅有數百軍兵。因而個個擒殺黃帝心切，一陣隨後猛追，轉瞬便已絕大多數進入了黃帝所布八卦石陣之中。黃帝見之，則急引眾兵穿出了八卦石陣。赤松子見之，則隨即啟動了八卦石陣。

黃帝引領眾兵穿出石陣則隨即止步返身站定，等待看視陷在陣中的刑天軍兵攻打石陣。勇猛的刑天在黃帝眾兵停步返身之時，便已追了過來。看見黃帝眾兵突然止步返身，便開口大叫道：「老兒，不是要用武備嗎？別光逃呀！把武備使出來見個高下呀！我看你淨是打腫臉充胖子，拔著頭髮去上天，實無真法了！」

「後輩，你已陷入我八卦石陣之中。無法可施者非我黃帝，」就在刑天言尤未了之時，返身站定的黃帝則平靜道，「而是無知後輩了！如果後輩依舊行惡不止，就莫怪前輩我不行仁義了！」

「別說你的什麼八卦石陣，就是九卦石陣又奈我何！」刑天這時仍不把面前的黃帝放在眼裡，心中只想著無兵可用的黃帝必敗無疑，自己就要取代黃帝一統凡界，因而無論黃帝如何言說，他都不相信道，「黃帝老兒，你就快快束手就死，免我後輩再費手腳吧！」

「後輩既然不信我八卦石陣，那麼有種你就來殺長輩吧！」黃帝聞聽刑天此言，則更加不慍不怒平靜如初道，「若你能夠進到長輩面前，那就是你的能耐了！」

「看我不僅進到老兒面前，還叫你老兒立刻送命！」刑天聽了，不禁更加放肆地「嘎嘎」大笑道。隨著，便立刻驅動坐下乘騎惡獸，一手執盾一手揮斧，向黃帝衝殺過來。

然而，就在兇猛的刑天剛剛向前沖出兩步之時，便見其面前驟

然狂風大作，沙石陡飛。颳得他立刻辨不出了東西南北，看不見了黃帝的面目。刑天陡遇此變且又驟然看不見了待在面前的黃帝，方纔心中大驚，果真中了黃帝之計！為此他不敢怠慢，急忙定睛細看周圍場景，以期殺出如此石陣。

但見他看到不僅自己眾兵陷入了狂風之中，被這陡起的狂風颳起的沙石攪得隊伍大亂，眾兵在混亂中互相踐踏驚怕得大呼小叫，而且在自己混亂的軍伍周圍，竟然不知何時生出了嵯峨的怪石，似劍的槎枒。怪石槎枒重疊如山，不見可以出入的門戶。兇猛的刑天於是更加驚怕至極，相信了黃帝之言，知道了黃帝八卦石陣的厲害。

驚怕之中刑天急忙組織眾兵奮力衝撞，以尋見出入門戶殺出此陣，再去剿殺黃帝老兒。但他與眾兵在狂風飛沙中衝撞尋找多時，無奈不論殺至何處都尋找不見出陣門戶。刑天軍兵不識此陣當然入得此陣出不得此陣，因為赤松子依據遁甲休、生、傷、杜、景、死、驚、開，布下的如此八卦石陣反復八門，啟動之後便會每時每刻無端變化，可比十萬精兵。

不識此陣的刑天，恰又引軍追殺黃帝軍兵從死門進入，所以赤松子啟動此陣之後，刑天軍兵便即為此陣所迷。此後刑天軍兵在陣中拼死尋找不見出口，心中更驚衝撞更猛，以致互相踐踏須臾已經死傷無數。

刑天引領軍兵衝撞找尋多時不見出陣門戶，方知自己軍兵身陷如此八卦石陣，即陷絕境之中。陷此絕境又見眾兵已經死傷無數，無奈之中刑天絕望起來開口大叫道：「蒼天，難道我前輩炎帝與蚩尤之仇，就這樣沉冤千古了嗎？我刑天也就將死於此陣之中嗎！」

「大王快隨臣下前行，」不想在此刑天如此無奈絕望之時，卻聽一陣殺聲驟然傳來，隨著看見一騎沖了過來高叫道，「出此八卦石陣！」

「怎麼？」深陷絕望無奈之境的刑天，這時變得如同癡呆了一般，聞言睹人見是臣下刁藪，深為懷疑其有此能道，「你能引領我眾兵脫出此陣？」

這刁藪是刑天的殿后大臣，剛才他引軍殿后正行，在其沒有進入石陣之時，突見赤松子啟動了石陣。刁藪粗略知此陣法，眼見刑天軍兵已陷陣中，知其定然凶多吉少心中大驚。為此他急忙止住自己所領殿后眾兵前行，待在陣外以破此陣。

刁藪如此領兵在陣外看視多時，方纔察知石陣之變，尋到了石陣出入門戶，引領殿后軍兵從生門殺入，營救刑天軍兵而來。這時刁藪眼見刑天不信自己能夠引他出得此陣，便急得開口大叫起來道：「大王，時不可待。再待如若陣法再生大變，變得臣下也不認得，我等就只有葬身此陣之中了！」

驚疑的刑天這時已是無奈，又聞刁藪此言，無奈只有跟隨其後以出此陣。虧得赤松子也無他法再使此陣生出大變，因而刁藪一陣奔走，便引領刑天軍兵脫出了此陣。但是就在刁藪引領刑天軍兵剛出陣門之時，黃帝分出埋伏在陣旁的兩路四百軍兵，便一齊從兩旁夾攻上來。

刑天剛脫石陣心中仍在驚怕不已，突見又有伏兵殺來頓時殺聲震天，哪裏還有抵抗之心，驚怕中只有急引敗兵向來路返逃而去。黃帝這時眼見刑天軍兵脫出石陣逃去，便也即從後邊追殺上來。如此他數百軍兵三面夾擊喪膽脫逃的刑天敗兵，刑天敗兵只有敗逃沒有抵抗，因而一陣又被殺死無數。

黃帝殺死刑天敗兵無數之後，依舊隨後窮追刑天敗逃之兵不止。刑天敗兵經此戰陣喪去千數，雖然仍有近兩千之眾，但其數量雖眾卻由於盡成驚弓之鳥，個個害怕再陷戰陣喪去性命，因而個個只怪逃跑

不快，拼出死命向前疾奔急逃。

刑天因而雖見後追黃帝軍兵寡少，有心回擊黃帝軍兵予以剿滅，但無奈他這時硬是喝止不住只顧奔逃的自己軍兵。並且那只顧奔逃的軍兵，也挾迫著他不得不跟隨眾軍兵向前奔逃。

就這樣，刑天陷入了心有餘而力不足，想剿殺黃帝軍兵而不能的無奈之境。只有眼睜睜地看著自己軍兵潰如山倒，拼死逃命！鬥場之上，確實經常出現這種不以人的意志為轉移的無奈場景。

刑天敗兵如此轉眼向來路逃出了數里之遙，刑天眼見自己敗兵逃跑路上不見有變，黃帝追兵依舊只有數百之數，心中方纔喘過一口氣來。決計止住心情稍平奔逃已慢的軍兵，返殺黃帝追來軍兵。

但不料就在他剛剛心想至此，尚未來得及喝止敗兵之時，驀然又聞兩邊殺聲驟起。刑天聞聽心中一驚，急舉目看視何來殺聲，已見左右兩旁后土與力牧各引一軍，疾風閃電般向其敗兵殺了過來。

心情稍平的刑天敗兵突見兩邊殺來了黃帝伏兵，黃帝又在後邊引軍急追，唯恐黃帝除此之外還有他謀，因而心中又頓然驚怕驟起，重新加快剛剛放慢的腳步，疾急向前奔逃起來。刑天也又被裹在敗兵疾逃的潮流之中，欲止無奈只有依舊在眾兵的挾迫之中，與其軍一起向前潰逃起來。

刑天敗兵只顧如此潰逃，因而全都喪失了抵抗之力。黃帝與后土、力牧近兩千餘軍兵三面夾擊，又是一陣任意大殺，殺死刑天敗兵無數。待到刑天敗兵逃去，他們又合兵一處隨後窮追猛趕起來。

刑天經此敗戰唯恐再戰中了黃帝之計，此後不敢再戰，只顧一路向涿鹿地方敗逃而去。黃帝則引領眾兵在後窮追不捨，轉眼已是追出了十餘日。在這十餘日之中，黃帝沿途之上不僅集起了兩千餘眾，壯大了軍伍，而且在與赤松子的接觸中，漸漸堅定起了這樣一個信念。

即學走赤松子的路子，煉服仙丹，以使自己的凡體像赤松子那樣，成為永生不老與自然同體的仙人。永駐凡界稱坐一統凡界的黃帝，永保凡界安寧，凡人幸福！

黃帝所以會形成並堅定這樣的信念，是因為他看到赤松子的年歲，雖然已逾百歲之數，但由於他煉服仙丹成了仙人，至今其體態外貌，仍與其成仙時的六十來歲之狀無異。而且根據赤松子言說，其體態外貌將永保此狀，不會衰老，堪謂與自然同體。

赤松子的如此相貌，使一心為凡界凡人造福的黃帝多次想到，自己雖然靈為上神，身體則是與凡界眾人一般無異的凡胎肉體。作為凡體，自己過去已經走過了由小到大、由大到老的過程。將來也就必將與凡人一樣，再走向由老到死的終了。

走到死的終了對他來說，雖然不僅沒有可怕可言，而且完全可以說是福音。因為那樣，他就可以解脫凡界給他帶來的眾多煩惱，解脫對凡界凡人承擔的重大責任，歸回天界天宮再享清靜之福。但是這種福音，對於為給凡界凡人一心造福而臨凡的他黃帝來說，卻又實在是不願聞聽得到的。

這是因為，他掃平蚩尤軍伍接著出巡四方之後，便以為凡界可以永保太平，凡人永享幸福了。但隨著就在他預料之外，重又生出了如此刑天之亂！透過這刑天之亂，他才丟掉了先前剿滅了蚩尤便可一勞永逸地保證凡界平安凡人幸福的幻想。深切體會到了王母娘娘在昆侖山上所說話語的深刻，即：「凡界之上此起彼伏的戰亂，是任憑誰個也平息不絕的。因為戰亂是凡人的生性所決定的！」

如此一邊凡界這樣永難平靜，一邊卻是自己作為凡體的身體年已老暮，眼見著就要不久於凡界。如此自己脫去凡體歸回天界雖好，但是自己一旦如此去了，這偌大凡界生出的不息戰亂，又由誰來平息？

凡人之福誰給創造呢？

為此他不願自己的凡體走到死的終了，聽到給自己帶來解脫和天界的福音。他要永駐凡界造福於凡人，所以決計學習赤松子的榜樣煉服仙丹，以使自己的凡體變成與自然同體不生不死的仙人，永駐凡界造福凡人。

黃帝信念堅定至此，立即甚為後悔當初在崆峒山上向廣成子問道之時，廣成子言說他已兩百餘歲，身子依如成仙之時五十歲的模樣，自己沒有立刻醒悟其道之用。如若不然，自己從那時起便向其學習如此養生之道，修煉至今或許已使自己的凡體成了與自然同體不生不滅的仙體了！

為此他後悔值此自己身已老邁之時，方纔悟得此道的妙用。因而甚為擔心自己身已老邁，剩下的時日不會太多，是否還能修得自己的凡體不死，成為仙人。為此，他急忙連連向赤松子詳細問詢起了煉丹服食之法。

赤松子詳細回答了黃帝的詢問，但當他對黃帝言說煉丹要用銅鼎，這日又恰好追擊刑天軍兵，來到盛產黃銅的首山近處之時，黃帝便即命赤松子引領風后一千軍兵，到首山留駐下來。采銅搬到荊山腳下，為其鑄造煉丹的銅鼎。待他剿滅刑天軍兵之後，正好前去追隨赤松子用鼎煉丹，以服食修成與自然同體的仙人。

「大帝如此造福凡界凡人之心，光耀日月！為此小仙定遵大帝之命，為大帝鑄鼎煉丹不異！」然而子赤松子聞聽黃帝此令，卻沉吟片刻道，「但只是小仙為助大帝剿滅刑天軍兵而來，今日刑天敗軍未除，小仙之任未了……」

「這個大仙不必放在心上，現在我之軍兵已經擴充到四千之數，刑天之軍已成敗勢之軍，」黃帝聽聞即言道，「奈何我軍不得了。

如此再過數日，我軍進一步擴充壯大起來，剿滅刑天軍兵便指日可待了！」

「不，小仙並非此意！小仙是說，今宵駐下之後，刑天軍兵要來襲營。大帝之兵數量雖然已超過刑天軍兵，」赤松子聽了黃帝此言，則即言否定道：「但大帝之軍無疑多為剛剛集來的烏合之眾，因而實力難及刑天軍兵仍處劣勢。如若今夜刑天軍兵再乘大帝之軍無備襲來，大帝之軍就將必敗無疑矣！」

黃帝聽了赤松子此言，半信半疑道：「刑天之軍一路敗逃至此，一路之上逃都逃奔不及，從來未敢回擊我軍一次。大仙怎就斷言其今宵定來襲奪我營？即便襲奪我營，我也有辦法對付。我預作準備，令兵設伏待之也就是了。因而大仙只管放心前去。」

「大帝不必著急若此，鑄鼎耽誤半晌無事。我已胸有剿滅刑天軍兵之法，待到天黑軍兵駐紮下來，我為大帝布好剿滅刑天偷營之軍軍陣，然後再走不遲！」赤松子這時依舊不同意道。黃帝聽聞赤松子言之有理，方纔答應下來。

其後黃帝引軍又是一陣疾追，天便到了傍黑。黃帝要赤松子前去為他采銅鑄鼎心切，便即命眾軍收兵紮營，駐紮下來。赤松子眼見眾兵停止了前進欲要紮營，便立刻從懷中取出一張獸皮圖形，要黃帝即命眾兵依照圖形紮營。

黃帝見圖心喜，因為他見到那圖形仍按遁甲休、生、傷、杜、景、死、驚、開八門排列，若令眾兵按照此圖排列紮營，就恰好布成了八卦陣形。若此如果刑天軍兵襲到，黃帝之軍出而殺之，就又恰好把刑天軍兵陷入八卦陣中。

心喜至此黃帝便不怠慢，即命眾兵依圖紮起了營帳。眾兵須臾便遵黃帝之命紮好了營帳，黃帝驗看一番見與赤松子之圖無異，急忙又

催赤松子前去采銅。

「大帝剿殺刑天之軍,在此一舉矣!望大帝留心等待,不可大意!小仙與風后奉命采銅鑄鼎去也!」赤松子見之,這才放心地對黃帝說道。言畢,即與風后引領一千軍兵,辭別黃帝徑向首山采銅鑄鼎而去。

三十、黃帝飛昇

赤松子去後，黃帝坐在軍帳之中不敢歇息，只待刑天軍兵依照赤松子所說前來襲營。然而當他久待不見刑天軍兵到來，只見暗夜越來越深，眾兵越來越加困頓之時，禁不住心中對赤松子所說刑天之軍今夜來襲之言再次生出了懷疑。

黃帝所以如此心懷疑竇，是因為他心中仍舊在想，刑天之軍數十日來一路敗逃至此，逃都逃跑不及，從來沒敢回擊自己之軍一次。如今，自己之軍又已壯大到了遠超其軍位居優勢的境地，刑天之軍是斷然不敢前來襲營的。赤松子之言說不定是其思想過敏的結果，那樣其想就要落空了。

但是黃帝儘管心中懷疑至此，卻也不敢撤銷對刑天之軍來襲的戒備。因為他從前番赤松子所設八卦石陣，輕破刑天軍兵之中，已經看到了赤松子之能，實在不愧王母娘娘稱其為「高人」之譽！

加之他又想到，刑天之軍雖然一路之上沒敢回擊自己之軍一下，但又豈能保證他不是如此故意麻痺自己之軍，而待到自己之軍皆無防備之時，再突而襲之以奪全勝呢！為此他既不敢撤銷赤松子之囑，也不敢撤銷對刑天之軍來襲的準備。

然而黃帝在如此不敢撤銷對刑天軍兵來襲準備之中，一直等到五

更初時，卻還是不見有刑天之軍來襲的動靜。五更再過夜就要盡天就要明，本來心就有疑的黃帝，這時便重又堅定了刑天之軍不會來襲的想法，欲要撤銷戒備，以讓疲憊眾兵休歇一個時辰，待到天亮再去追擊刑天逃兵。

但是就在這時，卻聞從東邊驟然傳來了隱約而又疾急的疾風之聲。那風聲初時隱約疾急，漸漸疾急之聲愈清，隨著便已颳到了自己軍營之外。黃帝初聞如此風聲，便已立刻察知刑天軍兵果如赤松子所料，襲營而來。

因為具有豐富戰陣經驗的黃帝聽到，那風聲雖然疾響卻不見風吹氣動。所以便知那風聲不為風作乃為人動，因而他立刻停止了欲撤戒備之想，靜待起了刑天軍兵殺來。黃帝如此剛待須臾，便見身材高大的勇猛刑天，黑暗中果然引兵在前挾著風聲，殺入了其大營之中。

刑天所以在此黃帝軍力超越自己軍兵之時返襲其營，而在前時其軍力處於優勢之時不曾返殺黃帝之軍，是因為他先前雖然兵多勢盛，但由於其軍兵經過石陣之敗全都喪膽，兵無膽便無勇皆不可用，所以他只有引領敗兵向後敗逃，而不能返殺兵少勢寡的黃帝軍兵。

近幾日來，黃帝軍兵雖然一直追趕卻沒有再能打殺其軍兵，其軍兵的膽氣則漸漸復壯起來。刑天看到其膽壯軍兵已可再用，遂在路途之上，邊逃邊思謀起了用其軍兵擊敗黃帝軍兵之策。

無奈刑天思來想去皆無他謀，只是想到數十日來自己軍兵只逃不戰，黃帝軍兵定然麻痺無防，且其連日追趕自己軍兵奔走疲憊。自己軍兵正可巧借此機夜襲其營，一舉奪勝無備的黃帝軍兵。心想至此刑天立刻行動，便在今夜四更末時引兵出發，至此五更初時襲進了黃帝營中。

黃帝依照赤松子之計在營中布好了八卦兵陣，只待來襲的刑天

之軍陷入陣中。因而其軍營營門和營內，盡作無防鬆弛之狀，以誘引刑天之軍深入大營。這時引軍襲入黃帝大營的刑天，眼見此狀不知是計，而以為黃帝之軍果如其料麻痺無備。因而心中大喜，急引軍兵疾急突入縱深。以期在黃帝軍營中心開花，大殺黃帝無備酣睡之兵。

靜待的黃帝對刑天如此舉動看得一清二楚，他正怕刑天察覺其營中有備，心生疑竇不敢突入縱深，使其所布八卦軍陣發揮不出更大的作用，因而求不得刑天引軍殺入其營縱深。這時眼見刑天果然向其營中縱深之處突襲過來，真個是心喜難捺，只待刑天引兵再向縱深突進。待到其更多軍兵陷入陣中之時，再命兵出而擊之。

刑天這時只顧心中想著自己勝券在握，引領軍兵向黃帝軍營縱深突進，而完全不知自己已經中了赤松子與黃帝之計。直到他看到其軍兵已經突至黃帝軍營心臟之地，方纔一聲大喝麾動眾兵，向黃帝軍營中的一座座營帳殺了過去。

然而就在刑天大喝之聲落下之時，黃帝則即令鼓手「咚咚」擂響了戰鼓。催動自己已在帳中坐待將近一夜的眾兵，依據八卦陣形倏然出帳，擊殺向了刑天陷陣軍兵。

正在得意麾兵襲殺的刑天，突聞鼓響心中大驚自己中計，接著又見黃帝軍兵皆有防備聞令殺出更是驚怕。驚怕之中他當然不敢怠慢，急忙令其軍兵停止攻襲，欲圖撤出黃帝軍營。然而這時黃帝軍兵列成的八卦軍陣，已經把他們困在了其中。

刑天軍兵暗夜之中陷入黃帝八卦軍陣，撤退之中頓然辨不出哪是來路哪是向前。只見黃帝軍陣四面圍繞，陣如連城。重重疊疊，都有門戶。瞬息萬變，辨不出東西南北。刑天剛才還只是驚怕，自己軍兵中了黃帝有備之計欲圖脫逃。這時見到自己軍兵再次陷入先前敗他八卦軍陣之中，真個是驚得他猝然膽喪，魂飛九霄。

449

驚怕之中他不願自己之軍喪身此陣，因而心中一面後悔自己未讓
刁藪前來，以辨別引領其軍突出此陣，一面則也不敢怠慢，麾動眾拼
死打陣以期突圍。然而儘管刑天麾兵拼死拼殺，但由於赤松子按遁甲
排列的八卦軍陣，與先前所布石陣一樣變化無窮，使得刑天軍兵辨不
出東西南北。因而他們打陣也只能是亂撞一通，打破此陣不得。

　　因此，戰陣中但見愁雲漠漠，慘霧濛濛。但聞到處都是黃帝軍
兵的得勝殺聲，到處都是自己軍兵的慘死絕叫之聲。就這樣，刑天軍
兵不能突出黃帝戰陣，轉眼已被黃帝軍兵殺死無數，更使得剩餘軍兵
心驚膽喪，無力再行攻陣。刑天眼見至此，真個是頓感沮喪絕望到了
頂點。

　　然而就在這時，又是殿后的刁藪未進黃帝大營，在營外辨出了黃
帝軍陣出入門戶。眼見襲營刑天軍兵殺入黃帝大營陷入八卦陣中，大
驚之餘急忙引領其軍從正東生門殺入陣中，接應刑天敗軍徑往西南休
門殺去。

　　虧得刁藪如此一陣引領，方使得重又陷入死地的刑天剩餘軍兵，
拼死突出了黃帝所布八卦陣。然後急引敗兵向東，逃往其大營方向而
去。黃帝見之當然也不怠慢，即引眾兵隨後再次窮追起了刑天敗兵。

　　刑天經此敗戰又損軍兵千餘，如此與黃帝之軍相比情勢更生巨
變，變得更加數少勢弱起來。刑天因而比先前引軍向前逃跑更疾，唯
恐黃帝優勢兵力追殺上來，或者再施奇計，自己軍兵就要陷入覆滅之
境了。

　　刑天如此引軍拼命敗逃，黃帝引軍隨後疾追。如此他二軍一逃一
追轉眼又是十餘日過去，這日刑天敗軍突然逃入了涿鹿城中。憑藉四
周城牆之固，把追來黃帝之軍阻在了城外。

　　這時的涿鹿，由於其屢成爭戰中心，所以其先經阪泉氏修築，後

經黃帝擴建，再經蚩尤加固，這時又經刑天佈防，真個是成了我國修建最早，可供軍隊攻守之用的堅固城池之一。

但見它城廓四面廣延數里，呈正方形四面築起了夯土的厚高城牆。城牆之上還砌起了最早作為攻守之用的雉堆，以供軍隊躲藏和射箭之用。在城牆四面中心，各築堅固的城門一座。沿城牆四周，開挖了寬深的護城河。河內綠水湛藍，可見其深。

在城門口的護城河上，還設立了可以吊起斷路的吊橋。這時城池四門的吊橋，皆被逃入城中的刑天軍兵高高吊起。並且嚴密關閉了四門，把黃帝追來之軍阻隔在了城池護城河外。

黃帝眼見刑天軍兵把自己之軍阻在了城外，心中大惱。遂立刻麾動眾兵，全力從東門攻城。但見隨著黃帝攻城一聲令下，涿鹿城東門外的黃帝軍中，即刻鐘鼓齊鳴殺聲驟起，數千軍兵集中全力涉水渡河，猛攻起了城池。

刑天敗軍這時因為有了城池之險可憑，則一個個重新生出了膽來。但見他們聞聽黃帝軍兵攻城而來，便齊在刑天的麾動下爬上東城城頭，向已涉過護城河水攻到城牆之下的黃帝眾兵，發起了居高臨下的優勢反擊。

一時間，但見他們或用箭射或用石砸，把箭石之雨一陣疾急地傾瀉向了黃帝攻城眾兵頭上。黃帝攻城軍兵這時如同搬家的螞蟻，窩集在城牆之下無法攻上城頭。刑天軍兵居高臨下，把箭石之雨傾瀉下來，真個是箭箭都不落空，石石都有命中。打得黃帝眾兵，頃刻斃命無數。

未死軍兵見之不敢再怠，只有一陣拼死返身涉過護城河水，逃向來處而去。黃帝攻城之戰如此轉瞬大敗，一戰死傷軍兵竟至數百。黃帝見之心中更惱，即又組織眾兵再次如同前番，攻起城來。

　　黃帝眾兵雖然對刑天軍兵氣惱萬分，個個拼死向前非奪此城不可，但無奈仍是因為城牆高而堅固，使得他們既無法逾越也無法施展其力，不僅不能奪勝，相反則又給刑天軍兵提供了奪勝之機。固守城頭的刑天軍兵又是待到黃帝之兵攻到城下，重又如同前番箭石齊下，一陣又打死黃帝軍兵無數，奪勝了黃帝軍兵。

　　經此兩次大敗，黃帝知道如此再攻也是奪勝不得。無奈他只有令兵停止攻城之舉，與眾臣將計議起了新的攻城奪勝之法。但這時城池剛剛出現，攻城之戰在此之前連一次也沒有進行過。因而前無成功之法可資借鑒，黃帝他們必須自己拿出攻城奪勝之法。

　　但是對於這次首次攻城之戰，黃帝與其眾臣將一時也都心想不出，除了向前硬攻方法之外的新法。然而想不出新法也必須思謀，因為刑天軍兵就龜縮在眼前的涿鹿城中，如果不能儘早攻破此城剿滅他，凡界就不能早得安寧。為此黃帝與其眾臣將一連計議兩日沒有謀得良法，就第三日繼續進行計議。

　　「大帝，剛才臣聞部下一位匠人講說，前兩次我軍攻城所以不能取勝，皆因沒有登攀城牆的利器。」第三日又在黃帝與其眾臣將的計議中轉眼過去半日，力牧終於受到部下士卒的啟發，謀得了攻取涿鹿城池之法，這時開口對黃帝道，「使得我軍簇集在城牆之下，恰給刑天軍兵提供了殺滅之機。他說如果我軍多做長梯，用以攀越城牆，必可奪取此城。」

　　「好，如此之法定可攻破此城！」正在無奈的黃帝聞聽力牧此言，頓然愁眉綻展道。隨著，他便即命力牧領兵製作長梯，只待長梯製成立刻再去攻城。力牧領命，立即領兵連日製作長梯而去。數日後長梯製成，力牧稟報於黃帝。

　　黃帝聞稟心喜即欲下令攻城，但他突然想到，有了如此攻城利器

若再施以奇計，奪勝的把握就會進一步加大。於是他即又與眾臣將計議一番，決計不在白天而在當夜四更天時，趁夜攻城襲殺刑天軍兵個措手不及。如此思謀既定，黃帝便命眾兵做好準備，只待時間到來攻取涿鹿城池。

計定的四更天時很快到來了，但見黃帝軍兵盡依黃帝之命，扛擡著長長的竹木長梯，趁黑悄然涉過護城河去，隨著便迅疾踏著長梯向城頭攀去。黑暗之中，只見靠上城牆的一個個長梯真個是長，長得直達城牆牆頭，仿佛插入了雲端似的。因而後來眾兵便把那長梯改叫成了雲梯。

然而不料就在黃帝眾兵摩肩接踵，一個接著一個攀著雲梯，眼看在前者就要攀上城頭之時，卻聽城頭之上驟然一聲鼓響。隨著便見千百支松油火把驟然點亮，立刻照得黑暗的城頭亮如白晝。刑天軍兵齊喊殺聲，在火把的照耀下，殺向了攀著雲梯就要登上城頭的黃帝軍兵。

原來刑天敗兵雖然兩戰皆勝黃帝軍兵，但刑天深知自己軍兵仍為黃帝軍兵手下殘兵敗將。被追殺得只有龜縮在如此城中保命，而無力出城再與黃帝軍兵一爭雌雄。為此他雖勝而對守城也不敢稍有懈怠，除令眾兵廣備箭石做好白日防守之外，又令眾兵廣積松油火把，作為黑夜防守之用。

除此之外，近幾日來他又一直不見黃帝軍兵前來攻城，便猜知定是黃帝兩度遭敗正在謀劃新的攻城之法。為此他便更加不敢大意，命令眾兵防守更加嚴密起來。時間轉眼到了四更，嚴密防守的刑天軍兵黑暗中看見黃帝軍兵悄然攻城而來，立刻急去報於刑天。

刑天聞報即上城頭親自督守，命令軍兵待到黃帝軍兵來到城牆跟下之時，再施猛殺。但不料此令剛下，便見涉過護城河的黃帝眾兵即

如猛虎生翼，迅疾攀援雲梯向城頭搶來。刑天眼見至此心中大驚，方纔不敢怠慢急令擂響戰鼓，麾動眾兵疾急地殺向了黃帝軍兵。

黃帝軍兵這時心想刑天軍兵深夜無防，都正在疾攀雲梯以搶上城頭去殺刑天軍兵。突聞城頭之上戰鼓驟響，全都心中一驚，身子一怔，在前者已被殺來刑天軍兵打殺無數。因為這時刑天軍兵只要擊殺攀上雲梯最前頭一人，就立刻會將下面攀援之兵砸下雲梯。也有在前的軍兵搶上了城頭，但由於勢單力孤，一陣便被圍來刑天軍兵打殺而死。

其後刑天軍兵更將箭石再次傾向城下黃帝軍兵頭頂，並將手中火把也紛紛拋了下去。一時間便把黃帝軍兵打得箭石難防，火燒難敵，拋下雲梯屍體，急忙返回來處而去。

黃帝此次又敗心中更惱，氣惱中此後他又數次組織進攻，但均未成功。相反卻損失軍兵又過數百，而且時間也已過去了月餘，由進攻之時的仲秋之季進入了初冬。看看攻城盈月不下，而且取勝毫無希望，黃帝心中不由得焦急萬分。

特別是他想到，赤松子與風后或者已為自己鑄好了銅鼎，正在等待著自己奪勝刑天之後，前去開鼎煉丹。而自己卻在這裏奪不下涿鹿城池，剿不滅刑天軍兵。想到這裏黃帝焦急中心思陡轉，決計派遣后土前去荊山迎請赤松子前來，以助自己攻破涿鹿城池剿滅刑天軍兵。為此他命后土立刻上路，后土領命便欲啟程。

「后土慢行，等到小仙言於大帝之後，」然而，就在后土領命正欲啟程之時，卻突見軍帳門口倏然飄進一群人來，為首者入帳即叫道，「再做定奪不遲！」

黃帝适才正在奇詫，這時聞言方纔看清來者面目。原來這群飄然而來之人非為別個，乃為大仙廣成子率領的一群仙人。那為首言說

者，便為住在崆峒山上的廣成子，隨後便是住在青城山上的甯封子，住在黃山之上的容成公和浮丘公，以及住在陽石山上的雲陽先生。

黃帝如此眼見廣成子眾仙，在其急難之時驟然來到，真個是心中大喜過望！為此他急忙對之高興道：「諸位大仙來得正好，快快落座解我急難！」

「大帝不必心急，」廣成子聞聽粲然一笑道，「我等正為解去大帝急難而來。迎請赤松子之事，我看就免了吧。」

「免了。來了諸位大仙，就不勞赤松子仙人了。」黃帝聽了廣成子此言，心中真個是更喜更奇，但見他說著先是止住了后土，接著詢問眾仙道，「諸位大仙怎知我軒轅在此遇到急難，千里迢迢齊集而來？」

「大帝躬行道德之道，一心造福凡界凡人，功高齊天，鬼神崇敬！我等區區小仙，豈敢不時時刻刻把大帝之行掛於心上！」廣成子聞問急答道，「況且大帝雖施武威，但果依我等主張，對武惡之不得已而用之。我等豈敢在大帝不得已用武除惡，造福凡界凡人遇有急難之時，不助半臂之力！」

黃帝聞聽廣成子此言，心中禁不住對廣成子和赤松子仙家之流更加崇羨十分。並且眼見廣成子諸仙在其言說之時已經落座，便隨著疾急問詢起來道：「但不知諸位大仙解我急難而來，手中握有何種妙法？」

「大帝剿滅刑天軍兵焦急若此，」廣成子這時又是粲然一笑道，「我等也就只有即獻小技了。」

「大仙快說。」黃帝聞聽即又催促道，「除去刑天軍兵要緊！」

「大帝攻取涿鹿城池，之所以盈月不能攻下，依我等小仙看來，並非兵之不精，將之不勇。」廣成子這才侃侃講說道，「也並非智謀不足，器具不備。而乃是因為大帝開始攻擊之時，方位不對的緣故。」

「大仙之言深意若何？」黃帝聽到這裏，心中不解道，「快對軒

轅講來。」

「大凡打起仗來，不但要兵精將勇，智謀充足，器具完備，還要明瞭孤虛旺相、生克制服的道理。」廣成子繼續侃侃講說道，「現在城中的亂首刑天，色白而商音，是個金屬。這裏軍中的主將是帝，蒼色而角音，是個木屬。金能克木，木不能克金。

「噢！」黃帝這時聽得驚詫起來道，「想不到打仗還有這般道理？」

「況且開始進攻的時候，又正值仲秋，正是金氣旺盛的時候。而大帝又從東方進攻，東方屬木。」廣成子接其未了之言道，「金能克木，所以大帝雖勢優而數攻不能取勝。」

「那麼大仙快說，換用何法，」廣成子言說之中，黃帝頻頻點頭贊同，這時聽到廣成子打住了話語，便忙開口請求道，「方可破得刑天之軍？」

「這個不難。只要大帝把眾兵分作五軍，用五種顏色的旗幟分配五方。每軍之中，又分作五隊。五軍四面環攻，」廣成子聞之一笑道，「五隊輪番作戰，晝夜輪流，沒有一個時辰停止攻戰。這樣三日之中，必有一個時辰遇到刑天的避忌，必有一處地方遇到他的沖克，大帝就可以破城制勝了！」

黃帝聞聽至此，真個是大喜過望，連叫廣成子幫他立刻調度軍兵。廣成子轉瞬把黃帝眾兵調度停當，黃帝隨之便命眾軍依照廣成子之囑，開始了不息攻城。如此轉眼攻到第三日上午，果然有一處地方攻破涿鹿城池，黃帝眾兵隨之一擁殺入了城中。刑天軍兵眼見城破，無心再作防守，頓然變得只顧各自逃避保命。黃帝優勢軍兵入城一陣大殺，已將刑天敗兵剿滅淨盡。

勇猛的刑天目睹此景心中大惱，獨自一個不僅不逃不避，而且一手揮盾一手舞斧，一路斬殺黃帝兵將徑直殺向東門，尋找正在城東門

上指揮此戰的黃帝鬥決雌雄。刑天身大力猛勇猛至極，黃帝兵將雖眾硬是攔擋不住。無奈只有任憑他一路斬兵奪將，轉瞬便已殺到了城東門上，來到了正站在城上的黃帝與廣成子眾仙面前。

刑天殺到黃帝面前看見黃帝也不答言，其血紅的雙眼噴射著怒火，立刻舞斧揮盾殺了過來。黃帝對刑天這作亂惡首早已心惱至極，自己為凡界除惡早想除掉此惡而不得。這時反見其出手殺向了自己，心喜時機已經來到，便即出手中降龍杵，迎殺向了刑天。

一時間但見他兩個交上手來，一個勇猛無比，一個怒火滿腔。杵去斧來杵來斧去，殺得難分難解難見高低。頓然間已殺得高天為之昏暗，大地為之顫慄。他們就這樣殺呀殺呀，也不知道過了多長時間，竟然從城東殺到城西，又從城西殺到了出城數里的常羊山下。

黃帝與刑天在常羊山下轉眼又是打鬥多時，末了黃帝終於猛然覷得一個空子，倏地出杵砍向了刑天的脖頸。正鬥的刑天防備不住躲避不及，黃帝之杵「颯」地便將其頭顱從脖頸上砍了下來，「轱轆轆」滾落向了山腳之下。

正鬥的刑天突然沒有了頭顱，心中頓然發慌。於是只見他即忙把握在右手的板斧，移給握盾的左手握住，蹲下身來用空出的右手，向地上尋摸起了自己被砍掉的頭顱。一時間，但見刑天摸啊摸呀，他摸遍了周圍的大山小嶺。山嶺上的參天大樹突兀巨石，都在他的巨手尋摸下折斷崩塌。弄得山嶺之上煙塵彌漫，木石橫飛。

黃帝在旁見之，開始以為其頭已被砍去，身子不過再掙扎幾下就會倒下。但目睹此景他看到了刑天的勇猛異常，因而唯恐其斷去頭顱的身子摸著了其頭顱，重新將其合攏在被斬斷的脖頸之上，再與自己生出一場惡殺。

為此黃帝即不怠慢，急揮降龍杵「嘩」的一聲徑直朝下劈向了面

前的常羊山。常羊山被劈「唭啦」一分為二，山縫中立刻倏地生出一股巨大的吸力，把地上的刑天之頭陡地吸入了其中。隨之又「颯」地一聲長攏在了一起，把刑天之頭長在了山體之中。

這時仍正蹲在地上，依舊尋摸其頭顱的刑天聽到此聲，陡地停止了尋摸。他知道自己的頭顱已被埋葬，他看不見的敵人得勝的黃帝，定然正站在自己面前發出勝利的大笑。因而他禁不住心中的氣惱，猛地站起其斷去頭顱的身子，無口無目，則以乳為目以臍為口，一手揮盾一手舞斧，再次奮力殺向了面前的黃帝。

黃帝見之既好笑又氣惱，同時也豔羨刑天勇猛異常十分！為此他先讓刑天狂舞一陣，以泄去其心中之憤盡展其異常勇猛。隨後便為早了事端「颯」地出杵，橫砍向了斷頭的刑天腰際。把刑天再次倏地攔腰斬成了兩段，最終止息了刑天的不息廝殺。

作亂凡界的刑天末了就這樣徹底失敗了，但他不怕失敗誓拼到底的不屈精神，卻長久受到後人的讚頌！到了距此幾千年後的晉代，大詩人陶淵明在《讀山海經》一詩中，還盛讚其這種精神，寫出了這樣的讚美詩句：「刑天舞干鍼，猛志固常在。」

黃帝剿滅刑天軍兵再次平定了凡界，心中高興萬分。為此他更加感受到了自己作為一統凡界的黃帝，肩上擔負責任的沉重！心中便更加對學習赤松子諸仙人的榜樣，服食仙丹保得自己凡體不滅之情倍加急切起來。

為此他不在涿鹿停息，即與廣成子諸仙一道引領得勝之兵，向西徑往荊山看視為其鑄鼎的赤松子與風后而去。黃帝這時心想，如果自己到達荊山之下赤松子已將銅鼎鑄成，他便正好借助銅鼎鑄成舉行隆重儀式，一慶剿滅刑天軍兵平定凡界大亂，二慶銅鼎鑄成大功，三則祭祀上神，四慶煉丹開爐。

　　黃帝心懷此想引軍在途行進數日，這日來到荊山腳下，看見銅鼎果如其想已經鑄成。他看到新鑄銅鼎金光燦爛，耀眼奪目。銅鼎高過一丈二尺，內中可容十石穀物。鼎身之上既雕有騰飛的金龍，又雕有四方的鬼神和各種奇禽異獸。

　　黃帝看視至此，知道這是凡界最大的銅鼎，更是心喜無限。並立即在頌贊赤松子與風后鑄鼎大功之後，著令眾臣將即做準備慶典事宜。然後於翌日上午，舉行起了隆重的慶典儀式。

　　黃帝舉行的這次三位一體的慶典儀式，實在隆盛無比。但見他在荊山之下集來了四方鬼神八方凡人，把個偌大荊山腳下銅鼎周圍，變成了鬼神凡人彙聚的海洋。這海洋隨著慶典儀式的進行，不時爆發出歡聲雷動般的波濤驟鳴之聲。

　　在隆盛的慶典之上，黃帝果然一慶剿滅刑天軍兵平定凡界大亂，二慶銅鼎鑄成大功，三則祭祀上神，四慶煉丹開爐。即在赤松子與廣成子諸仙的幫助下，當即開始了在銅鼎中生火煉丹之舉。以期早日煉成仙丹，自己早日服食成仙，保得凡體不死永為凡界凡人造福。就這樣，銅鼎中燃起了熊熊的真火，煉起了可以使人服之長生不老的仙丹。

　　黃帝在此荊山腳下舉行的如此隆重慶典，早驚動了天界眾神。他們征得玉皇大帝同意，齊站雲頭向下界看視起了這慶典之盛。天界眾神看到黃帝在此慶典之上，進行前三個慶典項目之時還無所謂。而當他們特別是王母娘娘，看到黃帝進行的第四個慶典項目之時，就任憑怎麼也不能看視下去了。

　　因為王母娘娘知道，如果黃帝在如此眾仙幫助之下，真的煉成了食之長生不死的仙丹，黃帝食之將其凡體變成了與自然同體的不死之身，他就將真的要永遠留駐凡界了。黃帝永遠留駐凡界對凡界凡人來說當然是件好事，但是她的皇夫玉皇大帝，這位因為秉公不阿結仇於

不少惡者的天界至尊，卻就要永遠失去這位忠誠衛士軒轅星君了！

同時王母娘娘又知道，那些因為玉皇大帝秉公與之結仇的惡者，又時刻都在窺伺著殺害玉皇大帝之機。因而玉皇大帝不僅過去而且現在和將來，每時每刻都在需要著像軒轅星君這樣的忠誠衛士進行保衛。

為此她不能容忍軒轅星君只為凡界凡人，而更要為天界玉皇大帝。因為只有保得天界平安玉皇大帝平安，才有凡界凡人的平安幸福可言！心想至此王母娘娘主意即定，遂令玄女與素女兩個化作二龍，下凡強接黃帝返歸天宮而來。

玄女兩個領命即行，但見她二女搖身倏然變作二龍，遂到凡界荊山半空。從雲層中雙方伸出半條龍尾，捲住正在慶典場上銅鼎跟前燒火煉丹的黃帝一臂，便向天界飛昇而去。

「把我的帝位傳讓給顓頊！」黃帝突睹此境，知道是王母娘娘強接自己返回天宮，留駐凡界造福凡界凡人已不可能。因而他對凡界凡人大為放心不下，無奈心思疾轉開口急對眾人安排道。顓頊是黃帝的一位很有辦事才幹的曾孫，因而黃帝安排顓頊代替自己，繼續為凡界凡人造福，以保凡界平安凡人幸福！

黃帝就這樣大叫著被二龍接回天宮而去，慶典場上有人機敏眼見此景，知道是天使前來接回黃帝，跟隨黃帝前去天宮享受天界之福的時機不可錯過，便急忙抓住接黃帝二龍的龍尾或者鬍鬚，欲圖與黃帝一同飛昇天界。但無奈龍尾不能抓牢，龍鬚經不住眾人拉拽，抓抱龍尾之人全都掉了下來，拉拽龍鬚眾人也拉斷了龍鬚摔了下來。

就這樣，只有黃帝與同他一起下凡的七十多位神仙飛昇去了天界。而凡人則一個也沒有去成天宮。只有他們拉斷下來的龍鬚，據說後來長成了青草，就是今日的龍鬚草。

黃帝就這樣飛昇去了天界，但是眾凡人後來為了銘記黃帝造福凡

界凡人之功，仍舊依據自己生老病死的規律，硬是集起黃帝衣冠和所用物什，給黃帝在凡界造起了衣冠陵以作祭祀之用。

據查，在今日的中華大地之上，陝西、甘肅、河北、河南就都有黃帝的陵墓。其中最有名者，當為坐落在陝西省黃陵縣城北橋山的黃帝陵。該陵相傳為漢武帝征朔方時始建，以後歷代均有修葺。帝陵現高 3.6 米，周長 48 米。墓前立有碑亭，內置「橋陵龍馭」碑一通。再前置清乾隆四十一年（1776）陝西巡撫畢沅所立《古軒轅黃帝橋陵碑》一通。

司馬遷《史記·五帝本紀》記載：「黃帝崩，葬橋山。」有人為此提出橋山不在陝西，應在河北涿鹿。因為黃帝與炎帝、蚩尤、刑天一直戰於涿鹿。涿鹿是黃帝活動的根據地，所以其死後沒有理由被葬於千里之外的陝西黃陵橋山。

但他們之所以如此質疑，則正是因為他們忽視了黃帝已經飛昇而去，其地上陵寢皆是凡人為祭祀所建衣冠陵這一點。因而我們說對於黃帝究竟葬在何處，完全沒有質疑的必要。對於我們中華民族的這位偉大祖先，只要虔心敬奉也就行了！

一稿於 1991 年 7 月 10 日至 9 月 26 日
二稿於 1991 年 9 月 29 日至 11 月 2 日
一版於 1992 年 8 月
修訂於 2015 年 7 月

參考資料集萃

一、炎帝

　　昔少典娶於有蟜氏，生黃帝炎帝。黃帝以姬水成，炎帝以姜水成。成而異德，故黃帝為姬，炎帝為姜。二帝用師以相濟也，異德之故也。（韋昭注：濟，當為擠。擠，滅也。）

——《國語・晉語四》

　　少典妃安登游於華陽，有神農首感之於常羊，生神農。人面龍顏，好耕，是謂神農，始為天子。

——《玉函山房輯佚書》

　　炎帝神農氏，姜姓。母曰女登，有媧氏之女，為少典妃，感神龍而生炎帝，人身牛首。長於姜水，因以為姓。火德王，故曰炎帝，以火名官。斫木為耜，揉木為耒。耒耨之用，以教萬民。始教耕，故號神農氏。於是作蠟祭，以赭鞭鞭草木，始嘗百草，始有醫藥。又作五

弦之瑟，教人日中為市，交易而退，各得其所。

——《史記·補三皇本紀》

（溳）水西徑厲鄉南。水南有重山，即烈山也。山下有一穴，父老相傳雲，是神農所生處也，故《禮》謂之烈山氏。水北有九井，子書所謂「神農既誕，九井自穿」，謂斯水也。又言「汲一井，則眾水動」。井今堙塞，遺跡仿佛存焉。亦云賴鄉，故賴國也，有神農社。

——《水經注·溳水》

古者民茹草飲水，采樹木之實，食嬴蜃之肉，時多疾病毒傷之害。於是神農乃始教民播種五穀，相土地宜燥濕肥墝高下，嘗百草之滋味，水泉之甘苦，令民知辟就。當此之時，一日而遇七十毒。

——《淮南子·修務篇》

神農以赭鞭鞭百草，盡知其平毒寒溫之性，臭味所主。以播百穀。故天下號神農也。

——《搜神記》卷一

（炎帝）時有丹雀銜九穗禾，其墜地者，帝乃拾之，以植於田，食者老而不死。

——《拾遺記》卷一

神農之世，男耕而食，婦織而衣，刑政不用而治，甲兵不起而王。

——《商子·畫策》

昔者神農之治天下也，神不馳於胸中，智不出於四域，懷其仁誠之心，甘雨時降，五穀蕃植。春生夏長，秋收冬藏。月省時考，歲終獻功，以時嘗谷，祀於明堂。明堂之制，有蓋而無四方。風雨不能襲，寒暑不能傷。遷延而入之，養民以公。其民樸重端慤。不忿爭而財足，不勞形而功成，因天地之資，而與之和同。是故威厲而不殺，刑錯而不用，法省而不煩，故其化如神。其地南至交阯，北至幽都，東至暘谷，西至三危，莫不聽從。當此之時，法寬形緩，囹圄空虛，而天下一俗，莫懷姦心。

——《淮南子·主術篇》

炎帝者，黃帝同父母弟也，各有天下之半。黃帝行道而炎帝不聽，故戰涿鹿之野，血流飄杵。

——《新書·制不定》

炎帝嘗諸藥中毒能解，至嘗百足蟲入腹，一足成一蟲，遂至千變萬化。炎帝不能勉其毒，因而至死。

——《開闢衍繹》引

二、黃帝

附寶見大電光繞北斗樞星，照郊野，感而孕。二十五月而生黃帝軒轅於壽丘。龍顏有聖德，劢百神朝。而使應龍攻蚩尤，戰虎豹熊羆四獸之力，以女魃止淫雨。

——《漢學堂叢書》輯

（黃帝）姬姓，少典之子。少典娶有蟜氏，名附寶，感大電繞樞，孕二十五月，以戊巳日生黃帝於天水。弱而能言，河目龍顏，修髯花瘤，身逾九尺。代炎帝氏，在位百年，年百十七。以八月既望甲戌日崩都涿鹿，葬橋山。傳十世，二千五百二十歲。

——《漢書人表考》卷一

黃帝，少典之子也，曰軒轅。生而神靈，弱而能言，幼而彗齊，長而敦敏，成而聰明。治五氣，設五量，撫萬民，度四方。教熊、羆、貔、豹、虎，以與赤帝戰於阪泉之野，三戰然後得行其志。

——《大戴禮·五帝德》

黃帝造車，故號軒轅氏。

——《太平御覽》

黃帝之生，先致百狐。有蚓長十二丈。幼好習兵，長善攻戰。

——《漢學堂叢書》輯

黃帝者，炎帝之兄也。炎帝無道，黃帝伐之涿鹿之野，血流飄杵，誅炎帝而兼其地，天下乃治。

——《新書·益壤》

黃帝使羲和作占日，常儀作占月，臾區占星氣，伶倫造律呂，大橈作甲子，隸首作算數，容成作調曆，沮誦、倉頡作書。沮誦、倉頡為黃帝左右史。

——《世本·作篇》

三、炎帝後裔及部屬

1·炎帝三女

赤松子者，神農時雨師也。服冰玉散，以教神農。能入火不燒。至昆侖山，常入西王母石室中，隨風雨上下。炎帝少女追之，亦得仙，俱去。

──《搜神記》卷一

南方赤帝女，學道得仙，居南陽愕山桑樹上。正月一日，銜柴作巢，至十五日成，或作白鵲，或作女人。赤帝見之悲慟，誘之不得，以火焚之，女即昇天，因名帝女桑。

──《太平御覽》

又北二百里曰髮鳩之山，其上多柘木。有鳥焉，其狀如烏，文首白喙赤足，名曰精衛，其鳴自詨。是炎帝之少女，名曰女娃。女娃游於東海，溺而不返，故為精衛。常銜西山之木石以堙於東海。漳水出焉，東流注於河。

──《山海經·北次三經》

又東二百里，曰瑤姑之山。帝女死焉，其名曰女屍，化為瑤草。

──《山海經·中次七經》

赤帝女曰瑤姬，未行而卒，葬於巫山之陽，故曰巫山之女。

──《宋玉·高唐賦》注

2·炎帝后人

炎帝之妻，赤水之子聽訞生炎居，炎居生節並，節並生戲器，戲器生祝融。祝融降處江水，生共工。共工生術器……生后土，后土生噎鳴。

—— 《山海經·海內經》

后土生信，信生夸父。

—— 《山海經·大荒北經》

3·阪泉氏

昔阪泉氏用兵無已，誅戰不休，並兼無親，文無所立，智士寒心。徙居至於獨鹿，諸侯畔之，阪泉以亡。

—— 《周書·史記篇》

4·蚩尤

蚩尤姜姓，炎帝之裔也。

—— 《路史·後紀四》

黃帝攝政前，有蚩尤兄弟八十一人，並獸身人語，銅頭鐵額，食沙石子，造立兵杖刀戟大弩，威振天下。

—— 《太平御覽》

軒轅之時，神農氏世衰，諸侯相侵伐，暴虐百姓，而神農氏弗能征。於是軒轅乃慣用干戈，以征不享。諸侯咸來賓從。而蚩尤最為暴，莫能伐。炎帝欲侵陵諸侯，諸侯咸從軒轅。軒轅乃修德振兵，治

467

五氣，藝五種，撫萬民，度四方。教熊、羆、貔、貅、貙、虎以與炎帝戰於阪泉之野，三戰，然後得其志。蚩尤作亂，不用帝命，於是黃帝乃征師諸侯，與蚩尤戰於涿鹿之野，遂擒殺蚩尤，而諸侯咸尊軒轅為天子，代神農氏，是為黃帝。

——《史記·五帝本紀》

蚩尤氏帥魑魅以與黃帝戰於涿鹿，帝命吹角作龍吟以禦之。

——《通典·樂典》

黃帝與蚩尤戰於涿鹿之野。蚩尤作大霧彌三日，軍人皆惑。黃帝乃令風后法鬥機作指南車，以別四方，遂擒蚩尤。

——《太平御覽》

（黃帝）殺蚩尤於黎山之丘，擲械於大荒之中，宋山之上。其械後化為楓木之林。

——《雲笈七籤》

5·夸父

夸父與日逐走，入日。渴欲得飲，飲於河渭，河渭不足，北飲大澤，未至，遂渴而死。棄其杖，化為鄧林。

——《山海經·海外北經》

6·刑天

刑天與帝至此爭神，帝斷其首，葬之常羊之山。乃以乳為目，以臍為口，操干戚以舞。

——《山海經·海外西經》

四、黃帝後裔及部屬

1．嫘祖

黃帝居軒轅之丘，而娶於西陵之女，是為嫘祖。嫘祖為黃帝正妃，生二子，其後皆有天下。其一曰玄囂，是為青陽，青陽降居江水。其二曰昌意，降居江水。昌意娶蜀山氏女曰昌僕，生高陽，高陽有聖德焉。黃帝崩，葬橋山。其孫昌意之子高陽立，是為帝顓頊也。

——《史記·五帝本紀》

帝周遊行時，元妃嫘祖死於道，帝祭之以為祖師。

——《雲笈七籤》

黃帝元妃西陵氏曰儽祖，以其始蠶，故又祀先蠶。

——《路史·後紀五》

2．嫫母

黃帝妃嫫母於四妃之班居下，貌甚醜而最賢，心每自退。

——《尚書大傳續補遺》

（黃帝）周遊行時，元妃嫘祖死於道，帝祭之，以為祖神。今冷妃嫫母監護於道，以時祭之，因以嫫母為方相氏。

——《雲笈七籤》

嫫母，黃帝時極醜女也。錘額顣頞，形粗色黑，今之魌頭是其遺像，而但有德，黃帝納之，使訓後宮。

——《琱玉集》

3・女魃與應龍

大荒之中，有山名曰不句，海水入焉。有繫昆之山者，有共工之臺，射者不敢北向。有人衣青衣，名曰黃帝女魃。蚩尤作兵伐黃帝，黃帝乃令應龍攻之冀州之野。應龍蓄水，蚩尤請風伯雨師縱大風雨。黃帝乃下天女曰魃。雨止，遂殺蚩尤。魃不得複上，所居不雨。均言之帝，後置之赤水之北。

　　　　　　　　　　　　　　　　　——《山海經・大荒北經》

應龍已殺蚩尤，又殺夸父，乃去南方處之，故南方多雨。

　　　　　　　　　　　　　　　　　——《山海經・大荒北經》

4・玄女與素女

黃帝與蚩尤九戰，九不勝。黃帝歸於太山，三日三夜霧冥。有一婦人，人首鳥形，黃帝稽首再拜，伏不敢起。婦人曰：「吾玄女也，欲何問？」黃帝曰：「小子欲萬戰萬勝。」遂得戰法焉。

　　　　　　　　　　　　　　　　　　　　　——《太平御覽》

（黃）帝伐蚩尤，玄女為帝製夔牛鼓八十面，一震五百里，連震三千八百里。

　　　　　　　　　　　　　　　　　　　　　　——《天中記》

素女對黃帝陳五女之法，非徒傷父母之身，乃又賊男女之性。

　　　　　　　　　　　　　　　　　　　　——《論衡・命義篇》

5‧倉頡與伶倫

侖帝史皇氏，名頡，姓侯岡，龍顏侈哆，四目靈光，實有睿德，生而能書。及受河圖錄字，於是窮天地之變，仰觀奎星圓曲之勢，俯察龜文鳥羽、山川指掌而創文字。天為雨粟，鬼為夜哭，龍乃潛藏。治百有一十載，都於陽武，終葬衙之利鄉亭。

——《黃氏逸書考》

昔黃帝令伶倫作為律。伶倫自大夏之西乃之阮隃之陰，取竹於嶰溪之谷以生空竅，厚均者斷兩節間，其長三寸九分，而吹之以為黃鐘之宮，吹曰舍少次。制十二筒，以之阮隃之下，聽鳳凰之鳴，以別十二律。其雄鳴為六，雌鳴亦六，以比黃鐘之宮適合。黃鐘之宮，皆可以生之，故曰黃鐘之宮，律呂之本。

——《呂氏春秋‧古樂》

6‧甯封子與廣成子

甯封子者，黃帝時人也，世傳為黃帝陶正。有人過之，為其掌火，能出五色煙，久則以教封子。封子積火自燒，而隨煙氣上下。視其灰燼，猶有其骨。時人共葬於甯北山中，故謂之甯封子焉。

——《列仙傳》卷上

汝州臨汝縣廣成坡之西垠，有小山曰崆峒，即黃帝訪道地，廣成子所隱也。

——《廣博物志》

7·黃帝昇仙

黃帝采首山銅，鑄鼎於荊山下。鼎既成，有龍垂鬍髯下迎黃帝。黃帝上騎，群臣後宮從上者七十餘人，龍乃上去。餘小臣不得上，乃悉持龍髯。龍髯拔，墮，墮黃帝之弓。百姓仰望黃帝，既上天，乃其弓與鬍髯號。故後世因名其處曰鼎湖（胡），其弓曰烏號。

——《史記·封禪書》

軒轅自采首山之銅以鑄鼎，虎豹百禽為之視火參爐。鼎成而軒轅病崩，葬橋山。五百年後山崩，空室無屍，唯寶劍赤舄在焉。一旦，又失所在也。

——《廣博物志》

昌明文庫・悅讀歷史　A0604012

炎黃大傳

作　　者　李亞東
版權策劃　李換芹

發 行 人　林慶彰
總 經 理　梁錦興
總 編 輯　張晏瑞
編 輯 所　萬卷樓圖書（股）公司
排　　版　小漁
封面設計　小漁
印　　刷　百通科技（股）公司

出　　版　昌明文化有限公司
　　　　　桃園市龜山區中原街 32 號
電　　話　(02) 23216565
發　　行　萬卷樓圖書（股）公司
　　　　　臺北市羅斯福路二段 41 號 6 樓之 3
電　　話　(02) 23216565
傳　　真　(02) 23218698
電　　郵　SERVICE@WANJUAN.COM.TW
大陸經銷
廈門外圖臺灣書店有限公司
電郵 JKB188@188.COM

ISBN 978-986-496-572-4（平裝）
2020 年 4 月初版一刷
定價：新臺幣 680 元

如何購買本書：
1. 劃撥購書，請透過以下帳號
　帳號：15624015
　戶名：萬卷樓圖書股份有限公司
2. 轉帳購書，請透過以下帳戶
　合作金庫銀行古亭分行
　戶名：萬卷樓圖書股份有限公司
　帳號：0877717092596
3. 網路購書，請透過萬卷樓網站
　網址 WWW.WANJUAN.COM.TW
　大量購書，請直接聯繫，將有專人
　為您服務。(02) 23216565 分機 610

如有缺頁、破損或裝訂錯誤，請寄回
更換

國家圖書館出版品預行編目資料

炎黃大傳 / 李亞東著 .-- 初版 .-- 桃
園市：昌明文化出版；臺北市：萬卷
樓發行 , 2020.04
面 ；　公分
ISBN 978-986-496-572-4（平裝）
1. 中國神話

282　　　　　　　　　　109004526